트렌드 코리아 2022

알려드립니다

본서의 저작권은 저작권자와 출판사에 있습니다. 저작권법의 보호를 받는 저작물로, 무단 전재와 복제를 금합니다. 저자들이 그간 작명하거나 최초로 제안한 트렌드 키워드의 사용 시에도 출처 – 〈트렌드 코리아〉 혹은 서울대 소비트렌드분석센터 – 를 밝혀주시기 바랍니다. 이 밖에 유튜브 동영상, 오디오북, 요약 자료 생성 및 유포 시에도 저작권자의 허락을 받으셔야 합니다. 이와 관련해 더 자세한 사항은 다음을 참조하시기 바랍니다.

미래의창 홈페이지: www.miraebook.co.kr
블로그: blog.naver.com/miraebookjoa
유튜브 채널: 미래북TV

서울대 소비트렌드분석센터의 2022 전망

트렌드
코리아
2022

김난도
전미영
최지혜
이향은
이준영
이수진
서유현
권정윤
한다혜
이혜원

TIGER OR CAT

반전의 시작을 알리는 새로운 원년을 맞으며

조금만 더 견디면 끝날 것이라는 전 세계인의 기대를 여러 차례 헛되게 만들며, COVID-19 바이러스가 불러온 대유행병pandemic과 함께 2021년도 달력의 마지막을 목전에 두고 있다. 도대체 코로나 사태는 언제 끝날 것인가?

"○○년 ○월 정도면 끝날 것이다"는 식의 답은 불가능하다. 코로나19 바이러스가 알파·베타·델타·뮤……의 식으로 계속 변이를 일으키며 확산을 멈추지 않고 있기 때문이기도 하지만, 보건의학적으로 종식되는 것과 사회경제적으로 종식되는 것의 의미가 다르기 때문이다. 그래서 팬데믹 종식에 관해서는 1) 역학적 관점, 2) 사회경제적 관점, 3) 소비자행동적 관점의 3단계로 나누어 생각할 필요가 있다.

먼저, 역학적 관점에서는 종식이 쉽지 않다는 것이 중론으로 보인다. COVID-19는 특정 시기마다 돌아와 취약군을 괴롭히는 풍토병 endemic으로 자리 잡을 것이라는 예측이 많다. 우울한 전망이지만 그렇다고 완전히 낙담할 것은 아니다. 한때 온 인류를 공포에 떨게 했던 후천성면역결핍증AIDS을 일으키는 HIV 바이러스는 아직도 종식되지 않았다. 하지만 발발 초기와 달리 AIDS는 이제 우리 일상에 큰 위협이 되지 않는다. 코로나19도 마찬가지다. 바이러스 자체의 완전 종식은 아니더라도, HIV처럼 사회가 집단면역을 갖춰 더 이상 '사회적 거리두기'와 같은 비상대응체계를 요구하지 않는다면, 우리는 일상으로 회복할 수 있을 것이다.

두 번째로, 사회경제적 관점에서는 언제 코로나로부터 회복됐다고 볼 수 있을까? 다시 말해서 코로나19의 치사율이 사회 전반의 사망률 수준으로 감소해 평상시의 활동이 재개될 수 있는 시점은 언제일까? HIV 수준에 이르지는 못했지만, 그래도 희망적인 소식은 백신 접종률이 계속 높아지고 있다는 점이다. 영국 같은 나라는 이미 백신 접종 완료 인구가 65%를 넘겨 일상으로의 복귀를 시도하고 있다. 우리나라도 2021년 연말에는 전면적인 사회적 거리두기를 완화하고 중증 환자 위주의 대응체계로 전환하는 '단계적 일상 회복(소위 '위드 코로나')' 정책이 가능할 것으로 희망하고 있다. 그것이 가능하다면 2022년에는 경제도 살아날 수 있을 것이다. 이러한 전망을 바탕으로 IMF는 2022년 전 세계 경제성장률을 연초보다 긍정적인 6%로 보고 있으며,[1] 한국의 경제성장률은 KDI와 OECD 모두 3.8%로 대폭 상향 조정하여 전망했다.[2,3]

마지막으로, 그렇다면 일반 소비자의 구매 행동은 코로나19 팬데믹 이전으로 복귀할 수 있을까? 이 소비자행동적 관점의 질문에 답하기란 쉽지 않다. 코로나19 바이러스의 사회경제적 종식을 가정하더라도, 그 변화가 경우마다 다르기 때문이다. 상세히 살펴보자.

먼저, 양적인 측면에서 코로나19 이후 소비는 과거 '수준'으로 돌아갈 수 있을까? 이에 대해서는 영국의 사례가 시사점을 준다. 2021년 7월 19일, 영국은 백신 접종 대상 성인의 68.5%가 2차 접종까지 완료한 상황에서 국가봉쇄lockdown를 완전히 해제하는 '프리덤 데이Freedom Day'를 선언했다. 영업 제한이나 마스크 의무화 등을 해제하는, 사실상 코로나 사태 이전으로의 복귀다. 그 성공 여부는 별론으로 하더라도 우리가 주의 깊게 봐야 할 대목은 바로 "그 후 소비는 얼마나 회복됐는가?"이다. 결론을 먼저 말하자면 "코로나 이전으로 완전히 회복하지는 못했다"는 것이다. 경제전문지 〈블룸버그〉에 의하면 대중교통은 84%, 축구 관람은 75% 정도에 머물렀으며, 카드 사용은 코로나 초기인 전년 동기보다도 8% 낮았다.[4] 이 통계는 우리가 사회적 거리두기 제한으로부터 자유로워지더라도, 예전의 매출로 회복하기 위해서는 상당한 시간이 걸릴 것이라는 점을 시사한다.

코로나 사태 이전으로의 완전 복귀가 어려운 이유

코로나 이후 '보복소비pent-up consumption'에 대한 기대가 높다. 그동안 억눌렸던 소비 심리가 폭발하면서 팬데믹 동안의 소비 부진을 만회해줄 것이라는 희망이다. 시장 상황을 빠르게 선행 반영하는 주식시장에서는 이미 여행·항공·숙박·카지노·유통·화장품 등 '리오프닝

reopening 주식'의 가격이 상승하고, '집콕stay-at-home 주식'은 하락하고 있다.[5] 하지만 보복소비의 수준이 코로나19 이전을 넘어설 수 있을 것인가는 별도의 문제다. KPMG가 11개국 500명의 CEO를 대상으로 실시한 설문조사에 의하면 "2022년까지는 비즈니스 정상화가 어려울 것"이라는 답변이 45%에 이른다.[6] 한국·미국·유럽 할 것 없이 저축률이 코로나 발생 이전보다 2~3배 이상 증가해 그 수준을 유지하고 있다. 저축의 증가는 소비의 감소를 의미한다. 이러한 점을 고려할 때, 2022년 코로나 확산세가 진정되고 보복소비가 이뤄진다고 하더라도 전반적 소비수준이 코로나 사태 이전으로 돌아가기까지는 인내를 필요로 할 것으로 보인다.

나아가 소비 행태의 질적 측면에서 소비자행동이 코로나 사태 이전의 '형태'로 복귀할 것인가는 또 다른 문제다. 물론 어떤 소비는 어느 정도 코로나 이전의 모습으로 돌아갈 것이다. 여행이 대표적이다. "코로나19가 종식되면 가장 하고 싶은 활동이 무엇인가?"라는 질문에 가장 많은 사람들이 '해외여행(24.7%)'을 꼽았다.[7] 백신 접종자에 대해 모두 자가격리나 별도 검사 없이 입·출국가 양쪽에서 여행이 허락되면, 해외여행은 소위 '트래블 버블travel bubble(협약 당사국 사이에서 자가격리 없이 여행지 중심의 제한된 여행을 허용하는 것)'을 시작으로 빠른 회복을 기대할 수 있다. 하지만 같은 조사에서 "코로나19 바이러스가 종식돼도 마스크를 습관처럼 쓰고 다닐 것 같다"는 응답이 29.3%에 이르는 것을 보면, 이번 코로나 사태로 바뀐 행태가 상당 기간 계속될 것이라는 예측도 가능하다.

소비 행태가 과거로 쉽게 돌아가지 않을 것으로 예측되는 이유는 코로나 사태가 지나치게 길게 지속됐기 때문이다. 문화인류학자 칼레르보 오베르그Kalervo Oberg는 새로운 문화로 진입하는 사람들이 기존의 익숙한 문화가 산산이 부서졌을 때 느끼는 불안감을 '문화충격culture shock'이라는 개념으로 소개하고, 문화충격에 따른 단계적 반응을 '문화충격이론'으로 정리해 발표했다. 연구에 의하면 새로운 문화를 접했을 때 사람들은 엄청난 스트레스를 받다가 6개월을 기점으로 점차 적응을 시도하고, 1~2년의 시간이 흐르면 적응을 달성한다고 본다.[8] 코로나19로 인한 일상의 변화를 하나의 '새로운 문화'로 본다면, 2년이면 적응을 마치는 기간인 것이다.

하지만 우리의 모든 행동이 코로나 사태에 완전히 적응하는 것은 아니다. 웬디 우드Wendy Wood의 습관형성 모델habit formation model에 의하면, 변화된 행동이 하나의 습관으로 자리 잡으려면, 특정 상황에 노출돼 특정 행위가 반복된다고 하더라도 행위에 대한 '보상'이 주어져야 '상황 신호-행동-보상'의 연결고리가 형성돼 습관이 형성된다고 한다. 다시 말해서, 오랜 시간에 걸친 반복과 더불어 보상이 중요하다는 것이다.[9] 따라서 어떤 소비 행위가 코로나 사태 이전으로 복귀하느냐 마느냐는 그 보상을 함께 따져봐야 한다. 대면으로 하는 행동이 비대면보다 더 큰 즐거움의 보상을 주면 그 소비는 과거처럼 대면으로 돌아갈 것이고, 비대면의 편리함의 보상이 대면보다 크면 코로나 기간 형성된 소비 행태는 그대로 유지될 것이다. 따라서 기대하지 않았던 편리함과 즐거움을 경험하게 했던 '언택트'·'편리미엄'·'오하운' 등의 트렌드는 '새로운 정상new normal'으로 정착할 가능성이 높다.

이는 매우 당연한 얘기 같지만, 함의는 크다. 코로나19 이후 소비 행태의 변화를 예측하기 위해서는 그 보상에 대한 소비자들의 집단적 인식, 즉 트렌드에 대한 이해가 필요하다는 것이다. 예를 들어서 〈매경이코노미〉의 설문조사에 의하면, 방역수칙이 완화되면 하고 싶은 활동은 전술한 해외여행에 이어, '저녁 늦게까지 이어지는 식사·술자리'가 2위(21%)였다.[10] 거리두기가 풀리면 식당과 술집이 늦게까지 붐빌 것으로 기대되지만, 2년 전과 미묘한 차이는 있을 것이다. 다시 말해서 가까운 연인·가족 간의 소규모 모임은 바로 늘어나겠지만, 회식 문화에 거부감을 느끼는 '나노사회' 트렌드 속에서 예전과 같은 단체 회식은 상당히 줄어들 것이라는 점이다. 그동안 사회변화의 속도가 빨라지면서 트렌드에 대한 이해가 중요해졌는데, 이번 코로나 팬데믹의 영향으로 트렌드 변화에 어떻게 대응하느냐가 훨씬 더 절실해졌다.

이런 상황을 종합하면, 2022년은 코로나 사태 이후 새로운 패러다임의 원년Post Pandemic Paradigm, Year One이 될 것이다. 미국의 쇼핑 플랫폼 '쇼피파이' 부회장 로렌 페이델퍼드Loren Padelford는 "코로나19는 타임머신 역할을 했다. 2030년을 2020년으로 가져왔다"고 말한 바 있다.[11] 한층 더 빨라지는 변화의 속도 속에서 많은 것을 준비해야 하는 2022년이 될 것이다. 위기를 잘 넘기고 피보팅에 성공한 기업들이 경영난에 빠진 경쟁사·관련사를 인수합병하면서, 코로나 사태 이후의 승자 독식과 새로운 양극화가 발생할 것이 우려되기도 한다.[12] 잡아먹느냐, 잡아먹히느냐의 치열한 전장戰場이 될 2022년, 우리의 함성이 호랑이처럼 포효하느냐 고양이 울음에 그치느냐는 이러한 코로나 이후의 트렌드 변화에 어떻게 대응하는가에 달려 있다.

변화가 거듭될 검은 호랑이의 해

2022년은 임인년壬寅年 검은 호랑이 해다. 1988년 서울 올림픽과 2018년 평창 동계올림픽의 마스코트는 호돌이와 수호랑, 모두 호랑이였다. 단군신화에도 호랑이가 등장하고, 한반도의 형상을 대륙을 향해 뛰어오르려는 호랑이 모습에 비견하기도 한다. 2021년 큰 화제가 됐던 한국관광공사의 홍보 영상도 '범 내려온다'였다. 호랑이는 명실상부하게 대한민국을 대표하는 동물이다.

호랑이는 예로부터 벽사辟邪의 의미가 강했다고 한다. 〈동국세시기〉에는 "민가의 벽에 호랑이의 그림을 붙여 재앙과 역병을 물리치고자 했다"고 기록되어 있다. 호랑이 해가 됐다고 코로나 역병이 갑자기 가라앉을 논리적 이유는 없지만, 호랑이 해를 맞아 백신 접종이 늘며 집단면역이 형성돼 경제가 제 궤도에 올라서기를 바라는 마음만큼은 어느 때보다도 간절하다.

호랑이가 우리 민족과 가까운 동물이어서 그런지, 호랑이가 언급되는 속담이나 격언이 무척 많다. 그중 개인적으로 가장 좋아하는 구절은 '응립여수 호행사병鷹立如睡 虎行似病'이란 말이다. "매는 조는 듯이 앉아 있고, 호랑이는 병든 듯 걷는다"는 뜻인데, 사냥감들이 경계심을 풀 수 있도록 평소에는 힘을 뺀다는 뜻이다. 물론 기회가 오면 날쌔게 표변豹變하여 먹이를 낚아챈다. 갑자기 변하는 것을 의미하는

'표변'이라는 말도 호랑이와 관계가 있다. 겨울을 앞두고 호랑이나 표범은 부지런히 털갈이를 하는데, 옛 털을 털어내고 나면 옛 모습과는 사뭇 달라져 두 눈을 크게 뜨고 봐야 같은 호랑이인 줄 알 수 있다. 2022년이 비록 코로나19 팬데믹의 여파로 병든 듯 다소 느릿느릿 걷더라도, 호기가 오면 호랑이처럼 그 기회를 재빠르게 움켜쥘 수 있기를 희망한다. 그러기 위해서는 호랑이가 털갈이를 하듯 두려움 없이 표변해야 할 것이다.

『트렌드 코리아 2022』의 표지 색은 회갈색taupe color이다. 웅비하는 호랑이의 털색이다. 무난하면서도 질리지 않고 세련되어 패션 디자이너들이 가장 선호하는 색 중 하나다. 유명한 럭셔리 핸드백에 토프 컬러가 많다. 자연·성숙·땅을 상징하는 색이어서 최근의 필환경 트렌드와도 잘 어울리고, 답답한 코로나 시국에서도 자연이 주는 차분함과 믿음을 잃지 말자는 의미를 담고자 했다.

2022년 10대 트렌드의 흐름

금년에도 띠 동물을 활용해 영문 10글자로 올해 트렌드의 두운을 맞춰 시작하기로 했다. 100여 개의 대안을 검토한 끝에 'TIGER OR CAT'으로 타이틀 키워드를 정했다. 소위 '위드 코로나' 내지 '포스트 코로나'가 시작되는 새로운 기점에서 "호랑이가 될 것인가, 고양이가 될 것인가"의 기로에 섰다는 것을 표현한다. 여러 차례 언급했듯이 지난 2년에 걸친 COVID-19 바이러스의 창궐은 트렌드 변화의 속도를 가속화했고, 위기와 기회를 동시에 불러왔다. 이 변화에 대응하지 못하면 호랑이는커녕 고양이로 전락할 것이다. 그만큼 중요한 시기다. 혁신이 절실하다.

TIGER OR CAT으로 정리된 2022년 10대 트렌드의 벼리가 되는 키워드는 '**나노사회**'다. 산업화 이후 지속적으로 개인화되는 메가트렌드에 팬데믹으로 인한 사회적 거리두기가 한국 사회의 원자화에 결정타를 날렸다. 직장도, 모임도, 심지어 가족도 결속력을 현저하게 잃어가는 가운데, 마스크로 얼굴을 가린 개개인은 홀로 살아남아야 한다는 과제를 오롯이 혼자 짊어지게 됐다. 그래서 필연적으로 귀결하는 결론이 "돈을 더 벌어야 한다"는 절박함이다. 금광을 향해 서부로 달려가던 골드러시 시대처럼 좀 더 다양하고 커다란 수입의 '파이프라인'을 좇는 '**머니러시**'의 연대기를 쓰게 됐다.

한정된 자원과 시간으로 더 많은 벌이를 만들려면 자기 관리에 철저해야 한다. 이제 '자기주도'는 학생들만의 문제가 아니다. 개인적 시간이 늘어난 가운데, 그 여유 시간을 어떻게 관리할 것인가는 포스트 코로나 시대를 살아야 하는 현대인에게 피할 수 없는 과제가 됐다. 스스로 루틴을 만들어 철저하게 자기 관리하는 '**루틴이**'의 시대가 펼쳐지고 있는 것이다. 건강관리도 마찬가지다. 건강을 잃으면 모든 것을 잃는 것이다. 돈이든 루틴이든 건강 없이는 불가능하다. 예전엔 건강관리가 중장년층의 문제였다면, 이제는 젊은 사람도 적극적으로 몸을 챙긴다. 최근의 건강관리가 즐겁고 편하고 실천 가능하게 이뤄진다는 점을 강조해 '**헬시플레저**'라고 이름 붙였다. 사실 나노사회를 살며 머니러시를 추구한다는 것은 아무리 루틴과 건강을 챙긴다고 해도 피곤한 일이 아닐 수 없다. 차츰 재택근무·원격학습의 기회가 늘어나면서, 꼭 비싸고 복잡한 도시에 살아야 하는가 하는 당위에 의문을 제기하게 된다. 완전히 떠날 수 없다면 일주일에 하루 이틀이라도 시골의 정취를 느껴보고 싶은 **'러스틱 라이프'**에 관심을 갖게 된 이유다.

현대사회에서 트렌드를 움직이는 동력의 두 축은 기술 진보와 소비자의 가치관 변화다. 특히 코로나 사태로 인한 '언택트' 트렌드의 일반화는 원격지 간 소통에 대한 필요성을 크게 증대시켰다. 기술의 진보는 필요를 창출하고, 늘어나는 수요는 다시 기술을 촉진한다. 팬데믹 상황에서 가장 중요한 기술은 시공간의 물리적 한계를 극복하고 완전한 실재감을 느낄 수 있게 만드는 기술, **'실재감테크'**다. 나아가 소비자지향적인 소통 기술이 진화하면서, 산업에서 차지하는 소비자의 역할과 위상도 한층 높아지고 있다. 소비자 개인이 독자적으로 상품의 기획·제작·판매를 아우르는 새로운 유통의 가치사슬을 만들어내고 있는 것이다. 동료 소비자 상호 간의 '좋아요'를 기반으로 한 경제의 등장이라는 측면에서 이를 **'라이크커머스'**라고 부르고자 한다.

소비자들의 가치관도 늘 변한다. 소비의 가장 중요한 심리적 동인 중 하나가 과시라고 할 수 있는데, 예전에는 비싼 브랜드의 구매로 자기 지위를 드러내고자 했다. 이제 정보가 풍부해지고 사치가 민주화된 현대사회에서는 돈이 있어도 쉽게 구할 수 없는 아이템을 획득할 수 있는 **'득템력'**이 그 자리를 차지하고 있다. 최근 MZ세대라고 일컬어지는 젊은 소비자가 화두이긴 하지만, 시장에서 그들보다 훨씬 더 큰 영향력과 양적·질적 변화를 보이는 세대는 바로 40대, X세대다. 이전 세대와 달리 경제적으로 풍요한 10대teenage를 보냈고 10대인 자녀와 교감하고 소통할 수 있는 새로운 부모 세대라는 의미에서 이들을 '엑스틴x-teen'이라고 명명한다.

이러한 트렌드 변화 속에서 반전의 시작이 될 2022년을 준비해야 하는 우리가 가장 필요로 하는 역량은 무엇일까? 자신만의 서사, 즉 내러티브를 들려줄 수 있는 힘이 가장 중요한 자본력이 될 것이다. 한 치 앞을 내다보기 어려운 변혁의 시대에 꿈이 경제를 만들어가는 동력이 되고 있다. 이 꿈을 설득력 있게 전달할 수 있는 '내러티브 자본'이 그 어느 때보다도 중요해진 것이다.

몇 가지 변화와 감사의 말씀

10대 트렌드 키워드를 발표해온 지도 벌써 16번째다. 그동안 〈트렌드 코리아〉를 관통하는 문제의식을 단 한 마디로 요약하라면, "트렌드 변화에 맞춰 스스로를 혁신하라"는 명제일 것이다. 이 주문을 독자들에게 오랫동안 해오면서, 저자들도 스스로에게 하는 다짐이 있다. 우리 책 역시 트렌드 변화에 맞춰 혁신을 게을리하지 말아야겠다는 각오다. 돌이켜보면 창간 초기에는 '트렌드 측정 방법론'·'김난도의 트렌드 에세이' 등으로 트렌드 전반에 대한 이해를 돕고자 했고, 이후로는 한동안 '올해의 신조어'·'다음 해의 전반적 전망'을 통해 다가오는 한 해를 조망할 수 있도록 했지만, 책을 둘러싼 매체 환경이 바뀌고 트렌드에 대한 독자의 이해가 자리를 잡아감에 따라 과감하게 개편한 바 있다. 2020년부터는 외국인 독자를 위해 〈Consumer Trend Insights〉 시리즈를 내고 있으며, 더 빠르고 풍부한 트렌드 정보 제공을 위해 유튜브와 인스타그램 채널도 운영을 시작했다.

금년에도 모든 것을 원점에 두고 새로운 시도를 모색했다. 그 결과 가장 큰 변화는 본서의 1부, '회고' 부분의 서술 형식을 완전히 바꾸기로 한 것이다. 그동안 우리 책의 가장 큰 특징으로 꼽혔던 부분이, 전년도의 트렌드가 어떠한 양상을 보였고 향후 어떻게 전개될 것인가를 논의하는 '10대 키워드 회고' 부분이었다. 책의 앞부분에서 더 빨리 내년도 10대 키워드를 읽을 수 있으면 좋겠다는 일부 독자들의 요청이 늘 있었지만, 발표한 트렌드 키워드에 대해 스스로 책임을 진다는 취지에서 회고 부분에 공을 많이 들여왔다. 그런데 이번에 이 부분을 대폭 개편한 것이다. 전년도 10대 키워드 별로 하나씩 회고하던 형식을 버리고, 대한민국 소비 시장을 5개 테마로 나눈 후, 해당 테마에서 자유롭고 포괄적으로 트렌드를 정리하고자 했다. 그 결과 '언택트'나 '필환경'처럼 2~3년 전의 트렌드여도 금년도에 설명이 필요한 키워드는 한 번 더 분석이 가능해졌고, '피보팅'처럼 중요했던 키워드는 훨씬 더 심층적으로 다룰 수 있게 됐다. 회고 부분에도 우리 나름의 '내러티브'를 주고자 한 것이다. 새로운 방식을 독자여러분께서 어떻게 읽어주실지 모르겠다. 좋은 평가가 많으면 더욱 발전시키고, 부정적인 평가가 있으면 바로 반영해 또 수정해나가려고 한다.

매년 책이 출간되는 날, 가장 중요한 행사는 '키워드 발표회'였다.

서울 시내의 대규모 강연장에서 10대 키워드를 매년 강의 형식으로 공개해왔는데, 『트렌드 코리아 2022』의 키워드 발표회는 네이버 라이브커머스 '도서' 영역에서 진행하기로 했다. 단지 발표하는 플랫폼이 바뀌는 것을 넘어, 키워드 발표와 함께 라이브 커머스 개념을 도입하는 '강연형 책방 라이브'라는 새로운 형식도 실험한다.

책이 나오기까지 도움을 주신 분들께 감사의 말씀을 드리고자 한다. 여러 해 동안 함께 작업해주시는 분들이 많다. 거친 초고를 아름답고 바른 문장으로 다듬어준 조미선 작가, 여러 가지 행정일과 교정 작업을 도맡아준 김영미 연구원, 아름다운 프레젠테이션 파일을 제작해준 전다현 연구원, 원어민의 입장에서 영문 키워드의 적정성을 검토해주는 미셸 램블린Michel Lamblin · 나유리 교수에게 감사드린다. 서울대 소비트렌드분석센터와 소비자행태연구실 연구원들의 노고도 컸다. 집필 과정의 조정과 일부 원고까지 맡아준 추예린 연구원, 10대 트렌드 상품 및 트렌드분석 기초자료 조사를 위해 헌신적 노력을 보여준 박이슬 · 윤효원 연구원, 중국 트렌드 관련 자료를 모으는 데 수고해준 임은주 · 임욱 · 고정 연구원에게 감사한다. '대한민국 10대 트렌드 상품'을 선정하는 과정에서 까다로운 조사를 신속하고 정확하게 실시해준 마크로밀엠브레인, 탄탄한 빅데이터 분석을 통해 키워드의 타당성을 높여주신 신한카드 임영진 사장님과 신한카드 빅데이터연구소에 깊이 감사드린다. 특히 금년에는 온라인 버즈의 추세를 파악하는 소셜 분석이 새로운 방법론으로 추가됐다. 트렌드 가설을 꼼꼼하게 분석해주신 코난테크놀로지 김영섬 대표님과 데이터사이언스 사업부에게 감사의 말씀을 드린다. 마지막으로 지난 14년간 변함없이 출간을 허락해주신 미래의창 성의현 대표님과 직원 여러분께도 변함없는 신뢰의 마음을 전하고 싶다.

우리를 죽이지 못하는 것은 우리를 더 강하게 만든다

\

"우리가 두려워할 것은 두려움 그 자체다The only thing we have to fear is fear itself."

1933년, 대공황의 늪에 빠져 허우적거리던 미국을 구해낸 프랭클린 루스벨트 대통령은 취임사에서 이렇게 말했다. 이제 우리도 코로나19 바이러스 자체보다 그로 인한 두려움 자체를 두려워해야 하는 시기에 접어들고 있다.

서문을 쓰고 있는 현재, 우리나라의 백신 1차 접종률은 71.1%이며 접종 완료자는 성인 인구의 50.2%다. 2022년은 방역지침에도 큰 변화가 시작되는 한 해가 될 것이다. 소비자와 기업·자영업자, 그리고 정부가 힘을 합쳐 코로나 사태로 인한 소비 위축의 두려움 자체를 극복해나가야 한다. 특히 지난 2년간 한국 경제, 특히 여행·숙박·외식 등 자영업자들을 옥죄었던 사회적 거리두기 방식이 전환되면서, 새로운 경제의 모멘텀이 기대된다. 역사가들은 흑사병(페스트)이 휩쓸고 간 이후, 르네상스를 비롯한 유럽 근대화가 태동할 수 있었다고 말한다. 코로나 팬데믹이 어느 정도 정리되고 나면 우리 경제도 새로운 르네상스가 시작될 것으로 기대한다.

그런 의미에서 2022년은 새로운 역사를 쓰는 원년이 될 것이다. 하지만 전술한 대로, 그것이 팬데믹 발생 이전으로 그대로 복귀함을 의미하지는 않는다. 고려대 백신혁신센터장 김우주 교수의 표현대로 "복귀가 아니라 복구"가 중요하다.[13] 2년의 기간을 두고 소비자와 시장은 새로운 방식에 적응했고 또 그에 익숙해졌다. 2022년 이후가 되면 다시 새로운 적응을 시작할 것이다. 이 새로운 트렌드 변화에 얼마나 빠르고 정확하게 대응하느냐가 결국은 '포스트 코로나' 시대를 살아남는 핵심적인 역량이 될 것이다.

철학자 니체는 저서 『우상의 황혼』을 통해 "인생의 사관학교에서, 우리를 죽이지 못하는 것은 우리를 더 강하게 만든다That which does not kill us makes us stronger."고 말한 바 있다.[14] 우리는 지난 2년 동안 길고 지루했던 역병에도 죽지 않고 살아남았다. 2022년, 이제는 우리가 더 강해질 차례다.

2021년 10월
대표 저자 김난도

CONTENTS

2 2022 트렌드

2022년 10대 소비트렌드 키워드

Transition into a 'Nano Society' 나노사회

나노사회는 극소단위로 파편화된 사회를 일컫는다. 공동체가 개인으로 모래알처럼 흩어지고 개인은 더 미세한 존재로 분해되며 서로 이름조차 모르는 고립된 섬이 되어간다. 나노사회 트렌드는 본서에 소개되는 주요 트렌드에 직·간접적으로 영향을 미치는 여러 변화의 근인根因이다. 나노사회는 쪼개지고 뭉치고 공명하는 양상을 띠며, 사회적 갈등을 증폭시키는 경향이 있다. 나노사회의 메가트렌드 아래, 선거의 해 2022년을 맞이하는 대한민국은 분열의 길이냐 연대의 길이냐를 가늠하는 중요한 갈림길에 서 있다.

Incoming! Money Rush 머니러시

미국 서부에서 금광이 발견되자 사람들이 몰려들었던 '골드러시Gold Rush'에 빗대어, 수입을 다변화·극대화하고자 하는 노력을 '머니러시Money Rush'라고 부르고자 한다. 이를 위해 여러 개의 파이프라인을 꽂는 사람들은 '투잡'·'N잡'과 레버리지를 이용한 투자에 나선다. 머니러시 트렌드는 자본주의 사회의 속물화 현상을 드러내는 것으로 볼 수도 있지만 각자 '성장'과 '자기실현'의 수단으로 돈벌이에 나선다는 점에서 개인적 '앙터프리너십'의 발현으로 해석할 수도 있다.

'Gotcha Power' 득템력

경제적 지불 능력만으로는 얻을 수 없는, 희소한 상품을 얻을 수 있는 소비자의 능력을 '득템력'이라고 부르고자 한다. 득템력은 기본적으로 부를 과시하는 '보이는 잉크'이지만, 그것을 알아볼 수 있는 이해력literacy을 가진 사람끼리만 공유되는 능력이라는 면에서는 '보이지 않는 잉크'의 속성도 동시에 지니고 있어, '흐릿한 잉크' 전략이라고 부를 수 있다. 상품 과잉의 시대, 돈만으로는 부를 표현할 수 없는 현대판 구별짓기 경쟁이 벌어지고 있다.

Escaping the Concrete Jungle - 'Rustic Life' 러스틱 라이프

'촌'스러움이 '힙'해지고 있다. '러스틱 라이프'란 날것의 자연과 시골 고유의 매력을 즐기면서도 도시 생활에 여유와 편안함을 부여하는 시골향向 라이프스타일을 지칭한다. 러스틱 라이프는 도시와 단절되는 '이도향촌離都向村'이라기보다는 일주일에 5일 정도는 도시에 머무르는 '오도이촌五都二村'을 실천하며 소박한 '촌'스러움을 삶에 더하는 새로운 지향을 의미한다. 과밀한 주거·업무 환경에서 고통받는 대도시나, 고령화와 공동화 현상으로 시름을 겪고 있는 지방자치단체 모두에게 매우 중요한 트렌드가 될 것이다.

Revelers in Health - 'Healthy Pleasure' 헬시플레저

"좋은 약은 입에도 달다." 건강관리가 중요하지 않았던 때가 없었지만, 전 세계를 휩쓴 역병의 시대에 건강과 면역은 모두의 화두다. 젊은 세대가 건강관리에 관심을 두기 시작하면서 관련 시장이 급성장하고 있다. 특히 눈여겨봐야 할 것은 소비자들이 더 이상 건강과 다이어트를 위해 고통을 감수하려고 하지 않는다는 것이다. 건강health관리도 즐거워야pleasure 하는, 이른바 헬시플레저Healthy Pleasure 트렌드다. 헬시플레저의 확산은 치료에서 예방으로 중점을 바꾸며 몸과 마음 그리고 일과 휴식의 조화를 도모한다는 의미에서, 건강관리 분야가 선진국형으로 이행하고 있음을 알린다.

TIGER OR CAT

Opening the X-Files on the 'X-teen' Generation **엑스틴 이즈 백**

그 많은 X세대는 다 어디로 갔을까? 그들은 지금의 MZ보다 더 큰 충격으로 세대 담론의 출발을 알렸던 신세대의 원조였다. 하지만 이제 기성세대와 MZ세대 사이에 끼어 신구 세대 갈등을 온몸으로 받아내는 '낀 세대' 신세로 전락한 그들. 그럼에도 X세대는 우리 사회의 허리다. 기성세대보다 풍요로운 10대 teenage를 보낸 이 새로운 40대는 개인주의적 성향을 가지며, 자신의 10대 자녀와 라이프스타일을 공유한다는 면에서 '엑스틴x-teen'이라고 부를 수 있다.

Routinize Yourself **바른생활 루틴이**

자기 관리에 철저한 신인류가 나타났다. 루틴routine이란 매일 수행하는 습관이나 절차를 의미하는데, 스스로 바른생활을 추구하며 루틴을 지키려고 노력한다는 의미에서 이들을 '바른생활 루틴이'라고 부르고자 한다. 근로 시간의 축소와 코로나19 바이러스의 영향으로 생활과 업무의 자유도degree of freedom가 높아지면서, 오히려 자기 관리에 대한 욕구가 커졌고 스스로를 통제해 생산성을 높이고자 하는 사람들도 늘고 있다. 루틴이의 자기통제 노력은 단순히 자신을 업그레이드하고자 하는 자기계발이 아니라 치열한 경쟁 사회에서 힐링을 도모하고, 스트레스를 해소하며, 미세행복을 추구하는 것으로 나타난다.

Connecting Together through Extended Presence **실재감테크**

실재감테크는 가상공간을 창조하고, 그 안에서 다양한 감각 자극을 제공하고, 인간의 존재감과 인지능력을 강화시켜 생활의 스펙트럼을 확장시키는 기술을 말한다. 소비자들은 실재감테크를 통해 자기 존재감을 새롭게 인식하고, 커머스의 한계를 넘어설 뿐만 아니라, 가상/원격과 현실의 경계를 매끄럽게 seamless 연결하는 새로운 경험을 누릴 것이다. 생활의 모든 영역이 실제를 초월하고 있는 시대, 소비자를 붙잡을 수 있는 기술적 역량의 핵심은 누가 더 실재감을 잘 만들 수 있느냐에 달려 있다.

Actualizing Consumer Power - 'Like Commerce' **라이크커머스**

좋아하면 산다. 각종 SNS의 발달과 마이크로 인플루언서의 탄생이 '상시' 쇼핑 시대를 열었다. 스마트폰에 들어가 여기저기 기웃거리다가 좋아하는 게 보이면 그냥 눌러서 사는 것이다. 크리에이터가 팔로워의 '좋아요like'를 기반으로 수요를 확보한 후, 제조 전문업체에 제조를 위탁하고 물류 전문업체를 이용해 유통을 해결한다. 이렇듯 '좋아요'에서 출발하는 소비자 주도 유통과정을 '라이크커머스'라고 명명한다. 초기 인플루언서들이 기성제품의 '판매'에만 집중하던 '세포마켓' 트렌드가 진화한, 세포마켓2.0 트렌드라고 볼 수 있다.

Tell Me Your Narrative **내러티브 자본**

서사narrative는 힘이 세다. 강력한 서사敍事, 즉 내러티브를 갖추는 순간, 당장은 매출이 보잘것없는 회사의 주식도 천정부지로 값이 오를 수 있다. 브랜딩이나 정치의 영역에서도 자기만의 서사를 내놓을 때 단번에 대중의 강력한 주목을 받는다. 이야기story가 표현된 내용 자체라면, 내러티브는 내용을 담는 형식이다. 2022년에 치러질 두 번의 선거는 치열한 '내러티브 전쟁'이 될 것으로 전망된다. 2022년을 새로운 도약의 원년으로 삼고자 하는 사람이라면, 반드시 스스로에게 물어야 할 것이다. "나만의 내러티브는 무엇인가?"

1.

2021 대한민국

반전의
서막

모든 것이 회복기에 접어들었다고는 볼 수 없지만, 코로나19 이후를
예감하게 하는 경제·사회·환경 영역의 분위기 변화가 조심스럽게 감지된다.
이를 반전의 서막이라고 할 수 있을까?

2021년 대한민국을 뒤돌아볼 때 빼놓을 수 없는 것은 역시 코로나
19다. 2020년 벽두부터 창궐하기 시작한 코로나19 바이러스는 우리
의 일상을 송두리째 뒤집어버렸다. 사회적 거리두기, 마스크 쓰기, 원
격수업과 같은 비일상이 일상을 대신했다. 2021년에도 팬데믹 상황
은 달라지지 않았지만, 사회적 분위기는 사뭇 변화의 조짐을 보였다.
무엇보다 중요한 것은 바이러스와의 공존에 대한 기대감이 높아지고
있다는 점이다. 백신 접종이 시작된 이후 소비자들의 코로나19 관련
감정어에서 '기대'가 차지하는 비중은 증가하고, '싫음', '슬픔'은 감
소하는 양상이 나타났다. 물론 모든 것이 회복기에 접어들었다고는
볼 수 없지만, 코로나19 이후를 예감하게 하는 경제·사회·환경 영역

코로나19 관련 감정어 분석

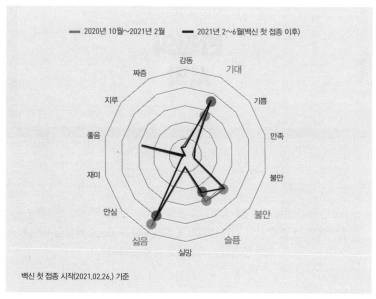

── 2020년 10월~2021년 2월　── 2021년 2~6월(백신 첫 접종 이후)

백신 첫 접종 시작(2021.02.26.) 기준

출처 : 코난테크놀로지

의 분위기 변화가 조심스럽게 감지된다. 이를 반전의 서막이라고 할 수 있을까? 2021년 코로나19와의 불편한 동거 속에서 대한민국은 어떤 사회경제적 변화를 보여주었을까?

가장 중요한 세 가지로, ① 팬데믹의 확산으로 시장에선 전례 없던 변화가 관찰됐고, ② 젊은 세대의 사회 진출 범위가 넓어지면서 공정성 문제가 대두했으며, ③ 기후변화와 역병 확산의 영향으로 반드시 환경을 지켜야 한다는 필환경 의식이 높아졌다는 점을 들 수 있다.

팬데믹이 쏘아 올린 세 가지 변화

＼

팬데믹 이후 우리가 알던 경제 상식이 무너졌다. '성장이 정체된 선진국'과 '고속 성장하는 신흥 개도국'이라는 일반론이 뒤집힌 것이다. 2019년 IMF의 경제성장률 전망치를 보면 선진국이 1.8%, 신흥개도국은 이보다 2배 이상 높은 4.4%였다. 그러던 것이 2021년에는 선진국이 5.1%, 신흥 개도국이 6.7%로, 선진국과 신흥 개도국의 성장률 격차가 예전처럼 크지 않았다. 백신 때문이었다. 백신 수급이 빨랐던 선진국 경제는 수직 상승하고 신흥 개도국의 성장은 상대적으로 정체했다.[1]

『트렌드 코리아 2021』에서는 코로나가 바꾼 경제에 대해 '브이노믹스'라는 키워드를 제시했었다. 산업군별로 회복 속도의 차이에 따라

TREND KEYWORD 2021 ／ **브이노믹스**

바이러스virus의 V와 이코노믹스를 결합한 단어로 바이러스가 바꿔놓은 그리고 바꾸게 될 경제라는 의미다. 브이노믹스의 주요 전망 내용은 다음과 같다. ① 향후 경기회복의 양상은 전반적으로 K자형 양극화를 보이겠지만 업종별로는 V, U, W, S, 역V 등 다양한 모습을 보일 것이다. ② '언택트' 트렌드는 대면·비대면·혼합의 황금비율을 찾아갈 것인데 조직 관리에서는 '성과 위주의 KPI', 교육에서는 '블렌디드·플립 러닝', 유통에서는 '고객경험' 극대화가 핵심 요소로 떠오를 것이다. ③ 소비자들의 가치는 안정적인 브랜드와 상생을 위해 노력하는 기업으로 옮겨가고 친환경과 본질에 대한 관심이 커지는 질적 변화를 보일 것이다. 마지막으로 심각해져가는 코로나 양극화에 대처하기 위해서 공동체 의식의 회복, 정부 역할의 균형 회복, 각 조직의 변화대응역량이 중요하다.

『트렌드 코리아 2021』 pp. 142~173

달라질 경제적 지각변동을 K, V, U, W, S 등의 알파벳 형태로 예측한 바 있다. 세계 경제에서 확인된 역전이 국내 산업 전반에서도 확인됐다. IT 기반 회사들의 시가총액이 오르며 재계 부자 순위도 바뀌었고, 재택근무·원격수업 등 이전에는 주목받지 못했던 영역이 새로운 화두로 떠오르기도 했다. 예상치 못한 역병으로 큰 어려움을 겪었지만, 발 빠르게 체질을 개선하며 생존과 성장을 도모해나갔다.

그 과정에서 코로나19 사태의 수혜 업종과 피해 업종이 확연하게 나뉘었지만, 동일 업종 내에서도 어떻게 대응하느냐에 따라 실적의 희비가 갈렸다. 영업의 어려움 속에서도 선방하거나, 오히려 위기를 기회로 전환한 기업의 특징은 대체로 세 가지 공통점을 보여준다. 첫째, 비대면이 강제되는 상황 속에서 **언택트**로의 전환을 신속하게 성공적으로 마무리하면서도 콘택트 요소와 조화를 놓치지 않았다. 둘째, 감염의 두려움에서 벗어나지 못하는 소비자의 불안감을 적절한 안전거리의 확보를 통해 상쇄하고자 했다. 셋째, 프리미엄 트렌드에 맞춰 고급화할 수 있는 요소는 과감히 업그레이드했다. 이 세 가지 전략적 방향은 팬데믹 시대에 우리가 어떠한 지향점을 추구해야 하는지를 잘 보여준다. 이를 하나씩 살펴보도록 한다.

1. 언택트와 콘택트의 조화

전염병으로 인해 인간적 만남의 길은 좁아졌지만, IT 기술을 통한 비대면 접촉의 통로는 넓어졌다. 화상회의 솔루션을 통해 집과 제3의 공간에서 업무가 이뤄졌고, 사업 모델은 온라인화됐다. 디지털 트랜스포메이션DT, Digital Transformation에 발 빨랐던 기업은 코로나19 시국에서도 내달렸다. 예컨대 야놀자는 여행산업이 큰 타격을 입은 상황에서도 신속한 디지털 트랜스포메이션과 클라우드 솔루션 확장에 집중하며 견고한 매출 성장과 영업이익 개선을 달성했다. 야놀자는 단순히 예약을 쉽게 하거나 앱을 활용하는 차원이 아니라 무인 키오스크와 객실 자동화를 돕는 IoTInternet of Things 기기 같은 하드웨어부터 소프트웨어인 클라우드 솔루션까지 포함하는 데이터 플랫폼을 지향한다. 이를 바탕으로 호텔뿐만 아니라 경쟁사인 온라인 여행사까지 고객으로 유치했다.[2] 손정의 소프트뱅크 회장의 2조 원 투자가 이루어진 것도 바로 이런 폭넓고도 발 빠른 디지털 트랜스포메이션이 배경이 됐다.

소비자들도 언택트 환경에 빠르게 적응했다. 기존에는 오프라인 중심으로만 쇼핑하던 5060세대 소비자들이 온라인 쇼핑에 자의 반 타의 반으로 참여하게 되면서 코로나19 이후 5060세대 소비자들의 배달 앱, 온라인 쇼핑 이용 건수 및 금액이 2030세대 소비자들보다

TREND KEYWORD 2018 **언택트**

언택트untact는 무인 서비스를 함축하는 개념으로 사람과의 접촉, 즉 콘택트contact를 지운다는 의미다. 『트렌드 코리아 2018』에서 처음 명명·제안한 용어인데, 2020년 팬데믹 사태의 영향으로 널리 쓰이는 용어가 됐다. 최근에는 〈블룸버그〉 등 해외 언론에서도 종종 사용한다. 언택트는 무인항공기의 '무인unmanned', 자율주행차의 '셀프self', 사람 대신 로봇이 작동하는 공장의 '자동화automation' 등, 방식은 서로 다르지만 비대면이라는 공통분모를 지닌 서비스들의 개념을 통합한 것이다.

『트렌드 코리아 2018』 pp. 313~334

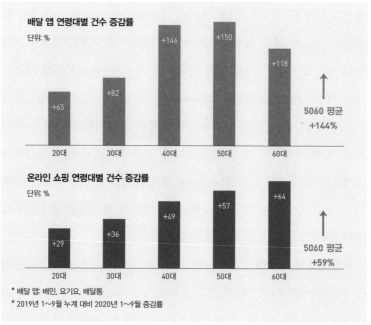

5060세대의 언택트 소비 경험 확대

배달 앱 연령대별 건수 증감률
단위: %

- 20대 +65
- 30대 +82
- 40대 +146
- 50대 +150
- 60대 +118

5060 평균 +144%

온라인 쇼핑 연령대별 건수 증감률
단위: %

- 20대 +29
- 30대 +36
- 40대 +49
- 50대 +57
- 60대 +64

5060 평균 +59%

* 배달 앱: 배민, 요기요, 배달통
* 2019년 1~9월 누계 대비 2020년 1~9월 증감률

출처: 신한카드 빅데이터연구소

상대적으로 더 크게 증가했다.

모두가 온라인으로 집결했지만, '콘택트'가 주는 생생한 감각, 직접 대면함으로써 느끼는 유대감을 온라인에 그대로 담기에는 한계가 있었다. 이에 디지털 트랜스포메이션 과정에서 이 콘택트 요소를 언택트 환경에 제대로 구현했는지 여부가 중요해졌다. 대표적으로 학교는 언택트 환경에 가장 취약했다. 사상 초유의 전면 원격수업은 학습자에게도, 지도자에게도 쉬운 일이 아니었기 때문이다. 특히 디지털 환경에서 소외된 학생들의 수업 격차에 대한 고민이 깊어졌다. 서울시 교육청 연구정보원의 연구에 의하면, 학생들의 학업 성적이나

성취감에는 온라인 수업 시 교사와 학생 간 의사소통과 교사의 실재감이 중요한 역할을 했다고 한다.[3] 즉, 원격수업에서도 실재감 있는 콘택트 요소를 잘 구현할 때 긍정적인 결과를 이끌어낼 수 있다는 의미다('실재감테크' 참조).

소비 영역에서도 디지털 요소가 깊이 깃듦과 동시에 콘택트에 대한 갈망이 높아졌다. 대표적으로 브이노믹스 시대를 맞아 떠오른 '라이브 커머스'는 판매자와 소비자 간의 소통을 극대화하여 실재감을 잘 구현해서 신유통 채널로 더욱 발전할 수 있었다. 사실 판매자가 마치 옆에 있는 것 같은 느낌을 가장 잘 제공할 수 있는 서비스는 '개별 맞춤'이다. 명품 매장에서 일대일로 셀러가 대동할 때, 고객은 특별한 대접을 받는 듯한 느낌을 받는다. 온라인에서도 마찬가지다. 소비자들은 자신만을 위한 어떤 가치를 제공받고 있음을 느낄 때, 그것이 온라인상일지라도 그 브랜드에 대한 긍정적인 감정을 키우게 된다. 실제 빅데이터로 비대면 관련 이슈어를 분석했을 때, 2020년 10월부터 비대면에 대한 긍정률이 증가하고 있는데, 이는 소비자들이 현재의 비대면 상황에 적응해나가고 있다는 것을 보여준다. 기업에서 제공하는 맞춤형 서비스가 증가한 것이 주요 원인이라고 파악된다. 예를 들어 우리은행은 비대면을 선호하는 고객을 대상으로 맞춤형 밀착 관리 서비스 'WON컨시어지'를 선보였는데, 전담 직원이 일대일 매칭을 통해 고객 맞춤형 금융 상품 추천과 가입은 물론 만기 관리, 이벤트 등을 제공해 좋은 반응을 얻었다.[4] 영업점을 찾지 않는 소비자에게도 대면 영업 수준의 밀착 서비스를 제공해 언택트로 고객과 콘택트하는 전략이다.

2. 소비자와의 안전거리 확보

코로나19가 장기화될수록 모두가 고통스러웠지만 힘겹게나마 팬데믹에 대응하는 노력이 이어졌다. 대표적인 예가 오프라인 유통, 혹은 공간을 이용한 산업군의 매출이 의외로 선전했다는 점이다. 코로나19 상황이 가장 엄중하던 2021년 2월에 오픈한 서울 여의도의 '더현대 서울'은 개장 직후부터 매달 200만 명 이상의 방문 고객, 목표 대비 매출 170% 달성, 경기·대구·부산 등 다른 지역 방문객의 원거리 매출 비율 76%의 성과를 보였다.[5] MZ세대 타깃 소비자에 대한 특화, 새로운 개념의 콘텐츠, 혁신적인 공간 설계를 통한 새로운 고객 경험 제공 등 현대백화점 측의 각별한 노력이 있었지만, 가장 중요한 사실은 "멋지고 좋은 곳이 있으면 소비자는 어떤 상황에서도 찾아온다"는 것이다. 소비자는 전염병 시대라고 해서 무조건 집콕만 하지

●●● 팬데믹 와중에도 더현대 서울의 월평균 방문 고객은 200만 명에 달했다. 팬데믹 시기라고 해서 소비자들이 무조건 '집콕'만 하는 것은 아니다.

않는다. '안전거리'만 확보되면 보다 더 똑똑하게 소비 활동을 이어나간다. 전염병으로 사람들을 만나는 횟수는 제한되지만, 대신 사람들이 만남의 '방법'을 재설정하기 때문이다.

생명보험 업계는 보험설계사와 가입자가 직접 만나 계약을 체결하는 대면 영업 비중이 90% 이상일 정도로 업무에서 대면 영업이 절대적이다. 이들은 코로나19로 고객과의 만남이 줄어들자 대안을 모색해나갔다. 삼성생명은 문고리 택배 마케팅을 선보여 고객과 직접 만나지 못하는 대신 고객의 집이나 사무실 문고리에 간단한 기념품과 함께 보험제안서를 넣어두고 추후 만남을 기약했다.[6] 고객과 안전거리를 지키면서도 연결고리를 유지하려는 노력을 포기하지 않은 것이다.

자신의 안전거리를 스스로 확보하기 위한 소비자들의 노력도 엿보였다. 대부분의 학원이 코로나19 이후 매출이 감소했지만 유일하게 성장한 학원이 있다. 바로 운전면허 학원이다. 코로나19 이후 대중교통을 회피하고 자가용 출퇴근을 선호하는 사람들이 많아지면서 새롭게 운전을 배우려는 수요가 몰렸던 것으로 해석된다. 사회적 거리두기가 용이한 차박(차에서 즐기는 캠핑)과 나 홀로 출퇴근에 대한 수요가 늘어나면서 SUV와 승용차 판매도 상승세를 보였는데 이는 우리나라만의 이야기가 아니다. 한 글로벌 컨설팅 업체의 조사에 따르면 코로나19 이후 전염을 우려해 평소 차를 소유하지 않았던 소비자의 3분의 1 정도가 자동차를 구매하겠다는 의사를 밝힌 것으로 나타났다.[7]

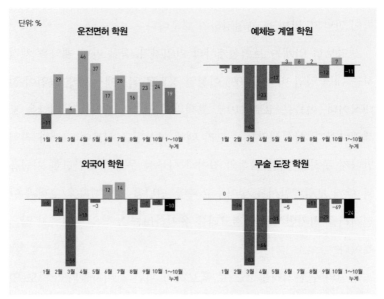

코로나19가 가져온 소비 행태의 변화
: 학원 업종 매출 증감률(전년 동기 대비 매출액 증감률 기준)

단위: %

운전면허 학원

예체능 계열 학원

외국어 학원

무술 도장 학원

출처: 하나금융경영연구소

3. 고가 프리미엄에 대한 쏠림

코로나19로 소비 심리가 잔뜩 위축된 가운데 가장 눈길을 끌었던 것은 고가 프리미엄 상품에 대한 폭발적인 수요였다. 백화점 매출은 2020년 동월 대비 19.1% 증가하며 상반기 4개월 연속 두 자릿수 증가율을 기록했다. 전체 매출에서 소위 '명품'이 차지하는 매출 비중이 2020년 5월 29.3%에서 2021년 5월 35.4%까지 올랐다.[8]

한국수입자동차협회에 따르면 2021년 1~4월 판매 가격 1억 원 이상 수입차 신규 등록 대수는 2만203대로 2020년 동기 대비 74.1% 급증했다. 이는 같은 기간 전체 수입차 신규 등록 대수 9만7,486대

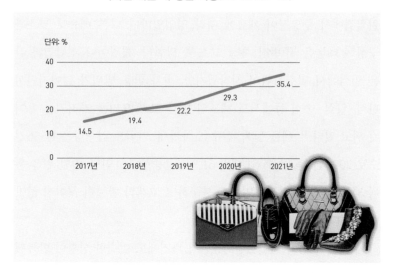

백화점 매출 내 명품 비중(2021년 5월 기준)

단위: %

고가 프리미엄 제품의 매출은 코로나19 기간에 오히려 증가세를 보였다. 백화점 내 명품 매출이 차지하는 비중도 상승 곡선을 이어갔다.

출처: 산업통상자원부

의 20.7%에 달하는 규모로, 2021년 국내에 팔린 수입차 5대 중 1대가 억대 고급차인 셈이다.[9] 2021년에는 가구 및 인테리어에 대한 수요도 높아졌는데, 그중에서 고급 가구들의 매출이 상당히 올랐다. 예컨대 시몬스의 최상위 라인인 '뷰티레스트 블랙'은 모델에 따라 3천만 원을 훌쩍 넘는 고가에도 불구하고 판매량이 유통점에 따라서는 2020년 같은 기간보다 무려 6배 늘었다.[10]

최상위 프리미엄 서비스에도 소비자들은 거침없이 지갑을 열었다. 코로나19 이후 식당에도 고급화 전략이 각광받았는데, 특히 셰프의 재량대로 요리를 내어주는 '맡김차림'이 인기를 얻고 있다. 맡김차림은 '맡기다'라는 뜻의 일본어 '오마카세'를 우리말로 순화한 것으로 일식집에서 주방장이 재료에 따라 영업일마다 다른 메뉴로 코스를 구성해 내놓은 '주방장 특선 코스'를 말한다. 횟집이나 초밥집과 같은 일식에서 맡김차림이 시작됐지만, 점차 활용 범위가 넓어지면서 한식·양식·중식 등에서도 셰프의 맡김 코스 요리를 가리키는 용어가 되고 있다.[11] 예를 들어 '한우 오마카세' 키워드 검색량은 1,556건으로 2020년 동기(954건) 대비 61.3% 급증했다. 1인당 30만 원을 훌쩍 넘는 등 높은 가격대임에도 불구하고 고객의 발길이 끊이지 않았다고 한다.[12]

왜 이런 현상이 벌어졌을까? 먼저 과거에도 비슷한 상황이 반복됐다는 점을 지적할 수 있다. 양극화는 자본주의의 피할 수 없는 속성이지만, 재난이나 경제적 격변기에는 더욱 극대화되는 경향이 있다. 1997년의 IMF 경제 위기나 2008년의 세계 금융 위기에도 고가 상품 시장은 크게 성장했다. 경제적 격변은 부의 양극화를 심화시켜 부유층을 대상으로 한 시장을 키우는 경향이 있기 때문이다. 재난 상황에서 중앙은행은 자산을 매입해 시장의 유동성(돈)을 증가시키는데, 이 과정에서 자산을 보유하고 있는 계층이 더 큰 소비 여력을 갖게된다. 이번 코로나19 사태에서도 비슷한 상황이 전개됐다. 또한 유동성 증가로 돈의 가치가 떨어지면서 부동산·주식·비트코인·그림 등 가치 저장 기능이 있는 품목에 수요가 몰렸는데, 최근 활성화된 'N차 신상'인 중고시장에서 리셀 가격을 보장받을 수 있는 인기 사치품 브랜드로 그 수요가 흘러넘친 측면도 존재한다. 사치품 브랜드 중에서도 소위 '에루샤(에르메스·루이뷔통·샤넬)'나 '롤렉스' 같은 1등 라인 브랜드에 관심이 집중됐던 것은 이 때문이라는 해석이 가능하다. 팬데믹으로 인한 특별한 이유도 있었다. 해외여행 등이 제한을 받으면서 경험 소비의 심리적 계정에서 상품 구매의 심리적 계정으로 소비 동기가 이전했고, 소비자들은 '코로나 블루'로 칭해지는 심리적 스트레스를 명품 구매라는 보상으로 해소하고자 했다.

일상으로 파고든 공정성

"나 하나 먹을 때 남자 친구는 2~3개씩 먹는데……. 처음 연애 시작할 때는 반반씩 하는 게 좋다고 생각했는데 데이트 통장 괜히 만들었나 싶어요."

한 온라인 커뮤니티에 올라온 고민 글이다. 데이트 통장이란 커플이 데이트 비용을 공평하게 분담하기 위해 공동명의로 일정 금액을 모아 만든 통장을 말하는데, 이 통장이 과연 공평한가 하는 논란이 있었다. '데이트 비용은 남자가 내는 것'이라는 인식이 강한 기성 세대에게는 데이트 통장 자체가 낯선데, "적게 먹었는데 똑같이 내는 것이 공평하냐?"는 논란은 놀랍기조차 하다. 요즘 젊은 세대가 얼마나 공정성에 민감한지를 잘 보여주는 사례다.[13]

『트렌드 코리아 2020』에서는 **'페어 플레이어'**라는 키워드를 통해 공정이 사회경제적으로 중요한 의제가 될 것을 예측한 바 있다. 브이노믹스 시대를 맞이하며 공정은 더욱더 사회적 화두가 됐다. 팬데믹으로 인한 통제·스트레스·경제적 손실 등을 공평한 상호 분담을 통해 나눠야 한다는 의식이 강해진 결과라고 보인다. 사회적 이슈가 대두할 때도 이념보다는 실리, 조직보다는 개인, 여야 정쟁이나 남북 관계 등 거대 담론보다는 가격 인상이나 원산지 문제 등 피부로 와닿는 일상에서 경험하는 불공정에 소비자들은 공분한다.

그렇다면 요즘 소비자들이 생각하는 공정함이란 무엇일까? 존 롤스John Rawls는 『정의론』을 통해 절차적 정당성이 확보된 기회균등에서만 결과의 불평등이 정의롭다고 주장했다. 개인의 노력과 능력을 무시하고 결과를 공평하게 나누자는 생각도 그 자체가 불평등이지만, 과정과 결과가 불공정한 상태에서 결과의 차이를 인정하는 것도 정의가 아니라고 생각한 것이다. 결국 공정은 기회의 균등함과 과정의 공평함에 달려있다고 볼 수 있다.

2021년에 열린 도쿄 올림픽에서 금빛 승전보를 전한 양궁 대표팀에 온 나라가 환호했다. 더불어 양궁협회의 공정한 선발 과정에도 사회적 관심이 쏠리면서 온라인상에서는 "40대와 10대가 한 팀, 나이 따위 상관없다. 잘 쏘면 그만"이라는 글이 널리 회자됐다. 양궁 대표팀 선발 원칙은 "나이나 경험을 초월하여 그해 가장 잘하는 선수를 선발한다"라는 단순한 기준이었다. 젊은 세대는 '블라인드 채용의 정석'이라며 그 공정성에 찬사를 보낸 것이다.

주요 대기업의 주축 세력으로 부상한 젊은 세대가 노동조합에도 변화의 바람을 불러일으키고 있다. 젊은 직장인들을 중심으로 LG전자와 현대차가 사무직 노조를 설립한 데 이어 현대중공업·넥센타이어 등으로 확산하고 있다. 이들은 정년 보장과 임금 협상 같은 전통적 가치보다 조직 문화 개선과 공정한 성과 보상을 중요하게 생각한다. 대기업에서 젊은 세대가 성과급 불만을 사회 이슈로 키운 것도 같은 이유에서다. 이들은 기성세대가 주도해온 보상체계 산정 방식에 불만을 제기하며 객관적인 기준 공개와 함께 개선을 요구하고 있다. SK·삼성·현대 등 주요 대기업에서 불거져 나온 MZ세대의 목소리는 이제까지 그저 '관행'으로 묻어두었던 오래된 문제를 끄집어내어 기성세대를 당혹스럽게 만들었으며 공정의 문제를 이른바 '시대적 소명'으로 끌어올렸다. 기존 세대와 달리 이들이 가장 큰 가치를 두는 것은 다름 아닌 과정의 공평성이다.

코로나19 이후 더 좁아진 청년 취업의 문턱 앞에서 취준생이 느끼는 공정성에 대한 요구는 그 어느 때보다 절실했다. 그 와중에 공정의 개념에 대한 인식 차이가 극명하게 드러난 사건이 있었다. 2020년 6월, 인천국제공항공사에서 비정규직 중 일부를 자회사 채용

조건에서 청원경찰 신분의 자사 정규직 고용으로 전환한다고 밝히면서 일어난 논란이다. 표면적으로 비정규직의 정규직 전환은 '결과의 평등' 면에서 공정하다고 볼 수 있다. 하지만 이는 '경쟁 과정의 공정'을 중요시하는 젊은 세대의 시각과는 매우 다른 것이었다.

70억 명이 함께하는 조별 과제, 필환경

어느 커뮤니티에 흥미로운 글이 올라왔다. 지구 환경 캠페인이 잘 진행되지 않는 이유는 70억 명이 함께하는 '조별 과제'이기 때문이라는 내용이었다. 학생들이 조별 과제를 할 때 갈등이 많은데, "내가 아니어도 누군가가 하겠지"라는 생각으로 무임승차하는 조원이 항상 있기 때문이다. 환경문제 해결도 마찬가지라는 것이다. "나 혼자 열심히 한다고 무엇이 바뀔까"라는 냉소적 태도와 소극적 선택들이 지구 환경문제를 가장 악명 높은 조별 과제로 만드는 요소일지 모른다. 하지만 환경보호에 대한 소비자의 인식이 바뀌고 있다. 『트렌드 코리아 2019』에서는 달라진 환경에 대한 소비자들의 자세와 관련해 **'필환경 시대'**라고 명명한 바 있다.

친환경에서 필환경으로 이행하는 가장 직접적인 이유는 바로 기후변화다. 기후변화로 인한 자연재해를 이제 계절마다 맞닥뜨리고 있다. 2020년은 지구온난화가 이어지면서 전 지구적으로 역대 세 번째로 따뜻한 해로 기록됐다. 코로나19가 기후변화 때문이라는 분석도 존재한다. 영국 케임브리지대학 연구진은 지난 100년간 중국 원

난성 남부를 비롯한 남아시아 지역 식생이 기후변화로 바이러스를 품은 박쥐가 살기 좋은 환경으로 바뀌었고, 야생 동물 포획과 거래가 늘면서 사람을 감염시키는 치명적인 바이러스 등장을 초래했다고 주장한 바 있다.[14]

이 주장의 사실 여부를 차치하고라도 중요한 것은 환경문제가 먼 미래의 일이 아니라 당장 내게 닥칠 문제가 됐다는 점이다. 지금 당장, 모두가 문제의식을 가지고 함께 해결해야 할 큰 과제가 됐다. 코로나19로 집에 머무는 시간이 길어지면서 배달음식과 택배 서비스 이용이 증가했다. 이로 인해 편리함의 기쁨보다 집 안에 쌓여가는 일회용품들을 처리하며 죄책감을 느끼게 된 사람들이 많아지면서 필환경을 실천하는 소비자들이 늘고 있다. 환경이 최우선 과제가 된 시대, 그 구체적인 행태의 면면을 짚어보자.

TREND KEYWORD 2019 **필환경시대**

그동안 환경을 배려하는 친환경 소비는 하면 좋은 것, 즉 '선택'의 문제였다면, 이제는 살아남기 위해서 반드시 해야 하는 '필수'의 문제로 바뀌었다. 프리사이클링과 제로 웨이스트 운동으로 소비자들의 자발적인 참여가 이어지는 가운데 기업들의 친환경 캠페인도 확대되는 추세다. 동물복지를 생각하는 크루얼티프리cruelty free 제품과 더욱 확장된 형태의 비거니즘 운동도 한층 활발해지고 있다. 환경과 자원을 생각하는 컨셔스 패션conscious fashion 바람도 거세다. 자원과 환경의 파국을 막기 위해서는 친환경에서 필환경으로의 전환이 절대적으로 필요한 시점이다.

「트렌드 코리아 2019」 pp. 265~290

1. 더 쉽게, '쉽'환경

환경문제는 사실 불가능하기보다는 귀찮기 때문에 실천하지 않는 경우가 더 많다. 분리수거가 번거로워서, 쓰레기통을 바로 찾기 어려워서 우리는 편리함의 유혹에 무너진다. 그렇기에 환경 실천력을 높이기 위해서는 세상을 바꾸겠다는 의지를 다지는 것보다 자신의 그릇된 욕구를 추스르고 올바른 실행을 할 수 있는 환경을 조성하는 것이 더 유용하다. 가령, 매일 들고 다니는 가방 안에 텀블러를 넣어두는 사소한 습관 같은 것 말이다.

그래서 필환경을 실천하는 데 가장 중요한 요소는 '쉬움'이다. 소비자의 손쉬운 노력을 통해 필환경을 실천할 수 있는 여건을 만들어야 한다. 예를 들어 CJ온스타일은 유통 업계 최초로 '이지 오픈 테이프'를 도입했다. 이름 그대로 포장재에서 테이프를 떼어내기 쉽게 만들어 박스 분리수거의 편의성을 높인 것이다. 테이프 가장자리 5밀리미터에는 접착제를 사용하지 않아 그 부분을 잡아당기면 칼이나 가위가 없어도 박스에서 테이프를 간단히 뜯어낼 수 있다.[15]

이제 음료를 포함한 용기 제품을 살 때, 얼마나 쉽게 라벨을 제거할 수 있는가가 선택의 기준이 되고 있다. 특히 투명 페트병의 경우 라벨 분리 배출이 의무화됐다. 아파트 등의 공동주택 단지 대상으로 시행되는 '폐기물관리법 시행령'에 의해 투명 페트병 분리 배출함을 따로 마련하지 않거나 다른 폐기물과 함께 버리는 경우, 투명 페트병에 라벨이 붙어있는 경우 등에 한해 과태료를 부과한다. 이에 라벨프리, 즉 라벨 없는 음료들이 소비자들에게 쉬운 실천을 제공하는 상품으로 부각되며 인기를·얻고 있다. 예를 들어 롯데칠성음료는 프리미

출처: 롯데칠성음료

●●● 환경에 대한 관심이 높아지자 기업들은 소비자가 더 쉽게 분리수거를 할 수 있도록 라벨을 제거한 음료 제품을 내놓고 있다.

엄 RTD 커피 '칸타타' NB New Bottle 캔에 라벨을 붙이는 대신 캔 몸체에 디자인을 직접 인쇄해 좋은 반응을 얻었다.

2. 더 근사하게, '힙'환경

요즘 소비자들은 멋있기 때문에 필환경 소비를 하는 경우도 많다. 필환경 소비 모습을 소셜미디어에 인증하고 자랑하기까지 한다. "필환경이 힙 hip 하다"고 생각하는 것이다. 소비자들의 변화된 입맛에 발맞춰 요즘 상품들은 예쁜데 착하기까지 하다. 게다가 착한 옷의 범위도 한층 넓어져 쓰레기가 될 뻔한 다양한 재료가 패션 아이템으로 재탄생한다. 커피 찌꺼기를 활용해 탈취력과 시원한 착용감이 장점인 청바지를 만들고, 폐그물망으로 알록달록한 색상의 모자를 만든다. 버섯 균사체로 만든 인공 가죽은 명품 브랜드 가방의 소재로 활용된다. 재료의 범위가 넓어지자 디자인도 다양해지고 더 힙해졌다. 자연스럽게 '힙'환경은 윤리의 차원을 넘어 가장 뜨거운 패션 트렌드가 됐다.[16]

"가방이 세상을 구할 수 있나요?"

2021년 영국 패션 브랜드 멀베리가 던진 화두다. 멀베리는 2030년까지 생산지에서 소비자에게 도달하기까지 모든 공정을 친환경 방식으로 이행하고, 2035년까지 탄소 배출량을 0으로 줄이겠다고 발표했다. 나아가 식품 생산 과정에서 버려진 가죽을 활용해 생산한 가방인 '멀베리 그린' 라인을 선보이기도 했다. 이탈리아 패션 브랜드 프라다도 기존의 모든 나일론 소재의 제품 생산을 중단하는 대신 재생 나일론인 '에코닐'을 적극 도입한다고 밝혔다. 트렌드의 최첨단 길을 걷는 패션계에서 환경 이슈에 빠르게 대응하고 있는 이유는 단순하다. 힙환경이 소비자들에게 환영받고 있기 때문이다.

중고시장에서도 재활용 소재로 만든 제품이 세상에서 하나뿐인 물건으로 여겨져 오히려 더 비싼 값에 거래된다. 화물을 덮는 트럭 방수천으로 가방을 만드는 스위스의 '프라이탁'이 대표적이다. 폐방수천을 활용하다 보니 패턴이 모두 다르다는 특징이 강점이 되어 "하늘 아래 똑같은 프라이탁 가방은 없다"는 말까지 생겼다. 프라이탁이 시장에 선보인 지는 오래됐지만, 필환경 바람을 타고 최근 N차 신상 시장에서 인기 아이템이 됐다.

3. 이제는 진짜 '찐'환경

필환경을 위한 실천의 길목에서 새로운 문제가 등장했다. 바로 "진짜로 환경을 위하는 것이 무엇인가?", 즉 '찐'환경을 찾는 일이다. 실제로는 비환경적임에도 마치 친환경적인 것처럼 홍보하는 **그린워싱** 문제가 발생하는 탓이다. 네슬레의 캡슐커피는 이산화탄소 배출량이 연간 8톤에 달하는 알루미늄 용기를 사용하면서도 지속가능한 알루미늄을 위해 여러 재활용 정책을 펼치고 있다고 홍보해왔다. 알루미늄 용기의 재활용률을 100%까지 늘리겠다고 했지만, 실제 재활용률은 29%에 그쳤다는 사실이 알려지면서 그린워싱 논란에 휩싸였다.[17]

그린워싱에 대한 소비자의 인식 수준이 날로 높아지는 가운데, 특히 플라스틱에 대한 우려가 커지고 있다. 많은 기업이 플라스틱을 줄이기 위해 다양한 노력을 기울이고 있다. 아모레퍼시픽은 내용기는 경량플라스틱, 외용기는 종이로 바꾼 화장품을 출시했고, CJ제일제당은 '햇반'의 빈 공간을 최소화하고 선물세트 트레이를 크게 줄였다. 동아제약은 '가그린' 페트병을 무색으로 바꾸고, 매일유업은 일회용 플라스틱 빨대를 뺀 제품을 출시하고 있다. 플라스틱은 우리 생활에 없어서는 안 될 편리한 물질이지만 문제는 500년이 지나도 분해되지 않는다는 것이다. 그래서 분해되는 플라스틱에 관한 관심이 높아지고 있다. 현재 '프로팩' 같은 중소기업이 180일

그린워싱greenwashing
실제로는 친환경적이지 않지만 마치 친환경적인 것처럼 홍보하는 '위장 환경주의'를 가리킨다. 예컨대 기업이 제품 생산 전 과정에서 발생하는 환경오염 문제는 축소하고 재활용 등의 일부 과정만을 부각해 마치 친환경인 것처럼 포장하는 것이 이에 해당한다.

이내에 퇴비화할 수 있는 생분해성 수지를 생산하고 있지만, 합성수지보다 비싼 가격 때문에 보급이 활발하지는 않다. 앞으로 기술 혁신을 통해 생산 가격은 낮아지고, 필환경 트렌드에 민감한 고객의 지불 의사 가격은 올라서 플라스틱 문제가 근원적으로 해결될 수 있기를 기대한다.

이와 같은 그린워싱을 방지하기 위해서는 기업들의 투명한 정보 공개가 필수적이다. 기업이 소비자에게 충분한 정보를 제공하지 않으면 소비자는 친환경 제품을 가려내기 어렵다. 이에 기업들이 자발적으로 친환경 제품에 대한 실질적인 효과와 눈에 보이는 수치를 제공하는 것이 필요하다. **ESG 경영**이 필수가 된 브이노믹스 시대에 ESG의 첫 단어 E Environment, 환경은 새로운 경영 패러다임의 첫걸음이다. 단기적인 시각이 아닌 장기적인 관점으로 접근해야 하며, 단순히 홍보와 좋은 이미지의 문제가 아니라 기업의 생존과 직결되어 있음을 명심해야 한다.

소비자 행태에도 변화의 조짐이 보인다. 서울 망원동의 '알맹상점'은 고객이 개인 용기를 가져오면 화장품·샴푸·세제·소스 등을 그 용기에 담아 무게(그램) 단위로 판매하는 곳이다. 알맹상점 같은 곳을 '제로 웨이스트 숍'이라고 하는데, 서울환경운동연합이 만든 '제비 지도(제로 웨이스트 숍과 비건 상점을 표시한 지도)'에 따르면 전국의 제로 웨이스트 숍 수는 2021년 4월 기준 90개를 넘었다고 한다.[18] 친환경을 위한 소비

ESG 경영
ESG란 환경보호Environment · 사회공헌Social · 윤리경영Governance의 약자로, ESG 경영은 기업이 환경보호에 앞장서고, 사회적 약자에 대한 지원 등 사회공헌 활동을 하며, 법과 윤리를 철저히 준수하는 경영 활동을 말한다.

자의 인식변화를 보여주는 "용기를 내"라는 말이 있다. 내용물을 담을 수 있는 리필용 빈 용기container를 내라는 말이지만 친환경, 나아가 필환경을 위해서는 소비자 개개인이 진짜 용기courage를 내야 한다는 이중적인 의미를 담고 있다. 시장의 변화, 더 나아가 세상의 변화를 주도하는 소비자의 역할이 때로는 기업보다 더 앞서감을 시사하는 말이다.

• • •

공동체적 공감력이 더욱 절실한 시대

＼

전술한 바와 같이 코로나19 이후 어려움을 딛고 빠르게 회복한 업종도 있지만, 여전히 고통의 시간을 힘겹게 버텨내는 업종도 많다. 디지털 플랫폼 기업이나 온라인이 주 무대인 기업에는 상당한 기회가 찾아왔지만, 대부분의 중소기업이나 자영업은 여전히 사회적 거리두기의 굴레에서 헤어나지 못하고 있다. 소매업의 형태별로도 백화점과 편의점은 모두 2020년 대비 증가세를 보였지만, 자영업 위주의 슈퍼마켓 및 잡화점 등은 감소세이고, 문구/완구점·서점, 작은 식당·카페·PC방·노래방 등 동네 상권은 여전히 깊은 침체에 빠져 있다. 이들에 대한 진정성 있는 배려가 절대적으로 필요한 시기다. 단순한 현금 지원에서 한 걸음 더 나아가 소상공인 및 자영업자의 디지털 트랜스포메이션 등과 같은 전략적 고민을 함께해야 한다.

경제·사회·환경 측면에서 코로나19가 우리에게 다시금 생각하도록 경종을 울린 핵심 키워드는 결국 '타인(사람)에 대한 공감 능력'이다. 우리에겐 지금 공동체적 공감력이 필요하다. 바이러스는 사람을 가리지 않지만, 그 사회경제적 영향은 매우 차별적이었다. 이 범지구적 재난 앞에서 가장 중요한 것은 무엇보다 공동체 의식의 복원이다. 이것은 연민의 문제가 아니라, 후술하듯이 '나노사회'에서 우리 공동체가 정상적으로 작동하기 위해 갖춰져야 하는 최소한의 필요조건이다. 공동체에 닥친 문제를 나의 문제로 받아들이고, 타인의 고통을 나의 고통으로 이해할 줄 알아야만 지속가능한 사회로 나아갈 수 있다. 잊지 말자. 내 아이가 행복하려면 이웃집 아이가 행복해야 한다.

일상력의
회복

바이러스 종식 이후의 라이프스타일 변화에 대한 정답을 찾으려 하기보다는
언제나 추구해왔던 '본래의 가치'를 되돌아봐야 한다.
변하지 않는 그 무엇 말이다.

"삶은 어떻게든 방법을 찾아낸다Life, uh⋯, finds a way."

영화 〈쥬라기공원〉의 명대사다. 공원을 통제하기 위해 번식을 못
하도록 암컷 공룡만 복원했는데 자연 상태의 알이 발견됐을 때, "암
컷들만 존재하는 집단에서 자연 번식이 가능한가?"라는 질문에 주인
공 이안 말콤(제프 골드브럼 분)이 과학자들에게 던진 답이다. 공룡들
이 번식을 위해 성 변이를 일으켰음이 확인되며 그의 생각은 결국 맞
았던 것으로 밝혀진다. 이 말은 사실 영화를 관통하는 하나의 철학이
기도 하다. 생명은, 그리고 삶은 통제할 수 없다는 것이다.

2021년 대한민국 소비자의 삶도 그러했다. 어떻게든 방법을 찾

아 일상을 회복하고자 했다. 코로나19 팬데믹으로 의식주는 물론 일하고 노는 것까지 극심한 통제를 받았던 한 해였지만, 사람들은 어떻게든 우회의 방법을 찾아냈다. 코로나19 사태가 시작된 2020년이 갑작스럽게 달라진 상황에 아등바등 적응하기 바빴던 한 해였다면, 2021년은 그 변화에 나름으로 대응하고 대안을 모색하는 시간이었다. '애프터 코로나AC, After Corona'를 기대하기 요원한 상황에서 시민들은 자연스럽게 '위드 코로나WC, With Corona'의 라이프스타일을 추구해나갔다.

코로나19 이후 라이프스타일의 핵심은 '라이프'가 아닌 변화에 대한 대응 방식, 즉 '스타일'에 있다. 바이러스로 인해 모두가 비슷한 라이프(일상)를 살 수밖에 없었지만, 개성 있는 가치를 추구하는 소비자들은 자신만의 다양한 스타일(방법)로 삶을 영위했다.

우리의 삶은 살고, 일하고, 노는 시간의 연속이다. 코로나19 팬데믹으로 사람 간의 접촉과 모임이 제한되자 필연적으로 사는 터전인 집의 중요성이 상대적으로 높아졌다. 재택근무·원격근무 등이 강제되면서 비대면 직장 생활을 효율적으로 해낼 수 있는 여러 방안이 모색됐다. 역병의 확산을 막기 위해 강화된 방역수칙으로 노는 방식도 바뀔 수밖에 없었다. 살고, 놀고, 일하는 일상의 변화를 '슬기로운 주거 생활', '스마트한 업무 생활', 그리고 '즐거운 여가 생활'로 나누어 2021년 우리 소비자들의 삶이 어떻게 새로운 방법을 찾아 일상을 회복하려 했는지, 나아가 산업계에서는 그러한 라이프스타일의 변화에 어떻게 대응하고자 했는지 그 면면을 살펴본다.

슬기로운 주거 생활

'홈home연일체'. 팬데믹 시대, 사람들에게 집의 의미를 한 마디로 표현하라면 이만한 표현도 없을 것이다. 집에 머무는 시간이 길어지면서 집은 단순히 밥 먹고 잠자는 장소를 넘어 자신과 하나 되는 공간이 됐다. 코로나19 이후 생활 영역별 이슈어 분석 결과에 따르면 의식주 생활 전반에서 집 관련 키워드가 두드러지고 있음을 알 수 있다. 집이 명실상부하게 삶의 중심이 되고 있는 것이다.

『트렌드 코리아 2021』에서는 코로나19 이후 집에 대한 관심이 늘어난 결과로 집의 기능이 다층적으로 형성되는 트렌드, '레이어드 홈' 키워드를 제안했다. 기존 기능을 심화하는 '기본 레이어', 집 밖에서만 가능하다고 여겨졌던 기능을 집으로 불러들이는 '응용 레이어',

---

TREND KEYWORD 2021

레이어드 홈

여러 벌의 옷을 겹쳐 입어 멋을 부리는 '레이어드 룩layered look' 패션이나, 이미지 프로그램 '포토샵'에서 이미지의 층層을 의미하는 '레이어layer'처럼, 집이 기존의 기본 기능 위에 새로운 층위의 기능을 덧대면서 무궁무진하게 변화하는 현상을 의미한다. 집이 보여주는 층위는 크게 세 가지다. 첫째, 기본 레이어Basic Layer는 기존에도 수행해왔던 기능을 심화하는 층이다. 둘째, 응용 레이어Additional Layer는 그동안 집에서는 별로 하지 않던 일을 집에서 해결하는 층이다. 셋째, 확장 레이어Expanding Layer는 집의 기능이 집 안에서만 이뤄지지 않고 집 근처, 인근 동네로 확장되며 상호작용하는 현상을 지칭한다. 레이어드 홈 트렌드는 미래주택 공간의 패러다임이 이동하고 있음을 보여주는 신호다. 미래 소비산업 변화의 요람은 집이 될 것이다.

『트렌드 코리아 2021』 pp. 174~197

코로나19 이후 생활 영역별 이슈어 분석 결과

No	의생활			식생활			주생활		
	키워드	언급량	상승률	키워드	언급량	상승률	키워드	언급량	상승률
1	잠옷	16,963	111%	배달음식	41,592	153%	인테리어	222,526	82%
2	속옷	9,728	56%	집밥	28,560	40%	홈트	29,340	229%
3	운동복	9,028	54%	혼밥	17,204	65%	홈파티	16,319	465%
4	레깅스	8,633	64%	건강기능식품	16,473	74%	인테리어 소품	8,383	83%
5	와이어리스	5,371	39%	홈카페	15,418	107%	홈스쿨링	3,753	39%
6	츄리닝	3,570	122%	밀키트	14,386	581%	주방가구	3,573	278%
7	옷감	2,698	49%	간편식	7,278	77%	셀프 인테리어	2,864	97%
8	홈웨어	2,339	172%	홈베이킹	3,279	67%	가드닝	2,240	77%
9	요가복	1,899	29%	간편조리	1,641	22%	주방가전	2,004	121%
10	의류 관리	1,618	147%	즉석식품	1,134	23%	홈오피스	1,609	NEW

분석 채널: 블로그, 커뮤니티, 카페, 트위터
출처: 코난테크놀로지

가까운 동네를 집처럼 활용하는 '확장 레이어'의 세 가지 층위로 주거 공간 패러다임의 변화를 제시한 바 있다. 이 세 레이어를 중심으로 2021년의 집은 어떻게 변화했는지 살펴보자.

기본 레이어: 멋진 집 만들기

기본 레이어는 집의 기본적 기능이 심화하는 것이다. 사회적 거리두기가 강화되면서 사람들은 더 오래 집에 머무르게 됐는데, 단지 체류

시간만 늘어난 것이 아니었다. "양의 축적은 질적 변화를 초래한다"라는 말처럼 집은 그만큼 더 좁게, 더 지저분하게, 더 지루하게 느껴졌다. 이에 사람들은 집 공간을 더 넓고, 더 효율적이고, 더 아름답게 활용할 수 있는 방안을 적극적으로 모색했다.

'집콕 생활의 일상화'로 가장 큰 특수를 누린 곳은 홈인테리어 업계다. 집에 머무르는 시간이 길어진 소비자들은 집 공간을 더 효율적으로 활용하고자 했다. 그중에서도 정형화된 공간을 손쉽게 분리하여 면적 활용도를 높여줄 수 있는 가벽의 인기가 단연 높았다. '알파룸(다용도의 방)' 혹은 '줌룸zoom-room(줌 회의를 할 수 있는 방)'과 같은 새로운 공간 창출에 용이했기 때문이다. 인테리어 중개 플랫폼 전문 기업 '집닥'은 최근 2년간의 검색량이 약 5배 증가한 '가벽'을 2021년 인기 키워드로 선정했다.[1] 가벽과 함께 현관과 거실을 분리하는 '중문' 또한 홈인테리어의 필수 아이템으로 부상했다. 선택지에 불과했던 중문이 코로나19 시대에 집 안과 집 밖의 이중 차단이라는 물리적·심리적 보호막 역할을 한 것으로 해석된다.

코로나19 이후 집에 대한 주목도가 높아지면서 집 내부도 점점 예뻐지고 있다. 머무는 시간이 늘며 잘 꾸미고 싶은 욕망이 커지기도 했지만, 화상회의·재택교육이 일반화되면서 자기 집이 다른 사람의 눈에 띌 경우가 늘어났기 때문이다. 카메라 너머로 보이는 근사한 배경을 위해 사람들은 커튼이나 책꽂이, 식물 등으로 집을 꾸미고, 여기서 더 나아가 '호텔 같은 집'을 목표로 하기도 한다. 여행지나 맛집에 가지 못하자 인스타그램 등 SNS에 집 사진을 올리며 서로의 인테리어 팁을 공유하는 것으로 아쉬움을 달래는 사람들도 늘고 있다.

예쁜 집에 대한 관심은 좋은 가구와 가전 채우기로도 이어졌다. 특히 평균 교체 주기가 길던 침대·냉장고·TV의 판매량이 2021년 들어 급증했다. 이는 집의 기존 기능, 즉 기본 레이어를 보완하려는 홈족의 거침없는 투자로도 해석할 수 있다. 예를 들어 '백색_{白色}' 가전이라 불리던 가전제품들이 '백 가지 색_{百色}'을 입은 인테리어 가전으로 변모하면서 매출도 신장세를 보였다. 색상 모듈화가 가능한 취향 가전으로 탈바꿈한 삼성전자의 '비스포크BESPOKE' 냉장고는 2019년 6월 출시 이후 6개월 만에 자사 냉장고 국내 매출의 절반을 뛰어 넘었고,[2] 뒤이어 출시된 LG전자의 '오브제 컬렉션Objet Collection'은 2021년 7월 한 달간 판매량이 자사 얼음정수기 냉장고의 절반 이상을 차지할 정도의 인기를 보였다.[3]

집 꾸미는 데 관심이 커지다 보니 홈인테리어에 대한 전문가의 토털 컨설팅 서비스도 다양하게 등장했다. 주방가구로 유명한 한샘은 '리하우스'라는 홈인테리어 브랜드를 새롭게 출범하며 VR을 동원한 전문가와의 일대일 서비스를 제공했고, 현대리바트는 인테리어 설계 및 디자인 역량을 갖춘 '리바트 플래너'의 전문 컨설팅 서비스를 제공하고 있다.

응용 레이어: 집의 변신은 무죄

집이 아침엔 카페가 되고, 낮에는 헬스장이었다가, 밤에는 바bar로 변신한다. 사회적 거리두기의 영향으로 외부 활동이 제한되면서 예전에는 밖에서 하던 일을 이제는 집에서 해결한다. 외부의 기능이 안으로 들어오는 집의 '응용 레이어'다. '홈' 관련 확장어 및 향후 떠오를

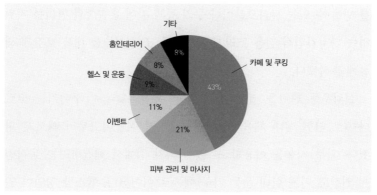

홈 관련 확장어 분석

- 기타 8%
- 홈인테리어 8%
- 헬스 및 운동 9%
- 이벤트 11%
- 피부 관리 및 마사지 21%
- 카페 및 쿠킹 43%

출처: 코난테크놀로지

'홈' 관련 키워드 분석에 따르면, 카페·쿠킹·피부 관리·헬스 등 외부에서 할 수 있는 거의 모든 활동이 포착됐다. 집 밖에서 경험할 수 있던 재미를 집 안으로 옮겨보겠다는 집콕족의 의지가 두드러지게 나타났다.

외식의 경험을 집으로 옮긴 홈카페와 홈바의 열풍으로 관련 제품에 대한 인기도 덩달아 높아졌다. 관세청 수출입 무역 통계를 보면, 2020년 '커피 기기(그라인더·머신)'는 1억2,054만 달러어치 정도가 수입되면서 전년 대비 매출이 35% 증가했다.[4] 인파로 붐비는 커피숍을 방문하는 대신 부엌 한편에 나만의 홈카페를 만들어 여유롭게 즐기려는 니즈가 반영된 것으로 보인다. 손쉽게 홈바를 즐길 수 있도록 편의성을 높인 조리도구와 간편식 안줏거리도 다채롭게 선보였다. 냉동 안주 가정간편식HMR 시장은 청정원의 '안주야'가 처음 출시됐던 2016년에는 195억 원 규모였는데, 2020년에는 매출이 850억 원으로 대폭 상승했다.[5] 음식의 바코드만 찍으면 쉽게 요리하고 안주를 만들 수 있는 광파오븐이나 쿠커 등과 같이 홈술족의 편의를 지원하는 가정간편식 전용 조리기구도 안주 조리 기능을 대폭 보강해 새롭게 출시됐다.

실외운동 환경을 집 안에 구현한 '홈짐home+gym' 꾸미기는 코로나19로 인한 실내 체육 시설 집합금지가 적용되고부터 빠르게 퍼졌다. 외부 시설을 이용할 수 없게 되자 집에서 해결하려는 움직임이 커졌고 이는 실내 운동 기구 매출로 이어졌다. 헬스장 영업이 일시 정지됐던 2020년 9월부터 홈짐 관련 제품의 출시와 매출이 꾸준히 늘어나고 있는데, CJ대한통운이 16억 개 이상의 택배 상자 빅데이터를 분석해 내놓은 '일상생활 리포트 2020~2021'에 따르면 훌라후프(332%), 러닝머신(212%), 아령·덤벨(102%) 등의 증가세가 두드러졌다. 이에 비해 배구(-40%), 배드민턴(-27%), 테니스(-27%), 축구(-15%) 등 단체 스포츠용품 주문은 전년보다 줄어든 것으로 나타나 홈짐이 대세로 자리 잡았음을 알 수 있다.[6] 실상 홈짐은 나만의 헬스장을 꿈꾸던 현대인들의 로망이다. 요가 매트 한 장 정도로 운동 공간이 한정적이고 유동적일 수밖에 없는 '홈트'와 달리 홈짐은 운동기구들을 집 안으로 들여 집의 한편 혹은 방 한 칸을 고정적으로 사용하며 이뤄진다. 철봉·미니랙·중량봉·덤벨·벤치 등 무겁고 커서 집에 둘 엄두를 내지 못했던 운동 기구들이 층간소음을 줄여주는 고경도 매트와 함께 대거 집으로 들어왔다. 자기만의 공간에서 순서를 기다리지 않고 자신에게 최적화된 기구를 자유롭게 이용할 수 있는 홈짐은 위드 코로나 시대의 대표적인 홈 트렌드로 자리 잡았다.

확장 레이어: 집 밖을 집 안처럼 활용

응용 레이어가 밖에서 하던 일을 집에서 수행하면서 생기는 층위라면, 확장 레이어는 반대로 집의 기능 일부를 집 밖으로 맡기는 것이다. 집 공간을 넓히고 싶을 때, 큰 곳으로 이사하면 되겠지만 쉽게 가능한 해법은 아니다. 그보다 쉬운 방법은 집에 뒹구는 물건들을 치워 가용 공간을 넓게 쓰는 것이다. 특히 원룸에 거주하는 1인 가구는 한정된 수납 공간 때문에 깔끔하게 정리하는 것조차 어렵다. '슬세권(슬리퍼를 신고 다녀올 수 있을 정도의 근거리 집 주변)' 안에 있는 '공유창고 서비스'는 이처럼 좁은 공간에 있는 많은 물건들로 인한 불편함을 단번에 해소해주며 소비자에게 편의를 제공했다. 서울교통공사가 운영하는 '또타 스토리지'는 캐비닛형과 룸형의 두 가지 보관함을 최소 1개월부터 최대 1년까지 장기 이용할 수 있는 서비스다. 역사 안에 위치하여 인근 주민들의 접근성을 높임으로써 2020년 11월 개시일 기준, 한 달 만에 74%의 이용률을 달성했다.[7] 이후에도 100% 이용률을 유지하면서 2021년 6월부터는 12개역 13개소로 확대 운영하고 있다. 이밖에 편의점에서 제공하는 공유창고 보관 서비스 이용도 늘어나는 추세다.

사도 사도 입을 옷이 없어 고민인데 옷장마저 가득 차서 고민인 사람들을 위해 넘쳐나는 옷장을 대신해주는 크린토피아의 '의류 보관 서비스'도 좋은 반응을 얻고 있다.[8] 옷장만큼 늘 좁은 것이 냉장고다. 편의점들은 제품 구매 후 바로 가져가지 않아도 되는 서비스를 통해 소비자에게 집 밖 또 하나의 냉장고를 제공하고 있다. GS25의 '나만의 냉장고'와 CU의 '포켓CU 키핑쿠폰'은 구매 시 1+1 혹은 2+1로 제공하는 증정품을 보관할 수 있으며 점포에 상관없이 나중에 보관 상품을 수령할 수 있도록 하고 있다.[9] 돌아다니다가 가까운 편의점에 들어가 미리 사놓은 제품을 꺼내 먹을 수 있는 '휴대형 냉장고'가 하나 더 있는 셈이니 집의 스마트한 확장이라 할 수 있다.

스마트한 업무 생활

╲

2021년에 방영된 OCN 드라마 〈경이로운 소문〉은 다소 특별한 방식으로 제작됐다. 편집을 담당한 대표는 제주도에 머물면서 작업했고, PD가 자가격리에 들어갔을 때는 세 공간에서 동시접속을 통해 편집 작업을 진행했다.[10] '원격 워크스테이션'을 활용해 제주도에서 접속한 PD가 마우스를 움직여 서울의 편집실 컴퓨터를 제어했는데, '시간 밀림 현상'도 전혀 없어 편집실의 스태프들은 바다 건너에 있는 감독의 지시에 따라 각자의 모니터 앞에서 빠르게 동시 작업을 해냈다. 편집실과 현장을 교차 방문하는 시간을 줄였고, 작업하는 동시에 상호 피드백이 가능해 함께 모여서 대면 작업을 할 때보다 훨씬 빠르게 편집본을 만들어낼 수 있었다. 원격 워크스테이션의 성공적인 도입 이후 tvN 드라마 〈나빌레라〉도 같은 방식으로 작업이 이뤄졌다.

다소 극적인 경우이긴 하지만, 첨단 네트워크 기술을 이용해 어떻게 코로나19를 극복할 수 있는지 잘 보여주는 사례라고 하겠다. 코로나19 이후 직장 및 기타 조직에서 대면 근무가 많은 제약을 받자 사람들은 크게 두 가지로 스마트하게 해결 방법을 찾아 나섰다. 첫째는 재택에서 효율적인 근무를 할 수 있는 최적의 방안을 모색하는 것이고, 둘째는 팀 구성원 간의 유연하고 끊김 없는 의사소통을 가능하게 하는 것이다.

재택근무 환경 만들기

회사마다 재택근무가 일반화되면서 비대면 원격업무 방식이 자리 잡았고, 직장인들은 출퇴근길 없는 일과를 집에서 보낼 수 있게 됐다. 처음 재택근무가 시작됐을 땐 물리적 이동 시간을 절약할 수 있다는 장점이 강조됐다. 어떤 이들은 클릭만으로 출근이 인정되고 업무 내용을 지켜보는 이가 없다는 점에서 자유로움을 경험했을 것이다. 하지만 비대면 근무가 장기화되면서 단점도 드러나기 시작했다. 사무실보다 협소한 집 공간에서 업무를 보는 것은 꽤 답답한 일이었고, 일의 진행에 차질이 생겼을 때 빠르게 도움을 주던 파티션 옆 사수가 없는 상황도 종종 신입사원을 당황스럽게 했다.

예상하지 못했던 또 하나의 문제는 집에서 일을 할 공간적 준비가 전혀 없었다는 점이다. 집이 곧 일터가 되면서 보다 쾌적한 '업무 환경'을 갖춰야 할 필요성이 커졌다. 『트렌드 코리아 2020』에서는 최소한의 노력과 시간으로 최대한의 성과를 누릴 수 있게 해주는 '**편리미엄**' 키워드를 제안한 바 있다. 재택근무 상황에서 편리미엄은 단지 가사 업무를 돕고 사소한 불편함을 해결하는 것을 넘어 집에서 스마트한 업무 생활을 전개할 수 있는 바탕을 마련해줬다.

통계청 발표에 따르면 편리미엄 '홈케어' 시장은 2017년 3조 원 정도에서 2021년에는 10조 원 규모에 이를 만큼 급부상 중이다.[11] 넘치는 업무에 해도 해도 끝이 없는 가사까지 돌볼 여력이 부족한 직장인들의 '청소 대행 서비스' 이용이 늘어난 것이 대표적이다. 홈케어 서비스 플랫폼인 청소연구소의 경우, 2021년 5월 누적 주문 건수가 180만 건을 달성했으며, 연 매출 증가율도 200%라는 경이로운 수치를 보이고 있다. 이용자의 대부분은 맞벌이 부부와 싱글족들이다.[12] 청소 대행에 대한 관심이 확대되면서 생활가전 위생 관리 서비

TREND KEYWORD 2020 | **편리미엄**

편리한 것이 프리미엄이다. 이제 프리미엄의 기준은 하고 싶은 일은 많고 시간은 부족한 현대인에게 최소한의 노력과 시간으로 최대한의 성과를 누릴 수 있게 해주는 것이다. 편리미엄 전략은 크게 세 가지로 나뉜다. ① 해야 할 일에 소요되는 절대적 시간을 줄여주거나, ② 귀찮은 일에 들어가는 노력을 덜어주거나, ③ 얻고자 하는 성과를 극대화시켜주는 것이다.

『트렌드 코리아 2020』 pp. 383~404

스 시장도 덩달아 성장했다. 코웨이의 아이오케어 서비스, 웰스의 '홈케어 서비스', 전자랜드의 '클린킹' 서비스 등 가전 살균·세척·케어 서비스 시장은 코로나19 이전보다 매우 큰 폭으로 성장했다. 집에서의 가사 노동을 줄여 업무 시간을 확보하고, 쾌적한 재택근무 환경을 조성하려는 필요 때문으로 분석된다.

재택근무 환경에서 업무 효율을 높이기 위한 각종 전자기기의 매출도 상승했는데, 대표적으로 고기능 스마트폰에 밀려 하향세를 보이던 노트북이 다시 살아난 것을 꼽을 수 있다. 노트북은 거실에서 방으로, 방에서 거실로 장소를 이동하면서 쓸 수 있다는 장점이 있고 최근 데스크톱 PC와 견줘도 성능이 뒤지지 않는 대화면과 OLED, 태블릿 PC 전환, 스마트펜 기능 탑재 등 다양한 기능을 갖춰 재택근무자들의 필수 아이템으로 등극했다. 업계에 따르면, 2020년 국내에서 판매된 노트북 컴퓨터와 데스크톱은 500만 대를 조금 넘은 수준인데, 이는 전년보다 10% 이상 증가한 수치다. 이중 노트북의 판매 비율이 60%, 데스크톱이 40%가량을 차지하며 노트북 수요가 더 늘어났음을 보여준다. 국내뿐만 아니라 전 세계적으로도 이런 추세가 눈에 띄는데, 2020년 출하된 노트북은 전년 대비 23% 증가한 2억 대로 사상 최대치를 기록했으며, 2021년에도 전년보다 10%가량 증가한 2억2천만 대가 출하될 것으로 예상된다.[13]

줌이나 구글 미트로 하는 화상회의, 원격수업과 재택근무를 위한 웹캠도 빠질 수 없다. 관련 기업인 앱코에 따르면 2021년 상반기 웹캠 제품군의 매출이 약 49억 원으로 전년 동기보다 약 5배 가까이 증가했다. 이는 화상회의나 촬영을 위해 PC에 없는 웹캠을 별도로 설치하거나 노트북에 기본적으로 웹캠이 탑재되어 있더라도 보다 높은 화질을 원하는 고객들이 늘어나고 있기 때문으로 분석된다.[14]

이밖에 출근길의 모닝커피가 필수였던 직장인들은 커피머신과 대용량 커피로 이를 대체하는가 하면 집 안에 하루 종일 머무는 자신을 위한 공기청정기, 주변 소음을 줄여주는 소음방지 이어폰, 편한 자세와 손목을 위한 노트북 거치대와 버티컬 마우스 등 재택근무 필수 아이템을 공유했고, 이와 관련한 제품들의 매출도 덩달아 상승했다.[15]

업무 네트워킹 효율 높이기

재택근무가 일상화되면서 직원들과 관리자의 의사소통을 지원하는 각종 업무용 협업 툴은 업무성과를 올리는 데 중요한 역할을 하게 됐다. 협업 툴은 기업의 정보를 전산화하는 것뿐만 아니라 메신저·이메일·파일 및 일정 공유·화상회의·전자결재·근태 관리 등 비대면 근무 시 필요한 모든 기능을 하나로 합친 서비스다.

2013년 업무용 메신저 슬랙Slack이 출시되면서 형성되기 시작한 협업 툴 시장은 코로나19로 급속한 성장세를 보였다. 시장조사 업체 스태티스타에 따르면 협업 툴 시장 규모는 2019년 124억 달러(14조 원)에서 2020년 256억 달러(29조 원)로 100% 이상 성장했다. 국내에서는 잔디·네이버웍스·플로우 등이 시장 선점을 놓고 경쟁을 벌이는 가운데 카카오와 NHN두레이 등이 신규 진입했다. 토스랩이 운영하는 협업 툴 잔디는 사용팀이 2021년 1월 22만 개에서 7월에는 30만 개를 넘어섰다고 밝혔다. 연 매출 성장률은 100%에 달한다. 해외에서 널리 쓰이는 메신저 라인에 힘입어 네이버웍스는 해외 고객

출처: 잔디, 네이버웍스, 카카오워크

● ● ● 재택근무가 일상화되면서 업무 협업 툴의 사용자가 크게 증가했다. 협업 툴은 메신저, 파일 및 일정 공유부터 화상회의와 전자결재까지 비대면 근무 시 필요한 기능을 제시하여 디지털 트랜스포메이션을 용이하게 한다.

사를 포함해 20만 개 이상의 고객사가 이용하고 있다. 구성원 근태 및 회계 관리 기능을 제공하는 '워크플레이스'와 전자결재, 설문 등이 가능한 '스마트 러너'와 결합해 시너지를 높인 것으로 평가받는다.[16] 카카오톡이라는 익숙한 사용자 인터페이스 덕분에 진입이 쉬웠던 카카오워크는 뒤늦게 출시됐음에도 2020년 9월 사용팀 15만 개를 확보해 단기간 만에 높은 점유율을 기록했다.[17]

업무 활동의 효율을 높여주는 장비도 중요해졌다. 홈인테리어 플랫폼 '오늘의 집'의 판매 데이터를 바탕으로 한 '2021년 상반기 인테리어 및 라이프스타일 커머스 트렌드' 분석 결과에 따르면 서재 가구 카테고리가 77%의 상승률을 기록했다.[18] 재택 상황에서 소비자들이 정해진 근무 시간 내에 최대의 성과를 내기 위해 방 안의 책상을 꾸미는 '데스크테리어(데스크+인테리어)'에도 관심이 커졌다. 2020년 12월, 위메프의 사무 공간 인테리어 제품 판매는 전년 동기 대비 약 9배가 늘었고, G마켓에서도 인테리어 파티션·데스크 정리함·데스

크 매트 등 책상 정리에 필요한 사무용품 판매량이 크게 증가했다.[19]

한편 재택근무에 권태로움을 느낀 직장인들은 공유오피스를 방문해 분위기 전환을 시도하기도 했다. 2020년 하반기 기준 서울의 공유오피스는 총 269개로 전년 대비 약 39%가 늘었으며,[20] 국내 공유오피스 업계 1위인 패스트파이브는 2020년 40% 이상의 매출 성장세를 이어갔다.[21] 일부 기업들은 공유오피스를 활용한 '거점 오피스' 근무제를 도입하기도 했다. SK텔레콤이 2020년 을지로·종로·판교 등 5개 지역을 비롯해 전국에 걸쳐 분산근무 환경을 마련했으며, 현대자동차·롯데쇼핑·한화시스템·쿠팡 등도 거점 오피스를 도입해 재택근무에 어려움을 겪는 직원들에게 보다 효율적이고도 창의적으로 업무에 집중할 수 있는 환경을 지원하고 있다.

즐거운 여가 생활

2018년 3월 주 52시간 근무제가 시작된 이후, 2019년 대한민국의 여가 시간(요일 평균 4.0시간)은 소폭 증가했다.[22] 2020년 코로나19 바이러스가 창궐한 이후로 야외 활동은 크게 제한됐지만, 재택근무 증가, 회식과 모임 감소, 출퇴근 시간 절약 등의 이유로 일상 속 여가 시간은 요일 평균 4.2시간으로 크게 늘어났다.[23] 단순히 여가 시간만 늘어난 것은 아니다. '코로나 블루'로 일컬어지는 사회적 우울감 속에서도 사람들은 뭔가 더 재미있는 요소를 찾는 데 몰두했다. '호모 루덴스Homo Ludens(놀이하는 인간)' 개념까지 들먹이지 않더라도, 인간은 놀아야 하는 존재다. 그렇다면 팬데믹으로 많은 활동이 제약된 가운데 소비자들은 어떻게 즐겁게 놀 방법을 찾았을까? 디지털 시대의 주민답게 실내에서 랜선을 통해 놀기도 했고, 밖으로 뛰어나가 진짜 스포츠를 즐기기도 했다.

재미는 네트워크를 타고

사회적 거리두기 상황에서 여가 활동은 먼저 네트워크를 타고 이뤄졌다. 한국콘텐츠진흥원의 '2020 게임이용자 패널 연구'에 따르면 코로나19 확산 이후 온라인 게임 이용 시간은 아동·청소년뿐 아니라 성인층에서도 증가한 것으로 확인됐다. 특히 모바일 게임에 대한 수요가 지속되면서 2021년 상반기 한국의 월평균 지출(모바일 기기 한 대당)은 구글플레이 기준 13달러로 세계 1위에 올랐다.[24]

콘솔 게임의 인기도 두드러져 시장 규모가 2018년 5,285억 원에서 2020년 8,676억 원으로 성장한 데 이어 2021년은 1조 원을 넘어설 것으로 전망됐다.[25] 신한카드 빅데이터연구소에 따르면 2021년 상반기 콘솔 게임 이용 건수는 2019년 동기 대비 125% 상승한 것으로 나타났다. 이는 '닌텐도 스위치'와 '플레이스테이션5'의 2020년 인기작 '모여봐요 동물의 숲'과 '사이버펑크 2077' 게임 출시 영향으로 볼 수 있다.

넷플릭스나 왓챠 같은 OTT 서비스를 통해 영화·드라마·예능 등의 콘텐츠를 즐기는 여가 활동도 더욱 확대됐다. 신한카드 빅데이터연구소의 분석 결과, OTT 서비스 업체 5곳에 대한 이용 건수 추이는 2020년 대비 2021년 상반기에 46%가 증가해 상승세를 이어갔음이 확인됐다. 이후 2021년 7월부터 다시 시작된 코로나19 4차 대유행을 기점으로 OTT 앱 이용은 계속해서 증가해 넷플릭스·왓챠·티빙·웨이브·쿠팡플레이는 구글 플레이스토어와 애플 앱스토어의 엔터테인먼트 인기 순위 1위에서 5위까지를 모두 차지했다. 같은 시기 '쿠팡

콘솔 게임 이용 건수 추이

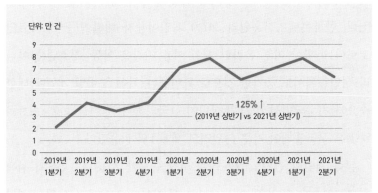

출처: 신한카드 빅데이터연구소

OTT 서비스 이용 건수 추이

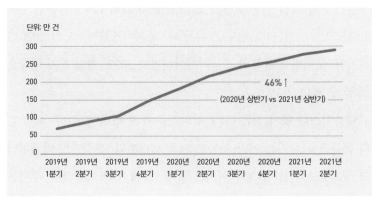

출처: 신한카드 빅데이터연구소

플레이'의 약진도 주목할 만하다. 4차 대유행이 본격화되기 이전의 신규 가입자 수가 6만 명 선이었는데 2021년 7월 둘째 주부터는 8만 명으로 급증했다.[26] 새로운 OTT 서비스의 출시와 각 업체 간의 치열한 경쟁, 오리지널 콘텐츠 수급을 위한 천문학적인 규모의 투자 등이 이어지면서 OTT 이용 고객의 선택권은 더욱 넓어지고 이용 시간도 늘어나는 추세다.

TV 시청이 줄어든 대신 OTT가 제공하는 영화·다큐멘터리·게임을 더 크고 생생한 화면으로 즐기는 사람들이 늘어나면서 프리미엄 TV 시장도 꾸준한 성장세를 보이고 있다. 업계에 따르면 2020년 국내 TV 시장에서 75인치 이상 프리미엄 TV 판매량은 전년 대비 158% 급증했으며, 이 추세가 이어지면서 2021년 1분기에도 전년 동기 대비 68% 성장한 것으로 확인됐다. 이는 전체 TV 판매량의 19%를 차지하는 수치다. 프리미엄 TV의 가격도 기존보다 대폭 낮아진

하루 평균 TV 이용 시간

2시간 58분 (2017년)
2시간 57분 (2018년)
2시간 55분 (2019년)
3시간 9분 (2020년)

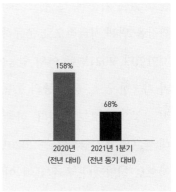

국내 75인치 이상 TV 판매량 증가율

158% (2020년, 전년 대비)
68% (2021년 1분기, 전년 동기 대비)

출처: 정보통신정책연구원, GfK

300만 원대로 형성되고 코로나19로 늘어난 집콕으로 인한 수요가 상존하면서 이 흐름은 계속 이어질 것으로 보인다.[27]

방역수칙을 철저히 지키면서 안전하게 여가 생활을 할 수 있는 온라인 취미 클래스에 대한 관심도 꾸준히 높아지고 있다. 미술·공예·디지털 드로잉 등 여러 종류의 취미 활동 수업을 언제 어디서나 수강할 수 있어 관련 시장이 큰 폭으로 성장했다. 일례로 인기 온라인 취미 클래스 플랫폼 '클래스 101'의 회원 수는 2020년 1월 80만 명에서 8월 150만 명을 돌파했다.[28] 취미 클래스의 수강생이 늘자 관련 상품의 매출도 증가했다. 온라인 쇼핑몰 롯데온의 취미 생활 관련 용품 매출액은 2021년 7월 기준 전년 대비 70.6%가 뛰었으며, 칼림바·오카리나·보석십자수 등 쉽게 접할 수 없었던 품목에 대한 수요도 증가한 것으로 나타났다.[29]

스포츠는 멈추지 않는다

운동은 원래부터 인기 있는 트렌드였다. 운동에 관한 관심이 꾸준히 늘고 있는 가운데, 『트렌드 코리아 2021』에서는 경험·자아·관계의 확장을 위해 적극적으로 운동하는 트렌드를 '오하운'이라는 키워드로 제안했다. 2021년은 야외 활동에 제약이 커지면서 충분한 거리두기가 가능한 골프·등산 등의 운동이 많은 인기를 얻었다. 이에 따라 관련 용품의 수요도 늘었다. 한국레저산업연구소에 따르면 2021년 국내 골프웨어 시장 규모는 2020년 5조1,250억 원에서 약 11% 증가할 것으로 전망됐다.[30] 골프에 이어 등산용품의 판매량도 고공행진을 이어갔다. G마켓의 2021년 상반기 등산화 판매량은 전년 동기 대비

25% 증가했고 등산 장비 판매량은 39%가 늘었다.[31]

골프나 등산처럼 기존에 애호하던 스포츠가 아니라 새로운 영역에 대한 도전도 늘고 있다. 물속을 유영하는 스쿠버다이빙에서 한 걸음 더 나아가, 산소통 없이 무호흡으로 50m 이상을 잠수하는 딥다이빙 혹은 프리다이빙이 인기를 끌고 있으며, 2021년 도쿄 올림픽을 계기로, 펜싱과 클라이밍도 인기다. 밤에 하는 등산인 야등夜發이 새로운 등산 유형으로 등장하기도 했다.

코로나19 바이러스로 여행 빈도가 감소했지만 해외여행길이 막히면서 국내여행에 대한 수요는 늘었다. 2021년 7월, 국내 주요 온라인 여행 플랫폼의 개인 결제 추정금액을 조사한 결과, '야놀자'는 1,579억 원, '여기어때'는 1,124억 원으로 역대 최대치를 기록했다.[32] 그렇다면 코로나19 극복 이후에도 국내여행 붐은 지속될 수 있을까? 20대에서 50대 2,020명을 대상으로 한 〈중앙일보〉의 설문

TREND
KEYWORD
2021

오하운

생활밀착형 운동의 시대에서 운동이 곧 라이프스타일의 중심이라 여기는 요즘 사람들의 운동 세계를 의미한다. 인스타그램에서 '오늘하루도수고'라는 의미로 #오하수라는 해시태그를 자주 쓰는데, 이를 '오늘하루도운동합니다. #오하운'으로 변형한 것이다. 운동 열풍은 단지 코로나19의 영향으로 건강 증진과 면역력 강화에 관심이 커진 결과만은 아니다. 자기 관리에 투철한 MZ(밀레니얼+Z세대)의 세대적 특성, 정체의 시대에 운동으로 성취감을 찾으려는 경향, 관련 기기 및 플랫폼 시장의 성장 등 복합적인 원인이 일으킨 현상이다. 운동의 일상화는 소비자가 시간을 소비하는 패러다임의 변화를 예고한다.

『트렌드 코리아 2021』 pp. 278~303

조사 결과에 따르면 '내년 이맘때 코로나19가 극복됐다는 가정하에 어디로 떠나고 싶은가?'라는 질문에 47.3%, 즉 절반에 가까운 응답자들이 '국내도 좋은 곳 많더라, 국내로 가겠다'는 선택지를 택했다.[33] 이 역시 최근 주목받는 트렌드로서('러스틱 라이프' 참조) 지방자치단체들이 눈여겨보아야 할 통계다.

코로나19 시대, 여행지에서도 다수와의 대면 접촉을 최소화하려는 수요가 커지면서 성장하던 캠핑 시장이 더욱 탄력을 받았다. 통계청에 따르면 국내 캠핑 인구는 2019년 600만 명에서 2021년에는 700만 명을 넘어섰다.[34] 2021년 1~2월의 야놀자 글램핑·카라반 카테고리의 예약 건수는 전년 동기보다 261%가 증가했고, 거래액은 300% 늘어났다.[35] 이렇듯 캠핑족이 많아지자 행정안전부는 2021년 6월부터 전국의 국·공립 휴양림과 캠핑장 및 오토캠핑장 정보를 한데 모아 안내해주는 '공유누리' 서비스를 시작했다.

더불어 가족과 연인이 프라이빗한 공간에서 단독으로 머무를 수 있는 풀빌라의 인기도 높았다. 독채와 별도 수영장으로 구성되어 있는 풀빌라는 1박에 최대 1,200만 원까지 하는 최고가임에도 불구하고 관련 상품을 내놓기 무섭게 예약이 줄을 잇고 있는 모습이다. 인천 영종국제도시에 위치한 파라다이스시티호텔의 2021년 풀빌라 예약 건수는 2020년 7월에 비해 2배 이상 상승했고 제주 롯데호텔 풀빌라 상품도 7월 완판을 기록하는 등 높은 인기를 누렸다.[36] 해외로 나가지 못하는 답답한 상황에서 코로나19를 피해 '아무리 비싸더라도', '어딘가 안전하고 근사한' 곳으로 떠나고자 하는 색다른 여행 수요가 발현한 것이라고 볼 수 있다.

출처: 파라다이스시티호텔&리조트

●●● 다수와의 대면 접촉을 피하기 위해 단독으로 머무는 풀빌라를 찾거나 캠핑을 떠나는 이들이 많아졌다. 코로나19 시대에, 돈이 좀 들더라도 안전한 여행에 대한 수요가 증가했음을 보여주는 사례다.

●●●

변하지 않는 '본래의 가치'를 추구하라

╲

"10년 후에는 어떤 변화가 있겠냐는 질문을 많이 받는다. 그러나 그 누구도 10년이 지난 뒤에도 '바뀌지 않을 것'이 무엇이냐는 질문은 하지 않는다. …… 오랜 시간이 지나도 불변하는 것을 알 수 있다면 그곳에 에너지를 많이 투자해야 한다."

미국 경제 전문지 〈포브스〉가 4년 연속 세계에서 가장 부유한 인물로 꼽은 아마존의 최고경영자 제프 베이조스는 변하지 않는 것, 즉 본질에 대한 선행된 이해가 중요하며, 이를 기반으로 한 전략 수립이 사업의 성공 요인임을 강조한 바 있다. 그는 오래전부터 소비자가 시간이 지나도 낮은 가격low price, 빠른 배송fast delivery, 많은 대안vast selection을 원할 것이라 확신했으며, 결과적으로 그의 통찰은 옳았다. 포스트 코로나 시대를 준비해야 하는 지금, 우리의 일상에도 '변하지 않는 본질' 중심의 전망이 필요해 보인다. 바이러스 종식 이후의 라이프스타일 변화에 대한 정답을 찾기 위한 노력보다는 언제나 추구해왔던 '본래의 가치'를 돌이켜보아야 할 때다. 그렇다면 무엇이 변하지 않을 것인가?

집은 영원하다. 2021년 아카데미 작품상과 감독상을 수상한 영화 〈노마드랜드Nomadland〉의 "저는 주택이 없을 뿐, 집이 없는 게 아니에요I'm not a homeless. I'm just houseless"라는 대사가 큰 공감을 얻은 바 있다. 번듯한 내 주택이 없을지언정 우리 모두에게 집은 영원한 안식처다. Home Sweet Home, 집은 두 가지 의미에서 행복의 근원지다. 바로 안식처를 확보함으로써 느끼는 '소유의 행복'과 내 사람들과 나의 공간에서 시간을 보냄으로써 느끼는 '공유의 행복'으로, 코로나19 이후 관계의 방식이 비대면 상황으로 좁혀지면서 함께 시·공간을 나누며 느끼던 당연한 행복을 더욱 갈망하게 됐다. 디지털 트랜스포메이션이 가속화되어 마음을 전달하는 데 최정점의 효율을 경험하고 있음에도 코로나19의 종식을 손꼽아 기다리는 이유는 살과 살이 부딪히는 관계를 통한 진짜 행복을 되찾기 위함일 것이다. 그런 의미에서 코로나19가 모두 종식된다 하더라도, 우리 생활의 변화는 끊이지 않고 계속될 것이다. 삶이 계속되는 한 말이다.

나를 찾아가는 시간

요즘 소비자를 이해하는 가장 중요한 열쇳말은
바로 '나'와 '재미'다. 내가 중심이 되는 '나중시대'를 살며,
자신이 옳다고 생각하는 가치를 적극적으로 표현한다.

문제1 한때 핫했던 음식들의 유행 순서로 올바른 것은?

① 허니버터칩 → 씨앗호떡 → 대왕카스테라 → 달고나커피

② 씨앗호떡 → 대왕카스테라 → 허니버터칩 → 달고나커피

③ 씨앗호떡 → 허니버터칩 → 대왕카스테라 → 달고나커피

위 질문의 정답은 무엇일까? 바로 ②번이다. 이 문제는 편의점 CU
와 참여형 콘텐츠 플랫폼 '방구석연구소'가 손잡고 진행했던 '2021
먹잘알(먹는 것을 잘 아는 사람) 능력고사' 문제 중 하나다. 이 외에도
'다음 중 베지테리언의 종류와 먹을 수 없는 음식의 연결은?', '채
끝살 짜파구리의 채끝살은 소의 어느 부위인가?' 등 재기발랄한 문

제들로 구성되어 있다. 먹잘알 능력고사는 위와 같은 문제를 트렌드·식재료·편의점·음식 관찰 등 네 가지 영역에서 각각 4문제씩 16문제를 풀게 되어 있으며, 획득한 점수에 따라 '먹부신神'·'쩝쩝박사'·'트렌드먹터'·'먹린이'·'무식욕자' 총 다섯 가지 등급으로 구분된 먹부심 타이틀을 부여하는 테스트다.[1] 별것 아닌 테스트인 것 같지만, 오픈 하루 만에 10만 명이 넘는 사람들이 참여했다.

세상이 많이 달라졌다고는 하지만, 최근 소비자들의 삶과 놀이는 참으로 기상천외하다. 지루한 집콕 생활 탓인지 몰라도 점점 더 '짧고 강렬한 재미'를 원한다. 먹잘알 테스트가 인기 있었던 것은 이 짧고 강렬한 재미를 제공했기 때문이었겠지만 그보다 더 중요한 이유는 '나 자신'에 대한 궁금증을 풀어주었다는 것이다. 나는 스스로를 얼마나 알고 있으며, 어떤 유형의 그룹에 속하는 사람이고, 다른 사람과 비교하면 나의 등급은 어느 정도인지…….기본적으로 "나는 누구인가?"에 대한 인간의 원초적인 호기심을 충족시키기 위함이다.

이렇듯 요즘 소비자를 이해하는 가장 중요한 열쇳말은 바로 '나'와 '재미'다. 내가 중심이 되는 '나중我中시대(나만이 중심인 시대)'를 살며, 자신이 옳다고 생각하는 가치를 적극적으로 표현한다. 그 와중에 자신이 즐길 수 있는 짧고 굵은 재미를 추구하면서도, 인간적인 감성에서 의미와 재미를 찾기도 한다. 최근 시장에서는 소위 MZ세대 소비자를 붙잡기 위한 다양한 상품 개발과 마케팅 활동이 펼쳐지고 있다. 하지만 '요즘 소비자'의 범주에는 단지 MZ세대만 포함되는 것은 아니다. Z세대보다 어린 알파 세대(2011~2015년에 태어난 세대)의 영향력도 점점 커지고 있으며, 밀레니얼 세대보다 선배인 X세대와 베이비부머 세대의 생각과 행동도 날로 젊어지고 있다('엑스틴 이즈 백' 참조).

요즘 소비자를 어떤 기준으로, 어떤 방식으로 범주화하든 변치 않는 중요한 사실은, 이 '요즘 소비자'를 제대로 이해하지 못하고는 비즈니스의 지속성을 담보하기 어렵다는 것이다. 아무리 훌륭한 역량을 가졌다고 할지라도, 소비자가 원하는 제품을 제때 기획해내지 못하거나 상품을 소비자에게 제대로 전달하지 못한다면 무용지물이 된다. 과거의 소비자와는 확연히 구별되는 요즘 소비자의 트렌드는 단순한 해프닝이 아니라 어느덧 시장을 좌우하는 주류로 자리 잡고 있다. 그렇다면 마스크와 거리두기로도 막을 수 없었던 요즘 소비자의 소비 생활은 어떤 모습이었을까? 2021년, 다채로웠던 변화의 네 가지 모습을 하나씩 돌아보고 이에 따른 시장의 대응을 살펴보자.

나의 이야기를 들려줘, '나중시대'

전술했듯이 요즘 소비자의 가장 중요한 특징은 그 어느 때보다 자기 자신에 집중하고 있다는 점이다. 온전한 나의 이야기를 듣고 싶은 그들은 나중시대를 살아가고 있다. 일상 속에서는 "나다운 것이 무엇인가?"를 끊임없이 생각하고, 제품 하나를 살 때도 "이것이 나에게 잘 어울리는 제품인가?"를 묻고 또 되묻는다. 한 끼를 먹어도 "동석자들이 무엇을 시키는가?"보다는 "나는 어떤 것을 좋아하는가?"를 생각하며 메뉴를 고른다. 이러한 철저한 자기 중심성은 후술하는 '나노사회'의 중요한 특성이기도 하다.

이처럼 온전히 자기 자신에게 집중하는 현대인들의 심리를 보여
주는 대표적인 사례가 『트렌드 코리아 2021』의 '레이블링 게임' 키워
드에서 소개한 바 있는 '성격 유형 테스트'다. 2021년에도 성격 유형
테스트의 인기는 여전했다. MBTI를 모르면 대화가 안 된다는 말이
나올 정도였다. 유튜브나 인스타그램 등 SNS에서는 MBTI별 첫눈에
반했을 때 하는 행동, MBTI로 보는 팀플할 때 역할, 연봉 비교 등 다
양한 콘텐츠들이 꾸준히 소비되고 공감을 얻었다. 일각에서는 'MBTI
과몰입러' 또는 '자칭 MBTI 박사'라 불리는 극단적 추종자들도 등장
했다. 이들은 "난 ESTJ니까 이렇게 행동해야 해"라며 테스트를 과도
하게 신봉하고, 다른 사람들과 어울릴 때도 "성격 유형이 뭐예요?"라
고 물으며 대화를 시작할 정도다.

이러한 성격 테스트는 더 이상 젊은 세대만의 한정적인 놀이 문화

TREND KEYWORD 2021 **레이블링 게임**

사회적 접촉이 현격히 줄어들며 실존적 불안을 가중시키는 팬데믹 시대의 현대인이 '내 안의 나', 자기정체성을 찾는 과정을 일컫는다. 이는 자신에게 스스로를 규정하는 딱지를 붙인다는 의미로서, "자기정체성을 특정 유형으로 딱지(레이블)를 붙인 뒤, 해당 유형이 갖는 라이프스타일을 동조·추종함으로써 정체성의 불확실성을 해소하려는 게임화된 노력"을 말한다. 레이블링 게임은 현실의 자아를 확인해줄 뿐 아니라 타인과의 공유와 비교를 통해 '자기정체성 찾기' 놀이로 진화하기도 한다. 나의 정체성에 대한 고민이 일상에서 소비의 즐거움으로 치환되는 것이다. MBTI·꼰대레벨·학과 테스트 등 각종 자기성향 유형화 테스트가 급격히 유행하는 것은 다원화된 현대사회에서 '찐(진짜)' 자아를 찾으려는 현대인의 갈구로 해석될 수 있다.

『트렌드 코리아 2021』 pp. 356~379

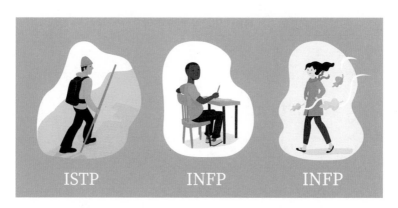

●●● MBTI를 비롯한 각종 레이블링 게임은 내가 중심이 되는 '나중시대'를 살아가는 소비자에게 딱 맞는 놀이이자 소통법이었다.

가 아니다. MBTI는 점차 대중화되어 하나의 문화로 자리 잡고 있다. 실제로 소셜데이터 분석 업체인 코난테크놀로지의 분석에 따르면, 대한민국은 세대를 가리지 않고 성격 테스트에 큰 관심을 보이고 있었다. 성격 테스트에 대한 **감성 분석**도 긍정적 반응이 압도적이었다. 이러한 사회 분위기 속에서 새로운 자기진단 테스트가 계속해서 등장했고, 그때마다 남녀노소를 가리지 않고 기다렸다는 듯 테스트를 해보며 자신의 유형을 알아내고 이를 공유하며 즐겼다. 즉, 레이블링 게임은 코로나19로 불확실한 상황 속에서 나중시대를 살아가는 소비자에게 딱 맞는 놀이이자 소통법인 것이다.

나중시대 소비자들은 제품을 구매할 때도 제품의 성능이나 가격보다 "이것이 나

감성 분석 Sentimental Analysis
감정 분석은 사람들이 SNS 및 인터넷에 작성한 정보를 분석하는 텍스트 마이닝Text Mining 기술의 한 영역으로, 문서를 작성한 사람이 특정 주제에 대해 긍정·부정·중립 등 어떤 감정을 가지고 있는지를 판단하여 분류하는 방법을 말한다.[2]

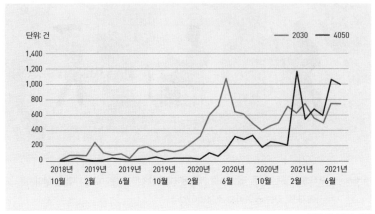

MBTI 언급량 변화 추이

단위: 건

— 2030 — 4050

출처: 코난테크놀로지

에게 잘 어울리는 제품인가?"에 우선순위를 두기 시작했다. 이에 따라 기업들도 "이 제품은 당신을 위한 상품입니다!"라고 목소리를 높이며 개인 맞춤형 커뮤니케이션에 집중했다.

특히 유통 업계는 소비자의 유형을 나누어 제품을 추천하거나 이벤트를 진행하며 소비자와의 접점을 늘렸다. 롯데백화점에서는 "내가 하이틴 무비에 출연한다면?"이라는 컨셉의 성향 테스트를 선보였는데, 나에게 맞는 하이틴 주인공을 매칭해주는 이 콘텐츠는 한 달 만에 100만 명이 참여하며 폭발적인 반응을 얻었다.[3] 테스트 후, 결과 유형에 따라 롯데백화점 입점 패션 브랜드를 추천하며 소비자의 구매를 유도했다. 신세계 라이프스타일 브랜드 '자주JAJU'도 개인의 생활 유형을 파악해 맞춤형 상품을 제안하는 마케팅으로 큰 호응을 얻었다. "오늘 아침 컨디션은?"과 같이 누구나 쉽게 답할 수 있는 질

● ● ● 롯데백화점에서 진행한 "내가 하이틴 무비에 출연한다면?"이라는 컨셉의 성향 테스트. 개인의 유형을 파악하는 테스트를 통해 소비자들의 관심을 유도하고 그에 맞는 상품을 추천하는 등 개인 맞춤형 커뮤니케이션이 활발해지고 있다.

문에 대답만 하면 '바쁜 꿀벌 재질의 엑셀인'과 같은 결과가 뜨고 이에 맞춘 상품을 추천하는 식이다. 해당 기간 동안 자주의 온라인 매출은 전년 동기 대비 96% 증가하는 등 큰 성과를 얻었다.[4]

이러한 개인 맞춤형 커뮤니케이션 열풍은 금융권으로까지 이어졌다. 우리은행은 삼일절을 맞아 심리 테스트를 활용한 특별한 캠페인을 선보여 화제를 모았다. 1919년 3·1운동이 펼쳐졌던 시대로 타임슬립해 몇 가지 상황을 제시한 후 이용자가 어떻게 행동할 것인지 선택하면, 나와 닮은 독립운동가를 보여주는 방식이다. 이용자가 테스트 후 해시태그와 함께 결과를 SNS에 공유하면 우리은행에서 게시물당 1,000원을 독립운동가를 위한 사업에 기부해 의미까지 더했다. 이 캠페인은 122만 명이라는 높은 참여를 기록하며 소비자와의 친근한 커뮤니케이션에 성공했다.[5]

지자체와 기관에서도 사무적인 딱딱함을 버리고 보다 친근하게 다가가기 위해 맞춤형 커뮤니케이션을 활용했다. 대전마케팅공사에서는 공식 SNS를 통해 'MBTI별 대전 여행지'라는 콘텐츠를 올려 인기를 끌었다. 예를 들어 ENFJ 유형은 활발하고 인간관계를 중시하므로 은행동 스카이로드와 엑스포 과학공원 코스 등의 여행지를 추천하는 방식이다.[6] 또한 청소년 사이버 상담센터에서는 '나만의 바다 친구 찾기' 테스트를 선보였는데, 위로를 주는 따뜻한 멘트와 귀여운 동물 캐릭터로 화제가 되기도 했다.[7] 사이버 상담센터 1388을 더 많이 알리기 위해 젊은 세대가 가볍게 즐길 수 있는 테스트 방식을 차용한 것이다. 실제로 2만5,000명 이상이 테스트에 참여하는 등 성공적인 홍보 성과를 거두었다.[8] 이처럼 개인 맞춤형 커뮤니케이션은 소비자의 '자기 찾기'를 도와주는 흥미로운 요소를 적극 활용함으로써 앞으로도 계속 인기를 끌 것으로 보인다.

'숏펀'을 추구하는, 재미 중독

코로나19의 장기화로 집 안에 머무르는 시간이 늘자 지루함을 깨기 위해 요즘 소비자는 짧고 재미있는 콘텐츠를 즐긴다. 제품 하나를 소비할 때도 이색적이고 흥미 넘치는 제품에 손이 간다. 그야말로 재미에 중독된 것이다.

무야호~!·롤린·제로투댄스·멈춰!·매드몬스터……. 모두 2021년 상반기에 국내 SNS를 휩쓸었던 밈meme(사회에 급격히 확산하는 콘텐츠 혹은 문화적 유전자)이다. 가장 먼저 '무야호~!' 밈이 인터넷을 뜨겁게 달궜다. 과거 MBC 예능 프로그램 〈무한도전〉에 출연했던 할아버지가 그들의 시그니처와도 같은 '무한도전'을 '무야호~!'로 잘못 외쳤고, 이에 재미를 느낀 사람들이 댓글을 달고 열광하며 하나의 밈이 된 것이다. 3월에는 브레이브걸스의 '롤린'이 발매된 지 4년 만에 비의 '깡'을 뒤이어 역주행에 성공했다. 유튜브에 '브레이브걸스 롤린 댓글 모음' 영상이 게재된 지 일주일 만에 400만 뷰를 돌파하면서 밈으로 자리 잡았고, 이는 자연스럽게 음원 차트 순위 상승으로 이어졌다. 이처럼 소비자들은 한 해 동안 다양한 밈을 만들고 퍼뜨리며 그 속에서 놀이하듯 재미를 찾았다.

실제로 코난테크놀로지의 분석에 따르면 2021년 이후 유튜브에 게시된 밈 관련 콘텐츠 영상 건수가 급격히 증가했으며 그 주제 또한 매우 다양해졌다. 이뿐만이 아니다. 2021년에는 짧은 재미를 추구하는 재미 중독 소비자에게 딱 맞는 '숏폼short form(짧은 콘텐츠)' 관련 플랫폼도 눈에 띄게 성장했다. 틱톡·릴스·스냅챗 등 기존 숏폼 플랫폼들은 더욱 활성화되며 입지를 다졌다. 짧게 소비하는 휘발성 강한 숏폼 콘텐츠들도 덩달아 많아진 셈이다. 이러한 밈 문화의 확산과 숏폼 콘텐츠의 성장은 『트렌드 코리아 2021』에서 소개한 Z세대의 라이프스타일, '롤코라이프'와 맥락을 같이한다.

짧고도 강렬한 재미를 중시하는 요즘의 재미 중독 소비자는 계속해서 새로운 자극을 원하기에 브랜드 충성도가 낮은 편이다. 때문에 이들이 주도하는 소비 시장에서는 메가히트의 개념이 점차 흐릿해지고 있다. 히트 상품이 되어 반짝인기를 누리다가도 금세 시들해진다. 이처럼 소비자의 짧아진 호흡에 효과적으로 대응하기 위해 기업들은 분야를 가리지 않고 협업을 모색하며 '컬래버레이션 전성시대'를 열었다.

이질적인 조합으로 낯선 매력을 선사하는 컬래버레이션은 편의점 업계에서 가장 빛났다. 스낵·라면·주류 등 품목을 가리지 않는 활발한 컬래버레이션 상품으로 소비자에게 끊임없이 '숏펀short fun(짧은 재미)'을 선사한 것이다. CU의 성공작 '곰표 밀맥주' 열풍이 대표적이다. CU는 이를 필두로 컬래버레이션 주류를 연이어 출시해 흥행에 성공했다. "말이야 막걸리야"라는 대사로 재미를 더한 '말표 검정콩

TREND KEYWORD 2021　**롤코라이프**

롤러코스터를 타듯 자신의 삶을 즐기는 Z세대의 라이프스타일을 뜻하는 말이다. 롤코족은 갑자기 뜬 챌린지에 너도나도 몰려들고, 특이한 것에 반응하며 색다름을 즐기다가도 얼마 지나지 않아 흥미를 잃고 다른 재미로 갈아탄다. 롤코라이프의 등장은 참여를 중시하고 일상에서의 재미를 찾아다니는 Z세대의 정체성과 흐름을 같이한다. 롤코라이프는 이제 소수 젊은이들의 변덕이 아니라 진지하게 대응해야 할 시장의 일반적 변화가 되고 있다. 이에 따라 기업은 고객의 변화에 맞춰나갈 수 있는 '빠른 생애사 전략'을 바탕으로, 오랜 기간 공들여 준비한 100% 완벽한 마케팅보다는 미완성일지라도 끊임없이 치고 빠지는 '숏케팅'이 필요해졌다.

「트렌드 코리아 2021」 pp. 252~277

막걸리' 이외에도 테스형 막걸리·말표 흑맥주·백양 맥주 등 다양한 신제품을 잇달아 출시하여 전체 주류 매출이 전년 대비 35.5% 크게 오르며 전례 없는 역대 최고 매출액을 기록했다.[9] 이마트24도 컬래 버레이션 경쟁에 뛰어들었다. 평소 음식에 후추를 뿌려 먹는 것을 즐기던 이마트24 라면 담당자가 오뚜기에 후추를 첨가한 라면을 만들어보자고 제안하면서, '순후추라면'이라는 이색적인 제품이 출시됐다. 레트로 감성을 자극하는 순후추 제품 용기 디자인을 컵라면 용기에 그대로 적용해 소비자의 시선을 끌었고, 출시되자마자 인기 상품 목록 3위에 오르며 큰 호응을 얻었다.[10]

컬래버레이션은 제품을 넘어 마케팅 분야에도 적극적으로 활용됐다. 특히 전자 업계의 이색 협업이 소비자의 눈길을 사로잡았다. 삼성전자는 '뽀로로' 제작사 아이코닉스와 아이스크림 업체 배스킨라빈스와 함께 기존 가전제품 마케팅의 고정관념을 뛰어넘는 컬래버레이션을 시도했다. 여름을 맞이하여 '루피의 드레스룸' 아이스크림 케이크에 자사의 '비스포크 에어드레서' 미니어처를 올렸는데, 유튜브를 통해 공개된 관련 영상은 한 달 만에 1천만 뷰를 돌파할 정도로 뜨거운 반응을 얻었다.[11] 2021년 5월에는 삼성생명이 이마트·롯데칠성음료와 협업해 MZ세대를 타깃으로 한 컬레버레이션을 진행하기도 했다. 고객의 건강을 책임진다는 생명보험사의 본질과 자사 이름을 재해석해 '삼성생명 생수'라는 재미있는 상품을 출시한 것이다. 판매 수익금 일부는 환아 의료비 지원 사업에 사용되어 재미와 함께 착한 소비의 가치도 추구하는 MZ들 사이에서 좋은 호응을 얻었다. 이러한 이색 협업은 소비자에게 색다른 재미를 주면서 브랜드 이미

출처: 오뚜기, 삼성전자, 삼성생명

●●● 순후추와 라면, 삼성전자와 배스킨라빈스, 삼성생명과 이마트·롯데칠성음료의 컬래버레이션. 이러한 이색 협업은 스낵, 주류 등 제품을 넘어 전자 업계와 금융업계 마케팅에도 적극 활용되고 있다.

지를 젊게 제고시키며 2021년 주요 트렌드로 자리매김했다. '재미'란 언뜻 보기엔 가벼워 보이지만 실은 매우 치열한 고민 끝에 탄생하는, 브랜드의 경쟁력을 높이는 한 요소로 그 중요성이 점차 높아지고 있다.

소비로 가치를 표현하는, 진화된 미닝아웃

요즘 소비자는 일상의 작은 소비에도 큰 의미를 부여한다. 자신이 추구하는 가치를 표현하기 위해서라면 팔아주기 운동 또는 불매운동을 마다하지 않는다. 소비자가 직접 자원하여 기업이나 가게 등을 홍보하며 스스로가 마케팅의 선봉에 선 것이다. 이는 『트렌드 코리아 2018』에서 소개한 키워드인 '미닝아웃'의 본질과 닿아 있다. 본래 미닝아웃은 사람들이 사회에서 자기주관을 적극적으로 표현하며 해시태그·집회 참여·로고 패션 등을 통해 자신의 취향과 정치적·사회적 신념을 드러냄을 의미했다. 그러나 2021년의 미닝아웃은 2018년의 미닝아웃보다 더 진화된 양상을 보였다. 작은 소비에서도 옳고 그름이 분명하며, 자신이 추구하는 가치나 사회적 올바름을 위해서라면 돈을 아끼지 않았다. 기업에게도 냉정했다. 잘한 기업에는 일명 '돈쭐낸다(돈으로 혼쭐낸다)'며 제품을 팔아주었지만, 잘못한 기업에는 불매운동을 통해 불호령을 내렸다.

2021년 2월, SNS에서 한 치킨 매장이 화제가 됐다. 돈이 없어 치킨집 앞을 서성이고만 있던 어린 형제를 본 이 매장의 사장이 형제에게 무료로 치킨을 대접한 사실이 뒤늦게 알려진 것이다. 치킨집 사장의 선행에 감동한 소비자들은 SNS를 통해 사연을 공유하고, 돈쭐을 내주자며 해당 가게에 음식을 주문하거나 선물을 보내는 등의 인

TREND KEYWORD 2018 | **미닝아웃**

자기주관을 적극적으로 표현하며 해시태그·집회 참여·로고 패션 등을 통해 자신의 취향과 정치적·사회적 신념을 커밍아웃하는 소비 행태를 일컫는다. 사회문제를 해결할 수 있는 공권력과 제도에 대한 믿음이 떨어지는 가운데 시민과 소비자 개개인의 내적 효능감은 높아지고 SNS를 위시한 온라인 커뮤니케이션의 발달로 이제 누구나 '오피니언 리더'가 되어 여론을 주도할 수 있게 됐다. 개인화된 매체인 SNS에서 신념과 가치관으로 자아를 연출하고자 하는 소비자들의 욕망에 힘입어 미닝아웃 트렌드는 더욱 가속화되고 있다.

「트렌드 코리아 2018」 pp. 403~424

증 사진을 올렸다. 배달이 불가능한 지역에서는 결제만 하고 치킨은 받지 않는 경우까지 벌어졌다.[12] 이외에도 몇 년째 소외 계층을 돕는 일에 남몰래 거액을 기부한 기업이나 결식아동에게 무료로 음식을 제공한 식당들은 '미닝아웃' 소비자들의 자발적이고 적극적인 홍보 공세를 받았다.

반대로 소비자가 불호령을 내린 경우도 있었다. 2021년 상반기, 한 퓨전 사극 드라마가 역사 왜곡 논란에 휩싸였다. 1화에서 조선의 왕족이 기생집에서 월병과 중국식 오리알 요리 등을 대접하는 장면이 등장했기 때문이다. 방송 이후 시청자 게시판과 청와대 국민청원 웹사이트에는 다수의 항의 글이 쏟아졌고, 결국 이 드라마는 한국 드라마 사상 최초로 방송 2회 만에 폐지됐다. 방송가뿐만이 아니다. 몇몇 대형 유통사를 향해선 근로자의 처우 개선 문제로 비난을 가했고, 잘못되거나 정확하지 않은 정보로 마케팅을 펼친 기업들에는 쓴소리를 마다하지 않는 모습을 보이기도 했다. 이는 모두 기업의 윤리적 책임이 제품의 가격과 품질 못지않게 중요함을 여실히 보여준 사건들이었다.

코난테크놀로지의 분석에 따르면 2021년 브랜드 관련 주요 상승 감성어는 '착하다'와 '가치 있다'로 나타났으며, 전년 대비 각각 12%, 7%씩 증가했다. 기업의 브랜딩에 있어서도 '착한 기업'이나 '가치 소비'와 같은 키워드가 더욱 중요해졌음을 확인할 수 있다. 이에 따라 기업 내부에서도 요즘 소비자의 가치 및 기준에 따라가기 위한 노력이 이어지고 있다. 국내 다수의 대기업들은 'ESG 경영'을 강조하며 친환경·사회적 책임·지배구조 개선 등에 관심을 기울인다. 제품 패키지를 친환경 소재로 변경하거나 근로자의 안전한 근무 환경을 위해 적극적으로 나서기도 했으며, 윤리 의식을 고양하거나 구시대적 고정관념을 탈피하기 위해 사내 교육을 진행하는 등 다양한 노력을 전개하고 있다.

사람의 손길이 그리워, 휴먼터치

거의 모든 산업에서 디지털 트랜스포메이션의 속도가 이전과는 비교할 수 없을 정도로 빨라졌다. 이제 요즘 소비자는 매장이 아닌 온라인으로 쇼핑하는 것이 익숙해졌으며, 외식보다는 배달 앱을 더 많이 이용한다. 재택근무와 원격수업에도 적응되어 출퇴근과 등하교라는 일상이 비일상이 됐다. 이처럼 2021년에는 많은 사람들이 비대면 서비스의 편리함과 효율성을 경험했다. 하지만 비대면 상황이 지속될수록 디지털 기술의 한계는 더욱 명확해졌고, 소비자들도 비대면 비중이 커질수록 아이러니하게도 사람의 손길을 그리워했다.

대면 만남의 욕구를 채우기 위해 현대인들은 온라인에서 다양한 연결점을 찾아냈다. 모니터 앞에 앉아 맥주 한 캔과 치킨 한 마리를 준비하고 직장 동료들과 함께 화상회의 시스템을 켜놓고 랜선 회식을 즐겼다. 만나지 않아도 함께 공부하는 비대면 스터디는 시험 기간의 대학가를 휩쓸었다. 대학생 커뮤니티 '에브리타임'에서는 "저녁 7~10시 줌스터디 모집합니다" 같은 비대면 스터디를 함께할 사람을 구하는 글을 쉽게 볼 수 있다.[13] 역설적이게도 비대면 시대에 사람과의 연결이 더욱 중요한 가치가 되고 있다.

인터넷 전문 은행이 무섭게 성장하고, 기존 은행도 금융 스마트폰 앱 개발에 박차를 가하는 상황에서 신한은행은 아날로그의 감성을 강조하는 '디지로그 브랜치'를 새로 오픈했다. 디지로그란 디지털과 아날로그를 조합한 단어인데, '은행 같지 않은 은행'을 목표로 일하는 방식을 바꾸고 공간 하나하나에 스토리를 담아 고객에게 즐겁고 혁신적인 금융 경험을 제공할 것을 목표로 하고 있다. 디지로그 브랜치는 바로 디지털 기술과 **휴먼터치**가 결합한 결과다.[14]

실제로 코난테크놀로지의 분석에 따르면 사람들은 차갑고 딱딱한 비대면 기술에는 다소 부정적 감정을 느끼고 있었다. 2020년 하반기부터 2021년 상반기까지 인공지능·디지털 등 기술 관련 용어에 대한 부정적 감정이 다소 증가했다. 키오스크 관련 부정적 감정은 2020년 9월까지 다소 감소했다가 올해 들어 다시 20%로 상승했

TREND KEYWORD 2021 | **휴먼터치**

코로나19 사태로 조명받은 '언택트' 기술이 시간이 지날수록 지향해야 할 방향은 인간과의 단절이 아니라 인간적 접촉을 보완하는 것이며, 인간의 손길은 여전히 필요하다는 의미다. 휴먼터치를 구현해나가기 위해서는 ① 고객 중심의 공간과 동선 꾸미기, ② 인간적 소통의 강화, ③ 기술에 사람의 숨결 불어넣기, ④ 내부 조직 구성원들의 마음 챙김이 중요하다. 장시간 이어지는 온라인 접속 상태는 인간의 연결 강박을 강화시키며 오히려 더 큰 외로움을 느끼게 만든다. 화상회의 시스템도 전에 없던 스트레스를 주고 있다. 나만 따돌려질지 모른다는 FOMOFear Of Missing Out 증후군과 디지털 패러독스에 따른 외로움을 극복할 수 있는 능력을 기르는 것이 그 무엇보다 중요한 과제가 될 것이다.

「트렌드 코리아 2021」 pp. 380~405

다. 챗봇 관련 부정적 감정 역시 2021년 들어 30%로 상승했다. 전반적으로 대표적인 부정 감성어를 살펴보면 '힘들다'·'부족'·'혐오' 등이었다. 이는 장기화된 코로나19 사태로 키오스크나 챗봇처럼 딱딱한 비대면 기술이 대면 서비스를 대체하기에는 부족하고 힘이 든다는 의미를 내포한다.

먼저, 언택트 기술의 진앙이라 할 수 있는 플랫폼들이 소통의 부재로 갈등을 느끼는 소비자의 마음을 어루만지는 휴먼터치 기능을 추가하고 있다. 국내 OTT 플랫폼 '왓챠'는 다른 사람들과 온라인에서 함께 영상을 보며 실시간으로 채팅할 수 있는 '왓챠파티' 기능을 선보였다. 비대면 시대에 콘텐츠를 함께 감상하며 수다를 떠는 재미를 되찾아준 것이다. 특히 함께 보기 좋은 공포물과 애니메이션 콘텐츠의 경우 상영 횟수가 급격히 증가했다. 왓챠파티는 서비스를 시작한 지 3개월 만에 총 32만 개 이상의 파티가 열릴 정도로 뜨거운 반응을 얻고 있다.[15] 모바일 쇼핑 앱 'CJ온스타일'은 고객과 대화하듯 메시지를 전달하는 '실시간 쇼핑 피드' 기능을 추가했다. 신규 가입 고객에겐 "오늘부터 우리 1일이네요"라는 메시지를 보내고, 저녁에 접속한 고객에겐 "오늘 하루도 수고했어요"라는 식의 인사말과 함께 혜택도 제공한다. 마치 나를 잘 아는 친근한 사람에게 상품을 소개받는 듯한 느낌을 구현하며 요즘 소비자가 원하는 휴먼 감성을 불어넣었다.

'실재감 기술' 분야에서도 인간적 감성을 강화해나가는 추세다. 171센티미터에 쌍꺼풀 없는 큰 눈을 가진 버추얼 인플루언서 '로지'가 대표적이다. 싸이더스 스튜디오 엑스가 만든 이 가상인간은

2020년 8월, SNS로 처음 대중에게 얼굴을 알리고, 같은 해 12월 자신이 가상인간임을 밝히면서 화제의 중심에 섰다. 로지가 모델로 출연한 '신한 라이프' 광고 영상의 경우 조회 수 1,500만 뷰를 돌파했으며, 최근에는 자동차·식품·호텔 등 업계를 가리지 않고 광고 계약을 싹쓸이하며 슈퍼스타로 등극했다.[16] 로지는 마치 진짜 사람처럼 자신의 일상 사진을 SNS에 업로드하고 팔로워들과 댓글로 활발히 소통한다. 이 밖에도 '래아'·'루이'·'수아' 등 기술에 사람을 입힌 가상인간이 SNS를 중심으로 활동하며 현실 세계에 스며들고 있다('실재감테크' 참조).

• • •

'내 기업'·'내 브랜드'라고 느낄 때 지갑을 연다

소비자에 대한 이해는 기업 활동의 가장 기본이자 필수 요소지만, 변화의 속도가 빠르고 불가해한 환경의 변수가 자주 발생하는 이 시대에 들어서는 이것이 기업의 '생존' 문제로 직결된다. 나노사회 속에서 각자도생으로 살아가는 요즘 소비자는 무엇보다 '공감'을 원하기에 '내 기업, 내 브랜드'로 느껴져야 지갑을 연다. 메시지를 일방적으로 전달하는 커뮤니케이션은 이제 철저히 외면당한다. 그러므로 요즘 소비자가 좋아하는 것이 무엇인지, 트렌드는 어떠한지 민첩하게 파악하고 이를 반영하는 것이 무엇보다도 중요하다.

이는 오랜 역사를 자랑하는 기업에게도 예외는 아니다. 150년이 넘는 전통을 자랑하는 침대 브랜드 '시몬스'는 2021년, 부산 해리단 길에 오프라인 그로서리 스토어를 열어 주목을 받았다. 오픈 전부터 입장을 기다리는 사람들로 인산인해를 이룰 정도로 반응이 뜨거웠는데, 막상 안으로 들어가 보면 시몬스 침대는 그 어디에도 없다. 오로지 젊은이들의 취향을 저격할 만한 인테리어와 굿즈들로 공간을 채웠다. 요즘 소비자에게 시몬스의 '요즘 감성'을 전한 것이다.

요즘 소비자가 '내 브랜드'로 느낄 수 있게 하는 방법은 광고나 브랜딩에만 한정되는 이야기가 아니다. 재미난 신상품을 꾸준히 출시하는 것도 좋은 방법이다. 농심은 1986년 처음 선보인 효자 상품 '신라면'을 활용하여 끊임없는 변주를 시도하고 있다. 2011년에는 진한 맛을 더해 '신라면 블랙'을 출시했고, 2019년에는 튀긴 면보다 부담이 적은 건면을 활용하여 '신라면 건면'을 선보였다. 나아가 2021년에는 국물을 없앤 '신라면 볶음면'을 선보였다. 이러한 장수 베스트셀링 브랜드의 확장 제품 출시는 기성의 성과에 안주하지 않고 기업이 계속 도전하는 모습을 보여줄 수 있다는 점에서 긍정적이다. 다시 말해 요즘 소비자에게 '열일 하는 나의 기업'이라는 이미지를 구축할 수 있다는 것이다.

소비자들의 빠른 변화를 따라잡는 트렌디한 시도를 계속 내놓기 위해서는 운영 방식·인사 관리·조직 문화 등 조직 내부의 변화가 절실하다. 구찌의 경우 명품 시장의 주 고객층이 중장년층에서 젊은 층으로 바뀜에 따라 창사 이래 최대 위기를 겪기도 했다. 그러던 구찌가 내부적으로 젊은 직원들의 의견을 경청하는 '리버스 멘토링'을 도입한 이후 영업이익이 2~3배 증가하며 반등에 성공한 것은 이미 유명한 사례다.[17] 삼성·롯데·LG 등 국내 대기업들도 밀레니얼 세대 임직원의 목소리를 들으며 '요즘 감성'으로 무장하기 위해 노력 중이다. 롯데마트·롯데슈퍼는 신입사원 공채 시 MZ세대 실무진이 직급과 무관하게 면접장에 배치된다고 한다.[18] 요즘 소비자를 제대로 이해하기 위해서는 기업들도 조직 문화 혁신이 불가피한 시대가 도래한 것이다.

사람들은 누구나 자신을 이해해주는 상대를 좋아한다. 기업과 소비자 사이의 관계도 마찬가지다. 소비자를 제대로 이해하는 기업만이 그들의 선택을 받을 수 있다. 요즘 소비자의 영향력이 더욱 커질 것으로 보이는 2022년, 동시대 소비자들의 미묘한 변화를 섬세하게 마주 보아야 할 때다.

혁신하기
가장 좋은 때

위기는 역사를 통해 되풀이되는 자연스러운 현상이다.
혹독한 시련을 이겨내고 살아남는 기업의 조건은
바로 '회복탄력성'에 있다.

'창조적 파괴' 개념을 주창한 오스트리아 경제학자 조지프 슘페터Jo-
seph Schumpeter가 만약 우리와 함께 2021년을 보냈다면, 현 사회가 직
면한 코로나19 사태를 어떻게 평가했을까? 단순한 위기로 보았을까,
아니면 창조적 파괴의 기회로 보았을까? 개인·기업·정부 모두에게
혹독했던 2021년이었다. 2년째 지속되고 있는 글로벌 팬데믹 위기는
과거의 여타 경제·금융 위기와는 성격이 판이하게 달랐다. 무엇보다
우리 사회의 가장 약한 부분을 수면 위로 드러나게 만들어 많은 이들
을 힘들게 했다.

기업도 예외는 아니었다. 코로나19가 발생하기 전, 한국 기업의 상
황은 어떠했는가? 대다수의 대기업들은 벌어들인 돈을 현금 자산으

로 쌓아두고 미래지향적인 투자를 주저했다. 변화의 필요성을 절감하면서도 트렌드의 불확실성이 두렵고, 지금까지의 성공 체험에서 벗어나기 불안해 선뜻 혁신을 추진하지 못한 것이다. 그러나 슘페터가 주장했듯 새로운 산업이 자리 잡아 성공을 거두기 위해서는 기존의 산업이 파괴되어야 한다. 코로나19는 이러한 산업구조 재편을 좀 더 급진적이고 보다 필연적으로 만든 결정적인 외생변수가 됐다. 역설적이게도 가장 힘든 위기의 순간이 '가장 혁신하기 좋은 때'가 된 것이다.

『트렌드 코리아 2021』에서는 코로나19 시대 기업에게 가장 필요한 혁신으로 '거침없이 피보팅'을 제안했다. 자사가 가진 역량을 총동원하여 유연한 방식으로 사업을 전환하는 피보팅 전략으로 시장 변화에 신속하게 대응하라는 주문이었다. 변화는 빨랐다. 코난테크놀

TREND KEYWORD 2021 | 거침없이 피보팅

기업이 자사가 보유한 자산을 최대한으로 활용해 소비자의 변화무쌍한 니즈에 맞추며 사업을 신속하게 전환하는 전략으로, 제품·전략·마케팅 등 경영의 모든 국면에서 다양한 가설을 세우고 끊임없이 테스트하면서 방향성을 상시적으로 수정해나가는 일련의 과정을 의미한다. 어떤 자원을 중심으로 사업 전환을 꾀하는지에 따라 피보팅 전략은 ① 기술, 운영 노하우 등을 중심으로 사업을 전환하는 '핵심역량 피보팅', ② 시설 설비·공간·건물 등을 중심으로 사업 전환을 꾀하는 '하드웨어 피보팅', ③ 그동안의 사업을 통해 이미 잘 알고 있는 소비자 집단을 중심으로 사업을 전환하는 '타깃 피보팅', ④ 새로운 품목을 기획하고 판매 경로를 변경해 사업 전환의 기회를 모색하는 '세일즈 피보팅', 이렇게 네 가지 유형으로 나눌 수 있다.

『트렌드 코리아 2021』 pp. 222~251

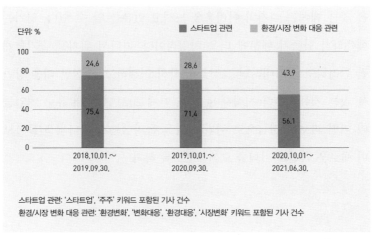

피보팅 관련 기사 주제별 추이 변화

단위: %   ■ 스타트업 관련   ■ 환경/시장 변화 대응 관련

	2018.10.01.~ 2019.09.30.	2019.10.01.~ 2020.09.30.	2020.10.01~ 2021.06.30.
환경/시장 변화 대응 관련	24.6	28.6	43.9
스타트업 관련	75.4	71.4	56.1

스타트업 관련: '스타트업', '주주' 키워드 포함된 기사 건수
환경/시장 변화 대응 관련: '환경변화', '변화대응', '환경대응', '시장변화' 키워드 포함된 기사 건수

분석 채널: 네이버, 다음, 네이트 뉴스
출처: 코난테크놀로지

로지가 피보팅 관련 기사를 소셜 분석Social Analysis한 결과에 따르면, 2018년에는 '스타트업' 용어로 주로 사용되던 피보팅이 2021년 6월 분석에서는 '환경/시장 변화 대응' 용어로 의미가 확장됐다. 코로나 19로 극심한 타격을 입은 업종은 물론, 디지털 트랜스포메이션이라는 기술 변혁의 과정에 있는 기업들이 생존을 위해 피보팅을 선택한 것이다.

피보팅의 필요성에 대해서는 공감대를 형성했지만 "어떻게 피보팅할 것인가"에 대해서는 고민이 계속되고 있다. 주요 SNS에 등장한 피보팅 단어를 감성 분석한 결과를 살펴보면, '빠르다', '경제적', '신속' 등 긍정 감성어가 높은 상승률을 보이는 가운데 '고민', '어렵다' 등 부정 감성어 역시 동반 상승했다. 급격한 사회 변동으로 많은 기업들이 피보팅을 고민하고 있으나, 이를 성공적으로 수행하는 방안을 찾는 데에는 여전히 어려움을 느끼고 있음을 알 수 있다. 위기는 예측하기 힘들기 때문에 더욱 치명적이다. 따라서 위기를 슬기롭게 잘 관리하고 이겨내려면 그것을 명확히 이해하고, 적절한 대응 방안을 찾는 것에서부터 시작해야 한다. 이제 2021년 국내 유수 기업들이 어떤 피보팅 전략으로 위기 상황을 돌파했는지 하나씩 되돌아보며 새로운 혁신의 기회를 모색해보도록 하자.

1단계 피보팅: 임기응변

기업의 피보팅 전략을 위기 대응의 강도에 따라 구분했을 때, '1단계 피보팅'은 짧은 호흡으로 신속하게 시도된 위기 대응 전략을 의미한다. 이는 장기적 관점에서 수립된 '전략'이라기보다는 코로나19 상황에 대응하고자 임기응변적으로 시도된 '전술'에 가깝다. 항공·호텔·여행·면세·영화관·레저 등 코로나19로 직접적인 타격을 입은 콘택트 업종에서 특히 두드러졌다.

보유 자원의 새로운 활용으로 위기 대응

세계 최대 승차공유 업체인 우버는 코로나19 위기 상황을 맞아 '차량 호출'이라는 주력 사업을 축소하고 '음식 배달' 서비스로 사업의 무게중심을 옮겼다. 전염병 확산의 우려로 차량 공유를 기피하는 분위기가 뚜렷해진 반면 집과 사무실에서 음식을 배달하는 수요는 폭증

했기 때문이다. 이 같은 신속한 대처로 우버의 2020년 3분기 차량 호출 매출은 13억6,500만 달러로 전년 동기 대비 절반으로 줄어들었지만, 같은 기간 음식 배달 매출은 2배 넘게 상승해 14억5,100만 달러를 기록했다.[1] 보유한 차량 네트워크를 이동 대신 배달로 활용한 우버의 사례에서 보듯, 기업들은 코로나19로 감소한 매출을 보전하기위해 보유한 자원에 새로운 용도를 부여함으로써 부가 수익을 창출했다.

코로나19로 인한 '집합금지' 규제로 직격탄을 맞은 개인사업자들은 본인이 소유한 공간을 새롭게 활용하는 피보팅 전략으로 위기에 대응했다. 머무는 시간이 짧은 데다 여러 사람이 드나들어 감염의 위험이 컸던 코인노래방은 스터디룸으로 변신했다. 노래방 안에 책상 등의 시설을 구비하고, 손님이 적은 낮 시간대에는 '1만 원에 7시간 대여'라는 파격적인 가격으로 깜짝 신규 수요를 창출한 것이다.[2] 코로나19 시대에 재택근무나 셧다운으로 문을 닫은 기업들이 유휴 공간을 촬영 장소로 임대해 부가 수익을 올리는 사례도 늘어나고 있다. 개인과 기업의 동영상 촬영 수요가 늘어남에 따라 콘텐츠에 어울리는 촬영 장소를 찾아 게스트와 호스트를 이어주는 공간임대 플랫폼도 등장했다. 일례로 경기도 파주시에 있는 맥주 회사 '부루구루'는 공간임대 플랫폼인 '아워플레이스hourplace'를 통해 700여 평의 공장 중 잉여 공간 200여 평을 드라마·영화·뮤직비디오 등을 위한 촬영지로 대여하여 부가 수익을 올렸다.[3]

코로나19 여파로 관객이 급감한 극장가는 더 이상 영화관이란 타이틀을 고수하지 않는 방법을 택했다. CGV는 코로나19로 공연장을 잃은 개그맨들이 스탠드업 코미디쇼를 진행할 수 있도록 공간을 대여하는가 하면, e-스포츠 생중계·시 낭송회 등으로 영역을 확장하고 있다. 2021년 1월에는 소비자가 닌텐도·플레이스테이션 같은 게임기를 가져와 대형 스크린으로 게임을 즐길 수 있도록 지원하는 콘솔 게임용 대관 서비스 '아지트엑스AzitX'도 론칭했다. 롯데시네마는 2021년 6월 영화관 스크린을 통해 해외의 유명 관광지들을 둘러보는 '랜선투어' 프로그램 '팝업 트래블 라이브'를 선보였다. 이탈리아 피렌체에 있는 가이드가 시뇨리아 광장에서 시작해 우피치 미술관, 베키오 다리를 지나 두오모 광장으로 이동하는 모습을 대형 화면으로 보고 있노라면 마치 그곳을 직접 여행하는 듯한 현장감을 느낄 수 있다.

외국인 관광객의 발길이 끊긴 호텔 업계도 변화된 환경에서 살아남기 위해 혼신의 힘을 쏟고 있다. 사실상 서울 도심의 비즈니스급 호텔들은 기약 없는 임시휴업에 돌입한 상태이고 서울의 5성급 호텔인 르메르디앙 서울과 쉐라톤 서울 팔래스 강남은 아예 영업을 종료했다. 이에 업계는 호텔 공간을 새롭게 해석하며 자구책을 찾고 있다. 롯데호텔 서울의 '원스 인 어 라이프', 명동 이비스 앰배서더 호텔의 '방만빌리지 패키지', 여의도 켄싱턴호텔의 '호텔 한 달 살기 패키지' 등은 아파트를 빌려 사는 것처럼 호텔에 장기간 머무는 도심형 한 달 살기 상품이다. 뷔페에서 아침을 해결하고, 피트니스와 수영장 같은 부대시설도 이용한다. 청소·세탁 서비스 이용은 물론 주차도 해결할 수 있어 인기다. 신라호텔에서는 숙박 없이 낮 12시간 동안 야외 수영장과 키즈플레이룸을 이용할 수 있는 '데이유즈' 상품을 선보였다. 소규모 비즈니스 호텔은 지자체와 손잡고 에어컨이 없는 노년층을 지원하는 '야간 무더위 쉼터'로 변신하기도 했다.[4]

신속한 이색 상품 출시로 위기 대응

이색적인 신상품과 서비스를 신속하게 출시해 코로나19로 급감한 수익을 보전하고자 노력한 기업도 있다. 김치냉장고로 유명한 위니아딤채는 자사의 핵심 기술을 바탕으로 '초저온 백신보관용 냉동고'를 출시, 미국식품의약국FDA 인증을 완료하고 미국 시장에 진출했다. 미국을 비롯한 해외 시장으로의 수출 가능성을 타진하는 중이며 국내에서도 식약처 승인을 받아 공급을 늘릴 계획이다. 영화를 관람하는 동안 취식이 금지되면서 영화관 매출의 큰 축을 차지했던 팝콘의 판매 또한 큰 타격을 입자 CGV는 매장 내에서만 판매하던 팝콘을 커다란 자루에 포장한 '포대팝콘'으로 변신시켜 내놓았다. 레트로풍의 포장과 그야말로 쌀포대 같은 커다란 포장으로 눈길을 끈 이 포대

팝콘은 배달의민족, 요기요 등 배달 앱을 통해서도 판매됐다.[5] 극장 대신 집에서 영화를 즐기는 이른바 '집콕 시청'이 늘어나면서 이들을 겨냥한 이색 식품의 출시가 줄을 잇고 있는 가운데 극장도 그 대열에 참여한 것이다.

호텔 업계도 위기 상황 속 신상품 개발에 박차를 가하고 있다. 롯데호텔 서울의 일식당 '모모야마'의 경우 사회적 거리두기 4단계가 발효된 2021년 7월 12일부터 열흘간 드라이브스루로 판매한 시그니처 박스의 판매량이 직전 같은 기간 대비 150% 증가했다. 2021년 7월, 그랜드 인터컨티넨탈 서울의 '그랜드키친'이 판매한 그랩앤고 도시락의 판매량 역시 전월 동기간 대비 약 70% 성장했다.[6] 도시락 이외에도 호텔에서 사용되는 프리미엄 침구의 판매량도 급증했다. 신한카드 빅데이터연구소의 분석에 따르면, 2021년 2분기 호텔 프

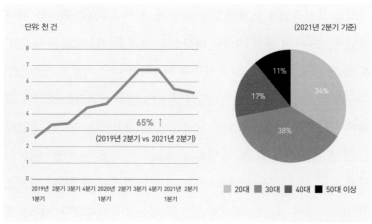

호텔 프리미엄 침구 구매 추이 및 연령별 이용 비중

단위: 천 건

(2021년 2분기 기준)

65% ↑
(2019년 2분기 vs 2021년 2분기)

2019년 2분기 3분기 4분기 2020년 2분기 3분기 4분기 2021년 2분기
1분기 1분기 1분기

■ 20대 ■ 30대 ■ 40대 ■ 50대 이상

34%

38%

17%

11%

분석 대상 : 호텔 프리미엄 침구 업체 7곳
출처: 신한카드 빅데이터연구소

리미엄 침구 판매는 2019년 동기간 대비 약 65% 증가했으며, 특히 2030 소비자의 구매 비중이 약 72%로 두드러졌다.

출입국객 감소로 어려움을 겪고 있는 면세점 업계는 온라인 판매 서비스에 도전하고 있다. 재고 면세품에 한해 내국인 대상 온라인 판매가 허가되면서, 신라면세점은 자체 여행 상품 중개 온라인 플랫폼인 '신라트립'을 통해 면세품 판매를 시작했다. 롯데면세점과 신세계 면세점 역시 재고 면세품 판매 전문몰인 '럭스몰'과 '쓱스페셜'을 열었다. 오프라인 매장 운영이 여의치 않아 마련된 자구책이지만, 자체 상품 소싱 역량과 물류 인프라를 구축하고 온라인 판매에 대한 노하우를 쌓음으로써 향후 새로운 분야로 사업을 확장하는 기회가 될 것으로 보인다.

항공사 역시 신규 비즈니스에 도전하고 있다. 제주항공이 쇼핑몰 AK& 홍대점과 손잡고 오픈한 팝업스토어 '여행의 행복을 맛보다'는 승무원들이 바리스타가 되어 운영하는 카페 겸 레스토랑이다. 비행기 내부와 유사한 매장 인테리어에 음식도 기내용 카트에 담아 서빙하다 보니 고객들은 실제 비행기에 탑승해 기내식을 먹는 듯한 기분을 만끽할 수 있다. 비행기 여행에 대한 욕구를 대리 만족할 수 있는 공간으로 인기를 끌면서 홍대점에 이어 AK 분당 플라자와 롯데백화점 김포공항점에 각각 2호점과 3호점을 열기도 했다. 그런가 하면 항공사 굿즈도 인기 상품 대열에 합류했다. 대한항공이 굿즈로 내놓은 탑승권 디자인의 '보딩패스 휴대폰 케이스'는 주문이 폭주해 제작이 지연되는 일이 벌어졌다. 이 상품은 케이스 후면에 주문자가 원하는 대로 이름과 도착지, 출국일, 좌석 번호 등을 새겨 넣는 커스터마

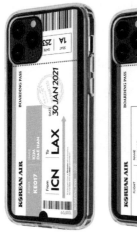

출처: e-skyshop

●●● 품절 사태를 부른 대한항공의 보딩패스 휴대폰 케이스. 비행기 여행에 목마른 고객들에게 간접 체험 상품으로 인기를 끌었다. 비행이 없는 시대, 항공사의 성공적인 피보팅 전략이었다.

이징 제품이라서 배송까지 10일가량 소요되는데도 주문이 몰렸다는 후문이다. 대한항공은 온라인 쇼핑몰 '이스카이숍'에 어린이용 승무원복도 판매하고 있다. 대한항공 객실 승무원의 트레이드마크인 하늘색 머플러와 머리띠도 포함되어 있는 이 제품은 객실 승무원이나 파일럿을 꿈꾸는 아이와 그 부모들에게 인기가 높다. 저비용항공사인 에어부산과 에어서울, 제주항공, 진에어도 굿즈 쇼핑몰과 기내식 카페를 연이어 오픈하는 등, 항공 여행에 목이 마른 소비자들에게 비행기 탑승 경험을 간접 체험할 수 있는 각종 서비스 개발에 열을 올리고 있다.[7]

2단계 피보팅: 체질 개선

위기에 대응하는 '2단계 피보팅'은 디지털 트랜스포메이션이라는 시대적 요구에 발맞춰 유통·마케팅 측면에서 온라인 역량을 강화하고 CX 관점에서 소비자경험을 혁신하는 전사적 차원의 체질 개선 전략이다. 코난테크놀로지가 수행한 '사업 전환' 관련 이슈어 분석 결과를 살펴보면, 2020년 9월 대비 2021년 6월에 급상승한 단어는 '코로나19'(12위→ 6위) 이외에, '스마트'(36위→ 3위), '플랫폼'(65위→ 56위), '비대면'(607위→ 66위), '디지털'(252→ 110위) 등 4차 산업 기술과 관련된 내용이 주를 이룬다. 고객충성도가 날로 낮아지는 시대, 전방위적인 CX 유니버스의 개선과 온·오프라인의 매끄러운 연결성 강화로 브랜드에 대한 고객 록인lock-in을 유도할 수 있다.

TREND KEYWORD 2021

CX 유니버스

특정 브랜드나 기업이 총체적인 고객경험Customer eXperience 관리를 통해 소비자와 호의적인 태도와 친밀한 관계를 형성해나가는 일련의 노력으로, 단편적인 접점 관리에 그치지 않고, 브랜드 및 기업과 세계관을 공유하는 것을 뜻한다. 셀 수 없이 많은 디지털의 접점을 접하며 살아가는 오늘날, 소비자들은 모든 접점에서 마찰과 번거로움이 없는 매끈한seamless 고객경험을 원한다. 특히 체험 마케팅에 익숙한 MZ세대 고객들을 대상으로 한 CX의 차별화가 최우선의 시장 경쟁 전략이 되면서, 고객경험을 기획하는 일은 점점 고도화되고 있다. CX 유니버스를 구축하기 위해서는 ① 물 흐르듯 매끈한 심리스 경험을 제공하고, ② 고객의 자발적 데이터 제공 경험을 유도하며, ③ 색다르고 흥미로운 경험을 제공하는 것이 필요하다. 고객이 브랜드와 함께 자신이 원하는 세계를 확장해나가는 즐거움을 누리게 하고 싶다면 CX 유니버스 전략에 집중해야 할 것이다.

『트렌드 코리아 2021』 pp. 332~355

디지털경험 강화로 체질 개선

코로나19는 기업의 디지털 역량을 테스트하는 시험대와도 같았다. 오프라인 중심으로 사업을 전개하던 기업들은 2021년을 기점으로 온라인에서의 디지털경험을 강화하는 방향으로 사업구조를 다변화하기 시작했다. 캐릭터 상품을 중심으로 한 대형 오프라인 매장에 역점을 두었던 라인과 카카오는 코로나19로 인한 대면 쇼핑 회피 현상, 주 소비층인 일본과 중국 여행객의 급감으로 대대적인 전략 수정을 감행하는 모습이다. 라인프렌즈는 오프라인 스토어에서 제공하던 브랜드경험을 온라인으로 매끄럽게 이어 일관적인 브랜드경험을 제공하는 데 방점을 두고 있다. 예컨대 라이브 커머스를 진행할 때에도 소비자가 오프라인 스토어에서 직원에게 설명을 듣는 형태로 연출해 브랜드경험의 일관성을 전달한다. 네이버 쇼핑 라이브를 통해 진행된 라인의 라이브 커머스 방송에는 11만 명 이상이 접속하며 하루 만에 약 11억 원의 매출을 달성하는 성과를 거두었다.[8] 카카오 역시 캐릭터 사업을 전개하는 카카오IX와 쇼핑 부문을 담당하는 카카오커머스를 합병해 오프라인 중심으로 전개하던 캐릭터 사업을 온라인으로 전환하고 있다. 카카오커머스에 따르면 커뮤니티 형태로 개편된 카카오프렌즈 온라인 스토어는 개편 후 이용자 수가 이전 대비 20%, 페이지뷰는 110% 증가했다.[9]

오프라인의 온라인 전환은 럭셔리 브랜드도 예외는 아니었다. 2020년 기준 에르메스와 LVMH와 같은 럭셔리 브랜드 기업의 주가는 약 20% 이상 올랐다. 반면 페라가모와 버버리의 주가는 각각 15.4%와 18.8% 하락했다.[10] 성과를 가른 결정적 이유는 온라인 대응력이었다. 대표적인 성공 사례가 바로 LVMH 그룹의 '디올'이다. 디올은 브랜드 가치 훼손에 대한 우려에도 불구하고, 2015년부터 럭셔리 브랜드 최초로 중국 모바일 메신저 '위챗'을 이용해 온라인 전용 제품을 판매하고 있다. 중국에서 많이 쓰이는 알리페이 결제 시스템을 지원하고, 라이브 커머스에까지 등장하는 등 파격적인 온라인 정책으로 중국 밀레니얼 세대의 마음을 사로잡은 것이 유효했다.

코로나19로 타인과 대면하는 것 자체가 부담스러워지자, 디지털을 활용해 대면 부담을 줄이고자 하는 노력도 두드러졌다. 코웨이는 사람이 직접 방문해야 하는 사후관리 서비스를 디지털 방식으로 진행하는 '보이는 상담 서비스'를 시행 중이다. 고객이 스마트폰으로 문제가 발생한 제품을 비추면, 제품의 증상을 확인한 상담사가 해결 방법을 상세히 안내하는 방식으로 간단한 문제라면 수리 기사 방문 없이 즉시 문제를 해결하기를 바라는 고객들의 좋은 반응을 얻고 있다. 롯데백화점 광주점은 매장 방문이 부담스러운 고객을 위해 '홈결제 서비스'를 운영하고 있다.[11] 집에서 상품 구매를 원하는 매장·SNS·전화 등으로 상담을 진행한 후 앱으로 결제하면, 에누리 적용·사은행사 참여 등 오프라인 백화점에서만 제공되는 혜택을 집에서도 동일하게 누릴 수 있다. 오프라인에서만 가능하다고 생각했던 것들이 고도의 통합 전략에 힘입어 온라인으로 옮겨오면서 소비자 선택의 폭이 넓어짐과 동시에 기업들도 고객 만족과 매출 증대라는 두 마리 토끼를 잡을 수 있었다.

전방위적 CX 전략으로 체질 개선

CX는 특정 제품이나 서비스를 이용하는 이용자의 인지 반응을 개선하는 UXUser eXperience(사용자경험)와 달리, 한 명의 고객이 제품의 구매 전-중-후에 체험하는 브랜드경험의 총체를 의미한다. 2021년 국내 많은 기업들은 디지털을 기반으로 전방위적 CX를 개선하며 위기에 대응했다. 특히 이러한 시도는 2021년 급진적으로 성장한 '금융시장'에서 두드러졌다. 신한카드는 자사 앱인 신한pLay에 삼성전자의 인공지능 플랫폼인 빅스비와 연동된 '목소리 결제 기능'을 추가했다. 스마트폰에 대고 "하이 빅스비, 신한 터치 결제 켜줘"라고 말하면 실물 신용카드 없이 앱만으로도 오프라인 가맹점에서 간편하게 결제할 수 있다. 신용카드가 필요 없는 앱결제 서비스에서 한 단계 뛰어넘어, 앱을 열지 않고도 손쉽게 결제를 진행할 수 있도록 CX를 개선한 것이다.

카카오페이증권·토스증권 등 온라인 태생의 증권사가 빠른 속도로 성장하면서 기존 증권 업계도 자사 앱의 CX 개선에 총력을 기울였다. 기존 증권사 앱이 오프라인 서비스를 온라인화한 것과 달리, 온라인으로부터 서비스를 시작한 신규 증권사의 경우엔 앱 페이지 구성, 사용자 인터페이스 등이 훨씬 소비자 지향적이기 때문이다. 이에 삼성증권은 2021년 6월, MZ세대를 겨냥한 간편투자 앱 '오투'를 선보였다. 기존 앱의 510개 메뉴를 6분의 1 수준인 78개로 축소하고, 홈 화면 배열도 개인 취향에 따라 변경 가능하도록 했다. 신한금융투자의 MTSMobile Trading System 앱 '신한알파'도 복잡한 금융 용어를 일상에서 쓰이는 쉬운 단어로 교체하고, 메뉴 이동 경로를 최소화하는 등 CX 개선에 집중했다.

소비자 접점의 CX를 개선하는 것에서 한 걸음 더 나아가, 전사적 차원에서 사업 전반을 디지털과 모바일 중심으로 개편한 기업도 있다. CJ ENM 커머스 부문의 CJ오쇼핑은 2021년 5월 'CJ온스타일'로 브랜드를 전격 개편했다. 그동안 TV홈쇼핑을 'CJ오쇼핑'으로, 인터넷 쇼핑몰을 'CJ몰'로, T커머스를 'CJ오쇼핑플러스'로 분리해 운영해오던 사업구조를 대대적으로 통합함으로써 모바일 플랫폼으로 변신을 꾀한 것이다. 소비자 역시 모바일·온라인·TV의 채널 간 경계 없이 브랜드경험을 통합할 수 있어 CX 측면에서 고객경험의 연속성 seamless이 한층 강화된 것으로 평가된다.

3단계 피보팅: 사업 재편

마지막 '3단계 피보팅'은 신속한 구조조정과 사업구조 재편으로 변화하는 환경에 적응하는 환골탈태형 전략이다. 2000년대까지 명실상부한 전자 명가였다가 지난 20여 년 간 뼈를 깎는 노력으로 구조조정을 시행해 현재는 게임·음악·영상 등 콘텐츠 시장의 선두 주자로 거듭난 소니가 대표적인 예다.[12] 이처럼 환골탈태형 피보팅은 장기적 관점에서 기존 핵심 사업 부문을 정리하거나 완전히 새로운 영역으로 사업을 확대함으로써 궁극적으로 기업의 존속 가능성을 높인다.

유사 업종으로의 사업 확대

제3기획은 한국의 광고기획사 제일기획이 만든 온라인 쇼핑몰이다. 2019년 사내 직원을 대상으로 창립 멤버를 모집해 소리 소문 없이 사업을 추진했다. 출범 당시에는 직원들이 직접 기획한 이색 제품을 판매하는 '생활밀착 신문물 상점'을 지향했지만, 2021년 들어서는 드라마·예능·게임 등과 협업해 콘텐츠 IP를 활용한 굿즈를 판매하는 '콘텐츠 컬래버레이션 숍'으로 사업 범위를 확대하고 있다.[13] tvN에서 방영된 화제의 드라마 〈빈센조〉에서 송중기가 사용해 주목을 끌었던 지포라이터를 판매한다거나 〈슬기로운 의사생활〉을 기반으로 한 '율제 위생키트'를 판매하는 식이다. 이에 대한 소비자들의 관심도 높아 지포라이터는 1차, 2차 판매가 완판됐고 율제 위생키트도 한정판으로 제작해 팬심을 자극하고 있다. 광고 회사가 본업이 아닌 온라인 쇼핑몰 운영에 나선 이유는 광고 시장의 변화 때문이다. TV로 대표되는 전통 광고 시장이 축소되고 디지털 광고 시장이 커지면서, 대중이 아닌 개인별 맞춤 광고를 진행하기 위한 데이터 확보가 중요해진 것이다. 또한 확실한 팬덤이 존재하는 드라마·예능·게임 등 콘텐츠의 세계관에 상품 기획력을 가미해 제품을 기획, 제조, 판매하는 것이 경쟁력 있다고 판단했기 때문이다.

인터넷 서비스 기업은 자사가 보유한 핵심 역량을 바탕으로 신사업을 확장하기도 한다. 직장인 익명 커뮤니티인 블라인드는 2020년 11월, 미혼 직장인들의 만남을 주선하는 미팅 앱 '블릿Bleet'을 출시했다. 블라인드의 현 직장 인증 로직 방식을 그대로 활용했기 때문에 미팅 앱 가입자 역시 회사 메일 계정을 통해 현 직장을 인증해야 서비스를 이용할 수 있다. 숏폼 동영상으로 인기를 끌고 있는 틱톡은 동영상으로 직원을 채용하는 '틱톡 이력서Tictok Resumes' 프로그램을 론칭했다. 구직자가 자신을 소개하는 짧은 동영상을 게시하면 회사 측이 열람할 수 있다.

사회적 거리두기 강화와 집합금지로 집객에 어려움을 겪고 있는 외식업계는 RMR Restaurant Meal Replacement(레스토랑 간편식) 사업으로 시선을 돌리며 새로운 돌파구를 찾았다. RMR은 HMR의 '편리함'에 레스토랑의 '조리법'을 결합한 상품이다. 이미 식품 제조 노하우를 가지고 있어, 이를 간편식화하기만 하면 되기에 사업 확장이 비교적 용이하다. CJ푸드빌은 2020년 네이버에 스마트스토어를 열고 빕스와 계절밥상의 RMR 제품을 판매하고 있다. 한식 뷔페 올반 역시 유명 맛집 구슬함박과 협력해 올반 구슬함박 스테이크 간편식을 출시한 바 있다.

이업종으로의 사업 재편

가까운 미래에 급진적 성장이 예상된다면 기존 사업과 관련 없는 완전히 새로운 영역으로 사업을 재편해 기업의 경쟁력을 강화할 수도 있다. 디즈니는 코로나19를 사업구조 전환의 기회로 활용했다. 코로나19 발발 전, 디즈니의 주력 사업은 테마파크와 리조트였다. 2019년 회계연도 기준으로 해당 기간 동안 테마파크의 매출 비중은 전체의 37%를 차지했는데, 코로나19 발발 이후 방문객의 발길이 끊기면서 23%로 급감했다. 테마파크 부문을 빠르게 대체한 것은 OTT 서비스인 디즈니 플러스였다. 2018년 전체의 5%에 불과했던 OTT

매출 비중이 2020년엔 24%로 급증한 것이다.[14] 이러한 노력 덕분에 디즈니는 팬데믹 시대를 큰 타격 없이 지나고 있다.

국내 대기업들도 미래지향적인 아이템을 발굴하며 피보팅하고 있다. 현대자동차그룹은 전기차 산업 외에 수소연료전지 사업, 도심항공모빌리티UAM와 로봇 기술 개발 등을 추진 중이다. 스마트폰 사업을 정리한 LG그룹은 2021년을 모빌리티 사업 진출을 위한 원년으로 삼고 전기차 파워트레인 합작법인 설립, 전기차 배터리 사업 등에 박차를 가하고 있다. 유통업을 기반으로 성장한 롯데그룹도 계열사인 롯데케미칼을 통해 전기차 배터리의 핵심 소재인 분리막 생산량을 증대해 2025년까지 매출을 현재보다 20배 높은 2천억 원까지 높이겠다는 계획이다.[15] 대표적인 게임 회사인 넷마블 또한 라이프스타일 환경가전 기업인 코웨이 인수로 주목받았는데 넷마블은 게임 사업을 통해 확보한 정보 기술을 코웨이 사업에 접목해 구독경제 시장에서 시너지를 내겠다는 계획을 밝힌 바 있다. 넷마블은 방탄소년단 BTS의 소속사인 하이브에 투자한 것으로도 유명한데 2018년에 하이브(당시 빅히트) 지분 25%를 인수했다. 이는 아티스트의 지식재산권IP을 활용한 게임 개발의 가능성을 염두에 둔 것으로 보이며, 실제 넷마블은 BTS의 IP를 활용한 캐주얼 'BTS월드'를 내놓았고 이어 두 번째 협업 작품으로 'BTS 유니버스 스토리'를 세계 시장에 출시했다.[16]

기술 혁신과 사회변화에 따른 재편은 중소기업에게도 성장의 기회를 제공한다. 농기계 제조사였던 대풍이브이자동차는 2016년부터 소형 전기차 제조사로 변신했다. 2016년 12억 원이던 이 회사의 매출은 사업 전환 5년 만에 95억 원으로 급성장했다.[17] 3D 모델링 소프트웨어 개발사였던 블루프린트랩은 국내에 3D프린터 보급이 늦어지면서 관련 시장이 더디게 성장하자 방향을 돌렸다. 자사가 보유한 3D 모델링 기술을 활용해 휴대폰으로 촬영한 사용자 얼굴을 3D 방식으로 스캔하고 데이터를 분석한 후 사용자에게 어울리는 안경·주얼리·가발 등을 추천하는 증강현실AR 분야로 피보팅한 것이다.[18]

● ● ●

회복탄력성을 가진 조직으로 거듭나라

흑사병이 세계를 휩쓴 이후 인쇄기가 발명되고, 1차 세계대전 이후 급속한 자동화 진전으로 전화교환원 대신 자동응답기가 나타난 것처럼, 학자들은 팬데믹이 우리 사회의 기술 전환 속도를 앞당기고 있다고 주장한다. 질병 확산에 따른 피해를 줄이고자 무인 점포가 늘어나고 로봇 도입이 앞당겨지는 등 변화의 속도가 빨라진 것이다. 앞당겨진 미래를 준비하기 위해서는 코로나19 시대는 물론, 그 이후에도 상시적 혁신 체계를 갖추고 가지고 있는 자원을 최대한으로 활용하는 '피보팅' 전략이 필수다.

위기 속에서 새로운 기회를 발굴하는 피보팅을 실천하기 위해 기업이 갖추어야 할 역량은 무엇일까? 첫째, 혁신의 방식이 완전히 새롭게 바뀌어야 한다. 경영진이 여러 대안을 두고 가장 안전한 혁신안을 선택하던 기존의 의사결정 방식에서 벗어나, 여러 가능성을 씨앗 뿌리듯 실험해보고 그중 가능성 높은 혁신안을 찾아가는 '풀뿌리 혁신 전략'이 무엇보다 중요하다. 그러기 위해서는 조직 상부의 의사결정자들이 개혁 방안을 일방적으로 내려보내는 톱다운top-down 방식의 접근이 아니라 모든 구성원들이 현장에서 느끼는 변화를 조금씩 개선하면서 근본적인 피보팅을 제안해나가는 보텀업bottom-up 방식이 필요하다.

롯데쇼핑의 '밀레니얼 트렌드 테이블MTT'은 만 24~39세 직원으로 구성된 애자일 혁신 프로젝트다. 경영진의 간섭 없이 자발적 지원으로 선발된 MTT 멤버들은 매주 금요일 현업 부서에서 벗어나 자유롭게 신사업 아이디어를 연구하고 실행한다. 2021년 출범한 MTT 3기는 한 가지 영역을 파고드는 **디깅 소비** 트렌드에 맞춰 등산·캠핑 등 아웃도어 액티비티 콘텐츠를 생산하는 유명 인플루언서로 활동 중이다.[19] 기존 방식대로 톱다운하여 지시받은 목표였다면 결코 실현되기 어려웠을 성과다.

둘째, 새로운 먹거리를 지속적으로 발굴하기 위해 모든 것을 스스로 해결하겠다는 생각을 버려야 한다. 시장 변화에 신속하게 대응하기 위해서는 다른 조직과 손을 잡는 것도 현명한 대안이 될 수 있다. 가전 업계에서 주문자상표부착생산OEM에 보다 유연해진 것도 이러한 변화를 보여준다. 2021년 초, 삼성전자는 핵심 가전 비전으로 '팀 비스포크' 전략을 발표했다. 모든 제품을 자체 생산하는 시스템을 고수하기보다는 다양한 기업과 협력을 바탕으로 시장의 변

디깅digging **소비**
디깅은 '채굴'이란 뜻으로 음악 분야에서 디제이나 리스너가 좋은 음원을 찾아 특정 장르나 아티스트, 테마 등 관련 음악을 들여다보며 깊이 파는 행동을 의미한다. '디깅 소비'는 디깅을 소비에 비유하여 서울대 소비트렌드분석센터에서 만든 용어다.

화에 더욱 기민하게 대응하겠다는 전략이다. 이러한 행보에는 중소기업과 상생을 추구한다는 사회적 의미도 담겨 있다. 아이디어만 있으면 제조력 있는 OEM 업체와 협력해 누구든 신상품을 생산해낼 수 있는 **퍼블리싱** 사업구조가 앞으로는 패션·화장품·식품 산업을 넘어 전 산업에 확산될 것으로 예상된다('라이크커머스' 참조).

퍼블리싱 publishing
퍼블리싱이란 일반적으로 '출판' 혹은 '발행'을 의미한다. 작가가 책을 쓰면 책의 편집·인쇄·홍보 등을 출판사가 대행하는데, 이러한 출판사의 역할을 퍼블리싱이라고 한다. 최근에는 화장품, 식품 시장 등에서 작은 스타트업이 브랜드를 기획하면 OEM 업체에서 제품을 대행 생산하는 행위를 포괄한다.

마지막으로 피보팅을 효율적으로 추진하기 위해서 소비자-직원-기업-정부 등 이해관계자 사이의 입장을 조율하는 노력이 필요하다. 온라인으로 유통의 축이 옮겨가면서, 현대차는 '광주형 일자리'로 위탁 생산된 최초의 자동차인 경형 SUV를 옷이나 가전제품처럼 100% 온라인으로 판매하겠다고 발표했다. 마치 옷을 구매하듯 모바일에 개설된 홈페이지에서 소비자가 직접 자동차를 주문하는 방식이다. 유통 비용이 절감되어 차량 가격이 낮아질 수 있는 데다, 견적-상담-결제의 전 과정이 비대면 방식으로 진행된다는 점에서 젊은 소비자들의 호응이 높은 편이다. 하지만 노조가 기존 영업사원이 받을 타격을 우려하며 이에 반발하자 현대차는 노조와 충분한 협의를 거친 후에 온라인 판매를 하기로 최종 결정했다.[20] 이렇듯 이해관계자 사이의 합의 없이는 아무리 탁월한 전략이라도 무용지물에 불과하다. 기업 존속 관점에서 서로의 입장차를 좁힐 수 있을 때 비로소 전략의 가치가 빛난다.

2008년 금융 위기를 예측했던 누리엘 루비니Nouriel Roubini 미국 뉴욕대 교수는 "위기는 역사를 통해 되풀이되는 자연스러운 현상"이라고 설명했다.[21] 역사적으로 볼 때 경기침체와 회복은 반복된다. 모든 위기가 그랬던 것처럼 결국 이 위기도 극복될 것이다. 위기를 발판 삼아 앞으로 전진하는 '회복탄력성resilience'을 가진 기업만이 이 혹독한 시장에서 살아남는 최후의 승자가 될 것이다.

부쩍 다가온
신시장

팬데믹 위기 상황에서도 자본주의 키즈가 주도하는
중고시장·구독시장·금융시장의 성장은 눈부셨다.
그 변화의 양상을 짚어보고 새로운 동력을 발굴해본다.

지금까지 2021년 대한민국의 변화를 사회경제적 변화, 요즘 소비자의 특성, 일상생활의 회복, 기업의 피보팅 전략을 중심으로 돌아보았다. 마지막으로 소비자의 관점에서 그 변화의 폭이 가장 크고 의미 있었던 산업에 대해 좀 더 집중적으로 살펴보도록 한다.

먼저, 유통시장에서는 소비자가 자발적으로 만들어가는 중고시장의 성장이 두드러졌다. 2021년 소비자들은 사용한 제품을 더 이상 중고로 인식하지 않고 몇 번을 거래해도 새 상품이라 여기며 'N차 신상' 트렌드를 통해 새로운 가치를 창출했다. 다음으로, 플랫폼 경제에서는 구독시장이 폭발적으로 성장했다. 스타트업은 물론 대기업까지 미래 먹거리로 구독시장에 주목하며 소비자의 '스트리밍 라이프'를 지원했다. 마지막으로, 금융시장이 요동쳤다. 2021년을 기점으로 디지털과 모바일 혁신이 가속화되는 가운데 시장 저변도 대폭 넓어졌다. 2021년 4월 한국예탁결제원 발표에 따르면 대한민국 국민 다섯 명 중 한 명은 주식투자를 하고 있다.[1] 자본주의 논리를 누구보다 정확하게 체화하고 있는 '자본주의 키즈'가 한국 금융시장을 근본부터 흔들고 있는 것이다. 팬데믹 위기가 극심했던 2021년을 기점으로 눈부신 성장을 이뤄낸 금융시장·중고시장·구독시장의 변화 양상을 하나씩 살펴보면서 한국 소비 시장의 새로운 동력을 발굴해보자.

신시장 1
유통 혁명의 예고편 '중고시장'

＼

2021년 중고거래는 폭풍 같은 질주를 시작했다. 2008년 4조 원이었던 국내 중고소비 시장 규모는 2020년 말 기준 20조 원으로 성장해 불과 10여 년 만에 5배의 성장을 기록했다.[2] 중고거래 플랫폼 이용자 수도 꾸준히 증가 추이를 보이고 있다. 신한카드 빅데이터연구소에 따르면, 2021년 상반기 국내 중고거래 플랫폼 이용 건수는 2020년 동기 대비 약 145% 증가했다. 『트렌드 코리아 2021』에서는 중고품을 남이 쓰던 상품이 아닌, 새것에 버금가는 가치를 가진 상품으로 정의하는 현상을 'N차 신상'이라는 키워드로 소개했다. 아끼고 절약하는 '아나바다'식의 중고거래에서 한 걸음 더 나아가, 그 자체로 하나의 경제 현상이자 주요한 유통 채널로 부상한 것이다.

새로운 사업 모델로 부상한 N차 신상

우리나라 중고거래는 당근마켓이 2020년 이후 크게 성장하면서 시장을 선도하는 가운데, 중고나라·번개장터·헬로마켓이 그 뒤를 이으며 각축을 벌이고 있다. 2021년 들어 전통적인 유통 업계의 강자들이 중고거래 플랫폼에 적극적으로 투자와 협업을 시도하면서 시장의 판은 더욱 커지는 양상이다. 예를 들어 유통 거인 롯데그룹은 중고나라의 지분 95%를 인수하는 사모펀드에 전략적 투자자로 참여함으로써 국내 중고거래 시장에 본격 진입을 선포했고, 당근마켓은 편의점 GS25와 슈퍼마켓 GS더프레시 등을 운영하는 유통 대기업 GS리테일과 다각적인 제휴와 협력을 모색하고 있으며, 번개장터 역시 국내 유명 사모펀드로부터 560억 원의 투자를 유치한 바 있다.[3] 중고거래 플랫폼이 지역에 밀착한 커뮤니티 서비스로 성장하면서 고객과의 접점을 넓히고 있는데, 온라인·모바일 유통에 대항해야 하는

TREND KEYWORD 2021 | N차 신상

중고품이 단순히 '남이 쓰던 상품'으로 정의되는 것이 아니라, '여러 차례(N차)' 거래되더라도 '신상(품)'과 다름없이 받아들여지는 현상을 말한다. N차 신상은 새로운 재테크 수단으로도 주목받고 있는데 특히 명품이나 한정판 운동화에 프리미엄을 붙여 파는 '리셀'은 MZ세대의 새로운 투자 방법으로 떠올랐다. N차 신상의 거래 플랫폼은 소비자의 놀이터, 사람과 사람을 잇는 공동체 역할을 하기도 한다. 지역을 기반으로 뭉치고 취미로 엮이면서 중고시장이 생활 플랫폼으로 진화하는 중이다. 이제 기업들도 중고마켓에 열광하는 소비자의 감성을 끌어안는, 보다 유연한 시도가 필요하다.

『트렌드 코리아 2021』 pp. 304~331

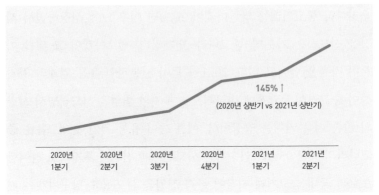

중고거래 플랫폼 이용 건수 증가 추이

145% ↑

(2020년 상반기 vs 2021년 상반기)

| 2020년 1분기 | 2020년 2분기 | 2020년 3분기 | 2020년 4분기 | 2021년 1분기 | 2021년 2분기 |

분석 대상: 중고거래 플랫폼 2개 사
출처: 신한카드 빅데이터연구소

기존 유통 강자들이 큰 관심을 갖게 된 것으로 보인다.

투자뿐만 아니라 사업적 제휴도 다양해지고 있다. 애경그룹 백화점 AK플라자·신세계그룹의 이마트24·홈플러스 등에서는 비대면 중고거래 서비스 업체인 '파라바라'와 제휴를 통해 일부 점포에 중고거래를 위한 무인 자판기를 설치했다. 고객 모으기가 중요한 기업 비즈니스에서 소비자가 자발적으로 모이는 중고거래 플랫폼은 매력적인 대상이기 때문이다. 기업 입장에서 볼 때 중고거래에서 발생하는 수익 자체는 크지 않지만, 이러한 투자가 향후 새로운 유통구조 등장을 대비하는 초석이 될 수 있다는 점에서 주목할 만하다.

제조사 역시 중고거래 사업에 적극적으로 동참하고 있다. 캐나다 요가복 브랜드 룰루레몬은 2021년 5월, 중고제품을 재판매하는 '라이크 뉴Like New' 서비스를 새롭게 선보였다. 고객이 입던 요가복 등을 매장으로 가져오거나 우편으로 보내면 제품 상태에 따라 할인 가격의 기프트 카드와 교환해주는 형태다. 매입한 옷은 세탁 등의 과정을 거쳐 할인 가격으로 온라인을 통해 재판매된다. 국내에서는 이케아가 2020년 7월 광명점에서 시범적으로 선보였던 '바이백' 서비스를 11월 전체 매장으로 확대 실시했다. 소비자가 사용하던 이케아 가구를 직접 매입한 뒤 수리해 다시 재판매하는 방식이다.

중고시장이 성장하면서 이를 지원하는 이색 서비스도 등장했다. 먼저, 편의점 택배 서비스의 성장세가 두드러진다. CU는 중고나라·아이베이비·번개장터 등 중고거래 플랫폼과 손잡고 CU 택배를 이용해 상품을 거래할 때 할인 혜택을 제공한다. 편의점 자체 배송 시스템 'CU끼리 택배'의 경우 보내는 사람과 받는 사람이 모두 해당 편의점을 이용해 거래하면 일반 택배비 대비 반값에 이용할 수 있어 인기를 끌고 있다. 금융권에서는 리셀 플랫폼 결제 시 가격 할인 혜택을 제공하는 마케팅을 진행하기도 했다. 신한카드는 2021년 8월, 스니커즈 리셀 플랫폼 크림KREAM에서 자사 카드로 거래를 체결한 고객을 대상으로 5%를 즉시 할인해주는 이벤트를 인기리에 진행했다.

N차 신상에서 N차 테크로

"주식 '따상' 말고 리셀 '떡상'."

2021년의 소비자들은 중고거래를 단순한 교환거래가 아니라, 수익을 창출하는 재테크 수단으로도 적극 활용했다. 거래가 거듭될수록 수익도 덩달아 높아지는 'N차 테크'인 셈이다. 대표적인 상품이 바로 스니커즈다. N차 테크형 중고거래에서는 신발이 예쁜지, 편한지 여부는 구매 기준이 되지 않는다. 스니커즈를 신기 위한 목적으로 구매하지 않기 때문이다. 구매 후에도 신발이 구겨질까 봐 신어보지조차 않는다. 이들의 관심사는 오직 구매 이후 해당 상품의 시세가 오르느냐, 내리느냐다. 현재의 사용가치가 아닌, 미래의 교환가치가 구매의 유일한 이유인 것이다. 이처럼 '스테크'가 일반화되면서 이제는 백화점도 MZ세대 유치를 위해 리셀 매장에 공을 들이고 있다. 2021년 2월에 오픈한 '더현대 서울'은 번개장터와 협업해 한정판 스니커즈 컬렉션을 공개하는 '브그즈트 랩BGZT Lab'을 열었다. 3월 오픈한 이후 하루 평균 방문객이 1,000여 명에 달하고 오후 시간대 평균 대기 시간이 1시간에 이르는 등, 더현대 서울은 단번에 스니커즈의

●●● 더현대 서울은 번개장터와 협업해 한정판 스니커즈를 판매하는 브그즈트 랩을 열었다. 백화점과 중고거래 플랫폼의 만남은 N차 테크에 대한 관심이 얼마나 높아졌는지를 보여주는 사례다.

성지로 떠올랐다.[4]

보유한 재화를 재판매해 수익을 창출하는 N차 테크는 이제 그 범위를 확대하고 있다. 리셀 품목이 다양해졌기 때문이다. 샤넬과 같은 사치품 가방을 리셀하는 소위 '샤테크'는 물론, 인기 장난감 레고를 리셀하는 '레테크' 정도는 기본이다. 다육식물을 분양받아 재배한 후 되팔아 수익을 얻는 식물 재테크, 나무를 키워 되파는 묘목 재테크, 심지어는 관상용 새우를 재판매해 수익을 얻는 새우 재테크도 있다.[5] 전술한 바와 같이 이재에 밝은 자본주의 키즈들이 이 시장을 주도하고 있고, 보유 기간 동안 소유의 즐거움을 누릴 수 있는 데다 판매 이후 시세 차익도 기대할 수 있다는 점에서 현물 리셀 열풍은 당분간 지속될 전망이다.

N차 신상에서 N개 커뮤니티로

"치매 어머님을 찾습니다."

지역 기반 중고거래 앱 당근마켓에 위와 같은 제목의 글이 올라왔다. 실종된 어머니를 찾기 위해 어머니의 사진과 이름·연락처·치매 상태 등을 설명하는 글이었다. 실종 3일 만에 경기도 부천시의 한 길거리에서 어머니를 찾았다. 해당 글을 통해 어머니의 얼굴을 알아본 한 시민이 경찰에 신고한 것이다.[6] 지역 기반의 중고거래 플랫폼이 실종자를 찾는 창구가 된 셈이다. 이처럼 중고거래 플랫폼은 단순히 필요한 물건을 사고파는 곳의 의미를 넘어서고 있다. 때로는 유사한 취향의 사람을 연결하는 취향 공동체가 됐다가, 때로는 우리 지역의 최신 정보를 빠르게 업데이트해주는 정보 게시판 역할을 수행한다. 그동안 네이버나 다음 카페 등에서 수행하던 커뮤니티 기능을 이제 중고거래 플랫폼도 수행하고 있다.

유사한 취향을 지닌 사람을 찾고 연결하는 취향 공동체 역할은 중고거래의 핵심 기능으로 부상했다. 번개장터가 발표한 2021년 상반기 중고거래 트렌드에 따르면, 취미 및 덕질 관련 분야 거래량이 전년 같은 기간 대비 91% 증가했다고 한다.[7] 디지털 기기·의류·생활용품 등 주로 일상 카테고리에서의 중고거래가 많았던 예전과 달리, 최근에는 캠핑·낚시·아이돌 굿즈 등 취향 관련 용품 중심으로 중고거래 시장이 새롭게 재편되고 있다.

근거리 지역을 기반으로 하는 중고거래 플랫폼의 경우 동네 사람들끼리 정보를 교환하는 지역 커뮤니티 역할까지 수행하고 있다. 실제로 지역 기반 중고거래 플랫폼 당근마켓의 '동네 생활' 게시판은 그동안 맘카페에서 이루어지던 동네 사랑방 역할을 톡톡히 수행하고 있다. 예를 들어 게시판에 "혼자 하려니 잘 안 가게 되는데 저녁에 한강 달리기팀을 꾸릴 분 계신가요?"라고 글을 올려 함께 달릴 사람들을 모으는 식이다. 2021년 5월에는 이용자가 직접 참여해 만드는 오픈 맵 '내 근처 지도' 서비스도 선보였다. 내가 자주 가는 동네 맛집이나 숨은 장소를 이웃들과 공유하는 방식인데, 해당 지역에 살고 있는 현지인들이 직접 작성한 정보로 지도가 구성된다는 점에서 광고성 정보가 많은 다른 포털사이트나 SNS와는 다르다.

전망: 소비자가 주도하는 새로운 유통구조의 등장

N차 신상 시장이 커지면서 특정 영역에 특화된 플랫폼도 속속 등장하고 있다. 중고 스마트폰 거래의 '폰가비', 중고 골프용품의 '골프존마켓 이웃', 중고 안마의자 전용 '힐링존', 중고트럭 전문 '아이트럭' 등이 대표적인 예다. 이러한 작은 특화 플랫폼들이 중고거래의 생태계를 다양화시킬 것이라 기대되지만, 앞으로는 아이템의 특화를 넘어 차별화된 가치를 줄 수 있어야 할 것이다. 예를 들어 패션 상품에 특화한 중고패션 플리마켓 '바자'의 경우, MZ세대가 플랫폼에서 자신의 패션 센스를 자랑하고 트렌드 정보를 공유할 수 있게 하는 동시에 이것을 바로 중고거래로 연결시켜 SNS가 갖는 자기표현과 친환경적 가치, 그리고 중고거래 기능을 통합시켰다. 거래 시에도 닉네임을 사용해 판매자의 인적 정보를 보호하고, 간편결제와 판매자 검증 시스템을 갖춤으로써 중고거래에서 발생하는 소비자들의 불안감을 해소하고 있다. 앞으로도 이러한 특화 플랫폼들이 종합 중고거래 플랫폼과는 차별화된 가치를 제공함으로써 2022년에는 더욱 다변화된 N차 신상 생태계를 조성할 것이 기대된다.

급속도로 성장하고 있는 N차 신상 트렌드는 미래 유통시장의 주도권이 소비자로 향하고 있음을 시사한다. 전통적으로 유통업은 기업이 생산한 제품을 소비자에게 판매하는 B2C 모델을 따른다. 반면, 중고거래는 소비자와 소비자 사이에 발생하는 개인 간 거래인 C2C 모델을 기반으로 한다. 비록 현재의 중고거래는 소비자가 생산에는 관여하지 않고 단지 사용한 제품을 판매하는 수준에 머물러 있지만, 미래에는 소비자가 직접 제품을 기획·홍보·판매함으로써 다른 소비자의 구매에 영향을 미치는 새로운 사업 모델로 발전할 가능성도 크다('라이크커머스' 참조).

해결해야 할 문제도 산적해 있다. 우선, 비즈니스 모델에 대한 불안 요소가 존재한다. 오픈마켓이나 배달 앱 등 플랫폼 사업자는 판매자와 구매자를 연결하면서 수수료를 받지만 중고거래 플랫폼은 거래 행위로 인한 수수료를 받기 어렵기 때문이다. 특히 소비자 간 거래에서 발생할 수 있는 사기와 허위광고 문제, 서비스 품질도 시급히 해결해야 할 문제다. 마지막으로 제품의 가격 왜곡 문제도 제기된다. 일례로 1,400만 원대에 판매되는 어느 유명 브랜드 핸드백이 중고시장에서는 3천만 원을 훌쩍 넘어 거래되는 경우가 있었다고 한다. 브랜드 가치를 높이려는 업체들의 공급량 제한 정책이 중고시장의 가격 혼란을 초래하는 경우도 존재한다.

신시장 2
폭발적 성장기에 접어든 '구독시장'

＼

2021년은 그동안 점진적으로 발전해온 구독시장이 폭발적으로 성장하는 전환기였다. 코로나19로 집 안에 머물러야 했던 사람들은 생수·쌀 등 생필품을 정기구독하고, 꽃과 그림을 구독하며 기분을 전환했으며, 각종 OTT와 음원 서비스를 구독하며 여가 시간을 보냈다. 업계에서는 2016년 기준 26조 원 규모였던 구독시장이 2020년 40조 원을 달성한 데 이어, 2025년에는 100조 원 규모로 성장할 것으로 추산한다.[8] 소유보다 향유를 선호하는 요즘 사람들에게 구독시장이 당연한 일상으로 자리 잡은 것이다. 『트렌드 코리아 2020』은 여러 구독으로 삶을 채우는 '**스트리밍 라이프**'를 소개한 바 있는데, 최근 그 종류가 무척 다양해지고 있다. 그 양상을 면밀히 살펴보자.

상시 할인을 제공하는 '가성비 구독'

코로나19로 경제 상황이 급격히 위축되면서 알뜰 소비에 대한 소비자의 관심이 크게 높아졌다. 이에 저렴한 가격으로 승부를 보는 '가성비 구독'이 빠르게 확산됐다. 가성비 구독은 소비자에게 파격적인 할인 혜택을 제공하는 대신 매장 방문율을 높이는 전략으로, 대표적인 사례가 바로 '편의점 구독 서비스'다. CU에서는 2020년 11월 'CU 구독쿠폰'을 선보였다. 앱에서 소비자가 원하는 상품 카테고리를 선

TREND KEYWORD 2020

스트리밍 라이프

음반·CD를 구매하는 것이 아니라 음원을 실시간으로 스트리밍해 듣듯이, 소비 생활 전반에서 소유가 아니라 사용을 중시하는 변화를 의미한다. 물건을 빌려 쓰는 렌탈이나 일정 기간 동안 돈을 지불하고 재화와 서비스를 추천받는 구독 멤버십 등 다양한 방식을 모두 포괄한다. 스트리밍 라이프는 욕망은 부풀었는데 충족할 자원은 부족한 세대, 기술의 발전으로 상품·서비스·공간 경험을 스트리밍할 수 있는 여건이 무르익은 시대가 그 배경이다. 소유하지 않아 가벼우면서도 그 어느 때보다 일상의 장면들을 다양하게 채집하고 있는 현대인의 요구에 맞추기 위해서는 새로운 시장의 문법이 필요하다. 소비자와의 관계가 구매로 끝나지 않으면서, 소비자의 사용 여정을 유지·보수·관리해주는 관계 중심적 접근이 중요하다.

『트렌드 코리아 2020』 pp. 267~290

택하여 월 구독료를 결제하기만 하면 한 달 내내 최대 30%의 할인을 받을 수 있다. GS25에서 시행하고 있는 '더팝플러스'는 원두커피·도시락·반찬 등을 할인된 가격에 구매할 수 있는 정기결제형 멤버십이다. 파격적인 가격 혜택을 무기로 직장인·학생 등 편의점 이용 빈도가 높은 소비자들을 중심으로 높은 호응을 받고 있다.

식음료F&B 부문에서 적극적으로 채택하고 있는 정액제 월 구독 서비스는 코로나19로 인해 감소한 오프라인 매출을 상쇄할 수 있을 뿐만 아니라 소비자를 자사 브랜드에 묶어놓을 수 있는 록인 효과를 높일 수 있다는 점에서 매력적인 사업 모델로 부상했다. 파리바게뜨·뚜레쥬르 등 베이커리 브랜드에서부터 이디야·엔제리너스·투썸플레이스 등 카페 브랜드에 이르기까지 모두 월 구독료만 지불하면 정가보다 훨씬 저렴한 가격으로 커피를 즐길 수 있는 '커피 구독 서비스'를 운영하고 있다. 버거킹은 2020년 5월, 업계 최초로 '햄버거 구독 서비스'를 선보였다. 매월 5,000원 미만의 구독료를 내면 특정 버거를 주 1회 총 4회 먹을 수 있어 1,000원대 가격으로 프리미엄 햄버거를 맛볼 수 있는 프로그램으로 주목을 끌었다.

언박싱의 즐거움을 선사하는 '컨셉 구독'

코로나19 장기화로 집에 머무는 시간이 길어지면서 집 밖에서 찾던 쇼핑의 재미를 집 안에서 찾고자 하는 소비자도 크게 늘었다. 이에 소비자들은 힘든 집콕 생활의 한 줄기 위로가 되는 구독 서비스에 선뜻 지갑을 열었다. 스낵24의 '스낵박스'는 초콜릿·젤리·과자 등 다양한 간식거리를 예쁜 박스에 담아 보내주는 간식 구독 서비스다. 취미 구독 서비스인 '하비인더박스'는 캘리그라피나 탄생석 비누 만들기와 같은 새로운 취미를 즐길 수 있도록 매달 키트를 상자에 담아 제공한다. 취향과 사이즈가 제각각이어서 구독 모델 적용이 쉽지 않았던 의류 구독 서비스도 새롭게 변신했다. '뷰랩'은 귀걸이·반지·목걸이 등 계절감에 맞는 다채로운 액세서리 세트를 매달 배송해주는 패션 구독 서비스다. 매달 질 좋은 양말을 보내주는 '미하이삭스', 나에게 맞는 속옷을 보내주는 '월간가슴' 등은 패션의 니치 시장을 공략해 좋은 반응을 얻고 있다.

매달 예기치 않은 놀라움을 선사하는 컨셉형 구독 서비스도 성장세에 올랐다. 소비자들은 마치 '럭키박스'나 선물 포장을 풀듯 구독 박스를 언박싱하며 즐거움을 느낀다. 직접 구하기 어려운 진귀한 전통주와 전통주에 잘 어울리는 스낵 안주 등이 패키지로 구성된 '담화 박스', 전문 플로리스트가 선정한 꽃을 테마별로 정기 배송하는 '꾸까kukka', 매달 특정한 컨셉에 맞는 화장품을 배송해주는 '팔로우 미 미박스' 등 그 종류도 다양하다.

스트리밍 라이프를 통합하는 '토털 구독'

소비자들이 구독 개념을 익숙하게 받아들이게 되자 여기저기 흩어져 있던 구독 서비스를 통합해 하나의 플랫폼에서 제공하는 '토털 구독 서비스'가 새로운 사업 모델로 부상하고 있다. 초창기 구독경제가 대부분 스타트업 중심으로 전개됐다면, 토털 구독은 여러 서비스를 연결할 수 있는 역량을 지닌 대기업이 나선다는 점에서 급이 다르다고 할 수 있다.

토털 구독의 대표 모델은 매달 일정 금액을 지급하면 그에 따른 혜택을 통합적으로 제공하는 멤버십 토털 구독이다. 쿠팡은 한 달에 2,900원을 내면 무료배송·무료반품 등 다양한 혜택을 제공하는 '로켓와우' 멤버십을 더욱 강화하는 추세다. 2020년 12월에는 OTT 서비스 '쿠팡플레이'를 론칭하고 기존 쇼핑 구독 혜택에 콘텐츠 구독을 결합했다. 네이버 역시 토털 구독을 멤버십 형태로 지원하는 '네이버 플러스 멤버십'을 운영하고 있다. 월 4,900원을 내면 쇼핑 금액 일부를 포인트로 적립해주고, 웹툰·음원·영화 등 디지털 콘텐츠도 이용할 수 있다. 2021년 8월에는 멤버십 구독을 넘어 스마트스토어에 입점한 판매자들의 상품을 정기구독하고 배송 주기 변경·빨리 받기·건너뛰기 등을 한 번에 관리할 수 있는 기능을 선보이기도 했다. 카카오도 각 사업 부문별 특색을 살려 영역별 구독 서비스를 강화하고 있다. 정기구독 서비스(구독온)·콘텐츠 큐레이션(카카오뷰)·디지털 아이템 구독 서비스(이모티콘플러스)를 론칭하며 거대 구독 플랫폼으로 거듭났다.

개별 구독 서비스를 연결해 '구독 생태계'를 조성하려는 움직임도 새롭게 시도되고 있다. 2021년 8월, SK텔레콤은 아마존 무료배송·11번가 포인트·구글 원 등의 서비스를 기본으로 제공하면서 소비자가 본인의 라이프스타일에 맞춘 OTT·모빌리티·식음료·보험 등의 서비스를 추가로 선택해 자신만의 구독 패키지를 완성하는 구독 브랜드 'T우주'를 선보였다. 구글·스타벅스·이마트·배달의민족 등 유명 브랜드는 물론이고, 꾸까·톤28 등 구독 스타트업과 제휴해 거대한 구독 생태계를 조성했다는 점이 특징이다. 소비자 입장에서도 이용 중인 구독 서비스를 매월 자유롭게 변경할 수 있어 다양한 구독 서비스를 쉽고 간편하게 체험할 수 있다. 이처럼 파편화된 개별 구독을 통합적으로 관리하는 토털 구독 서비스는 스트리밍 라이프의 폭발적 성장 흐름을 타고 대기업까지 가세함으로써 서비스 영역이 크게 확장됨은 물론 시장의 판도까지 달라질 수 있음을 예고하고 있다.

전망: 팬슈머 육성과 데이터 경제 가속화

비대면 온라인 시장의 성숙과 '스트리밍 라이프스타일'의 확산으로 급격히 성장한 구독 서비스는 향후 플랫폼 비즈니스의 새로운 다크호스로 떠오를 전망이다. 구독 서비스는 기본적으로 소비자의 '반복 구매'를 전제로 한다. 기업 입장에서는 변덕스러운 소비자를 안정적으로 잡아둠으로써 정확한 수요 예측이 가능해 재고 관리를 효율적으로 운영할 수 있는 데다 고정적인 매출까지 확보할 수 있다는 점에서 매력적인 시장이다. 하지만 구독 서비스의 이러한 장점은 곧 단점이 되기도 한다. 소비자가 서비스 이용에 싫증을 느끼는 순간, 구독은 언제라도 중단될 수 있기 때문이다. 결국 구독시장의 성공 여부는 우리 브랜드에 대한 애착을 가지고 해당 브랜드를 함께 키워나가고자 하는 '**팬슈머**'를 얼마나 확보할 수 있는지에 달려 있다. 그런 점에서 구독 서비스에서 발생하는 데이터를 바탕으로 소비자 니즈를 정확히 예측하고, 서비스를 점진적으로 개선하며, 무엇보다 고객의 구독 경험을 항상 새롭고 기대감 가득한 상태로 유지하는 '데이터 전략'이 중요하다.

TREND
KEYWORD
2020

팬슈머

직접 투자 및 제조 과정에 참여해 상품, 브랜드를 키워내는 소비자를 일컫는 용어로, 팬 fan과 컨슈머consumer의 합성어를 말한다. 팬슈머가 영향을 미치는 영역은 갈수록 넓어 지고 있다. 좋아하고 명분 있는 사업에 투자하는 크라우드 펀딩이나, 기업의 제품 개발·MD·마케팅에 적극적으로 참여하는 서포터 활동은 물론이고, 연예인 팬슈머들은 기획사의 정책과 연예인의 데뷔 여부까지 관여한다. 최근에는 SNS 세상의 연예인이라 고 할 수 있는 인플루언서에 대한 비판과 지지도 급증하고 있다. 이제 팬슈머를 자산으 로 만들어야 한다. 연예도 마케팅도 정치도 그리고 비즈니스도 팬슈머 없이는 성장하기 어렵기 때문이다.

『트렌드 코리아 2020』 pp. 315~336

신시장 3
자본주의 키즈와 함께 성장한 '금융시장'

"선생님에게 1만 원이란?"이라는 질문에 "대학 1학년 땐 하루 두세 끼 사 먹을 수 있는 돈이었고, 25살 때는 시급이었고, 28살 때는 분급이었다. 서 른이 넘어서 1만 원이란 가만히 있으면 통장에 몇 초면 붙는 돈"이라고 답했다.[9]

2020년 12월 "나도 어디 가서 이지영 강사처럼 이야기하고 싶다" 면서 글쓴이의 소망을 적은 이 트윗은 올라오자마자 1만2,000여 명 에게 리트윗되며 빠른 속도로 확산됐다. 이 글은 원래 사회탐구 영역 인터넷 강사로 연봉 100억 원이 넘는다는 스타 강사 이지영이 자신 의 은행 계좌 잔고를 유튜브에서 공개하고 '지영쌤 Q&A' 라이브를 진행하면서 나온 질문에 대한 답인데 젊은이들 사이에서 회자되며 SNS를 뜨겁게 달궜다. 이에 대한 댓글은 1만 원이라는 돈을 시급과 분급을 넘어 초급으로 취급할 수 있는 능력을 부러워하는 내용으로 가득했다. 예전 같으면 돈 자랑한다고 악플을 잔뜩 받을 법한 답변이었는데 말이다. 돈에 대한 열망을 스스럼없이 표현할 줄 아는 요즘 소비자의 생생한 반응이었다.『트렌드 코리아 2021』에서는 자본주의에 대한 높은 이해도를 바탕으로 일찌감치 금융시장에 뛰어들고, 자유분방한 소비 생활을 시작한 사람들을 일컬어 '**자본주의 키즈**'라 명명한 바 있다. 이 자본주의 키즈들이 만들어낸 2021년 대한민국 금융시장의 변화를 하나씩 되돌아보면서 향후 한국 산업의 핵심 축으로 성장할 K-금융의 미래를 예측해본다.

TREND KEYWORD 2021 **자본주의 키즈**

동서 냉전 시대가 끝나고 자본주의가 시장의 기본 이념으로 자리 잡은 시대에 태어나 입고 먹고 배우고 놀며 자랐기에, 자본주의의 생리를 누구보다 잘 알고 이에 최적화된 경제 활동을 영위하며 자본주의적 어법을 제1 언어로 구사하는 사람들을 의미한다. 시장의 이윤 논리를 정확히 이해하는 자본주의 키즈들은 광고에 관대하며 이를 '이용'할 줄 안다. 또한 자신의 욕망에 솔직한 이들은 소비를 통해 행복을 구하는 데 주저함이 없지만 구매 과정에 많은 공을 들이며 돈을 허투루 쓰지 않는다. 마지막으로 투자에 매우 적극적이다. "돈 밝히면 못쓴다"는 말은 옛말이 됐고, 이제 "돈에 밝지 않으면 정말 '못 쓰게' 된다"는 말이 생활신조가 되고 있다. "행복은 충동적으로, 걱정은 계획적으로" 할 줄 아는 자본주의 키즈들은 새로운 경제관념으로 무장한 채 브이노믹스와 그 이후를 이끌게 될 것이다.

『트렌드 코리아 2021』pp. 198~221

젊어진 금융

2021년 금융시장의 가장 두드러진 변화는 고객 저변이 확대됐다는 점이다. 지금까지 금융시장의 주요 타깃은 어느 정도 자산을 확보한 40대 이상의 중산층이었다. 반면 2021년 금융시장에서는 일찍부터 재테크에 눈뜬 MZ세대가 신흥고객층으로 부상했다. 신한금융투자에 따르면 2021년 상반기 비대면으로 계좌를 개설한 주식투자자 40만 명 가운데 약 60%가 20~30대였다.[10] KB증권 분석에서도 미성년 고객 수가 2021년 6월 기준 12만5,000명으로 2019년 대비 약 3배 이상 급증한 것으로 나타났다.[11] 하나은행은 이러한 변화를 반영해 2021년 6월, Z세대 자녀를 대상으로 하는 '아이부자' 앱을 출시했다. 부모와 자녀가 각자의 휴대폰에 앱을 설치하면 자녀가 부모의 주식 계좌를 보면서 투자 경험을 쌓을 수 있고, 부모에게 '주식 매매 조르기' 기능을 사용해 주식거래도 경험해볼 수 있다.

남녀 비율도 달라졌다. 한국예탁결제원에 따르면, 2020년 여성의 주식 보유금액 증가율은 전년 대비 약 77.4% 증가해 남성(52.2%)에 비해 훨씬 빠른 증가세를 보였다.[12] 코난테크놀로지가 성별 재테크 관련 언급량 변화 추이를 분석한 결과를 살펴보면 2021년을 기점으로 40대 이상 남성이 주로 활동하는 커뮤니티는 물론, 2030 여성 소비자들이 주로 활동하는 뷰티·육아 커뮤니티에서도 재테크·코인·주식에 대한 언급량이 급증한 것을 확인할 수 있다. 고소득자·남성 중심이었던 금융시장이 2030·여성 소비자로 시장을 점차 확대하고 있는 것이다.

달라진 시장 분위기를 반영하듯 금융업계의 마케팅 문법도 변하

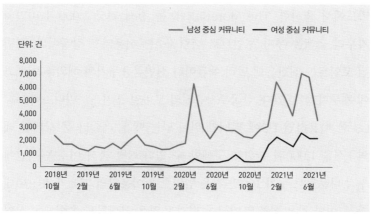

남/녀 커뮤니티별 재테크 언급량 추이

분석 채널: (남성 중심) 클리앙, MLB파크, 보배드림 / (여성 중심) 파우더룸, 여유아, 맘스홀릭, 맘이베베
출처: 코난테크놀로지

고 있다. TV 광고나 일대일 대면 마케팅에 집중하던 기존 방식 대신 젊은 세대가 선호하는 매체로 고객 접점을 다양화했다. 신한은행은 로맨스 요소가 듬뿍 담긴 '두근두근 뱅뱅Bank Bank' 웹툰을 공식 인스타그램 채널에서 정기연재하기 시작했고, 유진투자증권에서 선보인 '신입 일기'가 브랜드 웹툰으로는 이례적으로 일반 웹툰을 제치고 네이버 월요 웹툰 기준 6위를 차지하는 기현상이 나타나기도 했다.[13] 전문성과 신뢰성을 강조하던 기존 금융사 이미지에서 벗어나 소비자와 소통하는 젊은 금융으로 업계의 변신이 시작되고 있다.

쉽고 재미있어진 금융

복잡하고 어렵게만 느껴지는 금융 상품을 쉽고 재미있게 해석해 소비자의 접근성을 높인 시도도 두드러졌다. 자투리 금액만으로도 투자할 수 있도록 지원하는 '짠테크형' 상품이 대표적인 사례다. 신한카드에서 출시한 'The More(더모아)'는 결제 건당 1,000원 미만의 자투리 금액을 투자 포인트로 적립해주는 신용카드 상품이다. 적립된 포인트는 신한은행 달러 예금이나 신한금융투자의 해외투자 계좌에 재투자할 수 있다. 한국투자증권의 모바일 투자 앱 '미니스탁mini-stock'을 이용하면 1주에 몇백만 원이 넘는 애플, 테슬라 등 값비싼 해외주식을 1,000원 단위로 구매할 수 있다. 8월 출시 이후 단기간에 누적 다운로드 수가 100만 건을 넘었으며 이용자의 75%가 20~30대다.[14] 이와 같은 상품은 자금이 넉넉지 않은 사람들도 손쉽게 주식거래를 할 수 있도록 지원하여 '투자의 일상화'를 가능하게 만들었다.

투자 경험이 없는 사람들이 자연스럽게 금융시장에 관심을 갖도록 유도하는 이색 마케팅도 다수 선보였다. 이마트24는 2021년 7월, 네이버·현대자동차·삼성전자 등 9개 기업의 주식 1주가 랜덤으로 포함된 '주식 도시락'을 한정 판매하는 이벤트를 진행했는데 준비한 도시락이 완판되고 고객들의 추가 요청이 이어지면서 2차 물량까지 빠르게 소진되며 총 5만 개가 팔렸다.[15] 이 역시 20~40대 사이 젊은 세대가 주 소비층이었다. 주식을 전혀 하지 않던 소비자들이 무료로 증정받은 주식의 수익률을 확인하면서 자연스럽게 주식시장에 입문하도록 유도한 것이다.

여기서 더 나아가 게이미피케이션gamification 요소를 적용해 소비자의 금융 접근성을 높인 사례도 돋보였다. NH농협은행은 자사 앱 '올원뱅크'의 캐릭터 올리를 활용한 '올리 키우기 시즌 2'를 선보였다. 송금·금융 상품 가입 등의 활동을 하면 '올원캔디'를 지급하고

●●● 기업들은 금융 상품과 주식투자에 대한 관심이 높은 2030세대들을 위한 쉽고 재미 있는 재테크 상품, 게임 방식을 도입한 각종 이벤트를 선보이고 있다.

소비자가 이를 활용해 '올리' 캐릭터에 밥도 주고 놀아주며 성장시키는 '육성 게임' 메커니즘을 활용한 것이다. 카카오뱅크의 '26주 적금'도 2018년 6월 출시 이후 현재까지도 꾸준한 인기를 누리고 있는 대표적인 게이미피케이션 금융 모델이다. '캐릭터와 함께 즐거운 26주간의 도전'이란 캐치프레이즈 아래, 첫 주에 납입금액을 설정하면 그 금액만큼 총 26주 동안 매주 금액을 증액해 적금하는 방식으로 참여자의 도전 의식을 자극한다.

전망: 기업의 혁신과 정부의 규제 패러다임 변화가 관건

2021년 자본주의 키즈와 함께 괄목할 만한 성장을 이룬 금융시장은 젊은 소비자들이 대거 유입되면서 2022년에는 '머니러시' 트렌드를 타고 더욱 신장할 것으로 보인다. 이런 변화를 새로운 성장의 동력으로 삼기 위해서는 그동안 천편일률적이었던 금융 상품 구색을 소비자 니즈에 맞춰 다양화하는 시도가 무엇보다 중요하다. 정부 역시 금융 기업의 신속한 혁신을 뒷받침할 수 있어야 한다. 금융업은 소비자 문제를 미연에 방지하고자 규제가 엄격한 산업이다. 하지만 최근 핀테크의 눈부신 성장은 규제 패러다임의 혁신적 변화를 요구하고 있다. '할 수 있는 것'만 정해놓고 기업의 창의적 혁신을 저지하는 **포지티브 규제**보다는 '절대로 해서는 안 되는 것'에 대한 기준을 강력하게 제시하고, 시장에서 문제가 발생하면 해당 기업에 엄격히 책임을 지우는 **네거티브 규제**로 금융시장에 자율성을 주는 것도 한 가지 방안이 될 수 있다. 예컨대 2021년 국내 보험사들이 차박 보험·펫 보험·효도 보험·다이어트응원 보험 등의 미니 보험 상품권을 카카오톡 선물하기로 선보였다. 원래 보험 상품의 경우 온라인 플랫폼에서 판매하는 행위가 금지되어 있는데, 2020년 하반기 금융위원회가 이를 혁신금융 서비스로 지정하면서 가능해진 것이다. 하지만 이와 관련해 각계각층에서 여러 우려의 목소리가 나오면서 금융 플랫폼에 대한 정부의 보다 융통성 있는 규제의 틀이 필요한 시점이다.

포지티브positive **규제/**
네거티브negative **규제**

'포지티브 규제'는 법률이나 정책에 허용되는 사항을 나열하고 그 밖의 것을 허용하지 않는다. 반면, '네거티브 규제'는 '이것만 제외하고 모두 가능하다'는 관점으로 시장 참여자 스스로 다양한 시도를 할 수 있는 바탕을 제공한다. 현행 우리나라 법안 대부분은 포지티브 규제 방식을 따른다. 포지티브 규제의 경우, ICT산업처럼 변동이 급격한 영역에서는 관련 규정과 법을 일일이 만들어야 하므로 시장 변화에 빠르게 대응하기 힘들다.[16]

〈트렌드 코리아〉 선정
2021년 대한민국 10대 트렌드 상품

2021년에는 어떤 상품이 인기 있었고, 또 그 배경이 된 트렌드는 무엇일까? 서울대학교 생활과학연구소 소비트렌드분석센터가 선정한 '2021년도 10대 트렌드 상품'을 통해 살펴보자.

선정 방법

후보군 선정

먼저 '트렌드 상품'의 후보를 단순히 물리적인 제품뿐만 아니라, 인물·이벤트·사건·서비스 등이 모두 포함되도록 정의했다. 또한 조사 시점이 8월 초라는 점을 고려해, 2021년 트렌드제품으로 선정되기 위한 기준 기간을 '2020년 10월부터 2021년 8월'로 조정했다.

후보 제품군은 주관적 및 객관적 자료를 기반으로 엄격하게 선정했다. 먼저 주관적 자료는 서울대 트렌드분석센터의 트렌드헌터 모임인 '트렌더스 날' 멤버 132명이 개인별로 10개 제품을 추천하고 중복 추천을 제외해 총 185개의 후보군을 확보했다. 다음으로 객관적 자료는 국내 유통사와 언론사에서 발표하는 판매량 순위와 히트 순위 등을 다수 수집해 작성했다. 참고한 유통사는 TV홈쇼핑(CJ온스타일·GS홈쇼핑·현대홈쇼핑·롯데홈쇼핑·NS홈쇼핑)이며, 이외에도 대형서점(예스24·인터파크·교보문고), 포털사이트 인기 검색어(구글·네이버), 언론 기사(매일경제·이투데이·경향신문·스포츠동아·서울경제·이코노믹리뷰), 영화진흥위원회의 통계를 참고했다.

이렇게 나열된 후보들을 한국표준산업분류의 대분류 및 산업중분류를 기준으로 하위 항목으로 분류하고, 각 분야마다 다양한 트렌드 상품 후보군이 등장하는지 확인했다. 최종적으로 식품, 패션·뷰티, 건강·운동, 전자, 가구, 자동차, 유통·장소, 여가·여행, TV, IT·게임, 애플리케이션, 인물, 금융, 공공, 기타 부문에 대해 35개의 후보 제품을 설문조사 대상으로 선정했다.

설문조사

조사 전문 기관 마크로밀엠브레인에 의뢰하여, 나이·성별·지역에 대한 인구 분포를 고려한 전국 단위의 온라인 설문조사를 실시했다. 응답 방식은 제시된 총 35개 후보 제품군 중 2021년을 대표하는 트렌드 제품 10개를 무순위로 선택하게 했고, 아울러 설문의 후보 상품 '보기' 순서를 무작위로 순환하도록 하여 예시의 순서가 선정에 미치는 영향을 최소화하도록 문항을 설계했다. 2021년 8월 2일부터 8월 6일까지 시행된 조사에 총 2,388명이 응답했으며, 표본 오차는 신뢰수준 95%에서 ±2.01%였다.

10대 트렌드 상품 선정

최종 마무리된 설문조사의 순위를 주된 기준으로, 서울대학교 생활과학연구소 소비트렌드분석센터의 연구원들의 치열한 토론과 심사를 거쳐 '10대 트렌드 상품'을 최종 선정했다. 전년도와 마찬가지로, 트렌드 상품 선정의 가장 중요한 기준은 "해당 연도의 트렌드를 가장 잘 반영하는 상품인가" 혹은 "트렌드를 만들고 선도하는 의미가 높은 상품인가"다. 따라서 단지 최근에 발생하여 소비자의 기억에 쉽게 회상되는 사례, 선거나 스포츠 행사처럼 반복되는 사건, 2021년이라는 특성을 반영하지 못하는 TV 프로그램 등은 제외됐다. 다만 동일한 경우라 할지라도 '그해의 특수한 현상'을 잘 반영하고, 후년 이것을 회상하는 것이 2021년 당시 우리 사회를 이해하는 데 도움이 된다고 판단된 경우에는 포함시켰다. 출시 시기 관련해서도 최초 출시된 시기에 초점을 두는 것이 아니라 그것이 화제가 된 시기를 주요 기준으로 했다. 이러한 기준을 바탕으로 최종 선정된 '2021년 10대 트렌드 상품'을 응답률이 높았던 순서대로 서술했다.

응답자의 인구통계적 특성

	분류	응답자 수(%)	분류	응답자 수(%)
성별	남자	1,214(50.8%)		
	여자	1,174(49.2%)		
연령	만 19세 이하(최소 18세)	170(7.1%)	서울	453(19.0%)
	만 20~29세	398(16.7%)	부산	152(6.4%)
	만 30~39세	401(16.8%)	대구	112(4.7%)
	만 40~49세	492(20.6%)	인천	137(5.7%)
	만 50세 이상(최대 69세)	927(38.8%)	광주	65(2.7%)
			대전	68(2.8%)
			울산	55(2.3%)
직업	직장인	1,281(53.6%)	경기	637(26.7%)
	자영업	160(6.7%)	강원	70(2.9%)
	파트타임	114(4.8%)	충북	70(2.9%)
	학생	282(11.8%)	충남	95(4.0%)
	주부	312(13.1%)	전북	82(3.4%)
	무직	157(6.6%)	전남	78(3.3%)
	기타	82(3.4%)	경북	118(4.9%)
			경남	151(6.3%)
월평균 가계 총소득	200만 원 미만	221(9.3%)	제주	30(1.3%)
	200만 원 이상~300만 원 미만	332(13.9%)	세종	15(0.6%)
	300만 원 이상~400만 원 미만	413(17.3%)		
	400만 원 이상~500만 원 미만	306(12.8%)		
	500만 원 이상~600만 원 미만	358(15.0%)		
	600만 원 이상~700만 원 미만	205(8.6%)		
	700만 원 이상~800만 원 미만	145(6.1%)		
	800만 원 이상	408(17.1%)		
		총 2,388명(100%)		

10대 트렌드 상품의 소비가치

최종 선정된 2021년도 10대 트렌드 상품 리스트를 종합해보면, 우리 사회를 관통하는 2021년의 몇 가지 흐름을 발견할 수 있다. 첫째, 끝이 보이지 않는 코로나19의 불확실성 속에서도 살아남고자 하는 생존 전략이 부상했다. 무엇보다 나의 안전을 보장하기 위해 정보를 탐색하고 전문 지식을 쌓는 등 '백신'에 대한 관심이 높았다. 미래에 대한 불확실성으로 인해 작지만 확실한 수익에 대한 목표는 '공모주 청약' 붐으로 이어졌다.

둘째, 잊었던 것을 발굴하고 남들은 모르는 것을 발견하여 같은 흥미를 가진 사람들과 함께 자기가 만들어가는 재미를 추구했다. 다양한 챌린지와 먹는 법 공유로 다른 사람들과 함께 놀 수 있는 매개체가 된 'K-푸드', 추억 속 콘텐츠를 적극적으로 반복 시청하며 새로운 인기 콘텐츠로 키우는 '역주행 콘텐츠' 등은 개개인이 만들어낸 상향적trickle-up 트렌드라는 점에서 주목할 만하다.

셋째, 이미 존재하던 상품에 부여된 더 세밀한 특장점을 프리미엄 가치로 수용했다. '전기자동차'는 환경을 고려하면서 혁신도 추구할 수 있는 대표적인 트렌드가 됐고, '디자인 가전'은 가전이 더 이상 실용적 상품이 아닌 심미적 제품임을 증명하며 전에 없던 호응을 얻고 있다. 소규모 생산자가 맛과 패키징에 독특함을 더한 다양한 '수제맥주'들이나 식감도 좋고 제철마다 즐길 수 있는 '이색 농산물'은 새로움을 추구하는 소비자들의 입맛을 사로잡았다.

마지막으로 언택트 기술이 일상의 구석구석에 스며들어 모바일 플랫폼을 중심으로 생활을 영위하게 됐다. 옷이나 가구부터 자동차까

〈트렌드 코리아〉 선정 2021년 10대 트렌드 상품(응답률순)

백신	• 코로나19로 인해 '백신'에 대한 관심과 대중의 지식이 급격히 증가 • 예방접종 관련 적극적 탐색과 의약품, 제약회사, 의료기관에 대한 능동적 관여로 연결
중고거래 플랫폼	• 구매 환경의 온라인 전환과 언택트 환경에 기인 • 현실 세계에서 제약된 체험을 누리고 지역 생활 정보를 획득하기 위한 추세의 지속
전기자동차	• 전체 자동차 판매량은 감소했으나 다양한 신차가 출시된 전기차는 판매량이 증가 • 친환경으로의 소비자 인식 성장, 규제 완화, 경제적 유인 등 전기차 구매로의 전환 가속화
공모주 청약	• 개인투자자와 투자금이 증가하면서 공모주 청약에 대한 관심 증가 • 저금리와 마땅한 투자처의 부재, 작지만 확실한 수익을 찾는 투자자들의 쏠림 현상
K-푸드	• 놀이 겸 콘텐츠로서의 매운맛 챌린지, 간편조리식품 • 전 세계인의 먹거리 문화 콘텐츠로의 성장 가능성
역주행 콘텐츠	• 문화 콘텐츠 분야의 핵심 키워드 • 인기 상품의 결정권을 소비자가 쥐게 된 상징적 흐름 • 콘텐츠의 본질은 과거 그대로지만 소비 방식은 현재에 맞춰짐
디자인 가전	• 가전의 우선 선택 기준을 디자인이 차지 • 집 안 정주 시간의 증대와 기술의 상향평준화 • 보기 좋은 디자인 제품 선택이라는 차별화
수제맥주	• 독립성과 다양성을 특징으로 함 • 편의점 중심의 '홈술' 문화 중심 • 규제 합리화와 대기업 진출 등 선택권 확대
여행·숙박 앱	• 국내여행 수요의 증가와 모바일을 이용한 라이프스타일에 익숙한 세대가 동인 • 여가의 즉흥성과 개인화가 기반
이색 농산물	• 신품종의 제철형 농산물 • 달고 강한 맛 선호 풍조, 1~2인 가구 증가, 농산물의 인터넷 쇼핑 활성화가 원인

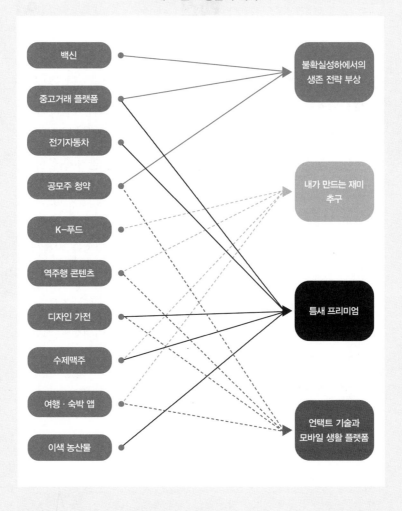

지 직접 팔아 정리하고 수익을 낼 수 있는 '중고거래 플랫폼'의 활성화나, 즉흥적이고 개인화된 단거리 단기 여행에 대한 수요로 촉발된 '여행·숙박 앱'의 보편화로 소비자들은 내 손안의 삶을 누리고 있다.

'백신'이라는 단어가 이렇게까지 사회를 휩쓴 적은 없었다. 2020년 초부터 본격적으로 시작된 글로벌 팬데믹은 평범한 시민들을 의학·분자생물학·면역학·감염역학의 준전문가로 만들었다. 대중이 백신에 관심을 갖는 이유는 본인의 접종 시기를 알기 위함이 제일 클 것이다. 실제로 국내에서 75세 이상 고령자의 백신 접종이 시작된 2021년 4월부터 '백신' 관련 검색량이 꾸준히 늘기 시작했고, 18~49세의 연령대 접종 예약이 시작된 8월에는 최대치를 기록하고 있다.[1]

백신에 대한 관심은 다양한 방향으로 확산되는 중이다. 질병을 미리 막기 위한 수단이라는 백신의 본질부터 아데노바이러스를 전달체로 사용하는 방식과 메신저 리보핵산mRNA이라는 신기술 등 백신 방식의 차이와 종류, 방식별·연령별·성별로 다르게 나타나는 부작용,

'백신' 검색량 변화 추이

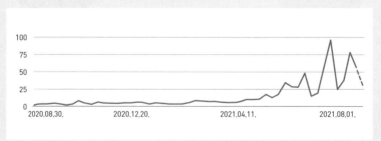

기준: '백신'이 가장 많이 검색된 날을 100으로 했을 때의 상대적 검색량

출처: 구글 트렌드 익스플로어

백신 접종에 대한 세계 각국의 관점 등 전방위적인 관심의 대상이
됐다.

배경 트렌드 및 향후 전망

코로나 팬데믹으로 인한 백신 개발 경쟁, 국가별 백신 접종률이나 접
종 행태 비교 등은 사람들에게 '백신'에 대한 개념을 강력하게 심어
주는 계기가 됐다. 코로나19 바이러스에만 백신이 있는 것이 아니다.
우리나라에서 영유아 필수 접종 대상 질병부터 인유두종 바이러스,
폐렴구균, 계절성 인플루엔자, 대상포진, A형 간염 등의 다양한 백신
들은 소비자들이 반드시 맞닥뜨리게 되는 선택의 대상이다. 앞으로
는 이에 대한 적극적인 탐색이 이루어지고, 백신 관련 의약품, 제약
회사, 의료기관에 대한 능동적인 관여가 증가할 것으로 예상된다.

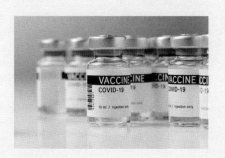

관련 키워드: 「트렌드 코리아 2021」 브이노믹스

중고거래를 중개하는 플랫폼의 성장세가 무섭다. 소비자들의 구매 중심이 온라인으로 이동하고, 여기에 코로나19로 인한 언택트 환경이 더해지며 중고거래 플랫폼은 라이프스타일의 한 축으로 자리 잡고 있다. '당신 근처의 마켓'의 약자로 지역 기반 커뮤니티를 지향하는 '당근마켓'의 가입자 수는 2,100만 명을 돌파했는데,[2] 이는 통계청이 집계한 2020년의 우리나라 전체 가구 수인 2,148만 개와 비슷하다. 이러한 존재감은 '당근하다'를 '중고거래를 하다'의 뜻을 지닌 관용어로 만들었다.

　이외에도 2011년 최초의 앱 기반 중고거래 플랫폼으로 시작한 '번개장터'의 월 이용자 수는 340만 명 정도이고 2020년의 연간 거래액은 1조3천억 원을 넘어섰다.[3] 네이버 카페로 시작해 2014년 법인이 된 '중고나라'의 2020년 거래액 규모는 무려 5조 수준이다.[4] 2020년 백화점 매출 1위를 기록한 신세계 강남점의 매출액이 2조394억 원임을 감안할 때,[5] 중고거래 플랫폼을 통한 소비자들 간 거래의 스케일이 상당함을 알 수 있다.

배경 트렌드 및 향후 전망

『트렌드 코리아 2021』에서는 'N차 신상'이라는 키워드에 주목한 바 있다. 이때 중고거래가 활성화되는 이유로 사용성이 충분한 가성비 제품에 가치를 두는 쪽으로 소비자들의 인식이 변화하고, 소비의 기

준이 소유에서 사용으로 전
환됐기 때문이라고 분석했다.
특히 MZ세대의 성향이 중고
거래 시장의 지속적인 성장
을 견인하고 있다. 이들은 재

판매와 개인 간 거래에 거리낌이 없다. 고액의 자산을 영구히 소유할
경제력은 부족하고, 매스미디어보다는 기존 이용자의 후기에서 신뢰
의 원천을 찾는다.[6] 따라서 이들에게 중고거래 플랫폼은 현실 세계
에서 제약된 체험을 누릴 수 있는 기회다. 희소한 아이템을 손에 넣
고, '득템'하는 재미만큼 판매로 수익을 올리는 희열 또한 크게 느낄
수 있기 때문이다. 최근에는 중장년층 역시 중고거래로 취미를 즐기
고 지역 생활 정보를 획득한다. 당근마켓의 사용자 중 45세 이상의
비중은 계속 증가해 2021년 상반기 기준 36%에 달할 것으로 추정된
다.[7]

　사회적 거리두기의 장기화로 온라인 쇼핑으로의 집중도가 더욱
높아지면서 중고거래 플랫폼 역시 같은 흐름을 타고 있다. 한국개발
연구원KDI의 코로나19 대시보드에 따르면[8] 중고거래 앱 사용자는
2021년 7월에 1억1,400만 명으로, 전년도 동월의 7,600만 명에서 약
1.5배 이상 늘어났다. 'KB차차차', '플카' 등 금융사가 운영하는 중고
자동차 플랫폼의 소비자 신뢰도 상승이나,[9] 도서 외에도 물건을 거
래할 수 있는 알라딘의 '알라딘 마켓'이 오픈 예정이라는 점 등을 미
루어볼 때 이러한 증가 추세는 당분간 계속될 것으로 보인다.

관련 키워드: 『트렌드 코리아 2021』, N차 신상

하늘색 바탕의 번호판을 단 자동차가 길거리에서 흔히 보이기 시작했다. 2017년에 도입된 파란 자동차 번호판은 전기자동차EV와 수소연료전지자동차FCEV에 의무적으로 부착해야 한다. 즉 가솔린 등 화석연료를 조금도 사용하지 않는 자동차임을 나타내는 표시인데, 소비자에게는 이 번호판이 새로운 디자인보다 더 혁신의 아이콘이 됐다.

2021년 상반기 국내 전기자동차 판매량은 전년도 동일 기간에 비해 78.1%나 증가했다.[10] 테슬라의 '모델Y', 현대차의 '아이오닉5' 등 신차 출시의 영향이 컸다. 같은 기간에 휘발유차, 경유차 판매가 모두 감소하면서 전체 자동차 판매량이 줄어든 것과는 상반된다. 국토교통부 자동차 등록 통계에 의하면, 2021년 5월 말 기준 국내에 보급된 전기자동차 수는 16만 대에 육박한다.[11] 특히 제주도의 경우 전체 차량 중 전기차 비중이 5%를 넘는다.[12] 글로벌 소비자들의 선택도 다르지 않다. 대표적인 전기차 업체 테슬라는 2021년 2분기에만 전 세계에서 20만 대 이상의 출하량을 기록하며 역대 최대 매출을 달성할 수 있었다. 그 외 상하이GM울링, BYD, 폭스바겐, 르노 등 여타 전기차 생산 기업

출처: 현대자동차

의 판매량도 성장세를 보였으며,[13] 전 세계 자동차 중 3% 이상이 전기자동차인 것으로 추정된다.[14]

배경 트렌드 및 향후 전망

전기차의 대중화는 친환경에 대한 소비자 인식의 성장에 기인한다. 소비자들이 구매를 통해 환경보호 의지를 적극적으로 표현하고 있는 것이다. 여기에 각국 정부의 환경 규제 기조 역시 한몫하고 있다. 영국은 2030년부터 내연기관 신차의 판매를 금지할 예정이며, 미국에서도 2030년부터 자국 내에서 판매되는 신차의 절반을 전기차 등 친환경차로 하겠다는 대통령 행정명령이 발효됐다. 국내에서는 전기차 구매의 경제적 유인이 높아지고 있다. 지자체별로 할당된 친환경차 보조금은 향후 점차 증가할 것으로 예상된다. 배기량을 기준으로 하는 자동차세 역시 전기 연료 자동차는 매우 저렴하다. 소비자 10명 중 9명이 5년 내 전기자동차의 구매를 고려 중이라는 조사 결과도[15] 이러한 맥락에서 이해할 수 있다.

전기차 시장조사기관 EV볼륨즈는 2021년 전기차 시장 규모가 2020년보다 42% 성장할 것으로 내다보았다.[16] 이미 출시된 기아 EV6, 디자인이 공개된 현대 GV60을 비롯해 폭스바겐, 도요타, 메르세데스 벤츠 등 완성차 업체들의 전기차 배터리 자체 생산과 신차 출시 계획이 줄지어 있다는 점은 국내 전기차 구매량 증가의 가속화를 예상케 한다. 환경을 위해서 혹은 환경 때문에 전기차의 파란 표지판이 도로를 채우는 속도는 더욱 빨라질 것이다.

관련 키워드: 『트렌드 코리아 2019』, 필환경시대, 『트렌드 코리아 2021』, 거침없이 피보팅

신상 주식의 열기가 뜨겁다. 공모주 청약은 기업이 증권시장에 처음으로 기업공개를 하면서 일반인 투자자들로부터 신청을 받아 주식을 배정하는 방식으로 이루어진다. 2020년 전 세계적인 팬데믹으로 경기 불확실성이 가중되는 분위기에 경기부양책으로 인한 유동성 증가가 만나 개인투자자의 수와 그 투자금이 폭발적으로 늘어나면서, 최고의 투자처로 자리 잡았다.

공모주 청약의 경쟁률은 나날이 높아져 2020년에는 피부과·성형외과 전문 의료기기 업체인 '이루다'의 경쟁률이 3,000 대 1을 넘었으며, 2021년 4월 상장한 배터리 소재 기업 'SKIET' 공모주 청약에 80조 원이 넘는 청약증거금이 몰리며 새로운 역사를 기록했다. 2020년 한 해 동안의 공모주 청약증거금은 총 295조5천억 원이었는데, 2021년에는 1분기에만 24개 사의 주식 공모에 약 150조 원의 청약증거금이 모였다.[17] 그 이후에도 7월 상장한 SD바이오센서가 32조 원, 카카오뱅크가 57조 원, 8월 상장한 아주스틸은 22조 원을 넘어서며 청약 붐은 그치지 않는 모양새다.[18]

배경 트렌드 및 향후 전망

주식 공모와 신규 상장에 투자금이 몰리고 있는 이유는 저금리에 마땅한 투자처가 없기 때문이다. 시중은행의 예·적금 금리는 1%를 밑돌고 있으며, 이마저 월 납입금에 한도가 있다. 여기에 개별 주식 투자는 쉽지 않고, 코스닥·코
스피 지수 추종 역시 큰 수
익을 내지 못하고 있으며,
가상화폐 투자도 불안정성
이 높아진 상황이다. 한편
2021년 주식시장에서 상장
첫날 주가가 공모가의 두 배로 출발한 뒤 상한가를 형성하는 이른바
'따상(따블+상한가)'을 달성한 신규 종목은 총 11곳이다.[19] 청약경쟁
률이 높아 1~2주 정도만 배정받은 개인 투자자라고 하더라도, 치킨
한 마리는 사 먹을 수 있는 수익을 단 며칠 만에 손에 쥘 수 있다.

공모주 청약의 인기는 당분간 계속 이어질 것으로 보인다. 우선 재
무건전성이 좋고 성장성도 높은데, 일반 투자자에게 이름까지 많이
알려져 있는 소위 '대어급' 기업의 상장이 줄줄이 예정되어 있기 때
문이다. 또 주식예탁금의 변화가 크게 없다는 점 역시 이를 반증한
다. 공모 시장의 활황은 증시의 과도한 낙관을 반영하기 마련이라는
비판적 시각도 존재하지만,[20] 저성장 시대에 작지만 확실한 수익을
바라는 보수적인 개인들에게는 매력적인 투자처임에 틀림없다.

관련 키워드: 「트렌드 코리아 2021」, 자본주의 키즈

전 세계가 K-푸드를 주목하고 있다. 전통음식은 물론, 라면·떡볶이·냉동만두·과자·과일 소주 등이 글로벌한 관심을 모으며 국내에서도 재평가되는 중이다. 유행의 신호탄은 '매운맛'이었다. K-푸드를 대표하는 매력 요소라 할 수 있는 빨간 음식들에 대한 챌린지가 각종 SNS를 중심으로 이어졌다. 파이어 누들이라 불리는 '불닭볶음면', 아카데미 작품상 수상작인 영화 〈기생충〉에 나오는 '짜파구리' 만들기, 다양한 음식에 김치 시즈닝 뿌려 먹기 등의 챌린지 영상을 외국의 1020세대가 인터넷에 올려 공유했고, 이는 다시 원조를 보여주고 싶은 국내 동세대들의 관심을 끌었다. 이러한 먹방은 제품 홍보가 아닌 놀이 문화이자 콘텐츠라는 평가를 받고 있다.[21]

냉동만두·떡볶이·과일 소주 등 작은 가게에서도 쉽게 구할 수 있는 간편조리식품들도 유행에 동참했다. 덤플링dumpling이 아닌 '만두'라는 이름으로 한국 음식임을 강조한 '비비고 만두'는 2020년에 식품 최초로 국내외 매출 합계 1조 원을 넘겼다. 베트남 현지 GS리테일 편의점 점포의 즉석음식 중 2020년 매출 1, 2위는 각각 매운 떡볶이와 짜장 떡볶이가 차지했다고 한다.[22] 국내에서는 '로제 떡볶이'라는 한 단계 더 진화한 맛의 떡볶이가 수요를 이끌었다. 가볍고 달콤한 과일 소주는 아시아 20~30대의 입맛을 훔치며 캄보디아, 태국 등에서 연평균 30~40%의 성장세를 보이고 있다.[23]

배경 트렌드 및 향후 전망

K-푸드에 대한 관심은 K-컬처를 둘러싼 호의적 이미지에서 비롯됐다. 이제 '한류'는 붐을 넘어서 확실한 메이저 문화로 자리 잡고 있다. 이에 한국과 한국 문화에 대한 긍정적 인상은 K-팝·드라마 중심에서 다양한 산업 분야로 확장되고 있다.

김치나 비빔밥을 중심으로 한 한식의 유행을 K-푸드 1.0이라고 부른다면, 최근 코로나 사태와 맞물려 집에서 먹을 수 있는 한국 간편식의 인기로 진화한 상태는 K-푸드 2.0이다.[24] 이러한 간편식은 연예인이나 인플루언서들의 일상 모습이나 드라마, 영화 등의 장면에서 자연스럽게 노출되고 있다. 따라서 앞으로의 K-푸드 트렌드는 개별 식품은 물론, 먹는 방법, 식습관, 식사 예절 등의 문화 현상으로 이어질 수 있다. 드라마 〈별에서 온 그대〉의 인기가 외국인들에게 '눈 오는 날엔 치맥(치킨에 맥주)'이라는 공식을 알려주었듯, 포장마차에서 국수와 함께 먹는 소주 한잔의 매력이나, 떡볶이에는 어묵 국물을 곁들이고 라면에는 계란을 넣어 먹는 K-푸드 문화는 새로운 한류를 타고 세계 시민이 누리는 콘텐츠의 하나로써 확장되고 있다.

출처: CJ제일제당, 삼양식품

관련 키워드: 「트렌드 코리아 2019」 컨셉을 연출하라, 「트렌드 코리아 2021」 롤코라이프

2021년 문화 콘텐츠 분야의 핵심 키워드는 '역주행'이다. 2017년 데뷔 이후 군부대 위문 공연 정도에서만 환호를 받던 브레이브걸스의 노래 '롤린'은 2021년 2월 말 유튜브 알고리즘에 의해 화제를 모으며 올 상반기 각종 음악 프로그램과 음원 차트를 평정했고, MBC 예능 프로그램 〈놀면 뭐하니?〉에 출연한 SG워너비도 노래와 함께 과거 에피소드가 다시 사람들의 입에 오르내렸다.

　도로에서 정해진 방향과 반대로 달리는 위반사항을 뜻하는 '역주행'이 문화산업에서는 긍정적인 의미로 바뀌어 사용된다. 과거에는 크게 주목받지 못하다 우연한 계기로 뒤늦게 인기를 얻는 상태[25]를 뜻하기 때문이다. 이는 단지 대중음악계에서만 벌어지는 현상이 아니다. 〈궁〉·〈야인시대〉·〈전원일기〉 등의 드라마, 〈무한도전〉·〈해피투게더〉 등의 예능, 〈거침없이 하이킥〉·〈순풍산부인과〉 등의 시트콤 등이 동영상 서비스나 케이블TV를 통해 재차 화제를 불러일으켰다. 도서 시장에서도 역주행은 통했다. 한 전자책 플랫폼에서는 기욤 뮈소의 작가전을 열었는데, 2010년대 초반에 발간된 도서들이 80% 이

출처: MBC

상의 완독률을 기록하며 소설 분야 평균치를 훨씬 웃돌았다.[26]

배경 트렌드 및 향후 전망

콘텐츠 역주행 현상은 인기 상품의 결정권을 소비자가 쥐게 됐음을 상징하는 흐름이라 평가할 수 있다. 콘텐츠 소비가 특정 채널을 통해 정해진 시간에만 가능했던 시대와 달리, 지금은 원하는 시간에 콘텐츠를 골라보는 것이 당연해졌다. 파편화된 사회에서 다양한 사람들의 취향이 표출되고 있고, 이는 과거에 만들어진 콘텐츠를 발견하거나 다시 가공해 끌어올림으로써 만족을 얻는 과정까지를 아우른다.[27] 이제 콘텐츠 공급자의 의도는 큰 의미가 없다. 과거에서 발굴해낸 신선함에 대중들의 호응이 더해지면 폭발적인 반응으로 이어진다. 소비자 헤게모니가 강화되는 상황이다.[28]

예전에 출시된 상품을 소비자들이 재발견하고 그들의 의지에 의해 인기 상품이 만들어지는 과정은 최근 반복되고 있는 히트의 경향성 중 하나다. 본 서의 10대 트렌드 상품에서도 2019년의 '재출시 상품', 2020년의 '1990년대' 등이 궤를 같이 하고 있다. 이 흐름의 공통점은 본질은 그대로이지만 소비 방식은 시대를 따른다는 점이다. 역주행으로 인기를 끈 콘텐츠들은 숏폼에 맞춰 짧아지거나 자막이 추가되기도 하고 장르가 변형되며 '현재'에 맞는 콘텐츠로 재창조된다. 소비자들이 무엇의 손을 들어줄지 예측할 수는 없지만, 콘텐츠가 깜짝 유행하고 금세 사라지는 '반짝 소비재'가 아닌[29] 내구재화되고 있다는 점에서 다음 역주행의 주인공을 기대하게 한다.

관련 키워드: 「트렌드 코리아 2020」, 팬슈머, 「트렌드 코리아 2021」, 롤코라이프

가전의 선택 기준이 디자인으로 바뀌었다. 성능은 기본이고 이제 다채로운 색깔과 모던한 디자인으로 예쁘기까지 해야 소비자들의 관심을 받을 수 있다. 가장 눈에 띄는 건 삼성전자의 '비스포크' 시리즈다. 비스포크 냉장고는 2019년 처음 출시된 이래 2020년 말까지 누적 판매량 100만 대를 넘어섰다.[30] 비스포크는 세탁기·건조기·의류관리기·식기세척기 등 폭넓은 제품군을 갖추고 있다. 공간 인테리어 가전을 표방하고 있는 LG전자의 '오브제 컬렉션' 역시 정수기·냉장고·무선청소기·에어컨 등을 중심으로 2021년 상반기 역대 최대치의 실적을 이끌었다.

디자인 어워드 수상 여부도 제품 홍보의 중요한 키워드가 되고 있다. 코웨이 '아이콘 공기청정기'는 굿디자인 어워드와 미국 IDEA 디자인 어워드의 수상을, 웰스의 '더원 정수기 디지털 데스크탑'은 iF 디자인 어워드에서 제품 디자인 및 사용자경험ux 부문 수상을, SK매직 '트리플케어 식기세척기'는 IDEA 디자인 어워드, 독일 레드닷 디자인 어워드, iF 디자인 어워드 등에서의 잇따른 수상을 내세워 홍보하고 있다.

배경 트렌드 및 향후 전망

디자인 가전이 급부상하는 이유는 소비자들이 집에 머무는 시간이 길어졌기 때문이다. 이제 남에게 보이기 좋은 것이 아닌 내 집에서

내 눈에 보기 좋은 가전제
품이어야 한다. 홈 리모델
링 공사 때 인테리어와 가
전제품, 가구를 동시에 맞
추는 경우도 늘어나는 추
세다. 비스포크 광고에서

서태지의 '컴백홈'이 배경음악으로 쓰인 이유도 같은 맥락으로 해석
할 수 있다. 세련된 비트에 어우러진 '집으로 돌아오라'는 메시지는
예쁜 가전이 있는 집으로 들어오라는 초대와도 같다.

기술 수준의 상향평준화로 기능 면에서 차별점을 두기 쉽지 않아,
결국 디자인이 차별화 요소가 된다는 점도 중요하다. 특히 본인의 라
이프스타일을 매우 중시하는 MZ세대가 주 소비층으로 부상한 가운
데, 가전의 새로운 사용성과 차별화된 디자인이 이들의 취향을 저격
했다. 더 나아가 소비자들이 디자인의 통일성과 비용 절감을 위해 가
전을 서너 개씩 묶어 사면서, 각 가전마다 구현된 IoT가 결과적으로
'스마트홈' 구성의 축으로 작용한다.[31]

관련 키워드: 「**트렌드 코리아 2018**」, 매력, 자본이 되다. 「**트렌드 코리아 2021**」, 레이어드 홈

곰표 밀맥주, 제주 위트 에일, 비어리카노, 생활맥주, 퇴근길, 대한 IPA……. 수제맥주의 향연이 펼쳐지고 있다. 수제맥주란 개인이나 소규모 양조장이 자체 개발한 제조법으로 소량 생산하는 맥주를 뜻한다. 영어의 '크래프트 비어craft beer'에 해당하는 개념으로, 대기업이 아닌 생산자가 독립성과 다양성을 특징으로 제조한 맥주다. 전에 없던 패키지 디자인에 맛도 독특해 소비자들의 호기심을 한껏 자극하는 중이다. 수제맥주의 인기는 그야말로 엄청나다. 2020년 5월 CU와 대한제분이 협업해 만든 수제맥주 '곰표 밀맥주'는 출시 3일 만에 초도 물량 10만 개가 매진됐고, 2021년 5월에는 롯데칠성음료에 위탁해 생산 물량이 대폭 늘어나 300만 개를 공급했음에도 2주 만에 완판됐다.[32] 1년 동안 총 판매량이 600만 캔에 달한다.

2020년 국산 수제 맥주의 판매액은 1,180억 원 규모로 전체 맥주 시장의 3%를 차지했는데, 2021년에는 1,800억~2,000억 원 규모로 증가할 것으로 추정된다.[33] 1위 업체인 제주맥주의 매출은 2017년 22억 원에서 2020년 335억 원으로 15배가량 증가했고, 2021년 5월에는 맥주 기업 최초로 코스닥 등록 기업이 되기도 했다.[34]

배경 트렌드 및 향후 전망

수제맥주 열풍의 원인으로는 '홈술' 문화의 확대가 꼽힌다. 사회적 거리두기 강화로 주류 소비가 식당·술집·바 등의 외식 시장보다 가정에서 이뤄지고 있다. 주류 구매처 역시 집 근처 편의점으로 더 가까워졌다. 그 결과 2021년 8월 중순까지 세븐일레븐의 수제맥주 매출은 210.4%나 성장했다.[35] CU도 2021년 5월 전체 맥주 매출 신장률이 39.1%에 달하고 이

중 수제맥주만으로는 602.6%를 기록했다.[36] 이마트24의 'SSG 랜더스 라거'와 '슈퍼스타즈 페일에일'은 가맹점 발주 결과 출시 이틀 만에 초도 물량 12만 캔이 모두 소진됐으며, GS25의 '노르디스크 맥주' 역시 출시 이틀 만에 초도 물량 60만 개가 동났다.[37]

국산 수제맥주가 성장한 또 다른 원인은 규제 합리화다. 제조원가에 세금을 매기는 방식이던 주세가 2020년부터 맥주 중량에 따른 세금으로 바뀌었다. 또 규모가 작은 업체가 큰 생산 시설을 갖춘 업체에 맥주 생산을 맡길 수 있다. 나아가 맥주에 넣는 과일 비율을 20% 이하로 제한하던 규제를 푸는 방안도 추진되고 있다.[38] 더욱 다양한 수제맥주가 등장하며 시장의 성장이 계속될 것으로 보인다. 게다가 생산력과 유통망을 갖춘 대기업들이 주문자상표부착생산OEM, 자회사 설립, 인수합병 등으로 수제맥주 시장에 속속 진출하고 있다. 이는 맥주 판매대에서의 수제맥주 선택권이 더욱 넓어질 것임을 예상하게 한다.

관련 키워드: 「트렌드 코리아 2019」, 요즘옛날, 뉴트로, 「트렌드 코리아 2021」, 레이어드 홈

이제 여행의 시작은 여행사나 호텔에 전화를 걸어 예약하는 것이 아니라, '여행·숙박 앱'에 접속하는 것이다. 이러한 행동 패턴은 최근 여가와 액티비티를 즐기고 싶은 사람들에게까지 확대됐다. 글로벌 팬데믹으로 인해 해외로 향하던 여행객들의 발길이 국내로 몰린 가운데, 특히 모바일을 이용하는 라이프스타일에 익숙한 젊은 세대 덕분에 여행·숙박 앱은 사용자 수와 매출의 성장을 거듭하며 대세로 자리 잡았다.

2021년 7월 휴가철에 여행·숙박 앱을 한 번이라도 사용한 사람의 수는 453만 명에 달했다.[39] 사용 연령대도 20대에서 50대 이상까지 골고루 분포하고 있다. 말 그대로 국민 앱 카테고리라고 해도 과언이 아니다. '야놀자'는 숙박·레저 시설 예약은 물론 교통·레저·맛집 관련 정보를 얻을 수 있으며, 호텔 투숙시 체크인·체크아웃·객실용품 신청까지 가능하도록 서비스 범위를 늘렸다.[40] 이에 대한 가능성을 인정받아 2021년 7월 비전펀드로부터 약 2조 원의 투자를 유치하기도 했다. '여기어때'의 경우 특급호텔 공동구매 프로모션으로 2,000방 이상의 예약을 이끌어냈고, '마이리얼트립'은 랜선 가이드 투어 상품을 판매하는데 고객 후기 별점이 5점 만점에 평균 4.9점일 정도로 만족도가 높다.

출처: 마이리얼트립

배경 트렌드 및 향후 전망

여행·숙박 앱 성장의 주요 요인으로는 레저의 즉흥화와 개인화를 들수 있다.[41] 이미 몇 년 전부터 '여행'에 대한 기존 개념이 조금씩 변화하고는 있었으나 전염병으로 인해 단번에 전세가 역전됐다. 수도권의 경우 사회적 거리두기 단계가 높게 유지되면서 음식점·카페·극장을 이용하는 대신 짧은 시간 데이트를 즐기기 위한 대실 수요가 늘었고, 또 계획부터 실행까지 시간이 필요한 장거리 여행보다는 바로 예약해서 가는 도심 속 호캉스나 가평·강원도 등의 근거리 여행이 늘었다.[42] 또한 비대면을 선호하는 분위기가 형성되면서 여행자의 예산·상황·맥락에 맞는 숙박 시설·액티비티·식당 등을 추천해주는 맞춤형 서비스의 중요성이 높아졌다. 여러 사람들이 모여 동일한 경험을 하기에는 질병 전염에 대한 우려가 있어 꺼려지는 데다가, 쉽지 않은 휴가일수록 더욱 내가 원하는 대로 하고 싶은 욕구가 크기 마련이다. 프리미엄 호텔이나 독채 펜션의 선호가 높아지는 추세[43]도 같은 맥락에서 이해할 수 있다.

국제관광기구가 전망하는 해외여행 수요의 회복 시점은 2024년이다.[44] 따라서 즉흥적이고 개인화된 단거리·단기 여행에 대한 수요는 당분간 유지될 것으로 보인다. 인천관광공사의 '인천e지', 강원도의 '일단떠나' 등 지자체들도 자체 여행·숙박 앱을 앞다투어 출시하고 있다. 소비자들의 손안에서부터 시작되는 여가는 멈출 기미가 보이지 않는다.

관련 키워드: 「**트렌드 코리아 2021**」, 브이노믹스

색다른 농산물이 인기를 끌고 있다. 이름부터 생소한 이 농산물들은 원래의 이름 앞에 새로운 단어를 붙여 평범한 식품이 아니라는 점을 드러낸다. 비닐하우스나 공장형 재배 등 계절과 상관없이 대부분의 농산물을 구할 수 있음에도, 이색 농산물들은 일부 시기에만 한정판 으로 판매되며 소위 '제철식품'의 성격마저 지니고 있다.

초당옥수수는 이름에 단맛이 극대화되어 있다는 뜻의 '초당超糖' 이라는 단어가 들어 있다. 일반 옥수수에 비해 열량이 적고 삶지 않 고도 먹을 수 있다는 점이 알려지면서[45] 초여름의 간식으로 떠올랐 다. 샤인머스캣은 한 송이에 2만 원 정도로 비싸지만, 일반 포도보다 당도가 높고 알이 굵어 2020년 이마트 과일 품목 매출 순위에서 포 도가 1위를 차지하는 데 일등공신 역할을 했다.[46] 신비복숭아도 털 이 없어 알러지를 일으키지 않으며, 겉은 천도복숭아인데 과육은 백 도처럼 부드러워 인기를 얻었다.[47] 그 외에도 크기를 줄인 애플수박 과 애플멜론, 사과처럼 껍질을 깎아 먹는 망고수박, 알이 작고 아삭 한 식감에 감칠맛을 더한 방울다다기양배추[48] 등 특색으로 승부하 는 농산물들이 줄을 이었다. 일반 설탕의 200~300배 달콤한 맛을 내 는 스테비아로 가공한 단마토, 샤인오이 등도 단맛의 중독성에 힘입 어 판매량이 꾸준하다.[49]

배경 트렌드 및 향후 전망

가격이 높음에도 불구하고 소비자들이 신품종 과일을 선호하는 이유는 맛이 보장되기 때문이다.[50] 특히 젊은 세대 취향에 맞는 달고 강한 맛이 핵심이다. 일례로 마켓컬리의 2021년 5월 고당도 과일 상품 판매량은 전년 동기 대비 48% 증가했다.[51] 또한 소규모 가족 중심의 사회 변화도 배경이 될 수 있다. 1~2인 가구가 증가하면서 크기가 작은 농산물을 구매하려는 소비자들이 늘어난 데다, 섭취·처리 과정이 간편한 농산물을 선호하는 경향도 두드러졌다.

인터넷 쇼핑에서 농산물 소비가 활발해진 점도 주목할 만하다. 특히 인터넷 시장에서는 농산물의 상품 정보 소개와 상세 설명에 특별한 포인트가 있어야 한다. 모바일의 작은 화면에서도 제품의 이미지가 부각되어야 소비자의 눈길을 끌 수 있다. 따라서 소비자들은 이미 아는 과일보다는 '새롭다', '다르다'는 물론, '특별하다', '지금만 살 수 있다'는 메시지에 주목을 하게 된다. 과일이나 채소란 그 본래의 특성 자체가 중요한 자연의 산물임에도 마치 공산품처럼 '차별점'이 붙었다는 점이 눈길을 끈다. 먹는 것에서부터 나를 드러내려는 현대인들의 바람은 또 다른 이색 농산물 출현이라는 새로운 바람을 일으킬 것이다.

관련 키워드: 『트렌드 코리아 2019』, 세포마켓, 『트렌드 코리아 2020』, 특화생존

2.

2022 트렌드

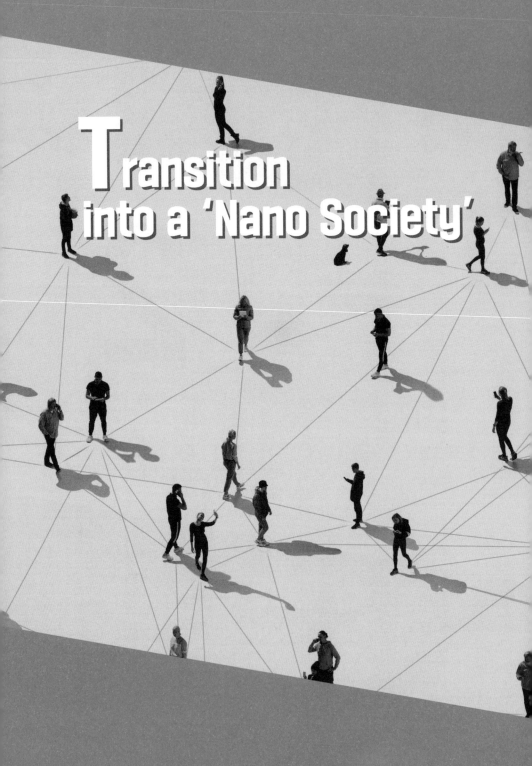

Transition into a 'Nano Society'

나노사회

한국 사회가 파편화되고 있다. 공동체가 개인으로 조각조각 부스러져 모래알처럼 흩어진다. 개인은 더 미세한 존재로 분해되며 서로 이름조차 모른 채 고립된 섬이 되어간다. 이러한 현상을 사회가 극소단위로 분화됐다는 의미에서 '나노사회Nano Society'라 명명한다. 나노사회 현상은 산업화 이후 꾸준히 제기돼온 문제이기는 하지만, 최근 그 경향성이 매우 강력해졌을 뿐만 아니라 다른 트렌드 변화를 추동하는 중요한 동인이 되고 있다는 이유에서 다시 한번 주목한다.

나노사회 트렌드는 최근 우리 사회에서 관찰되는 여러 변화의 근인根因이다. 본서의 '러스틱 라이프', '머니러시', '라이크커머스', '루틴이', '헬시플레저' 등 많은 주요 트렌드에 직·간접적으로 영향을 미치고 있다. 보다 큰 흐름에서 나노사회가 미치는 영향은 크게 세 가지로 요약된다. 첫째, "나의 트렌드를 당신이 모르는 것이 요즘의 트렌드"라는 말처럼, 트렌드의 미세화를 촉발한다. 둘째, 개인의 성공과 실패가 각자의 몫이 되어버리면서 긱gig 노동을 마다하지 않는 노동의 파편화가 강해진다. 셋째, 가정이 분해되고 그 기능이 시장화되면서 사회 인프라와 유통업 등 산업이 세분화된다.

나노사회는 모래알 – 해시태그 – 반향실의 3단계 비유가 표현하듯, 쪼개지고 뭉치고 공명하는 양상을 띠며, 사회적 갈등을 증폭시키는 경향이 있다. 코로나 블루도 그 본질에는 나노사회의 그늘이 깃들어 있다. 이 '나노사회 블루'에 대처하기 위해 우리는 공감 능력을 키우고, 다양한 우연적 경험의 폭을 넓히며, 보다 큰 공동체적 휴머니즘 특히 '지구인으로서의 정체성'을 갖춰나가야 한다. 나노사회의 메가트렌드 아래에서 선거의 해 2022년을 맞는 대한민국은 분열의 길이냐 연대의 길이냐를 가늠하는 중요한 갈림길에 서 있다.

"코로나 통금 덕에 회식이 줄어서 너무 좋아요."

사회적 거리두기가 강화되면서 일상에 많은 제약이 생겼지만 자신에게 집중하는 시간이 늘어나는 것을 반기는 이들도 많다. 구인·구직 매칭 플랫폼 '사람인'에 따르면 직장인 1,549명에게 '코로나 통금'에 대해 설문조사를 실시한 결과 응답자의 48.1%가 '만족한다'고 답했다. 특히 연령별로는 30대의 51.8%가 만족한다고 답해 가장 비중이 컸다. 만족하는 이유로는 '불필요한 직장 회식 사라짐'(60.8%·복수 응답)이라는 응답이 가장 많았다.[1] 기성세대가 "회식하는 재미에 회사 다닌다"라고 했던 것과는 사뭇 다른 태도다. 코로나19가 우리의 일상을 빼앗아갔지만 아이러니하게도 누군가에게는 자기만의 시간을 되돌려주고 있는 모습이다. 우리 사회가 공동체 문화에서 개인주의 문화로 이행되고 있음을 확인할 수 있다.

"가게 주인이 저를 알아보는 것 같아요. 이제 다른 데로 가야겠어요."

MZ세대가 자주 이용하는 커뮤니티에서 큰 공감을 얻은 이야기다. 혼자 동네 식당이나 카페에 갔을 때 가게 주인이 자신을 알아보기 시작하면, 다시 그곳에 가고 싶지 않다는 것이다. 타인의 가벼운 관심조차 부담스러운 관계 짓기로 느껴지고 익명성이 훼손됐다고 느끼기 때문이다. 주인이 자기를 먼저 알아봐줘야 "대접받았다"고 여기는 기성세대와는 무척 다르다. 마스크로 얼굴을 가린 채 이름 대신 휴대폰 번호로 최소한의 자신을 드러내는 것에 익숙한 사람들에게

단골 가게 주인이 건넨 개인적 인사는 자신도 모르는 사이 보이지 않는 선을 넘은 것이다. 이처럼 동네 가게 주인이 나를 알아보는 것이 부담스럽고 직장 동료들과의 모임이 불편한 현대인들에게 '사회'란, 더 이상 국어사전상의 뜻처럼 "무리를 짓거나 공동생활을 영위해야 하는 기본단위"가 아니다. 이제 현대인의 터전은 공동체가 개인으로 조각조각 부스러져 마치 모래알처럼 흩어지고 파편화된 새로운 사회다.

『트렌드 코리아 2022』에서는 한국 사회가 극도로 미세한 단위로 분화되고 있다는 의미에서 이러한 현상을 '나노사회Nano Society'라고 명명한다. 나노nano는 10억 분의 1을 뜻하는 접두사로, 보통 원자나 분자 단위를 측정할 때 쓰는 단위다. 사회가 공동체적 유대를 유지하지 못하고 유기체의 기본단위인 분자 혹은 원자, 즉 한 사람 한 사람으로 쪼개졌다는 의미를 내포하고 있다. 사회의 원자화 현상이 어제오늘의 일은 아니다. 〈트렌드 코리아〉 시리즈에서도 '각자도생(2017)', '나나랜드(2019)' 등의 키워드를 통해 사회의 개인화 현상에 대한 담론을 계속 이어갔다. 2022년의 트렌드로 '나노'라는 이름의 더 강력한 표현을 사용해 이 현상을 다시 정의하는 이유는, 그 트렌드가 매우 강력해졌을 뿐만 아니라 다른 트렌드 변화를 추동하는 중요한 동인이 되고 있기 때문이다.

나의 트렌드를 당신이 모르는 것이 요즘의 트렌드다.

최근 트렌드를 가장 압축적으로 표현하는 말이다. "일정 기간 유지되는 다수의 동조"라고 정의할 수 있는 트렌드가 최근 근본적인 양상의 변화를 보이고 있다. 동조자의 범위가 크게 줄어들고 그 유지 기간도 짧아졌다. 이제 트렌드는 모두가 함께 공동으로 느끼는 커다란 흐름이 아니라, 작은 지류들과 같이 소수의 단위에서 갈라지고 모였다가 다시 퍼지고 있다. 자신이 소속된 준거집단 위주로 형성되던 전통적 '우리 의식'이 취향 위주로 재편되는 나노사회에서 트렌드가 세밀하고 다양하게 빨라지는 것이다.

시장 환경이 격변하면서, 변화에 대응하기가 그 어느 때보다 어려워졌다. 공공 부문과 민간 기업을 막론하고 소비자의 선호를 파악하기가 점점 더 어려워 난감해하는 중이다. 소비자의 기호가 너무나 다양하게 세분화되고 있고 온라인을 통해 시시각각 업데이트되는 데이터들이 너무나 많아 이를 제대로 분석하기 힘겹기 때문이다. 데이터의 풍년 속에서 오히려 해석의 빈곤이 이어지는 형국이다. 경영 환경도 마찬가지다. 온라인에 집중해야 하는지, 오프라인을 유지해야 하는지, 이제 재고는 어느 정도 쌓아두는 것이 적절한 것인지 여전히 불분명하다. 서점가에 각종 분야의 트렌드 서적들이 늘어나는 것도 이렇게 망망대해 속 흔들리는 부표처럼 세상을 예측하기 어려워졌기 때문에 나타나는 하나의 징표다.

개인화의 원인으로 흔히 스마트폰과 코로나19 사태를 지적하지만, 그것이 전부는 아니다. 나노사회화의 흐름은 오랜 기간 계속돼온 흐름이자 하나의 '메가트렌드'다. 최근 보이는 많은 트렌드 변화의 기저에 바로 나노사회의 영향이 미치고 있다. 마스크로 얼굴을 가린 사람들이 뿔뿔이 흩어져 각자도생의 길을 걷는 시대, 한국 사회의 파

편화 현상은 위기일까? 새로운 기회가 될 수 있을까? 2022년의 나노
사회가 우리에게 어떤 의미를 주는지 살펴보자.

나노사회의 세 모습

개인이 모래알처럼 파편화된 사회가 됐다는 것은 구체적으로 어떤
모습으로 나타날까? 나노사회의 현대인들은 ① 조각조각 흩어졌다
가 ② 비슷한 끼리끼리 재집결한 후, ③ 서로 메아리치며 자기 목소
리를 높이는 특징을 지닌다. 이러한 변화를 각각 모래알, 해시태그,
반향실反響室에 비유해 설명해본다.

1. 모래알: 조각조각 흩어지다

초연결 사회를 살아가는 현대의 사람들이 모래알처럼 흩어지고 있
다. 영국의 전 총리 마거릿 대처는 1987년 인터뷰에서 "사회란 없다,
그저 한 개인의 남녀와 가족이 있을 뿐There's no such thing as society. There
are individual men and women and there are families"이라고 말한 바 있다.[2] 국
가에서 개인의 위상을 강조한 이 발언은 2022년 한국 사회에서도 유
효하다.

모래알처럼 흩어지고 있는 현상은 생활의 기본단위인 가족 구성
에서 가장 먼저 확인할 수 있다. 통계청이 발표한 2020년 1인 가구
의 수는 664만3,354가구로 전체 가구의 31.7%를 차지한다. 가족 공
동체가 지닌 결속력이 약해지고, 가정이 수행하던 역할은 외주화되

면서 구성원 각자가 홀로 살아가는 개체가 됐다. 오순도순 함께 먹던 집밥의 자리는 편의점 음식과 간편식으로 대체되고, 집안의 대소사는 물론이고 사소한 집안일까지도 스마트폰으로 간단히 해결된다. 가장 작은 사회인 가족 공동체가 흩어지면서 개인화 현상도 더욱 심화되고 있다.

학교도 마찬가지다. 공부뿐만 아니라 또래 집단과의 사회화가 이루어지는 공동체인 학교에서도 학생들이 뿔뿔이 흩어지고 있다. 특히 코로나19로 본격화된 비대면 방식의 수업은 또래 친구와의 교류는 없고 지식만 전달하는 결과를 불러왔다. 수업만큼이나 대외활동이 큰 축을 이루는 대학 생활의 경우 코로나19가 개인주의 문화의 기폭제가 됐다. 코로나 학번이라 불리는 20·21학번들은 MT·동아리·축제·응원전 등의 대학 생활을 전혀 경험하지 못하고 동기들의 얼굴도 온라인 화상으로 접하는 게 더 익숙하다. 새로운 인간관계를 형성할 수 없고 온전히 '나'만이 존재하게 되는 것이다.

2. 해시태그: 끼리끼리 관계 맺다

인간은 사회적 동물이다. 지진이나 폭설 같은 자연재해가 발생했을 때 가장 치명적인 사태는 바로 고립되는 것이며 구조대는 그 고립 상태를 해결하기 위해 생사를 건 필사적인 노력을 기울인다. 그렇다. 아무리 고독을 사랑한다고 해도, 기술이 발달하고 코로나19와 같은 전염병이 가로막아도, 결국 사람들은 서로가 연결되기를 원한다.

문제는 '어떻게' 연결하느냐다. 사회적 거리두기라는 제약 아래에서 사람들은 선택하고 집중하며 관계를 이어간다. '자만추(자연스러운 만남 추구)'가 어려워진 코로나19 사태 이후 젊은이들 사이에서 결혼 정보 업체나 소개팅 앱 등을 활용한 '인만추(인위적인 만남 추구)'가 유행했는데, 이러한 현상도 같은 맥락에서 이해할 수 있다. 비대면 관계가 뉴노멀이 된 지금, 여러 가지 제약을 무릅쓰고 인위적으로라도 만나야 하는 상대는 그만큼 중요한 사람이란 뜻이기도 하다. 성균관대 최재봉 교수는 저서 『포노사피엔스』에서 이를 '앱형 인간'이라 표현했다. 요즘의 밀레니얼 세대는 스마트폰 속에 원하는 앱을 깔고 필요에 따라 켜고 끄듯이 얇고 넓게 자유로운 만남과 헤어짐을 추구하며 사람들을 만난다는 것이다.[3]

그 만남의 방식도 예전과 다르다. 이제 만남에는 취향이 전제된다. 개인적 욕구가 공동체의 결속력보다 중요해진 세상에서는 집단적 정체성보다 개인적 취향이 더욱 중시된다. '오이를 싫어하는 사람들의 모임'과 같은 TMI Too Much Information(쓸데없이 자세한 정보)로 자신을 규정하려는 경향이 좋은 예다. 요즘 이런 식의 개인적인 취향과 관련된 논란이 많다. 민트초코를 좋아하는지 싫어하는지를 두고 '민초단-반민초단', 물렁한 복숭아를 좋아하는지 딱딱한 복숭아를 좋아하는지를 두고 '물복-딱복', 퍽퍽한 밤고구마를 좋아하는지 촉촉한 호박고구마를 좋아하는지를 두고 '밤고-호고' 등등[4] 끊임없이 스스로를 레이블링하며 같은 취향의 사람들과 만남을 추구하고 있다.

이러한 현상은 소속보다 선호가 중요해지고 있다는 증거다. 다시 말해서 전통사회의 개인은 자신이 속한 준거집단 내에서 정체성을 찾았지만, 이제 나노사회에서 개인의 정체성은 내면지향적인 취향을 기준으로 바뀌고 있다는 것이다. 전통적 '우리 의식'이 흐려진 자리에 자신의 다양한 취향 위주로 트렌드가 재구성되면서, 혈연·지연·학연의 힘이 약해지는 반면, 인터넷이 이끌어낸 고도의 연결성은 과거보다 훨씬 다채로운 취향과 욕구가 비슷한 사람들끼리의 모임을 가능하게 만들었다. 나아가 '멀티 페르소나(2020)' 트렌드에서 지적했듯, 개인 자신도 여러 취향에 따라 파편화되고 재편집되는 복합적인 양상을 보여준다. 개인조차 더 세분화되어 다양하게 결합·분해하는 방식으로 변하는 것이다.

태그니티는 해시태그의 '태그'와 '커뮤니티'의 합성어로 요즘 MZ세대가 자신이 선호하는 제품이나 서비스, 혹은 자신을 소개하는 단어로 취향을 표현하는 것을 뜻한다. 『트렌드 코리아 2021』의 '레이블링 게임'에서 언급한 바와 같이 MZ세대는 자신의 취향을 MBTI·밸런스 게임·취향 올림픽과 같은 게임으로 즐기고 이를 해시태그로 표현하며 뭉친다. 나아가 자신과 취향이 비슷한 뷰티·패션·라이프스타일 인플루언서가 애용하거나 추천하는 상품을 모아 파는 콘텐츠 커머스 플랫폼인 '커밋스토어comeetstore'도 이러한 취향 공동체가 유통으로 이어진 사례다.[6]

음악 취향이 비슷한 사람들의 플레이리스트를 공유하는 것도 소통의 장이 된다. 유튜브 채널에서 '때로는 잔잔한 호수처럼' 혹은 '무심코 튼 노래에 퇴근길이 근사해져버렸다'와 같은 이름의 플레이리스트는 구독자들로 하여금 노래 그 이상을

태그니티 tagnity
태그니티란 해시태그의 '태그 tag'와 공동체를 의미하는 '커뮤니티community'를 합성한 말로 유튜브·페이스북·인스타그램 등과 같은 SNS의 영향력이 부상하면서 생겨난 취향 공동체를 뜻한다. 이제 인플루언서뿐만 아니라 기업과 일반인 모두 주체가 되어 같은 취향 집단을 구성하고 마케팅을 펼칠 수 있다.[5]

●●● 혈연이나 지연을 중심으로 모이는 것이 아니라 공동의 취향으로 모이는 사람들. 해시태그 중심의 커뮤니티, 이른바 태그니티가 형성되고 있다.

상상하게 만든다. 예컨대 '네고막을책임져도될까'라는 유튜브 채널의 경우 1년 6개월 만에 38만여 명의 구독자를 모으며 인기를 끌고 있다.[7] 이러한 음악 큐레이션 채널들은 유튜브 운영자와 구독자가 음악을 넘어 감수성이나 감정을 나눌 수 있는 공간이 되기도 한다. 이렇듯 나노사회에서는 더 이상 회사나 출신 학교의 인간관계에 몰두하는 것이 아니라, 온라인 혹은 오프라인 모임에서 본인의 취향과 지향하는 바가 비슷한 사람들을 찾아서 스스로 만들어나가는 관계를 추구하고 있다.

3. 반향실: 내 편끼리 공명하다

"사람들은 그저 보고 싶은 것만 보고, 듣고 싶은 것만 듣는 법이지."

– 하퍼 리, 『앵무새 죽이기』에서 테일러 판사

취향으로 뭉친 집단에서는 서로 선호하는 정보만을 주고받기 때문에 자기 확증적 성향이 강조되기 쉽다. 매체와 플랫폼이 이러한 편향을 다양성과 상호 이해를 보완하는 방향으로 선도해주면 취향 공동체의 순기능이 해당 집단을 넘어 사회 전반에 긍정적 영향을 줄 수 있을 것이다. 그러나 다양한 집단만큼 많아진 미디어들, 유튜브·페이스북·트위터·틱톡 등은 막강한 '추천 기능'을 기반으로 사람들이 선호하는 성향을 반영함으로써 '봐야 할 이야기'가 아닌 '보고 싶은 이야기'만 더 집중적으로 접하도록 설계되어 있다. 우리에게 '전달되던' 정보의 방향이 우리가 '선택하는' 정보만 살아남는 방향으로 전환된 것이다. 정보의 선택권을 갖게 된 소비자는 역설적으로 자신과 견해가 같은 사람들과'만' 소통함으로써, 반대되는 목소리는 만나지 못하게 된다. 결국 같은 의견의 메아리 속에서 사람들은 자신의 생각이 '옳고' 주변 사람들도 다 '같은' 생각을 하고 있다고 믿게 된다. 이를 반향실 혹은 **에코 체임버 효과**라고 한다.

에코 체임버 효과

echo chamber effect

반향실 효과라고도 하며, 생각이나 신념, 정치적 견해가 비슷한 사람끼리 서로 정보나 뉴스를 공유함으로써 기존의 신념이나 견해에 대한 확신이 더욱 강화되고 증폭되는 상황을 뜻한다.[8]

에코 체임버 효과는 양자택일의 상황에 놓인 정치 영역에서 더욱 극심하게 일어난다. 특히 2022년의 대선을 앞두고 유권자들은 지지하는 후보의 추종자들끼리'만' 소통하고 서로 메아리치면서 점점 더 극단적인 주장을 하게 된다. 다른 의견을 가진 사람들을 적대 세력으로 보고 일체의 타협을 거부하는 이들은 자신들만의 '사일로silo'에 갇히고 만다. 사일로란 원래 탑 모양의 곡물창고를 의미하는데, 조직 내에서 다른 부서와의 소통이 부재할 때, 혹은 집단 간의 고립과 갈등이 심해질 때 사용되는 용어다. 정치인들은 유권자를 사일로에 가둬 득표의 기반으로 삼고자 하는 유혹에 빠지기 쉽다. 후술하는 '이항대립적 네거티브 전략'이 자주 효과적이기 때문이다('내러티브 자본' 참조). 하지만 보다 건전한 공동체의 건설을 위해서는 밖에서 또 안에서 사일로의 벽을 허물고 나라를 위한 건강한 토론의 공론장에 설 수 있도록 유도해야 할 것이다.

나노사회, 트렌드 변화의 근인

앞에서 나노사회는 최근 트렌드와 사회변화의 중심이 되는 근인根因이라고 지적했다. 특히 이번 『트렌드 코리아 2022』에서도 '러스틱 라이프', '머니러시', '라이크커머스', '루틴이', '헬시플레저' 등의 트렌드에 영향을 미치고 있다. 구체적인 영향은 해당 부분에서 설명하겠지만, 보다 큰 흐름에서 나노사회가 시장 트렌드에 미치는 파급효과로 ① 트렌드 미세화, ② 노동의 파편화, ③ 산업의 세분화를 꼽을 수 있다.

1. 트렌드의 미세화

2020년을 강타한 TV조선의 〈미스터트롯〉에서 우승을 차지한 가수 임영웅의 인기는 2021년에도 식을 줄 몰랐다. '빌보드 핫 100' 1위 기록을 세우고 있는 방탄소년단의 인기도 고공행진 중이다. 그런데 임영웅의 팬클럽 '영웅시대'의 팬들은 BTS의 노래를 몇 곡이나 알고 있을까? 반대로 BTS의 글로벌 팬클럽 '아미'의 열성 멤버들은 임영웅의 노래를 몇 곡이나 따라 부를 수 있을까? 아마도 많지 않을 것이다. 이것은 과거 HOT와 나훈아가 공존하던 시기와는 사뭇 다르다. 이전에도 세대의 차이는 존재했지만, '금주의 가요톱텐'에 든 노래의 제목 정도는 서로 알고 있었다. 과거에 비해 SNS와 미디어가 훨씬 다양해졌는데도 오늘날 각 세대는 그들이 좋아하는 가수 외에는 아무리 유명해도 노래 제목 하나 알지 못한다. 서태지와 아이들을 좋아하든 싫어하든 '난 알아요'라는 노래의 첫 소절을 한 번쯤 흥얼거려보며 주고받았던 사회 전체의 대중적 교감이 현재는 부재하다는 것이다. 트렌드의 한정성이 강해지고 있다.

이러한 현상은 문화계 전반에 걸쳐 보편적으로 나타난다. 예컨대 2021년 초반 장노년층에서 인기였던 TV조선의 〈내딸하자〉라는 프로그램은 시청률이 6.8%를 보이며 열렬한 시청자들을 보유했지만, 주 시청층이 아닌 20대는 프로그램 제목조차 들어본 적이 없다고 한다. 반면, 10~20대에서 인기였던 SBS 〈LOUD〉(평균 시청률 5.8%)나 〈골 때리는 그녀들〉(평균 시청률 7.0%)과 같은 프로그램의 존재를 중년층 이상은 알지 못한다. 이는 매체 환경의 변화가 초래한 결과다. 과거 지상파 TV를 전 국민이 함께 보던 시기에는 국민적·문화적 코드에 공통점이 많았지만, 각자 자기가 선호하는 OTT 미디어 플랫폼만 보는 시대에는 그 공통점의 교집합이 줄어든다. 예를 들어 연애예능 프로그램을 좋아하는 시청자라도, 티빙을 구독하면 〈환승연애〉를, MBN을 즐겨 보면 〈돌싱글즈〉를 보게 된다.

유행어의 주기가 짧아진 것도 집단 간에 트렌드가 서로 공유되지 못하고 있음을 시사한다. '따봉'·'대략난감'·'헐' 등 과거 유행했던 신조어들은 한 번 확산되면 많은 사람들이 오래 함께 사용하는 경향이 있었다. 반면, 최근 형성되는 유행어들은 생성과 사멸 속도가 빠

유행어·신조어 모음 언급량 비교

2018.10.01.~2019.09.30.			2019.10.01.~2020.09.30.		
	이슈어	언급량		이슈어	언급량
1	애빼시	51	1	톡디	32
2	이생망	47	2	알잘딱깔센	29
3	엄근진	42	3	임구	18
4	복세편살	38	4	레게노	17
5	번달번줌	36	5	윰차	17
6	나일리지	31	6	내또출	16
7	댓망진창	22	7	쌉파서블	13
8	덕페이스	22	8	쩌죽따	13
9	낄끼빠빠	21	9	자낳괴	10
10	갑분띠	20	10	금스크	8

분석 채널: 네이버 블로그, 카페
출처: 코난테크놀로지

르고, 모두가 아는 단어도 줄어들고 있다. 코난테크놀로지의 2019년과 2020년 10대 유행어·신조어 소셜 분석 결과를 보면, 겹치는 유행어가 단 한 개도 없다. 더구나 '톡디'·'알잘딱깔센'·'임구'(각기 '톡 아이디', '알아서 잘 딱 깔끔하고 센스 있게', '이미 구독'의 의미) 같은 신조어는 네이버 블로그에서 2020년에 가장 많이 사용된 3대 키워드라는데, 대부분의 기성세대는 그 의미를 짐작조차 하기 어렵다. 신조어를 생산하는 커뮤니티가 다양해지면서 이를 해당 커뮤니티에 속한 사람들끼리만 즐기며 사용하는 경향이 커진 것이다. 집단은 다양해졌지만 집단끼리의 소통은 단절되어 있음을 시사한다.

2. 노동의 파편화

개인의 성공과 실패가 각자의 몫이 되어버린 시대다. 성공을 위해 모두가 각개약진하고 있다. 지나친 성취와 경쟁이 요구되는 사회에서 경제적 불안이 증폭되면서 스스로를 더 몰아붙이는 경향도 나타난다. 공동체의 역할이 사회에서 가족으로, 가족에서 개인으로 좁혀질수록 개인들의 생존 전략은 더 치열해진다. 유튜브에는 각종 투자 전문 채널들이 등장하고, N잡러로 살아가는 법에 대한 팁을 공유해주고 있다. 이는 '머니러시' 트렌드로도 이어져 수입을 다각화하려는 전략이 파편화되는 사회에 대응하는 개인의 생존과 맞닿아 있음을 확인할 수 있다. 반대로 이러한 트렌드에 지친 사람들은 한적한 시골을 찾는 '러스틱 라이프'를 추구하기도 한다.

마이클 샌델Michael Sandel은 저서 『공정하다는 착각』에서 우리가 "노력하면 성공할 수 있는 세상에 살고 있는지", "개인의 능력에 따라 성공과 실패를 가르는 능력 만능주의는 공정한지"에 대해 질문을 던졌다.[9] 공정성이 담보되지 않은 나노사회는 우리를 더 치열하게 살게 하고, 동시에 더 무기력하게 만든다. 최근 세대를 불문하고 공정성에 매우 민감하게 반응할 수밖에 없는 기본적인 이유다.

무엇이든 할 수 있고 누구든지 될 수 있다는 생각은 반대로 나는 아무것도 될 수 없을지도 모른다는 불안감을 필연적으로 동반한다. 자유의 범위가 넓어질수록 책임의 무게는 더 무거워지다 보니 과도한 자기 평가를 스스로에게 쏟아붓기 때문이다. 에리히 프롬Erich Fromm은 『자유로부터의 도피』에서 현대사회의 사람들에 대해 "만일 인기가 없다면 쓸모없는 인간이 된다. 자기 평가가 개인의 성공에 의존하고 있다는 사실은 근대인에게 있어서 인기가 그토록 커다란 중요성을 갖는 이유가 된다"라고 비판적으로 예견했다.[10] 이러한 전망은 현대사회에서 인플루언서들의 인기와 그들이 이루어낸 성공을 바라보는 일반인들의 사고에서 그대로 드러나고 있다.

나노사회를 살아가는 현대인들에게 직장 역시 고정된 무대가 아니라 일시적으로 모였다가 흩어지는 공간으로 변하고 있다. 2020년 한국 노동자의 평균 근속 연수는 6.8년으로 OECD 회원국 중 가장 짧은 편에 속한다.[11] 평생직장이 사라진 시대의 불안감은 자신의 노동력에만 의지하는 프리랜서 직업군을 낳았다. 플랫폼 노동자라고도 불리는 **긱 워커**가 바로 그들이다.

긱 워커 Gig worker
단기적인 계약을 디지털 플랫폼 등을 통해 맺고 일회성 일들을 맡는 등 초단기 노동을 제공하는 근로자들을 이르는 말이다. 디지털 플랫폼을 기반으로 한 공유경제가 확산되면서 등장한 근로 형태로, 차량공유 서비스 운전자나 배달 라이더, 유통 등 각종 서비스 업체에서 일하는 1인 계약자들이 이에 해당한다.[12]

'딩동' 스마트폰의 알림으로 편의점에서 24분 안에 약 1.3킬로미터에 위치한 곳에 배달하라는 지시가 내려졌다. 종종 걸음으로 땀을 흘리며 배달을 마치고 받은 돈은 3,110원이다. 첫 배달이다.[13]

한국에서 가장 많이 도전한다는 '긱 노동' 중 하나인 도보 배달의 현장이다. 코로나19로 인해 근로 시간이 전반적으로 줄면서 본업과 더불어 배달이나 편의점 아르바이트 등을 병행하며 하루를 3등분으로 쪼개어 일하는 사람들이 증가하고 있다.[14] 이에 대해 미국 클린턴 행정부에서 노동부 장관을 지낸 로버트 라이시Robert Reich는 "보람도 없고 수입도 적다"고 비판했으나 우버 공동창업자인 트래비스 칼라닉Travis Kalanick은 "사람들이 독립적으로 일할 수 있다는 점을 중요하게 여긴다"라며 "일주일 내내 일하든 몇 시간만 일하든 자신이 마음대로 선택할 수 있는 자유가 있다"고 주장하기도 했다.[15] 여러 논란에도 불구하고 긱 노동은 평생 정규직의 개념이 흔들리는 현대인들이 끊임없이 새로운 기회를 찾는 수단으로 기능하고 있다. '탤런트뱅크'·'크몽'·'숨고' 등 일반적 생활 서비스나 전문 분야를 가리지 않고 프리랜서 긱 노동을 지원하는 앱들이 크게 성장하고 있다. 누구나 쉽게 접근할 수 있는 긱 노동은 배달이다. 오토바이나 차량을 이용한 배달뿐 아니라 자전거를 타거나 걸어서 배달을 하려는 사람도 크게 증가했다. 배달 업무를 하며 수익은 물론 다이어트 효과까지 꾀한다는 '배다트(배달+다이어트)' 카페의 회원 수는 10만 명이 넘었다. 서로 도보 배달 정보를 공유하고 수익 인증은 물론, 다이어트 효과 경험까지 활발히 나누는 공간으로, 배달 업무가 고단한 노동이 아닌 일상의

활력으로 승화되어 자신의 삶에 도움이 됐다는 후기가 많다는 점이 눈에 띈다.[16]

하지만 그늘도 존재한다. 임시 배달 아르바이트생·유튜브 영상 제작자·소프트웨어 엔지니어·데이터 사이언티스트 등 다양한 1인 직업들의 출현은 소통의 장을 약화시키기도 한다. 예전에는 조직을 기반으로 고용자와 피고용자의 이원적 이해관계가 매우 분명했다. 하지만 이렇게 1인 노동이 많아지면, 그 이해관계는 사람 수만큼 늘어난다. 다양한 직종에 따른 서로의 욕구도 상이해져 구성원 간의 갈등이 격화되고 결과적으로 사회적 결속력이 약해지는 현상이 늘어날 수 있는 것이다. 일의 파편화는 결국 자기 책임을 가중시키고 더욱 고립된 고독한 개인을 만들어낸다. 이는 다시 직장이 나의 평생을 보장해줄 수 없다는 인식을 키우고, 결과적으로 개인은 자기 능력을 키우는 데 더 매몰될 수밖에 없다. 나노사회로의 진입이 '뫼비우스의 띠'처럼 강화되고 있다.

3. 산업의 세분화

사회 공동체가 약화되면서, 특히 가정이 분해되면서 이를 뒷받침하기 위한 사회 인프라와 유통업 등의 구조 변화가 빠른 속도로 진행되고 있다. 1인 가구의 불편함을 다방면으로 해결해주고 있는 편의점의 성장이 대표적이다. 산업통상자원부가 유통업 매출 동향 집계를 시작한 이래로 편의점 3사의 2021년 분기 매출이 사상 처음으로 대형마트를 앞섰다. 산업통상자원부는 "관련 통계를 시작한 이래 3개월 연속으로 이러한 현상이 일어난 것은 처음"이라고 밝혔다.[17]

1~2인 가구가 늘어남에 따라 대형마트에서 장을 보기보다 소량 구매가 가능하고, 삼각김밥과 도시락 등 혼자 가볍게 끼니를 해결하기에 좋은 편의점을 선호하고 있음을 보여준다. 이러한 소비 경향은 MZ세대의 영향이 크다. 편의점 CU의 경우 2020년 연간 매출 기준으로 10~30대가 차지한 비중은 69.1%에 달했다.[18]

현대인을 더욱더 원자화시킨 서비스로 배달을 꼽을 수 있다. 예로부터 우리나라에서 '식구食口'란 "한집에서 함께 살면서 끼니를 같이하는 사람"을 의미했다. 그러나 맛집 배달 서비스가 활발해지면서 끼니를 함께할 식구의 중요성은 줄어들고 있다. 중식·치킨·피자에 한정됐던 배달 메뉴에 이제는 줄을 서야만 가능했던 맛집들까지 들어와 배달 경쟁을 벌이고 있다. 예전엔 점심시간이면 함께 식사할 사람을 찾곤 했지만 1인분 배달 서비스가 보편화되면서 이제 더 이상 밥친구가 필요 없는 사회가 됐다. 식사 배달만의 문제가 아니다. 쿠팡과 마켓컬리가 선보인 초특급 단기간 배송은 소비자들이 물건을 나가서 사는 것보다 온라인에서 구매하는 것이 더 편하다는 확신을 주는 계기가 됐다. 배달 가능한 제품 품목도 소비자가 필요로 하는 거의 모든 영역에 달하고 신속하게 배송이 완료된다.

좀 더 근원적인 변화도 감지된다. 유통과 생산의 구조도 개인화됨으로써 소비자가 기획부터 유통까지 전부 주도하는 새로운 소비 유통 패러다임이 등장하고 있는 것이다('라이크커머스' 참조). D2C Direct to Consumer 생산 방식이 가능해지면서 나노 단위의 소비자에게 맞춘 개인화 상품도 유통이 가능해졌다. 예를 들어 소비자에 따라 오른발은 245밀리미터이고 왼발은 250밀리미터인 신발을 정확히 맞춰서 제공할 수 있고, 이는 곧 부가적인 원재료와 재고의 낭비가 없는, 친환경적인 생산의 새로운 지평이 열리는 것이다. 이러한 기술이 발전함에 따라 과잉 공급 및 공급과 소비의 불일치로 인한 환경오염과 지구온난화 등의 전 지구적 문제에 긍정적인 영향을 끼칠 수 있다.

나노사회의 등장 배경

유발 하라리가 지적하듯이 원래 호모사피엔스는 이야기와 믿음을 '공유하는 힘'을 통해 육체적으로 우세한 네안데르탈인을 전멸시키고 지구를 차지했다. 공동체의 힘이 인류의 생존과 진화를 만든 원동력이었던 것이다.[19] 농경사회와 산업사회를 거치며 발전해온 이 공동체의 역할이 21세기에 들어서면서 급격히 축소되기 시작했다. 더구나 한국은 전통적으로 농경사회를 바탕으로 한 공동체 의식이 강한 민족이었다. 그러나 오늘날 개인주의적인 사회로의 이행 속도는 그 어느 나라보다 빠르다.

거실에서 온 가족이 모여 TV 드라마와 뉴스를 시청하고 다음 날 회사에서 그 소감을 나누던 풍경은 이제 보기 힘들어졌다. 집에 머무는 시간이 늘어났다고는 하지만, 가족 모두가 각자의 공간에서 스마트폰만 들여다보는 것이 집집마다 흔한 풍경이 됐다. 거실의 TV 앞에 모였던 '우리'가 각자의 스마트폰 속으로 흩어진 것이다. 어제 재미있게 본 프로그램 이야기도 굳이 친구들과 나눌 필요가 없다. SNS에서 같은 프로그램을 보는 사람들과 실시간으로 댓글을 주고받으며 감상을 나누면 되기 때문이다. 이러한 현상은 공동의 문화적 배경이 흐려지는 것을 의미한다.

폴란드 사회학자 지그문트 바우만Zygmunt Bauman은 현대사회를 가리켜 불안전성이 지배하는 '액체사회'라고 표현했다.[20] 그는 예측과 통제가 가능했던 전통사회와 달리 현대사회는 끊임없이 변화하는 유동적인 상태와 공적 영역에 대한 믿음, 다시 말해서 정부에 대한 믿음, 기관에 대한 믿음, 서로에 대한 믿음이 녹아내리는 불안정하고 불확정한 특징을 갖는다고 주장했다. 여기서 더 나아가, 사회학자 김윤태는『사회적 인간의 몰락』에서 이러한 공적 영역이 녹아내린 액체사회에서는 무수히 방황하는 개인들만이 존재하게 된다고 주장한다.[21]

결정타는 코로나19 바이러스가 날렸다. '거리두기'라는 말처럼 사람과 사람의 거리가 인위적으로 멀어지고 있다. 전술했듯이 호모사

●●● 가족의 해체와 일의 파편화, 무수한 1인 가구와 1인 노동의 증가는 결국 자기 책임을 가중시키고 이는 더욱 고립된 고독한 개인을 만들어낸다. 누구도 나를 보장해주지 않는 사회에서 개인은 자기 능력을 키우는 데 더 매몰될 수밖에 없다. 나노사회로의 진입이 '뫼비우스의 띠'처럼 강화되고 있는 것이다.

피엔스는 공감하는 존재다. 실제로 인간은 진화하는 과정에서 공감력을 극대화하기 위해 얼굴 근육이 세밀하게 발달하고 눈의 흰자위도 넓어졌다고 한다.[22] 그러나 마스크로 얼굴을 덮어야 하는 시대에 과거와 같은 공감과 연대의식을 유지하기는 쉽지 않다. 누군가 나를 감염시킬지도 모른다는 잠재적 공포는 우리를 극도의 고립으로 몰고 가고 있다.

전망 및 시사점
파편화된 개인 간의 '공감력' 증대가 급선무

나노사회의 특징은 산업화 이후 전 세계적으로 꾸준히 나타나는 현상이다. 데이비드 리스먼David Riesman은 이미 1950년에 『고독한 군중』에서 미국 사회에서 개인들은 철저하게 고립된 고독한 개인인 동시에, 개성을 상실한 가치관과 유사한 생활 방식을 추구하는 거대한 군중이 됐다고 표현한 바 있다.[23] 이러한 분석은 오늘날 현대사회를 이해하는 중요한 통찰력을 제공한다.

팬데믹으로 인한 우울을 '코로나 블루'라고 표현하지만, 이 역시 질병에 대한 공포 자체보다는 파편화된 개인의 고립감에서 오는 부분이 더 크다. 원래 사회가 고도화될수록 대면 접촉 또는 친밀한 만남과 같은 전통적인 인간관계가 줄어드는 경향이 있다. 모든 개인은 거대한 조직 속에 있지만, 정작 남들과 제대로 된 관계를 맺고 있지 못하며 인정도 받고 있지 못하다는 느낌을 받는 경우가 많아지며 "군중 속의 고독을 느끼는, 섞이지 않는 사람들"이 늘어나기 때문이다. 많은 연구가 사회의 개별화 과정이 높을수록 우울증의 급격한 증가가 나타나고 있음을 뒷받침한다. 여기에 코로나19가 기폭제 역할을 하고 있다. 상황은 심각하다. 우리나라의 일평균 자살자 수는 37.8명이며, 이는 인구 10만 명당 24.7명으로 OECD 국가 중 1위다.[24] 그중에서도 개인화 정도가 심한 젊은 세대의 '청년 고독사', 특히 젊은 여성의 자살이 늘고 있는 것은 매우 우려되는 현상이다.[25]

그 부정적 영향이 심각하다고는 하지만, 나노사회는 우리가 바꾸고 극복할 수 있는 문제는 아니다. 전술한 바와 같이 이는 거부할 수 없는 도도한 흐름이자 필연적인 결과이지, 옳고 그름의 문제는 아닌 것이다. 중요한 것은 우리 사회가 나노사회로 나아가고 있음을 정확하게 인지하고 그로 인해 나타나는 변화를 분명히 이해함으로써 적절하게 대응하는 것이다. 그렇다면 '나노사회 블루' 속에서 우리는 무엇을 해야 하는가?

가장 선행돼야 할 것은 역시 '공감력'을 기르는 일이다. 사일로에 갇혀 내가 알지 못하고 이해할 수 없는 집단에 대해 무조건 그르다고 단정해서는 안 될 것이다. '다른' 것이지 '틀린' 것이 아니다. 앞에서는 진영이나 소속 공동체의 사례를 들었지만, 가정·직장 내의 세대 차이에 관한 우려도 마찬가지다. 자신과 다른 사고를 하는 세대에게 "우리 때는 그렇지 않았다"는 잣대를 들이미는 건 곤란하다. 자신이 성장한 시기와 그들이 성장한 시기의 사회경제적 여건이 크게 다르기 때문이다. 이것은 젊은 세대에게도 마찬가지다. 위 세대의 걱정을 무조건 '라떼(연장자들이 종종 사용하는 "나 때는 말이야"라는 표현을 비꼬는 말)'라고 치부해서는 곤란하다. 세계 최빈국의 여건을 딛고 산업화를 성공시키며 형성한 가치관을 인정할 수 있어야 한다. 차이를 이해하고 공감하는 것이 나노사회의 시너지를 만들어내기 위한 첫걸음이다.

두 번째로 필요한 것은 '우연한 발견serendipity'의 재미를 깨닫는 것이다. AI와 빅데이터를 동원한 막강한 추천 기능은 우리를 알고리즘의 반향실 안에 가두는 경향이 있다. 이러한 시대에 자기도 몰랐던 새로운 선호를 발견하기 위해서는 인위적으로라도 자기 취향을 무작위로 섞을 필요가 있다. 예를 들면 뉴스를 포털이나 유튜브 같은 곳에서만 접하면 계속 비슷한 성향의 기사만을 읽게 된다. 틈틈이 신문이나 방송처럼 편집자가 골라주는 뉴스를, 그것도 다양한 매체를 통해 골고루 접할 수 있다면 좀 더 균형 잡힌 시각을 갖는 데 도움이 된다. 파편화된 나노집단 속에서 나노취향이 계속 세분화된다고 할지라도, 그 작은 선호들은 다양하게 섞여야 할 필요가 있다.

기술은 만능이 아니다. 편리함을 주지만 오히려 잃게 만드는 것도 있다. SNS는 소통방식을 변화시켰고, 빅데이터에 입각한 초개인화 기술은 사고방식을 바꿨다. 이러한 기술은 우리가 상품을 손쉽게 선택할 수 있는 효율적인 가이드 역할을 해주지만, 그 효율이 인간 사이 공감의 교집합을 줄이고 있다. 구불구불한 옛길 위로 일직선의 고속도로가 놓이면 목적지까지의 이동 시간은 줄어들지만 주변에 펼쳐지는 풍경을 돌아볼 여유를 잃는다. 내비게이션을 이용해 길을 찾다 보면 빠른 길로 갈 수는 있지만 익숙했던 길도 기억에서 사라지고 만다. 이러한 '고속도로의 역설', '내비의 역설'이 기술 과잉 시대를 사는 우리의 딜레마를 은유한다.

빅데이터를 이용한 추천 알고리즘을 통해 정보에 더욱 쉽게 접근할 수 있게 된 상태가 오히려 개체 간의 단절을 초래하는 현실을 두고, 와튼 스쿨의 조지 데이George Day와 폴 슈메이커Paul Schoemaker 교수는 '주변 시력peripheral vision'이란 개념을 제시한다.[26] 주변 시력이란 의학적으로는 망막에서 황반을 제외한 주변부가 담당하는 시력을 의미하지만,[27] 비유적으로는 주변에서 나오는 약한 신호와 디테일을 포착해 해석하고 행동할 수 있는 능력을 말한다. 트렌드와 시장이 급변하는 상황에서 폭넓은 시각으로 세상을 받아들일 수 있을 때, 조직이든 개인이든 주어지는 기회를 활용하고 번영할 수 있다는 것이다.

결국은 우리 사회가 추구해야 하는 건 휴머니즘이다. 내가 속한 작은 집단의 관점에서 사고하는 것이 아니라, 좀 더 넓고 큰 단위로 사고할 것이 필요하다. 우리 지역의 관점, 국가의 관점에서 생각하고 공동체의 '공공선'을 고려해야 한다. 나아가 더 큰 곳으로 눈을 돌릴 필요도 있다. 이른바 '지구인으로서의 정체성'이 절실해지고 있는 것이다. 지구온난화와 각종 기상이변은 우리가 단지 특정 위도와 경도에 위치한 민족만이 아님을 뜻한다. 새로운 공동체의 형성과 사회적 연대에 입각한 정체성의 재인식이 필요하다. 생명에 대한 존중이라는 새로운 관점에서 구성원 서로와 환경을 이해하려고 노력하며 함께 성장하고 발전하기에 힘쓸 때, 나노사회의 미래가 있다.

본서의 부제 'TIGER OR CAT'이 비유하듯이, 2022년 대한민국은 나노사회의 관점에서도 중대한 기로에 와 있다. 3월의 대통령선거와 6월의 전국동시지방선거를 치르는 선거의 해이기도 한 2022년은 가뜩이나 원자화하고 있는 한국 사회의 분열을 가속시킬 우려가 있기 때문이다. 세로로 줄 세우고 갈래갈래 나누는 분열의 길을 갈 것인가, 가로로 손잡고 소통하며 새로운 공동체의 유대를 돈독히 하는 연대의 길을 갈 것인가? 참으로 중요한 갈림길 앞에 우리는 서 있다.

Incoming!
Money Rush

머니러시

돈에 대한 관심이 그 어느 때보다 뜨겁다. 미국 서부에서 금광이 발견되자 사람들이 몰려들었던 '골드러시Gold Rush'에 빗대어, 수입을 다변화·극대화하고자 하는 노력을 '머니러시Money Rush'라고 부르고자 한다. 머니러시는 '자본주의 키즈'의 흐름을 잇는 키워드다. 돈에 편견이 없는 자본주의 키즈가 주로 '플렉스flex'로 일컬어지는 소비에 큰 관심을 두었다면, 돈이 절실하게 필요한 사람들의 머니러시는 주로 '파이프라인'이라고 불리우는 수입원 다각화에 초점을 맞춘다.

수입의 파이프라인을 확보하고자 하는 머니러시는 두 가지 이상의 일을 하는 '투잡'·'N잡'과 레버리지(부채)를 적극 이용해서 수익을 극대화하는 '투자'로 양분된다. 사람들이 수입을 늘리고 싶어하는 이유는 소비지출에 대한 기대는 크게 높아진 반면, 개인을 둘러싼 경제 환경은 더 나빠지고 있기 때문이다. 각종 SNS를 통한 소비의 준거점이 올라가면서 소비에 대한 욕망은 커졌는데 은퇴 후 대비를 위한 여건은 팍팍하기만 하다. 각자도생의 시대에, 내 힘으로 살아남기 위해서는 고정수입 외에 부가적인 파이프라인이 반드시 필요해졌다.

머니러시 현상은 양면성을 갖고 있다. 한국 사회가 그만큼 속물화되고 있다는 비판도 제기되며, 금리 인상이 전망되는 2022년에는 '빚투'·'영끌'로 표현되는 과도한 레버리지가 위기의 진앙이 될 수도 있다. 긍정적인 측면에서 보자면, 머니러시 트렌드는 우리 모두 '앙터프러너십Enterpreneurship'을 키우고 자기만의 비즈니스 모델을 만들어가야 한다는 시사점을 준다. 자기 전문성을 확고히 하면서도 그를 기반으로 역량의 적용 가능성을 넓혀가는 경력의 확장, 다시 말해서 개인적 피보팅이 절실하다. 돈은 목적이 아니라 수단에 불과하다. 머니러시 역시 우리 모두 좇아야 할 필생의 과업, '성장'과 '자기실현'의 수단으로 자리매김해야 할 것이다.

"잠자는 동안에도 돈이 들어오는 방법을 찾아내지 못한다면, 당신은 죽을 때까지 일을 해야만 할 것이다."

투자의 귀재 워렌 버핏의 말이다. 내 월급과 자녀 성적 빼고는 모든 것이 빠르게 오르는 세상을 살아내야 하는 우리에게 힘 빠지는 말이 아닐 수 없다. 나는 그럴 수 있을까? 잠자는 동안에도 돈이 불어나게 할 수 있을까? 승진과 월급 인상만을 바라보며 하루하루 충실히 살아가던 성실한 직장인들에게 이 질문은 무거운 위기의식으로 다가온다. 사실 현실은 엄혹하다. 훌쩍 늘어난 수명과 은퇴 후의 불확실성, 질병과 각종 재해로 인해 불안한 마음에 시달리는 사람들은 월급이외에 돈 나올 곳을 마련할 궁리를 하지 않을 도리가 없다. 우물은 가뭄이 들기 전에 파놓아야 한다. 몸은 오늘을 살고 있지만 머릿속은 이미 노후에 가 있다. 돈에 대한 정보가 넘쳐나는 세상에 조금만 더 부지런히, 영리하게 머리를 쓰면 나도 마르지 않는 샘과 같은 화수분을 가질 수 있지 않을까? 투자의 신과 재테크 선수들이 넘쳐나는 시대, 조금이라도 더 돈을 벌 기회를 찾아 나서는 사람들이 크게 늘고 있다.

19세기 미국 서부에서 금광이 발견되자, 전 세계에서 사람들이 몰려들었다. 미국은 물론이고 대륙을 건너서까지 10만 명이 넘는 사람들이 금이 나온다는 이 새로운 엘도라도를 향해 서쪽으로 향했던 이 폭발적 현상을 '골드러시Gold Rush'라고 부른다. 2022년 대한민국에서 더 많은 수입을 찾아 고군분투하며 몰려드는 모습을 골드러시에 빗대 '머니러시Money Rush'라고 부르고자 한다. 머니러시는 투잡two job과

투자를 통해 수입이 들어오는 '파이프라인'을 다변화·극대화하고자
하는 노력을 지칭한다.

머니러시는 『트렌드 코리아 2021』에서 논의한 '자본주의 키즈'의
흐름을 잇는 키워드다. 자본주의 키즈가 자본주의 속에서 입고 먹고
자라나 자본에 대한 유연한 사고와 인식 체계를 갖고 있는 'MZ세대'
를 칭한다면, 머니러시는 세대와 관계없이 월급 이외의 돈을 만드는
데 지대한 관심을 가진 모든 '경향성'을 지칭한다. 다시 말해서, 자본
주의 키즈가 세대론에 가까웠다면 머니러시는 하나의 사회적 현상이
다. 돈에 편견이 없는 자본주의 키즈가 주로 '플렉스'로 일컬어지는
소비에 큰 관심을 두었다면, 돈이 절실하게 필요한 사람들의 머니러
시는 주로 '파이프라인'이라고 불리우는 수입에 초점을 맞춘다. 자본
주의 키즈와 머니러시 트렌드의 비교를 요약하면 아래와 같다.

	자본주의 키즈	머니러시
해당 세대	10~20대	전 세대
특징	소비에 초점	수입에 초점
자본주의와의 관계	자본주의를 자연스럽게 받아들임	자본주의를 적극적으로 활용함
핵심 가치	"행복은 충동적으로, 걱정은 계획적으로."	"수입의 파이프라인은 크고 다양할수록 좋다."
대표 현상	소소한 재테크, 플렉스 소비	N잡러, 레버리지 활용 투자

동서고금을 막론하고 돈을 벌고 싶지 않았던 시대가 언제 있었고, 남녀노소를 막론하고 돈을 벌고 싶지 않은 사람이 누가 있을까만, 머니러시 시대를 사는 우리 동시대인들이 돈을 버는 방법과 이유는 더욱 특별하다. '어떻게 돈을 벌 것인가'와 '왜 돈을 벌어야 하는가' 하는 두 이슈로 나누어 살펴보자.

어떻게 벌 것인가
투잡과 투자

다시 미국의 골드러시 시대로 돌아가보자. 골드러시 시대에 흥미로웠던 사실은, 그 당시 진짜 큰돈을 벌었던 사람은 따로 있었다는 점이다. 진정한 금맥을 찾아낸 행운아들은 금광에 몰려든 사람들을 대상으로 꾸준히 돈을 벌 수 있는 '비즈니스 모델'을 만든 사업가들이었다. 금을 캐는 채광 도구를 싸게 독점한 후 비싸게 팔았던 새뮤얼 브래넌Samuel Brannan, 금광 안에 광부들을 실어 나르는 철도를 놓은 릴랜드 스탠퍼드Leland Stanford, 금을 캐러 광으로 들어가는 사람들에게 닳지 않는 질긴 청바지를 팔았던 리바이 스트라우스Levi Strauss 같은 사람들이 이 골드러시 시기에 단연 넘볼 수 없는 부를 독점한 주인공이었다.

이 중 '리바이'라는 이름이 낯설지 않다. 우리가 잘 알고 있는 리바이스 청바지는 골드러시 시대의 부산물이었던 셈이다. 리바이는 청바지라는 아이템을 통해 금을 캐러 몰려드는 사람들을 대상으로 꾸준하게 돈을 벌어들이는 비즈니스 모델을 만들어냈다. 150여 년이 지난 오늘날에도 금광은 존재한다. 하지만 그것은 더 이상 특정한 '장소'에 한정되지 않는다. 오늘날의 금광은 바로 '발상'이다. 다양한 플랫폼의 발달로 이 새로운 금광들이 도처에 즐비한 가운데, 과연 누가 제2의 리바이가 되어 꾸준히 돈을 벌어들일 수 있는 비즈니스 모델을 만들 수 있을 것인가?

금광에 몰려든 사람들에게 금을 캐는 도구가 필요했던 것처럼, 현대인들은 직접 양동이를 들고 물을 퍼 나르는 것이 아니라 수도관을 만들어놓고 그로부터 물이 흘러들어오게끔 하는 파이프라인을 만드는 데 총력을 기울인다. 본래 파이프라인이란 석유나 천연가스 등 유체의 수송을 위해 설치하는 관을 일컫는데, 오늘날에는 기존의 고정적인 소득 외에 지속적으로 발생하는 추가 소득, 부수입을 뜻하는 말로 더 널리 쓰이고 있다. 파이프라인을 다양하게 꽂는다는 건 원래 기업이 수익 극대화와 위험 분산을 위해 수행하는 방식을 가리켰지만, 오늘날 현대인들은 수입의 다양한 포트폴리오를 갖추는 개인적 전략을 의미하는 말로 사용한다.

그렇다면 어떻게 더 많은 수입이 흘러들어올 수 있는 파이프라인을 마련할 것인가? 직장인의 급여나 자영업자의 사업소득과 같이 자신의 본업으로부터 벌어들이는 소득 이외의 소득을 만들어내야 한다. 그러기 위해서는 ① 아르바이트와 같이 일시적·불규칙적으로 벌어들이는 추가적 소득과 ② 이자·배당·시세 차익·임대 수익 등 투자로부터 벌어들이는 소득이 필요하다. 달리 말하자면, 투잡과 투자다.

'투잡'으로는 부족해, 'N잡'으로의 진화

매드 몬스터, 나몰라 패밀리, 마흔파이브, 유산슬, 김다비 ……. 최근 활발한 활동을 벌이고 있는 가수들이다. 이들은 모두 '개가수(개그맨 출신 가수)'인데 웬만한 전업가수보다 더 큰 인기를 누리는 경우가 많다. 한때 국민 프로그램으로 큰 인기를 누렸던 KBS의 〈개그콘서트〉나 SBS의 〈웃음을 찾는 사람들〉의 출연진이었던 이들은 외모나 성적 소재에 대한 시청자의 웃음코드가 바뀌고, 지상파 TV 중심의 매체 환경이 변화하면서 2020년대 들어 프로그램의 폐지와 같은 급격한 쇠락을 맞이했다. 최고의 인기 프로그램도 트렌드의 영향에서 자유로울 수 없었던 것이다. 하지만 이들은 변화된 환경 앞에 속수무책으로 물러서는 것이 아니라 자신의 장기를 축으로 '피보팅'에 성공해 가수라는 또 하나의 정체성을 가지게 됐다.

특히 유재석이나 김신영처럼 다른 이름으로 다른 활동을 하는 경우를 '부캐(부캐릭터)'라고 한다. 부캐는 『트렌드 코리아 2020』에서 '멀티 페르소나' 키워드를 통해 전망했던 트렌드로서, 한 사람이 여러 가지 정체성을 가지며 활동하는 현상을 말한다. 초기의 멀티 페르소나 혹은 부캐는 사회문화적인 개념이 더 강했는데 이제는 경제적 개념으로 더 널리 쓰이고 있다. 예전에는 SNS에서 다른 캐릭터로 자신을 연출하는 현상을 의미했다면, 요즘엔 '부업'을 갖는 현상을 지칭하는 것이다. 그 결과 연예인이나 인플루언서의 전유물이던 부캐가 평범한 직장인의 투잡 활동을 의미하는 용도로 사용되는 경우가 잦아졌다.

두 직업을 병행한다는 의미의 투잡이, 요즘엔 3~4개의 직업까지

소화한다는 의미에서 'N잡'이라는 용어로 진화했으며, 이렇게 N잡을 뛰는 사람을 'N잡러'라고 부른다. 머니러시 트렌드 속에서 다양한 파이프라인을 마련하고자 수많은 사람들이 투잡·쓰리잡을 넘어 N잡러로 바쁘게 살아가고 있다. 잡코리아, 알바몬과 긱몬이 2021년 7월 1,300여 명의 MZ세대 직장인을 대상으로 실시한 조사 결과에 따르면, 응답자의 20% 정도가 이미 부업을 하고 있다고 답했다.[1]

중국에서는 이러한 사람들을 '슬래시 제너레이션slash generation'이라고 부른다. 두 가지 개념을 동시에 표기할 때 '슬래시(/)' 기호를 쓰는데, 직업란에 여러 개의 직업을 '/' 기호로 이어 쓰는 것에 빗댄 말이다. 가장 전형적인 슬래시 청년은 직장을 다니면서 위챗Wechat에 물건을 팔거나 동영상을 편집하고 인터넷 소설을 쓰는 등의 활동으로 수입을 다원화한다. 어떤 것이 부업이고 본업인지에 경계를 두지 않고 자신을 하나의 기업처럼 생각하여 수시로 투자하는 사회, 이른바 '액체사회'가 시작된 것이다('나노사회' 참조).

어느덧 N잡러는 우리나라뿐만 아니라 세계의 전반적인 직업 트렌드로 자리 잡아가는 모양새다. 특히 코로나19 시대에 접어들며 급격한 환경의 변화와 직장·직업의 안정성이 극도로 취약해지면서 N잡러는 MZ세대의 책무이자 로망이 됐다. 코난테크놀로지가 2030세대 위주의 커뮤니티[2]들을 대상으로 진행한 소셜 분석 결과에서도 투자·주식·아파트 등 자산 증식에 대한 관심이 눈에 띄게 늘어난 것으로 나타났다. 또 유튜버·비제이·취미·알바·퇴근 등의 단어 사용량이 상승 추이를 보여 퇴근 이후 부업으로 부수입을 창출할 수 있는 활동에 대한 관심이 높아지고 있음을 알 수 있었다.

필요에 따라 계약직이나 임시직으로 사람을 고용하는 '긱 노동' 또한 늘어나는 추세다. 노동자 입장에서 긱 노동이란 남는 잉여 시간을 활용해 자투리 노동으로 부수입을 벌어들이는 것으로, 이를 '잉코노미'라고 부를 만하다. 디지털 플랫폼의 발전은 잉코노미가 발전할 수 있는 토대를 만들었다. 큰 어려움 없이 간단한 일을 찾을 수 있고 자투리 시간을 활용할 수 있으며, 정산도 즉각적이기 때문이다.

부수입을 위해 여가를 포기하면서까지 N잡에 매달리는 경우도 있지만, 반대로 여가나 재능을 이용해 N잡을 창출하는 경우도 많다. 주당 법정 근로 시간이 줄어들었고, 코로나19로 인한 재택근무로 출퇴근 이동 시간과 점심시간 등 절약되는 시간이 늘어나자, 사람들은 늘어난 잉여 시간을 기꺼이 부수입 창출의 기회로 사용하고 있다.

잉코노미의 파도 속에서 N잡러가 펼치는 가장 활발한 형태의 활동 중 하나는 유튜브·틱톡 등 진입장벽이 낮은 플랫폼을 이용해 콘텐츠를 생산하는 것이다. 재테크 콘텐츠 외에도 온라인 플랫폼을 통해 물건을 팔거나 음원이나 전자책을 제작해 디지털 유통으로 저작권료를 받기도 한다. 이 때문에 독립출판사들도 급격하게 늘었다. 솜씨가 좋은 이른바 '금손'들은 아이돌 초상화를 그려주거나 수제 굿즈를 제작해 거래하며 부수입을 올리기도 한다. 노래나 연주, 수제 케이크 맞춤 제작이나 타로점 봐주기 등 다양한 재능들로 포켓머니를 벌어들이고 있다. 리셀과 크라우드 펀딩도 추가 수입을 벌 수 있는 파이프라인의 일환이다. 명품 매장이 문 열기가 무섭게 뛰어들어가 수량이 한정된 명품을 손에 넣는 것도 시간이 지날수록 가격이 오르는 명품의 특성을 잘 아는 소비자들의 재테크 방법 중 하나다.

레버리지·공모주·NFT······ '투자 열풍'

"선배님, 저도 선배님 노래 저작권 10주 갖고 있어요."

가수 윤종신에게 후배가 자랑한다. 음악저작권 거래 플랫폼 '뮤직카우' 광고의 한 장면이다. 뮤직카우는 경매를 통해 대중가요의 저작권 지분을 판매한다. 창작자는 투명한 저작권료 수입을 보장받을 수 있고, 투자자는 매월 보유 지분만큼 저작권료 수익을 정산받는데 추후 지분 가격이 오르면 매매 차익도 기대할 수 있다.[3] 가장 투자수익률이 높았던 브레이브걸스의 '롤린'의 경우, 4,630%라는 경이적인 누적 투자수익률을 보인 바 있다. 롤린이 소위 '역주행'에 성공한 드문 경우이긴 하지만, 이를 계기로 사람들은 콘텐츠 저작권이 매력적인 투자의 대상이 될 수 있음을 깨달았다. 뮤직카우는 향후 음악뿐 아니라 영화·웹툰·아트 등 다양한 디지털 콘텐츠의 지적재산권으로 투자 대상을 확대하고, 투자시장도 미국·일본·유럽 시장 등으로 확장할 계획을 가지고 있다고 한다.

뮤직카우의 사례에서 보듯 2021년 투자 영역에서 가장 큰 변화는 투자 대상이 엄청나게 다양해졌다는 점이다. 투자의 대명사 격인 주식·채권은 말할 것도 없고, 비트코인·음원·미술품·스니커즈·명품 등 일정한 희소성을 갖추면 어김없이 투자의 대상이 된다. 2021년 7월 간송미술관은 국보인 『훈민정음 해례본』을 블록체인 기반의 대체 불가능한 암호화폐인 NFT Non-Fungible Token로 발행했는데, 개당 1억 원의 NFT 100개 가운데 80개 이상 팔린 것으로 알려졌다.[4]

●●● MZ세대의 가장 '핫'한 투자 대상으로 떠오른 것은 다름 아닌 미술품이었다. 블록체인 기술과 결합한 디지털 자산인 NFT는 그중에서도 단연 주목을 끌고 있다.

최근 들어 부동산이나 주식시장 못지않게 돈이 몰리는 곳은 단연 미술품 시장이다. MZ세대의 대거 진입으로 '그들만의 리그'에서 '우리 모두의 시장'으로 바뀐 미술 시장은 역대급 호황으로 즐거운 비명을 질렀다. 서울옥션과 케이옥션의 경매 낙찰률이 최고를 경신하고 서울과 부산에서 열리는 아트페어에는 사상 최대의 인파가 몰리면서 그림을 거는 족족 완판되는 기록을 남겼다. 이는 수치로도 나타나 2021년 상반기 서울옥션과 케이옥션을 비롯한 주요 미술품 경매사 8곳의 총 거래액은 1,438억 원으로, 전년 동기보다 3배 늘었다.[5] 서울옥션의 경우는 2021년 6월의 경매에서 총 243억 원어치의 그림이 낙찰됐는데 이는 13년 만에 찍은 최고 액수였다.[6]

최소 몇백만 원에서 수십억 원을 호가하는 그림 투자에 선뜻 나서지 못하는 사람들을 위해서는 미술품 공동투자 혹은 조각투자라는 새로운 투자 방식이 등장했다. 값비싼 미술품을 공동구매 형태로 소액 투자하는 '미술품 분할 소유권'은 특히 MZ세대 사이에서 인기다. 미술품 공동구매 플랫폼 아트투게더가 2020년 9월 판매한 호안 미로의 그림 〈The Seers Ⅲ〉의 경우 판매 시작 30초 만에 마감되는가 하면, 2021년 1월, 아트앤가이드가 진행한 쿠사마 야요이의 그림 〈Infinity Nets〉는 판매 시작 후 1분 만에 구매가 완료됐다.[7] 그런가 하면 명품 시계까지 투자 대상으로 떠올랐다. 현물자산 투자 플랫폼인 피스PIECE는 2021년 6월, 롤렉스 시계로 구성된 '피스 롤렉스 집합 2호' 포트폴리오를 선보였는데, 런칭 1분 만에 소유권 전량이 완판될 정도로 호응이 컸다.[8] 최소 10만 원부터 투자가 가능해 여유자금이 부족한 2030세대의 첫 번째 투자처로 호평을 받고 있다.

초기 투자금액이 부족한 사람들이 플랫폼에 모여 그 지분을 조각조각 나누어 투자하는 방식은 미술품뿐만 아니라 부동산 시장으로도 확산되고 있다. 이제 큰돈이 없어도 소액 부동산 투자 플랫폼을 활용하면 아파트·상가 투자를 넘어 건물을 구매할 수도 있다. 부동산 간접투자 앱 '카사'는 DABS(디지털수익증권)를 활용해 건물의 지분을 주식처럼 사고파는 서비스다. 2021년 7월, 40억 원 규모의 서울 '서초 지엘타워'의 건물 지분을 판매했는데 5,000원짜리 DABS 80만 주가 공모 개시 이후 2시간 27분 만에 완판될 정도로 많은 투자자들이 몰렸다.[9] 단돈 5,000원으로 강남의 건물주가 될 수 있었던 것이다.

2021년 한 해 동안 주식시장을 뜨겁게 달구었던 테마는 단연 공모주 청약이었다. "따상, 떡상, 따따상"이라는 말이 경제 뉴스를 도배할 지경이 되자, 사람들은 너도나도 주식시장의 로또인 공모주로 몰려들었는데, 2021년 3월에 진행된 SK바이오사이언스의 공모주 청약에 역대 최고 금액인 63조7,198억 원이 몰려 시장을 놀라게 한 지한 달도 안 되어 SK아이이테크놀로지는 그보다 더 많은, 무려 81조 원의 청약증거금을 거둬들여 공모주 열풍에 불을 지폈다. 하반기 최대 공모주로 눈길을 끌었던 카카오뱅크의 경우도 186만 명이 증거금 58조 원을 청약해 경쟁률이 183 대 1에 달했다. 주식을 하나라도 더 받기 위해 온 가족이 돈을 모아 공모주에 청약한다거나, 인터넷 사용이 어려운 70~80대 노인들이 직접 증권사를 방문해 공모주를 신청하는 진풍경도 벌어졌다.

2030세대 주식투자자들에게는 특히 공모주 청약이 거의 불문율로 여겨지는데, 경쟁이 과열되어 1억 원을 넣어도 1주밖에 못 받게 되는 일이 벌어지자 빚을 내서 투자하는 일명 '빚투'가 늘어나고 있어 우려스럽다. 이들은 마이너스 통장이나 신용대출을 통해 돈을 빌려 일단 공모주를 청약하고 주식을 받으면 되팔아서 수익을 남기는 전략을 쓴다. 문제는 공모주가 반드시 오른다는 보장이 없다는 것이다. 결과적으로 빚투가 늘어나게 되는데 이보다 더욱 무서운 것은 이들이 손해를 보더라도 절대 주식투자에서 손을 떼려고 하지 않는다는 것이다. 집값은 너무 비싸고 기성세대처럼 번듯하게 살기 위해서는 주식밖에 대안이 없다는 생각이 확고하기 때문이다. 이들에게 주식투자는 가장 가능성 높은 '부의 추월차선'이다.[10]

주식 빚투뿐만 아니라 가계대출 폭증에 대한 위험성 경고가 연일 쏟아지고 있다. 사람들이 이렇게 대출의 문을 두드리는 것은, 정말 급하게 쓸 돈이 필요해서라기보다는 돈을 이용해 돈을 벌자는 생각이 팽배하기 때문이다. 요즘은 푼돈을 아끼는 '짠테크'를 아무리 열심히 해도 의미 있는 종잣돈을 만들기가 쉽지 않다. 그래서 자연스레 대출, 즉 '레버리지leverage'로 관심이 쏠리게 된 것이다. 레버리지라는 말은 '가볍게 하다'는 뜻의 'lever'에서 유래한 말인데, 지렛대를 뜻하는 레버는 무거운 물건도 쉽게 들어 올릴 수 있도록 해 사람의 노동력을 획기적으로 줄여준다. 지렛대 원리가 물건을 들어 올릴 때만 적용되는 것이 아니라 경제에도 적용된다. 이때 지레의 역할을 하는 것은 나의 자본이 아닌 타인의 자본이다. 빌린 돈을 지렛대 삼아 이익을 창출하는 것이다. 그래서 금융에서는 실제 가격변동률보다 몇 배 많은 투자수익률이 발생하는 현상을 '레버리지 효과'라고 한다.

2018년 10월부터 2021년 7월까지 2030세대 위주의 커뮤니티별 언급량을 비교한 결과 전체 커뮤니티 대비 MZ세대 채널 내에서 '레버리지'와 '대출'의 언급량이 2021년 2월 이후 급격히 증가한 것으로 드러났다. MZ세대 커뮤니티 내 연관어 변화를 살펴보면 2018년 최상위에 위치했던 '학자금대출'은 지속적으로 순위가 하락한 반면 '집값'과 '비트코인'은 신규 키워드로 등장했다. MZ세대들의 부동산 및 투자시장에 대한 관심이 얼마나 높은지 알 수 있는 대목이다.

상황이 이렇다 보니 빚투와 '영끌(영혼까지 끌어다가 자금을 모은다는 뜻, 최대한의 레버리지)'도 만연해졌다. 금융위원회가 내놓은 '가계대출 동향' 잠정치에 따르면 2021년 1월부터 7월까지 전체 금융권의 가계 대출 증가액은 78조8천억 원으로 전년 같은 기간(45조9천억 원)보다

32조9천억 원(71.6%) 늘었다. 코로나19 이전이었던 2019년 1~7월 증가 폭(23조7천억 원)의 3.3배에 달하는 수준이다.[11] 주택 매매, 전세 관련 자금 수요와 주식 등 위험자산 투자를 위한 기타 대출 수요, 코로나19 관련 생활·사업자금 수요 등 다양한 이유가 있지만 투자를 위해 빚을 낸 빚투족이 증가한 것이 과거 가계대출 구성과 달라 눈에 띈다. 후술하겠지만, 이러한 레버리지의 과도한 확장은 금리 인상이 예견되는 2022년을 맞으며 신중해질 필요가 있다. 개인적으로나 국가적으로 큰 위기의 뇌관이 될 수 있기 때문이다.

●●● 빚투와 영끌의 시대. 빌린 돈을 지렛대 삼아 이익을 창출하는 레버리지는 이제 투자자의 필수 도구가 됐다. 이에 따라 가계대출 규모는 코로나19 사태 이전보다 3.3배나 늘었다.

왜 벌어야 하는가
높아진 기대에 미치지 못하는 팍팍한 여건

＼

그렇다면 사람들은 수입의 파이프라인을 늘리고 넓히는 데 왜 이렇게 열심인 것일까? 사실 우리 모두 답을 알고 있다. 돈이 더 필요하기 때문이다. 그렇다면 왜 돈이 더 필요한가? 이 대답도 쉽다. 소비지출에 대한 기대는 크게 높아진 반면 개인을 둘러싼 경제 환경은 오히려 더 나빠지고 있기 때문이다.

높아진 기대: 사고 싶은 게 너무 많아

요즘 사람들의 통 큰 씀씀이가 예사롭지 않다. 미국 〈포춘〉지는 이미 20년 전인 2003년에 수억 원의 연봉에도 불구하고 늘 돈에 쪼들리는 젊은이들을 가리키는 'HENRY High Earner Not Rich Yet'라는 용어를 소개한 바 있다. 이는 고학력자에 좋은 직장을 다니면서 높은 연봉을 받고 있지만 사치스러운 라이프스타일, 학자금대출 상환과 높은 월세로 인해 부를 축적하지 못하는 세대를 일컫는다.[12] 이 용어는 실제로 벌어들이는 소득의 대부분을 높은 생활수준을 유지하는 데 쓰느라 목돈을 모으지 못하는 밀레니얼의 세태를 잘 드러내준다. 이들이 현재의 생활을 유지하기 위해서는 다람쥐 쳇바퀴 돌리듯 끊임없이 일을 해서 돈을 벌어야 한다. 만약 오늘 갑자기 직장을 그만두게 된다면 바로 수입이 끊기는데, 축적해놓은 자산이 거의 없기 때문이다.

한국의 상황도 크게 다르지 않다. 국민소득 3만 달러 시대, 한국인의 소비수준이 양적·질적으로 높아졌다. 사실 요즘 젊은 세대는 학

● ● ● 화려한 라이프스타일의 뒤에는 통장 잔고 '0'이라는 현실이 있다. 수억 원의 연봉에
도 불구하고 늘 돈에 쪼들리는 사람들, 이른바 HENRY들이다.

창 시절부터 '등골브레이커'라고 불릴 만큼 값비싼 브랜드의 옷을 구
매한 경험이 있기 때문에 고급 브랜드 제품을 사용하는 데 익숙하다.
고가 브랜드들 역시 아이돌 앰배서더를 적극적으로 활용해 자신들의
브랜드 뮤즈화 작업에 공을 들이고 있다. 국가에서 긴급 재난지원금
을 풀어야 할 만큼 심각한 경제 상황을 비웃듯, 최근 소비의 고급화
현상은 영역을 가리지 않고 확산되고 있다('반전의 서막' 참조).

　이제 동네 편의점에서 고가의 와인을 사고파는 세상이다. 편의점
CU는 150만 원에 이르는 샤또 라뚜르 20병을 판매했는데 모두 완판
됐다. 국내에서 가장 유명한 샤또 마고(150만 원)와 영국의 조지 4세
가 사랑한 와인으로 알려진 샤또 오브리옹(100만 원)도 10병 이상 판
매됐다. 2021년에 새로 문을 연 서울 강남의 어느 고급 호텔에서 선

보인 샤인머스캣 빙수의 가격은 무려 9만8,000원이다. 고가에도 불구하고 하루 20개 한정 판매되는 이 럭셔리 빙수를 먹기 위한 대기 행렬이 끊이지 않았다고 한다. 샤인머스캣 빙수를 먹은 사람들은 인플루언서로 나서며 플렉스 이미지를 생산해 SNS에 올리고, 사람들은 비싸다고 탄식하면서도 '한 번쯤이야' 하며 줄을 선다.

운동이 중시되는 '오하운' 트렌드 속에서, 코로나19의 영향으로 체육 활동이 여러 가지 제약을 받으면서 골프산업이 급속히 성장한 가운데, 무엇보다도 젊은 골퍼들의 수가 급격하게 증가한 것도 두드러진다. 사실 골프는 장비와 의류 준비에 돈이 많이 들고, 라운딩 비용도 만만치 않은 스포츠다. 하지만 해외여행을 가지 못하는 대신 골프장을 선택한 2030세대들은 골프웨어의 스타일을 바꾸고, 골프공의 컬러를 형형색색으로 변모시켰으며, 전통과 격식이 엄격한 골프 문화를 캐주얼하게 만들고 있다.

전술한 바와 같이 고급 유통인 백화점의 성장이 두드러지고, 그중에서도 명품 매출 비중이 높아지고 있다. 오픈 전의 백화점 앞에 줄 서서 기다렸다가 매장 문이 열리자마자 뛰어들어가는 '오픈런' 현상이 이제 일반화될 정도였다. 전날부터 대기 행렬을 이루며 줄을 서는가 하면 지방에서 서울로 오픈런 원정에 나섰다는 무용담이 블로그에 끊이지 않고 올라온다. 원래 오픈런은 끝나는 날짜를 정하지 않고 지속되는 공연을 의미하는데, 그 의미마저 바꿔놓은 것이다. 고급 부동산 시장 역시 뜨겁게 달아올랐음은 말할 것도 없다.

이처럼 소비가 고급화되는 이유에 대해서는 앞서 시장에 돈이 과도하게 풀렸고, 코로나19로 해외여행 등이 불가능한 가운데 지출예산의 쏠림 현상이 심해졌으며, 코로나 블루로 인한 보복소비의 경향이 존재한다는 점 등을 지적한 바 있다. 원인이야 어떻든 한 가지 분명한 사실은 이러한 경향이 소비자들로 하여금 더 많은 돈을 필요로 하게 만들고 있다는 점이다. 소득 수준이나 제품 가격에 상관없이 마음에 드는 제품에 아낌없이 돈을 쓰는 소비자들을 '앰비슈머ambisumer, ambiguous+consumer(양면적 소비자)'라고 부르는데, 평소에는 가성비를 꼼꼼히 따지지만 무언가에 꽂히면 거침없이 지갑을 여는 요즘 소비자들의 특성을 잘 나타낸다.

2021년 5월, 전 국민에게 지급된 재난지원금의 90% 이상이 5월과 6월 사이에 모두 소진됐다. 재미있는 사실은 재난지원금의 사용이 한우·미용과 같은 '선택재'로 몰렸다는 점이다. 가욋돈이 생겼을 때 생활을 위해 꼭 필요한 '필수재'보다는 가지고 싶었던 선택적 품목으로 지출이 이어지는 현상은 머니러시 시대의 단면이다. 한번 고급 소비를 경험하고 나면, 그 소비수준을 낮추는 것은 결코 쉽지 않다. 소비는 하방경직적이다. 소비수준을 올리기는 쉬워도 낮추기는 어려운 모양을 그래프로 그리면 톱니 모양을 닮았다고 해서, 이를 '톱니 효과rachet effect'라고 부르기도 한다. 코로나19 팬데믹 시대의 소비 고급화 경향은 톱니 효과를 전국적으로 발생시키고 있고, 이는 필연적으로 머니러시 트렌드를 더욱 가속시킨다.

FOMO : 나만 빼고 다 잘살아

사실 지금 대한민국의 생활수준은 과거 어느 때보다도 높다. 국민소득이 100달러에도 이르지 못하던 1960년대는 말할 것도 없고, 국민

소득 증가율이 정체하기 시작한 2000년대 이후에도 소비수준은 크게 향상됐다. 객관적인 소비수준이 좋아졌음에도 많은 사람들이 더 나은 소비를 갈구하게 된 데에는 심리적인 요인도 크다. 현대인에게 제2의 삶의 무대와도 같은 SNS 세상을 보면 자신과 비슷한 또래의 준거집단들의 면면이 너무나 화려하다. 준거집단은 한 개인이 태도·가치·행동 방향 등을 결정하는 데 기준으로 삼는 사회집단을 일컫는 것으로, 개인의 행위에 매우 큰 영향을 준다. 그 어느 때보다 극심해진 FOMO Fear Of Missing Out(나만 뒤처지고 있다는 생각) 증후군은 SNS상에 매일 업데이트되는 새로운 상품, 핫한 장소 등을 쫓아가지 않으면 뒤처지고 사라질 것 같은 불안감을 조장한다. 오늘날, 가난이란 그냥 돈이 적은 상태가 아니다. 주변의 준거집단보다 돈이 모자라는 상태다.

사실 SNS에서 주목받는 수많은 인플루언서들의 삶은 우리의 표준이 아니다. 그럼에도 월급만으로는 도저히 누릴 수 없는 그 환상적인 소비 모습을 보면서 우리는 자신도 모르게 상향비교를 강요받는다. 인지부조화 이론으로 유명한 사회심리학자 레온 페스팅거Leon Festinger의 사회비교 이론에 따르면 사람들은 누구나 자신의 의견이나 능력, 상황을 평가하고자 하는 욕구를 가지고 있다. 타인과 자신을 비교하는 과정에서 획득하게 된 정보는 자신에 대한 평가의 기본이 되는 경우가 많다.[13] 실제로 한 사회비교 이론 관점의 연구 결과에 의하면 인스타그램을 통해 느끼게 되는 개인의 상대적 박탈감이 과시적 소비에 영향을 미친다고 한다. 소셜미디어에 등장하는 인물들이 수용자에게 끊임없는 상향비교를 강제하고 있는 것이다. 나만 빼고 모두가 성공한 사람들처럼 느끼며 고립감에 빠지는 이유도 바로 특출난 인플루언서를 나의 준거집단으로 착각했기 때문이다. 본인조차 SNS에 실생활과 동떨어진 포장된 이미지를 올리면서 타인의 고급스럽고 행복한 피드는 실제라고 믿는다. 하지만 이 또한 누군가에게는 하나의 파이프라인일 뿐이다. 값비싼 명품과 럭셔리한 액세서리로 치장하고 고급 식당과 호텔 등을 누비며 홍보 효과에 상응하는 수입을 벌어들이기 때문이다. 앞광고든 뒷광고든 우리가 현혹되고 있는 그 화려한 삶을 준거집단으로 여기는 순간 상대적 박탈감과 함께 돈을 더 벌어야겠다는 결의를 다지게 된다.

"뱁새가 황새 따라가다가는 가랑이 찢어진다"는 속담이 있다. 문제는 누가 황새고 누가 뱁새인지 비교적 명확했던 위치가 뒤섞이며, 저마다의 자리에서 지켜야 할 품위의 기준이 끝없이 높아지고 있다는 것이다. 앞서 언급했듯 품위 유지비는 머니러시에 지대한 영향을 끼친다. 품위를 지키기 위해 소비해야 하는 품목들이 겉으로 보이는 의상이나 액세서리를 넘어 수준급 레스토랑에서의 식사, 문화생활 향유, 호텔이나 리조트 숙박 등 비물질적인 품목들로 번져간다. 누려야 할 것이 너무 많은 세상에서 필요한 돈은 점점 늘어나는데, 벌어들이는 돈은 그 속도를 따라가지 못하니 이것이 문제다.

팍팍한 여건: 월급만으로는 부족해

머니러시 현상이 발생하는 더욱 근본적이고 가장 직접적인 이유는 바로 경제적 불안감 때문이다. 당장 물가가 무섭게 오르고 있다. 우유·수산물·라면·계란 할 것 없이 나날이 오르는 밥상 물가를 보면 노후 대비는커녕 하루하루 살아가기도 버거울 지경이다. 2021년 8월 기준으로 생활필수품인 라면과 우유를 비롯한 농산물값이 일제히 상승했다. 2분기 식품 물가는 전년 대비 7.3%나 올랐다. 이는 OECD 평균의 4.5배에 달하는 수준으로 38개 회원국 가운데 세 번째로 높은 수치다.[14] 이렇듯 장바구니 물가가 비상이다 보니 소비자들이 체감하는 불안감은 더욱 커질 수밖에 없다.

많은 중산층의 꿈은 내 집 마련이다. 그런데 지난 몇 년 동안 주택 가격이 가파르게 상승하면서 내 집 마련의 꿈은 점차 아득해지고 있다. 저금리 시대에 성실하게 월급을 모아 저축해 주택을 구매하는 것은 불가능한 일이 됐다. 실제로 노동소득보다 자본소득 증가율이 훨씬 높아지고 있다. 국세청 자료에 따르면 2020년 노동소득 증가율은 2.7%에 불과해, 천정부지로 오른 주택 가격을 따라잡기란 요원한 일이 됐다. 이제 젊은 신혼부부가 집을 마련하기 위해 기대할 수 있는 유일한 방안은 부모님의 지원뿐이다. 하지만 주거를 도와줄 만큼 넉넉한 부모를 두는 행운을 얻기란 쉽지 않고, 설령 얻었다 할지라도 부모님 스스로도 노후 준비에 들어갈 돈이 적지 않아졌다. 그렇다면 답은 단 하나, 재테크다. 물가상승·고용불안·각자도생의 시대, 내 힘으로 살아남기 위해서는 월급 외에 부가적인 파이프라인이 반드시 필요하다. 코인으로 돈을 벌어 직장을 그만두었다는 이야기가 이따금씩 도시의 전설처럼 퍼져나가면서, 머니러시는 선택이 아니라 필수가 되고 있다.

여건은 나빠지는데 은퇴는 과거보다 더 빨리 현실로 다가오고 있다. 2021년에 주로 검색된 키워드를 보면, 겸직 허가·먹방·창업·비

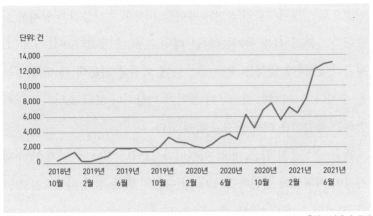

파이어족 관련 언급량 추이

단위: 건

출처: 코난테크놀로지

트코인·조기은퇴 등이다. 'N잡'을 통해 종잣돈을 마련하고 조기은퇴를 희망하는 이들이 크게 늘고 있는 것이다. 『트렌드 코리아 2021』에서 언급했던 '파이어족FIRE, Financial Independence Retire Early(조기은퇴족)'임을 자처하는 사람들도 많아지고 있다. 조기은퇴 주창자인 파이어족들이 극단적으로 소비를 줄여 은퇴 자금을 마련했다는 성공 스토리가 화제가 되자, 파이어족이 되는 방법에 대한 각종 서적과 커뮤니티들이 유행하고, 파이어족 동호회가 생겨나는 등 전 세계적으로 큰 반향을 일으켰다. 실제로 2018년 10월부터 3년 동안 은퇴, 노후 등 파이어족 관련 언급량이 급격히 상승했다.

누구나 살아가기 위해서는 돈이 필요하다. 젊은 사람만 돈이 필요한 것이 아니다. 나이 들어 가장 필요한 다섯 가지는 돈·현금·머니·캐시·금전이라는 농담처럼, 어쩌면 나이가 들수록 돈이 더 필요한지도 모른다. 아무리 오래 산다 해도 돈이 없다면 노년의 삶은 오히려 재앙이라고 여기는 생각이 갈수록 커지고 있다. 미국의 소설가 필립 로스Philip Roth는 그의 책 『에브리맨』에서 "노년은 삶을 위한 전투가 아니라 대학살이다Old age isn't a battle, old age is a massacre"라는 과격한 표현을 쓰기도 했다. "소비는 충동적으로 해도, 걱정은 계획적으로 하는" 대한민국의 자본주의 키즈 MZ세대와 노년이 재앙이 되지 않기를 갈구하는 장노년세대가 함께 돈money을 향해 질주rush하고 있다.

전망 및 시사점
변화하는 시대에 적응해나가는 '커리어의 확장'

"돈은 삶과 역사의 관계를 기술하기 위한 수단이며, 모든 인간적인 것의 궁극적 가치에 도달하게 한다."

막스 베버Max Weber와 함께 자본주의 철학의 이론적 표준을 제시한 게오르그 짐멜Georg Simmel은 돈에 대한 철학을 이렇게 정의했다. 한 마디로 돈이란 인간적인 가치라는 '목적'에 다다르기 위한 하나의 '수단'이라는 것이다. 하지만 돈을 향해 질주하는 머니러시는 돈이 수단으로 쓰이는 것이 아니라 그 자체가 하나의 목적으로 전화轉化되는 것 같아 우려스럽다.

〈트렌드 코리아〉 시리즈의 역대 키워드를 뒤돌아보면, '스펙을 높여라'라는 키워드가 나온 것이 2009년이다. 이후 10여 년간 한국 사회가 스펙 쌓기 열풍에 휩싸였던 것도 사실이다. 하지만 2019년 말에 발표한 '업글인간(2020)' 키워드에서 보듯, 그것은 단지 성과를 위한 것이었다기보다 '자기성장'의 문제였다. 그런데 코로나19 팬데믹을 겪으면서 '자본주의 키즈'가 등장했고, 이제 '머니러시'에 이르고 있다.

이러한 변화를 보면서 한국 사회가 속물화되고 있다고 비판할 수도 있다. 하지만 앞에서 설명했듯이 생활수준은 높아지는데 경제 여건은 팍팍해지고, 여명餘命은 늘어나는데 은퇴 자금은 부족하며, 팬데믹으로 극심한 경제적·심리적 불안을 경험하는 가운데 스스로 살아남아야 하는 나노사회의 개개인들에게 돈은 이제 생존의 문제이기도 하다. "어떻게 살아남을 것인가?" 하는 문제가 그 어느 때보다도 절실한 과제가 됐다는 것이다.

이러한 시대적 요구 속에서 머니러시 트렌드가 우리에게 시사하는 바는 분명하다. 개인의 가치가 중요해지는 나노사회에서 우리는 **앙터프리너십**을 키우고 그에 걸맞는 개인적 피보팅을 시도해야 한다는 것이다. 앙터프리너십이란 새로운 기회를 탐색할 수 있는 능력이나 새 비즈니스를 시작할 수 있는 역량과 기술을 기반으로 한 기업가 정신을 뜻한다. 그동안 이 개념은 기업경영에서 주로 사용됐다. 하지만

앙터프리너십
Enterpreneurship
앙터프리너십은 불어 'enter preneur'에 영어 접미사 'ship'을 합성한 단어다. 불어의 발음을 살려 앙터프리너십으로 읽기도 하고, 영어식으로 엔터프리너십으로 부르기도 한다. 미국의 경제학자인 슘페터가 강조해 유명해진 개념으로, 기업의 본질인 이윤 추구와 사회적 책임의 수행을 위해 기업가가 마땅히 갖추어야 할 자세나 정신을 의미한다. Enterpreneur는 흔히 기업가의 전유물이라고 생각하지만, 케임브리지 사전의 정의에 따르면 '자신의 사업을 시작하는 사람'을 뜻한다.

이제는 개인도 기업가정신을 발휘해야 하는 시대가 도래한 것이다. 이를 위해서는 자신의 관심과 역량에 맞는 자기만의 비즈니스 모델을 개발해나갈 필요가 있다.

비즈니스 모델이라는 단어를 오늘날과 같은 의미로 처음 사용한 폴 티머스Paul Timmers에 따르면 비즈니스 모델이란 상품·서비스의 정보 흐름 등을 엮어내는 사고의 틀이며, 이러한 사고의 틀에는 사업을 영위하는 광범위한 이해당사자들의 역할과 잠재적 이익 가능성, 매출의 원천 등이 담긴다고 한다.[15] 독창적인 비즈니스 모델은 시대의 흐름을 바꾼다. 오늘날 우리가 매일 사용하는 수많은 플랫폼 서비스들과 유튜브 콘텐츠들은 사실 앙터프리너십을 갖고 있는 크리에이터들의 고민 끝에 생겨난 비즈니스 모델이다.

머니러시 트렌드를 긍정적인 측면에서 보자면, 결국 변화하는 시대에 적응해나가는 동시대인들의 '커리어의 확장'이라 할 수 있다. 모두가 이런저런 흐름에 쏠려 다니는 혼탁한 세상에서 자기만의 '한 우물'을 파는 것은 여전히 존경할 만한 일이다. 하지만 그것이 어제의 일을 오늘도 답습해도 된다는 타성의 변명이 되어서는 곤란하다. 자기 전문성을 확고히 하면서도 그를 기반으로 역량의 적용 가능성을 넓혀가는 경력의 확장, 다시 말해서 개인적 피보팅이 절실하다. 그를 위해서는 침잠하며 배우고 익히는 개인적 레버리지의 시기도 필요하다. 결국 머니러시 역시 우리 모두 좇아야 할 필생의 과업, '성장'과 '자기실현'의 수단으로 자리매김해야 할 것이다.

득템력

값비싼 브랜드 제품이 아니라, 갖기 어려운 아이템을 누가 얻는가가 과시와 차별화의 요소가 되고 있다. 경제적 지불 능력만으로는 얻기 어려운, 희소한 상품을 얻을 수 있는 소비자의 능력을 '득템력'이라고 부르고자 한다. 과거 신분제 사회에서는 세련된 에티켓이나 문화적 소양 등으로 자신의 지위를 은근히 과시했는데, 이를 '보이지 않는 잉크Invisible Ink'라고 한다. 하지만 도시화로 익명성이 커지면서 비싼 사치품 같은 '보이는 잉크'가 그 역할을 대신하기 시작했다. 이제 소셜미디어를 통해 소통하는 시대다. 득템력은 기본적으로 보이는 잉크이지만, 그것을 알아볼 수 있는 이해력literacy을 가진 사람끼리만 공유되는 능력이라는 측면에서는 보이지 않는 잉크의 성격도 동시에 지니고 있어, '흐릿한 잉크' 전략이라고 부를 수 있다.

득템력에는 세 가지 전략이 있다. 우선 원하는 것을 얻기 위해 줄 서고 기다리는 것이다. 매장 오픈 전부터 기다리는 오픈런을 마다하지 않고 밤샘 줄서기에 텐트가 동원되기까지 한다. 다음은 '운'으로 쟁취하는 전략이다. 수량이 한정된 제품에 대해 '구매 자격'을 추첨으로 선정하는 래플에 수많은 사람들이 몰린다. 마지막 전략은 득템하고 싶다는 간절함을 증명하는 것이다. 브랜드에서 원하는 구매 금액을 채우고, 브랜드가 요청하는 드레스코드도 맞춘다. 매장 직원을 내 편으로 만들어 기회를 확보하는 것도 중요하다.

득템력이 중요해진 이유 중에서는 사치의 대중화로 높은 가격보다 획득의 어려움이 차별화의 기호가 됐다는 점을 가장 눈여겨봐야 한다. 아울러 소비자들도 득템의 과정을 즐기고 SNS에 올리는 경향이 늘고 있으며, 한정된 아이템이 투자의 일환이 된다는 점도 득템력 부상의 원인으로 들 수 있다. 나아가 이러한 트렌드를 매출 극대화의 기회로 삼는 기업의 정교한 한정판 마케팅 전략도 주요 원인 중 하나다. 기업 입장에서 보면 득템력 트렌드는 막강한 마케팅 수단이 등장한 것이지만, 소비자 입장에서 보면 과소비와 상대적 박탈감의 근원이 될 수도 있다. 상품 과잉의 시대, 돈만으로는 승리를 장담할 수 없는 현대판 '구별짓기' 경쟁이 시작됐다.

G

'Gotcha Power'

새벽 6시 45~50분부터 모바일 앱 접속을 준비하라. 휴대폰을 여러 대 사용할 수 있으면 2~3분 간격을 두고 차례대로 접속하라. 접속 대기 인원이 7만 명이면 20여 분, 4~5만 명이면 10분 조금 넘게 대기할 생각을 해야 한다. 7시 이전에 접속이 될 것 같으면 과감하게 '새로고침' 해서 뒤로 빠져나왔다가 7시를 기다려라. 입력 취소가 될 수도 있으니 휴대폰을 절대로 흔들거나 건드리지 말고 바닥에 두고 대기하라.[1]

맘카페에서 회자되는 스타벅스 굿즈 얻기 노하우다. 자녀들의 도움을 받지 않으면 불가능했다는 백신 접종 예약보다도 훨씬 치열하고 치밀하다. 돈이 있어도 갖기 어려운 소비 시장이 열리고 있다. 예전에는 갖기 어려운 물건이란 비싼 것을 의미했는데, 이제는 상황이 달라졌다. 고가의 명품 브랜드를 사는 것보다 한정판 굿즈나 컬래버레이션 상품을 구매하는 것이 더 어려운 경우가 종종 목격된다. 돈이 있다고 해서 누구나 구매할 수 있는 것은 아니기 때문이다. 이렇게까지 해야 하나 싶지만 원하는 것을 얻겠다는 굳건한 갈망을 품은 소비자들은 엄청난 수고를 마다하지 않는다. 몇 점 입고되지 않는다는 명품 가방을 손에 넣으려면 새벽부터 줄을 서야 하고, 요즘 핫하다는 돈까스 한 점을 먹기 위해 내가 가게와 같은 지역에 있다는 것을 GPS로 증명해야 하는 지경에 이르렀다. 한정판 에디션 운동화는 돈만 있다고 해서 살 수 있는 것이 아니라 먼저 그것을 살 수 있는 권리를 얻어야 한다. 정보를 예의 주시하고 있다가 타이밍을 잘 맞추는 눈치도 필수다. 간절히 원하는 제품을 구하려면 평소에 브랜드 매니저와 꾸준히 친밀한 관계를 맺는 인간관계까지 갖추어야 한다. 한 마디로, 지금은 돈이 있다고 해서 뭐든 살 수 있는 세상이 아니다.

『트렌드 코리아 2022』에서는 이처럼 지불 능력만으로는 얻을 수 없는 상품을 얻어내는 소비자의 능력을 '득템력'이라고 부르고자 한다. '득템'은 원래 게임 문화에서 만들어진 단어다. 원하는 게임 아이템을 얻었을 때, 얻을 '득得'자와 아이템item의 '템'자를 합쳐 득템이라고 표현했는데 이제는 쇼핑을 대체하는 표현으로 쓰이고 있다. 득템력이 중요해지고 있다는 사실은 단지 "구하기 어려운 한정상품이 늘었다"는 사실을 넘어, 상품의 희소성 개념이 바뀌는 새로운 시장의 탄생을 의미한다. 나아가서 득템력은 소비자의 차별화 수단이 금전적 지불 능력에서 희소한 아이템이나 경험을 획득할 수 있는 능력의 문제로 확장되고 있다는 점에서 시대적 의미까지 담고 있다. 값에 더해 노력과 간절함을 저울질하는 시장에서 소비자는 어떻게 득템력을 발휘하고 있는가? 득템에 성공하기 위해 필살기를 갈고닦는 고수들의 건곤일척 경쟁이 펼쳐지고 있다.

지불 능력에서 득템 능력으로

19세기 상층 계급의 과시적 소비를 지적한 미국의 경제학자 소스타인 베블런Thorstein Veblen은 사치품의 가격과 수요에서 재미있는 현상을 발견한다. 보통은 상품의 가격이 비쌀수록 수요가 감소하는 것이 일반적인데 어떤 상품은 가격이 오를수록 더 많은 수요가 발생한 것이다. 통상적인 수요곡선과 달리, 특정한 가격수준 이상에서는 가격이 오를수록 수요가 늘어나는 정반대의 관계가 나타났다. 이것을 베블런 효과Veblen Effect라고 부른다.

베블런 효과가 일어나는 이유는 인간의 과시욕구 때문이다. 과시욕은 매우 근원적이며 뿌리가 깊다. 게오르크 헤겔Georg Hegel에 의하면 인간은 기본적으로 인정을 추구하는 존재이며, 인정욕구는 자연적 욕구만큼이나 강렬하고 중요하다. 그래서 인간은 주체성을 인정받고자 인정투쟁까지 벌이는데, 그 투쟁의 결과에 따라 '지배-피지배' 구조로까지 이어진다. 인정욕구는 '경제적 욕구'로도 나타난다. 이는 남에게 인정받으려는 수준을 넘어서 상품 소비를 통해 남보다 좀 더 세련되고 품위 있고 부유한 자로 인정받고 싶은 '우월욕구'로까지 연결되며, 우월욕구는 다시 '과시욕구'로 변질된다. 그 결과 사람들은 과시욕구를 충족시키기 위해 허영 넘치는 소비 행태를 계속한다는 것이다.[2]

헤겔의 오랜 통찰처럼 사람은 소비물을 통해 자신이 소속된 집단을 표현하고 싶어한다. 특히 부유층은 자신이 상류 집단에 속해 있음을 과시하고 싶어하는데, 과거 신분제 사회에서 상류층의 지위를 표시하는 방법은 이른바 '보이지 않는 잉크Invisible Ink'를 사용하는 것이었다. 일정 집단이 음악·시·놀이·춤·에티켓과 같은 잘 드러나지 않는 지식을 연마해서 그것을 자기 집단의 소속 기호로 삼는 것이다. 예를 들어 과거의 상류층들은 오페라 감상이나 와인 매너처럼 쉽게 익힐 수 없는 지식을 쌓아서 다른 계급과 구별되는 은밀한 표식으로 사용했다. 이러한 지식들은 쉽게 보이지 않는다는 의미에서 '보이지 않는'이라는 표현을 쓰게 됐다.

하지만 현대사회에서는 보이지 않는 잉크만으로 자신의 지위를 과시하기가 어려워졌다. 혁명으로 계급이 무너지고 도시 문화의 발달로 익명성이 커졌기 때문이다. 그 결과 '보이는 잉크'가 필요해졌는데, 그중 하나가 사치품이다. 값이 무척 비싸고 아무나 구매할 수 없는 사치품은 자신이 상류층임을 보일 수 있는 효과적인 수단이 됐다. 예를 들어 베블런은 부인의 사치가 남편의 지위를 드러내는 좋은 기호라고 설명한다.[3] 제품의 높은 가격은 지위를 상징하는 대가다. 따라서 자신의 지불 능력을 증명하기 위해 비쌀수록 수요가 증가하는 베블런 효과가 나타난다.

한국에서도 베블런 효과는 유효했다. 루이뷔통 코리아가 출범한

"부인의 사치는 남편의 지위를
드러내는 좋은 기호다."

- 소스타인 베블런

●●● 사회 계급이 무너지고 지위의 구별이 희미해지는 시대에 사람들은 저마다 '보이는
잉크'를 통해 자신의 부와 지위를 과시하고자 한다.

때가 1984년 9월이다.[4] 한국법인이 설립됐을 때만 해도 직원이 3명에 불과했지만 지난 2020년 루이뷔통은 국내 명품 매출 1위를 기록했다. 산업통상자원부에 따르면 2021년 4월 해외 명품 브랜드의 매출 증가율은 57.5%로 백화점 매출 상승률(34.5%)을 훌쩍 웃돌았다. 3대 명품으로 불리는 속칭 '에루샤(에르메스·루이뷔통·샤넬)' 가운데 특히 한국에서 인기가 높은 샤넬의 경우 지난해 영업이익이 34.4% 증가했다.[5] 시장조사 업체 유로모니터에 의하면 2020년 한국의 명품 매출은 1조 원에 달한다. 한국에 명품이 들어온 이후 30년 남짓한 시간 동안 그 높은 가격이 무색하게도 럭셔리 시장이 빠르게 대중화됐다는 뜻이다.

그런데 사치의 대중화와 소셜미디어의 발달이 이러한 메가트렌드에 또 한 차례의 변화를 가져오고 있다. 높은 가격이라는 보이는 잉크로 자신의 지위를 표시하고자 했던 소비자들에게 새로운 표식이 필요해진 것이다. 지위를 표시하는 돈 이외의 허들이 생기고 있다. 이전에는 가격을 기준으로 고가의 제품을 살 수 있는 재력이 타인과 나를 차별화하는 기준이었다. 하지만 이제 지불 능력을 넘어 돈으로도 구하기 어려운 제품을 누가 득템하느냐가 **구별짓기**의 수단이 되고 있다. 프랑스의 사회학자 피에르 부르디외Pierre Bourdieu가 지적했듯이 구별짓기는 과시의 필연적인 결과로서 소

구별짓기 Distinction
피에르 부르디외의 대표적인 저서 제목으로, 이 책에서 그는 문화적 취향이 어떻게 계급을 규정하는지 설명하며 이를 '구별짓기' 전략이라 명명했다. 또한 부르디외는 '아비투스Habitus'라는 개념을 만들어냈다. 아비투스란 쉽게 말해 개인의 문화적 취향과 소비의 근간이 되는 '성향'을 의미한다. 이는 타고난 천성과 기질은 아니며, 사회적 위치·교육 환경·계급 위상에 따라 후천적으로 길러진다.[6]

비의 의미 부여에 커다란 역할을 한다.

그런데 최근 들어 구별짓기의 방식이 바뀌고 있다. 소비가 계급 간의 차이를 생산한다고 했을 때, 현대의 계급이란 상류층과 중산층을 뜻하지 않는다. 득템했을 때 남들에게 인정받을 수 있는 아이템을 알아보는 안목, 해당 제품을 득템하기 위해 쏟아야 하는 정성, 득템 경쟁에서 우위를 점할 수 있는 정보력을 의미한다. 즉, 나의 부유함을 과시하는 것을 넘어 유행에 기민하게 반응하고 트렌드를 만들어가는

●●● 시대별 부의 표식은 어떻게 달라지는가? 이제 당신이 얼마나 부자인지는 겉으로 잘 드러나지 않는다. 하지만 당신의 아이템들이 얼마나 비싼지, 얼마나 구하기 어려운지 아는 사람은 다 안다.

트렌드세터로서의 포지셔닝이 더 중요한 과시의 포인트다.

차별화 기호는 신분제 사회의 '보이지 않는' 교양과 취향의 문제였다가 산업화 사회에서는 '잘 보이는' 고급 브랜드의 문제가 됐다. 사치가 대중화하고 소셜미디어를 통해 자신의 득템력을 과시하는 사회에서 득템력은 기본적으로 보이는 잉크이지만, 그것을 알아볼 수 있는 능력literacy을 가진 사람들 사이에서만 공유되는 능력이라는 측면에서는 보이지 않는 잉크의 성격도 동시에 지니고 있다. 이에 득템력을 통한 구별짓기 전략을 '흐릿한 잉크' 전략이라고 부르고자 한다. 이 세 개념을 비교하면 아래 표와 같다.

또 한 가지 중요한 점은 득템력이 고가의 시장에서만 해당되지 않는다는 것이다. 비싸지는 않지만 구하기가 어려워 경쟁이 치열해지는 경우를 어렵지 않게 볼 수 있다. 가격이 아닌 접근성의 정도가 새

시대별 '구별짓기' 전략의 변화

	'보이지 않는 잉크' 전략	'보이는 잉크' 전략	'흐릿한 잉크' 전략
시대	신분제 시대 (신분의 세습)	산업화 시대 (신흥 부자의 탄생, 익명성 증가)	소셜미디어 시대 (사치의 대중화, 만인 대 만인의 비교)
과시의 목표	세습된 신분의 과시	재력의 과시	재력 + 트렌드 이해력의 과시
과시의 표식 (예시)	언어·에티켓· 족보학·고급 취향 (세련된 외국어 구사)	사치품 (초고가 브랜드)	희소 명품· 한정판·희귀품 (리미티드 에디션)
필요한 능력	교양력	재력	득템력

소비력을 측정하는 새로운 지표

		가격	
		저가	고가
쉬움		일반 상품	일반 명품
접근성	어려움	한정판·희귀품	희소 명품 → 득템력

지불 능력

로운 소비력을 측정하는 지표가 되고 있다. 위의 표가 이러한 상황을 잘 보여준다. 과거에는 표의 세로축에서 보듯 지불 능력을 기준으로 상품의 희소성이 결정됐다면, 이제는 표의 가로축에 해당하는 접근성을 기준으로 희소성이 결정된다. 그렇다면 지불 능력에 더해 득템 능력까지 요구받는 이러한 시장 변화 속에서, 소비자들은 어떻게 득템력을 발휘하고 있을까? 득템력을 갖추기 위한 세 가지 전략을 살펴보자.

신新소비 기술, 득템력을 갖추기 위한 세 가지 전략

1. 인내하는 자에게 득템의 기회가 열린다

지난 8일 오전 3시 30분 서울 강남구에 위치한 현대백화점 압구정 본점

뒤편 주차장 한쪽에 남성 1명이 텐트 안에서 코를 골며 자고 있었다. 또 다른 남성 1명은 배낭을 옆에 둔 채 검은색 양산 밑에 누워 있었다. 백화점 문이 열리자마자 명품 시계를 구매하려는 소비자들로부터 자리를 대신 맡아달라는 의뢰를 받고 일하는, 일명 '오픈런' 아르바이트생들이다. 일일 오픈런 알바 체험에 나선 기자도 이들 뒤에 자리를 잡고서 긴 기다림을 시작했다.[7]

어느 수습기자의 오픈런 체험기다. '오픈런'이란 원하는 물건을 구매하기 위해 백화점 등의 매장 개점 시간을 기다리다가 문이 열리자마자 달려가 구매하는 행위를 말하는데('머니러시' 참조) 줄서기가 길어지다 보니, 이제는 이를 대행하는 아르바이트까지 생겼다.

득템력을 갖추는 첫 번째 전략은 기다리는 것이다. 사고 싶어하는 사람은 많은데 물건의 수량이 매우 제한적이다 보니 기약 없는 기다림도 마다하지 않아야만 득템이 가능하다. 그냥 몇십 분 기다리는 것이 아니다. 체험기에 서술한 것처럼 줄서기는 새벽부터 시작된다. 오픈하자마자 첫 번째로 들어가고 싶다면 전날 오후부터 대기하는 수고도 감수해야 한다. 오픈런으로 유명한 브랜드인 샤넬의 경우 인기 모델을 사기 위해 일주일 내내 오픈런을 해서 겨우 구했다는 후기를 자주 볼 수 있다. 특히 샤넬은 매번 입고되는 모델과 물량이 일정하지 않아 매장 입성에 성공했다고 해서 원하는 물건을 살 수 있는 것도 아니다. 어떤 물건을 살 수 있을지가 개인의 팔자에 달렸다고 해서 '팔자런'이라는 우스개 신조어가 생기는가 하면 "내가 샤넬을 선택하는 것이 아니라 샤넬이 나를 선택해줘야 한다"는 자조적인 농담도 등장했다.

상황이 이렇다 보니 소비자들은 서로 오픈런 노하우나 정보를 공유하기에 나섰다. 줄 서서 기다리는 동안 시간을 때우기 위해 유튜브·드라마·영화 등 볼거리를 챙겨야 하고, 보조 배터리·캠핑 의자·장우산은 필수 아이템으로 통한다. 줄서기 경쟁이 치열해지면서 아르바이트 시장도 뜨거워지고 있다. 줄서기 대행은 3~4시간에 5만 원정도를 받는데, 최저임금을 훌쩍 넘는 금액이다.[8] 줄서기 대행서비스 업체도 등장했다. 2021년 6월 정식 사업을 시작한 '오픈런 갓바타'는 근로계약서까지 작성해 소속과 신원이 보장된 직원이 새벽에해당 매장 앞에서 줄서기를 시작하고 오픈 전 9시 30분쯤 의뢰자와자리를 바꾼 후 퇴근한다고 한다.[9] 중고거래 플랫폼 당근마켓에는아예 줄서기 자리를 거래하는 글이 올라오기도 한다. 브랜드에 따라다르지만 1등 자리가 25만 원에 판매된 사례도 있다.

득템력의 대상은 초고가 명품에만 한정되지 않는다. 2021년 5월21일 인천 SSG 랜더스필드 앞에 이른 새벽부터 인파가 몰려들기 시작했다. 야구장 내 랜더스숍에서 160장 한정으로 판매하는 유니폼때문이었다. 2021년 1월에는 서울의 한 복합쇼핑몰에 입점한 스타벅스 매장에 '플레이모빌 버디세트'를 구매하려는 사람들이 몰리면서줄서기 시비가 벌어져 경찰이 출동하기도 했다.

제품이 아닌 경험을 득템하려는 열정도 뜨겁다. 2018년 10월 SBS〈백종원의 골목식당〉에 출연하며 화제가 된 포방터 돈가스에는 방송후 엄청난 수의 손님이 몰려들었다. 돈가스를 맛보기 위해 대기하는줄이 끝도 없이 이어졌고, 소음이나 흡연 등의 문제로 인해 인근 주민들로부터 민원이 발생하자 결국 제주도로 가게를 옮기는 일까지 벌어졌다. '연돈'이라는 새로운 이름을 내건 이 가게는 제주도에서도 인기를 이어가 여행객들의 관광 코스로 등극했다. 다음 날 입장을 위해 아예 밤을 새우기로 작정한 소비자들이 텐트를 준비해오면서 가게 앞 주차장은 캠핑장을 방불케 했다. 급기야 밤새 줄을 서는 손님들을 상대로 텐트를 대여해주는 업체들까지 등장했다.[10] 이렇게 오프라인 대기줄이 하염없이 길어지자 연돈은 원격 줄서기를 지원하는 웨이팅 플랫폼 테이블링을 통해서만 예약이 가능하도록 방법을 바꿨는데, 예약 방법은 아래와 같다.

1. 테이블링 앱을 다운로드받아 회원 가입한 후 휴대폰 본인 인증을 한다.
2. 연돈을 검색한다.
3. 익일 예약만 가능하고, 오후 8시 정각에 예약이 오픈되는데 순식간에 마감되므로 정신을 바짝 차려야 한다.
4. 예약한 인원이 모두 와야 입장이 가능하다.
5. GPS상의 위치가 제주도여야 한다.

여기서 눈에 띄는 조건이 하나 있다. 바로 'GPS로 당신이 제주도에 있음을 증명하라'라는 것이다. 연돈이 이렇게 까다로운 조건을 도입한 이유는 워낙 인기가 높다 보니 노쇼no show, 대리 예약 등의 문제도 빈번하게 발생했기 때문이다. 예약을 하는 그 순간에 반드시 제주도에 있어야만 화제의 돈가스를 먹을 수 있다. 하지만 제주도에 사는 지인이나 제주도 주민들이 대신 예약해주거나 예약권을 온라인으로 되파는 일까지 일어나면서 돈가스 한 점을 먹기 위한 경쟁이 점입가경이 되는 모양새다.[11] 이처럼 사람들이 원하는 득템의 대상이 특정 제품이나 경험으로 쏠리면서 소비자 입장에서는 돈 외에 뛰어넘어야 하는 허들이 점점 늘어나고 있다.

외식 분야에서도 프리미엄 레스토랑을 중심으로 온라인 예약 문화가 확산되고 있다. 특히 MZ세대에게 큰 인기를 끌고 있는 유명 오마카세 식당의 경우 대학교 수강신청보다 더 힘든 엄청난 예약 경쟁을 뚫어야 하는 탓에 '스강신청'이라는 신조어가 등장하기도 했다. 치열한 예약 전쟁에서 승리할 수 있도록 득템력을 지원하는 플랫폼도 등장했다. 실시간 레스토랑 예약 플랫폼 캐치테이블은 자주 방문하기에는 가격이 부담스럽지만 특별한 미식 경험을 원하는 사람들을 위해 핫한 레스토랑을 소개해주고 앱에서 날짜와 시간대를 선택해 비대면으로 예약할 수 있도록 지원함으로써,[12] 한국의 미쉐린 가이드 역할을 수행할 것을 목표로 하고 있다.

2. 없는 운은 만들어서라도 쟁취하라

득템력을 갖추는 두 번째 전략은 '운'이다. 사실 밤샘 줄서기에는 늘 공정성 문제가 불거져왔다. 전문 유통업자들이 줄서기 아르바이트 여러 명을 고용해 상품을 독점했기 때문이다. 생업이나 학업을 제치고 3~5일씩 줄을 설 수 있는 일반인은 많지 않다. 여기에 코로나19의 확산세가 좀처럼 꺾이지 않는 상황에서 사실상의 거리두기가 어려운 줄서기를 계속하는 것이 맞는지에 대한 비판도 커졌다.

이러한 분위기에서 온라인 추첨이 대안으로 떠올랐다. 대표적인 온라인 추첨인 래플raffle은 수량이 한정된 제품에 대한 '구매 자격'을 무작위 추첨을 통해 부여하는 방식이다. 신청자 전원에게 추첨권을 주기도 하고, 추첨권 수량을 제한하기도 한다. 일부 브랜드는 래플 방식을 '드로우draw'라고 표현하기도 하는데, 카드를 뽑는 행위를 일컫는 말로 역시 추첨을 의미한다. 다시 한번 강조하자면, 래플이든 드로우든 제품을 주는 것이 아니라 구매 자격을 주는 것이며, 돈이 있어도 운이 따라주지 않으면 득템할 수 없는 구조다. 드롭drop이라는 방식도 있다. '투하하다'는 의미를 가진 드롭은 신제품 혹은 한정판 상품을 정해진 날짜와 시간에만 구매할 수 있도록 하여 소비자들의 관심을 끌고 소비 심리를 자극한다.[13]

래플을 가장 잘 활용하는 브랜드는 나이키다. 유명 아티스트들과 협업한 한정판 운동화나 인기 모델들을 살 수 있는 '권리'를 추첨으로 주는데, 매번 홈페이지가 마비될 정도다. 운 좋게 래플에 당첨됐다고 해서 안심할 수 있는 것도 아니다. 구매가 허용되는 시간이 매우 짧기 때문이다. 2021년 4월 29일에 낮 12시부터 30분 동안 '나이키×사카이 베이퍼와플' 래플이 진행됐는데, 당일 오후 1시에 당첨자를 발표하고 당첨자는 2시간 내에 제품을 구매해야 한다는 조건을 제시하기도 했다.[14] 나이키의 높은 콧대가 얄미울 만도 하건만 이날 역시 나이키 홈페이지는 마비됐다. 나이키 외에도 래플을 판매 방식에 적용하는 브랜드들이 많아지는 추세다. 2021년 4월, 이랜드월드가 운영하는 스포츠 브랜드 뉴발란스는 운동화 '327 랩' 회색 상품을 래플로 선보였는데 무려 8만 명이 응모했다. 이보다 앞서 2020년에 '스티브 잡스 운동화'로 유명한 대표 모델 '클래식 992'를 재출시하

●●● 삼성전자의 갤럭시 Z플립3의 톰브라운 에디션. 일반 제품보다 훨씬 비싼 가격에 출시됐음에도 한정판을 구하려는 사람들이 몰리면서 무려 46만여 명이 예약을 신청했다.

며 진행한 래플에는 13만 명이 참여한 것으로 기록됐다. 신세계면세점도 2021년 4월 26일, 패션브랜드 오프화이트의 한정판 스니커즈를 래플로 선보이는 등 다양한 브랜드에서 래플을 시도하고 있다.[15]

운동화만 래플의 대상이 되는 것은 아니다. IT기기 시장에서도 득템력이 필요한 시대다. 랜덤으로 주어지는 구매 기회를 잡아야만 특별한 제품을 손에 넣을 수 있다. 2021년 8월, 삼성전자는 차세대 폴더블 스마트폰 '갤럭시 Z폴드3'와 '갤럭시 Z플립3'의 '톰브라운 에디션'을 선보였는데 Z폴드3가 396만 원, Z플립3가 269만5,000원으로 일반 제품보다 훨씬 높은 가격에 출시됐지만 온라인 예약 응모에 46만여 명이나 몰렸다. 2020년 9월의 '갤럭시Z폴드2 톰브라운 에디션' 때보다 약 2배 수준으로 늘어난 수치다.[16]

래플은 소비자의 관심을 집중시키기 좋아 유통 업계의 마케팅 수단으로도 자주 사용된다. 온라인 편집숍 무신사는 MZ세대에게 어필하기 위해 래플을 적극적으로 활용하는 것으로 유명하다. 2020년

10월에 열린 디올과 나이키의 협업 상품인 '에어조던 1 하이 OG 디올 리미티드 에디션' 래플에는 총 35만 명이 참여해 무신사가 진행한 래플 가운데 가장 많은 참여자 수를 기록했다. 이어 12월에는 미국 래퍼 카네이 웨스트와 협업해 한정판으로 생산한 아디다스의 '이지 부스트 350 V2' 래플에 28만여 명이 응모했는데, 당첨자는 단 1명이었다.[17] 참여한 숫자만 놓고 보면 운동화를 사려는 것인지 로또 복권을 사려는 것인지 분간하기 어려울 정도다.

3. 얼마나 사랑하는지 진정성을 증명하라

> 래플에 응모하려면 나이키 브랜드 상의와 운동화 '에어포스 1'을 착용해 주세요.

이제는 브랜드에 대한 사랑까지 진정성 있게 증명해 보여야 한다. 그것도 구매가 아니라 추첨에 참여할 자격을 얻기 위해 말이다. 나이키는 추첨으로 구매 기회를 부여하는 래플에 '드레스코드'까지 도입했다. 2020년 11월 나이키는 '에어포스 1 파라 노이즈'의 래플을 진행하면서 자사 브랜드의 상의와 '에어포스 1' 운동화를 착용한 사람만 응모할 수 있도록 자격을 제한했다. SNS에는 나이키 제품으로 머리끝부터 발끝까지 도배한 나이키 사랑꾼들의 사진이 가득 이어졌다. 이미 에어포스 1을 가진 애호가이거나 래플에 참가하기 위해 운동화를 구매하는 열성적인 소비자들만이 득템 전선에 뛰어들 수 있었던 셈이다.

앞서 언급했던 스타벅스 굿즈를 쟁취하기 위해서는 빼놓을 수 없는 한 가지 조건이 있다. 행사 기간 동안 음료를 구매할 때마다 적립되는 온라인 쿠폰, '프리퀀시'를 일정 수량 이상 모아야만 굿즈 경쟁에 참가할 수 있는 '자격'이 주어진다는 점이다. 상황이 이렇다 보니 온라인에선 가장 저렴한 가격에 프리퀀시를 적립할 수 있는 일명 '에쏘(에스프레소) 신공'을 공유하는 글과 영상이 화제다. 2021년 여름 굿즈였던 서머 데이 쿨러(보랭백)와 서머 나이트 싱잉 랜턴을 예로 들자면, 스타벅스 음료 가운데 저렴한 에스프레소(3,600원) 14잔과 미션 음료 중 가장 값이 싼 바닐라 크림 프라푸치노(4,800원)를 3잔 구매하면 된다. 텀블러를 사용해서 추가 할인까지 받으면 총 5만9,700원에 프리퀀시 미션을 달성하는 에쏘 신공을 발휘할 수 있다.[18]

평소에 명품 매장 직원들과 돈독한 관계를 쌓는 것도 중요하다. 수요 대비 공급이 늘 모자라기 때문에 매장 직원의 재량이 물건 확보를 좌우하기 때문이다. 한 백화점 관계자는 "명품 매장 직원들은 손님이 어떤 사람인지, 몇 번 왔는지, 지금 찬 시계가 무엇인지, 어떤 옷을 입고 있는지, 실수요자인지 리셀러인지 귀신같이 안다"고 귀띔한다. 이 때문에 직원들에게 꼭 구매하고 싶다는 '진정성'을 몇 달 동안 보여주면 그 고객을 기억해두었다가 인기 모델을 빼놓고 연락을 주는 경우도 있다는 것이다.[19]

이제 득템력을 위해 소비자가 자신의 진정성까지 보여줘야 하는 세상이 됐다. 목마른 사람이 우물을 판다고 했던가. 내가 원하는 것은 다른 사람도 원하기 마련이고, 치열한 득템 경쟁에서 승리하기 위해서는 점점 더 콧대 높아지는 브랜드의 요구 조건을 수용할 수밖에 없다. 자고로 더 사랑하는 사람이 약자가 되기 마련이다.

득템력이 부상하게 된 사회문화적 배경

＼

"코로나 걱정보다는 원하는 모델을 못 살까 봐 걱정이에요."

서울 명동의 백화점에서 새벽부터 어느 명품 브랜드 시계를 사려고 기다리던 한 시민이 이렇게 말했다고 한다.[20] 새벽부터 매장 앞에 장사진을 친 고객들 사이에서 사회적 거리두기가 제대로 지켜지지 않았다. 말 그대로 코로나 걱정보다 명품 걱정이 앞섰던 것이다. 바이러스의 창궐에도 불구하고 희소한 아이템이나 경험을 얻기 위한 소비 시장의 경쟁은 점점 더 치열해지고 있다. 그 이유는 무엇일까?

먼저, 앞에서 설명한 바와 같이 '과시'의 맥락과 전략이 달라지고 있다는 점을 들 수 있다. 독일의 철학자이자 사회학자인 게오르그 짐멜에 따르면 상류층의 유행은 그보다 신분이 낮은 계급의 유행과 구분되고, 낮은 신분의 계급이 상류층의 유행을 따라하는 순간 소멸된다고 한다. 다시 말해 유행은 계급적 차이의 수단이며 동시에 결과다.[21] 사람들은 소비를 통해 서로가 '차이 있음'을 인지하고, 차별을 생산하며, 이로써 권력관계를 유지하며 재생산한다. 전술했듯이 이 차이가 과거에는 계급이었고 이후 최근까지는 경제력이었다. 하지만 경제적 수준만을 척도로 오늘날의 변화된 소비 행태를 설명하기에는 부족해 보인다. 값이 비싸지 않아도 인기 있는 한정판 굿즈를 사이에 둔 득템 경쟁은 언제나 치열하다. 득템의 세계에서 돈의 많고 적음은 핵심 요인이 아니라는 뜻이다.

앞서 이야기한 바와 같이 사치가 꾸준히 대중화되고 있는 와중에 코로나19가 장기화되면서, 주식·비트코인·부동산 등의 가격이 빠르게 상승하면서 상대적으로 고액의 자산가들이 많아졌다. '영앤리치young&rich'라고도 불리는 이 젊은 부자들은 단순히 돈을 많이 쓰는 것에서는 만족감을 느끼지 못한다. 이들은 다른 사람이 쉽게 살 수 없는 것을 구매하는 것에 가치를 둔다. 지불 능력을 뛰어넘는 득템력을 자랑할 수 있어야 진정한 플렉스(자신의 성공이나 부를 과시하는 행태)가 완성되는 것이다. 더구나 '만인 대 만인의 비교'가 이뤄지는 소셜미디어 세상에서 소위 '돈자랑'은 흔한 일이 됐다. 소비와 관련된 더 특별한 능력의 과시가 필요해진 것이다.

둘째로, 소비자들이 이런 득템의 과정을 즐기고, 그 과정 자체를 다시 SNS에 올리며 자랑하는 경우가 많다는 점도 흥미롭다. 남들은 갖기 어려운 제품을 획득하는 과정에서 일종의 성취감을 느끼는 것이다. 돈이 있어도 구하기 어려워 득템의 대상이 되는 제품이나 서비스는 대부분 수량이 제한적이고, 한정된 수량은 경쟁 심리를 불러온다. 득템에 성공했다는 것은 곧 경쟁에서 이겼음을 뜻한다. "남들은 얻지 못한 것을 나는 갖고 있다"는 자부심에서 오는 특별한 기분은 득템의 매력을 한층 더 끌어올린다. 시간·운·노력·애정 등등 무엇이 됐든 득템력을 동원하여 돈이 많아도 살 수 없는 아이템을 차지했다는 사실은 묘한 쾌감을 자극하기도 한다. 이 때문에 각종 온라인 커뮤니티와 SNS에는 득템 전쟁에서 어떻게 성공했는지 노하우를 공유하고 자신의 승리를 뿌듯해하는 글들을 많이 볼 수 있다. 그들의 승전보에는 "축하한다", "부럽다", "나는 오늘도 실패했다", "완전 전쟁이다" 같은 댓글들이 줄줄이 달린다.

셋째는 이렇게 한정적인 아이템을 갖고자 하는 사람이 많아지면서 득템이 하나의 투자 수단으로 거듭났다는 점이다. 명품 브랜드의 오픈런이나 스타벅스 굿즈 예약 전쟁의 이면에는 리셀 문화가 있다. 리셀이란 한정판 제품 등 인기 있는 상품을 구매한 뒤 비싸게 되파는 행위다. 리셀이 일종의 재테크 방법이 되면서 '리셀테크(리셀+재테크)'라는 말까지 생겨났다. 웃돈이 제품 가격의 2배에 달하는 경우가 늘어나면서 오픈런마다 아르바이트생을 고용해 많은 물건을 독점하는 전문 업자도 많아지는 추세다. 앞서 언급한 대로 이들을 걸러내기 위해 브랜드마다 나름의 자구책을 마련하고 있지만 재테크 수단으로서 인기는 떨어지지 않고 있다.

'머니러시' 트렌드에서 지적한 것처럼 다양한 종류의 투자가 전국민의 관심사가 된 가운데, 한정판 운동화나 브랜드 굿즈는 Z세대에게 큰 수익을 올릴 수 있는 좋은 투자 상품으로 여겨진다. 명품 가방처럼 고가의 상품은 구입하기 어렵지만, 굿즈나 운동화는 10~20만 원의 여윳돈만 있으면 살 수 있기 때문이다. 운동화는 국내는 물론 해외에도 구입을 원하는 마니아층이 탄탄하고, 한정판인 만큼 가격이 떨어지는 경우도 흔치 않다. 수익률은 5~200%까지 천차만별이다.[22] 중고시장에서 리셀이 잘되는 아이템으론 단연 스타벅스 굿즈가 꼽힌다. 2021년 1월에 스타벅스가 출시했던 플레이모빌 굿즈의 번개장터 내 검색량은 같은 해 2~4월 3개월간 21만7,278건으로

2020년 동월 대비 1,318%나 증가했다.[23] 주 수입원 외에 수익의 파이프라인을 다양화하기를 원하는 소비자들에게 득템이 또 하나의 경제활동이 되고 있다.

마지막으로, 이러한 트렌드를 놓치지 않고 매출 극대화의 기회로 삼은 기업들의 정교한 한정판 전략이 득템 열풍을 부추기고 있다. 일단 기업의 입장에서 자사의 상품이 소비자들의 득템 대상에 오른다는 것은 실로 엄청난 기회다. 이에 많은 브랜드들이 공급을 제한하는 한정판 마케팅을 강화하고 있다. 최근 연예인이 즐겨 마시는 소주로 유명해진 '키소주'는 증류주 브랜드 '화요'가 수출용으로 제작하는 제품인데, 1년에 약 3,000병만 생산한다. 일부 특급호텔이나 레스토랑에서만 판매하는 것으로 알려졌으며, 일반소주의 30배가 넘는 가격에도 구하기가 어렵다고 한다.[24] 초프리미엄 시장이 아니어도 한정판 마케팅은 유효하다. 스타벅스의 플레이모빌 굿즈 사례를 벤치마킹한 많은 브랜드들이 한정판 굿즈나 리미티드 콜라보제품으로 **헝거마케팅**을 강화하고 있다. 소수의 물량을 특별한 당신에게만 주겠다는 속삭임에 득템 경쟁의 무대는 갈수록 더욱 뜨거워지는 중이다.

헝거마케팅
hunger marketing

한정된 물량만을 판매해 소비자를 굶주리게 만든다는 의미의 마케팅 기법이다. 의도적으로 정해진 시간 동안 한정된 물량만을 공급하는 전략으로, 구하기 힘들수록 소비자들이 더 갖고 싶어하는 심리를 이용하는 것이다. 기업들은 소비자의 갈망을 이끌어냄으로써 이를 즉각적인 구매로 이어지도록 한다. 즉, 가지고 싶은 물건을 당장 구할 수 없을 때 더 간절해지는 소비자의 심리를 적극적으로 활용하는 마케팅의 한 기법으로 볼 수 있다.[25]

전망 및 시사점
돈만으로는 승리를 장담할 수 없는 신개념 소비 과시의 시대

득템력 트렌드는 긍정·부정의 가치판단을 떠나 새로운 소비 문화의 등장이라는 관점에서 일단 흥미로운 변화다. 전술한 바와 같이 과시의 수단이 신분에서 재력으로, 다시 재력에서 획득력으로 이행하는 현상이 소셜미디어 시대 소비의 단면을 보여주기 때문이다. 시장에서 득템력 트렌드가 갖는 시사점은 매출을 일으켜야 하는 기업에게는 막강한 마케팅 수단이 되는 동시에 소비자와 사회에 있어서는 우려스러운 부분도 적지 않다는 것이다. 그 빛과 그늘을 함께 살펴보자.

기업의 입장에서만 본다면, 자사 브랜드 혹은 제품을 어떻게 득템 경쟁의 대상으로 만들 것인가 하는 과제가 있다. 아무나 가질 수 없는 한정판 에디션이나 공급을 제한함으로써 한정된 수량을 유지한다는 것이 기본적인 특징이지만, 모든 한정판이 득템의 대상이 되는 것은 아니기 때문이다. 모두가 '에루샤' 같은 브랜드 파워로 소비자와 밀당을 할 수 있다면 좋겠지만 현실적으로 이 같은 줄 세우기가 가능한 브랜드는 많지 않다. 결론부터 말하자면, 화제성을 만드는 기획력으로 승부해야 한다. 나이키도 처음부터 래플의 대명사였던 것은 아니다. 10여 년 전까지만 해도 젊은 대중이 애호하는 매스mass 브랜드였지만, 다양한 아티스트 혹은 명품 브랜드와의 콜라보를 통해 득템해야 하는 가치를 끊임없이 창조해왔다. 그 결과 나이키는 2020년 2분기 영국 글로벌 패션검색 플랫폼 '리스트'가 뽑은 '가장 핫한 패션 브랜드' 순위에서 처음으로 1위에 올랐다. 그동안 '오프화이트'와 '구찌'가 1위를 놓고 다퉈왔는데, 명품이 아닌 스포츠 브랜드가 1위에 오른 건 나이키가 최초다. 업계에서는 나이키만의 독특한 에디션 기획력과 래플 등을 활용한 한정판 마케팅이 주효했다고 평가한다.[26]

단시간 내에 화제성을 만들기 위해서 인기 있는 한정판 아이템을 득템할 수 있도록 판을 깔아주는 것도 현명한 전략이다. 최근 백화점 업계에서 가장 두려워하는 현상은 사람들이 더 이상 백화점을 찾지 않는다는 것이다. 특히 MZ세대의 젊은 고객들이 백화점을 외면하기 시작했다는 위기감이 높다. 이런 상황에서 득템 시장이 MZ세대를 불러 모을 수 있는 콘텐츠로 각광받고 있다. '더현대 서울'은 번개장터의 운동화 전문 리셀 플랫폼 '브그즈트 랩'을 입점시켜 화제가 된 바 있고('부쩍 다가온 신시장' 참조), 신세계 강남점은 2021년 8월 약 15일 동안 5개 층에 걸쳐 루이뷔통 팝업스토어를 선보였다. 유통의 핵심 역량이 바뀌고 있다. 좋은 물건을 저렴한 가격에 판매하는 매입buying 능력에서, 같은 물건이라도 다르게 보이게 만드는 기획력과 트렌드가 된 콘텐츠를 선별하고 선점할 수 있는 능력이 중요해진 것이다.

하지만 갈수록 치열해지는 득템 경쟁의 시장을 향한 우려의 시선도 존재한다. 가장 큰 문제점으로 지적되는 것은 '되팔렘'이다. 되팔렘이란 물건을 사들여 비싼 값에 되파는 업자를 뜻하는 말이다. 되팔렘이 노리는 것은 수요는 많은데 물량이 충분하지 못한 제품들로, 이들은 아르바이트 인력을 고용하는 것에서 나아가 매크로 프로그램을 사용하기까지 한다. 매크로 프로그램은 단시간에 수많은 클릭을

●●● SNS에서 인기를 끄는 득
템력 성공기는 자칫 상대
적 박탈감과 FOMO, 즉
나만 뒤처지고 있다는 부
정적인 감정을 일으키는
원인이 될 수 있다.

유발할 수 있기 때문에 정상적인 방법으로 구매하려는 사람들이 경
쟁에서 밀릴 수밖에 없다.[27] 이 때문에 정작 진짜 제품을 사용하고자
하는 사람들은 웃돈을 주고 구입해야 하는 상황이 벌어진다. 미국과
캐나다에서는 자동으로 업무를 반복 수행하는 컴퓨터 매크로 프로그
램을 동원한 티켓 구매와 재판매 행위를 처벌하는 법안이 마련되어
있으나 국내에서는 관련 법규가 부족한 상황이다.

　상대적 박탈감을 불러일으킨다는 문제 제기에도 귀 기울일 필요
가 있다. 코로나19로 바깥 활동이 어려워진 상황에서 외부 세계와의
소통 수단이 되는 SNS에는 득템 경쟁에서 승리한 성공기들로 빼곡
하다. 나만 빼고 다 행복하고 잘사는 것 같은 느낌, 즉 FOMO 증후
군에 빠지기 쉽다. 아무나 갖기 어렵다는 굿즈를 득템하고 수량이 제
한적인 고가의 브랜드를 쟁취한 사진들이 무력감을 유발하는 원인
이 될 수 있다는 것이다. 2021년 7월 보건복지부가 발표한 '코로나19
국민 정신건강 실태조사' 결과에 따르면 2021년 6월 기준 조사 대상
중에서 20대와 30대의 우울 평균 점수와 우울 위험군 비율이 가장
높게 나타났다. 이에 대해 이성직 연세대 심리학과 교수는 한국 사회

의 구조적 문제가 상대적 박탈감을 심화시키고 있다고 지적하며 그 원인으로 가심비 소비가 포함될 수 있다고 분석하기도 했다. [28] 최근 MZ세대의 우울감이 우려스러운 수준으로 올라가고 있는데, 가심비 소비가 그 이유의 전부는 아니겠지만 주요한 원인은 될 수 있다는 해석이다. 수량이 제한적인 고가의 브랜드를 쟁취한 수많은 사진들이 무력감을 유발할 수 있기 때문이다. 소셜미디어에 대한 통제가 강화되고 있는 중국에서는 중국판 인스타그램으로 알려진 샤오홍슈가 파워 인플루언서들에게 "일반인을 훨씬 넘어서는 소비력을 과시하지 말 것"이라는 내부 규제를 도입해 화제가 된 바 있다.[29] 중국과 같은 규제를 도입할 수는 없겠지만, 과도한 득템 경쟁의 부작용을 짐작케 하는 사례다.

　득템력은 소비자에게 끊임없이 차별화 수단을 쥐여줘야 하는 자본주의 시장의 논리가 바뀌고 있다는 것을 의미한다. 기업은 어떠한 방식으로든 소비자의 관심을 사로잡는 제품·브랜드·마케팅으로 화제성을 확보해야 한다. 갖고 싶다는 갈증과 부정적 정서 사이에서의 적당한 줄타기가 필요하다. 밀당(밀고 당기기)을 잘하는 사람이 연애에서 우위를 점하듯 소비자와의 적당한 긴장감을 잘 유지하는 스킬을 갖추어야 할 것이다. 상품 과잉의 시대, 타인과 차별화하고 싶은 소비자의 욕망과 정교한 희소성 마케팅이 교차하고 있다. 이 신개념의 과시소비 사회에서 희소한 아이템을 이해하고 가질 수 있는 '득템' 능력이 소비의 신권력으로 떠오르고 있다. 돈만으로는 승리를 장담할 수 없는 현대판 구별짓기 경쟁이 시작됐다.

Escaping the Concrete Jungle - 'Rustic Life'

러스틱 라이프

'촌'스러움이 '힙'해지고 있다. 시골은 더 이상 시대에 뒤떨어지는 낙후된 공간이 아니다. 때때로 평범한 일상마저 버겁게 느껴지는 도시인에게 촌은 따분함을 넘어서는 여유로움과 불편함을 무릅쓰는 경험이 매력적인 공간으로 다가온다. '러스틱 라이프Rustic Life'란 날것의 자연과 시골 고유의 매력을 즐기며 도시 생활에 여유와 편안함을 부여하는 시골향(向) 라이프스타일을 지칭한다. 러스틱 라이프는 도시와 단절되는 '이도향촌離都向村'이라기보다는 일주일에 5일 정도는 도시에 머무르는 '오도이촌五都二村'을 실천하며 삶에 소박한 '촌'스러움을 더하는 새로운 지향을 의미한다.

자신의 라이프스타일에 맞게 도시와 시골 생활의 비중을 어떻게 나누느냐에 따라 러스틱 라이프의 층위는 '떠나기-머물기-자리 잡기-둥지 틀기'의 4단계로 구분된다. 도시를 '떠난' 사람들은 자연에 취하며 휴식을 즐기고, 시골에 '머물며' 색다른 일상을 만든다. 보다 일상화된 러스틱 라이프를 즐기는 사람들은 도촌 생활을 병행하기 위해 '자리 잡기'를 통해 거점을 만드는 것은 물론, 도시에서도 농사를 짓거나 시골에 집을 짓고 나아가 새로운 삶의 터전에서 자신만의 '둥지 틀기'도 시도한다.

러스틱 라이프는 과밀한 주거·업무 환경에서 고통받는 대도시나 고령화와 공동화 현상으로 시름을 겪고 있는 지방자치단체 모두에게 매우 중요한 트렌드다. 더구나 팬데믹으로 국내에 시선이 집중된 지금이야말로 러스틱족을 사로잡는 지방의 매력을 뿜어낼 하나의 기회. 경제 위축과 인구 감소로 고민이 큰 많은 지방자치단체에게 놓칠 수 없는 기회의 큰 물결이 다가오고 있다. 이 기회의 파도를 잘 활용하기 위해서는 트렌드에 대한 기민한 대응이 절실하다.

앙코르와트 유적으로 유명한 캄보디아 시엠립Siem Reap에는 '품바이탕Phum Baitang'이라는 프리미엄 리조트가 있다. 영화배우 안젤리나졸리가 영화를 찍기 위해 방문했다가 이곳에 반해서 가족까지 불러와 더 머물렀던 일화로 유명해진 곳이다. '녹색 마을'이라는 뜻의 품바이탕이 자랑하는 정경은 약간 독특하다. 바다·산·폭포 등의 절경이 아니라, 리조트 내 곳곳에 자리한 논에서 소가 쟁기질을 하고 있는 '라이스 필드 뷰rice field view', 한 마디로 '논 뷰'다. 안젤리나 졸리는촬영을 마친 뒤 논이 한눈에 보이는 칵테일 바에서 음료를 마시며 여유로운 시간을 보내는 것을 특히 좋아했다고 한다.

고단한 일정을 마치고, 화려한 도시의 야경 대신 평화로운 논을 바라보며 휴식을 즐기기로 선택한 건 이제 서양 유명배우만의 이야기가 아니다. 최근 대한민국에서도 논밭 뷰가 힐링의 대명사로 떠오르고 있다. 개설 1년여 만에 28만 명이 넘는 구독자를 모은 유튜브 채널 '오느른'은 서울 역세권의 전셋집을 포기하고 전북 김제에 '벼세권' 시골집을 마련한 이야기로 호응을 얻었다. 30대 초반의 방송국PD인 운영자는 직장에서 무려 세 시간 반 거리임에도 불구하고 "그저 의자 위에 무심히 얹은 돌조차 예뻐 보여서" 김제에 내 집을 마련했다. 초록빛 물결이 치는 논밭과 폴짝 뛰어가는 청개구리조차 자연다큐멘터리로 만들어버리는 그의 영상을 보며 사람들은 '잊고 살던감각을 일깨워주셔서 감사하다', '내 꿈을 대신 실현시켜주셔서 감사하다' 등의 댓글을 남기며 젊은 직장인의 시골살이에 공감과 응원을아끼지 않았다. 특별할 것 없어 보이는 누군가의 시골 생활이 어떤이들에겐 이상향이 된 것이다.

출처: MBC D크리에이티브 스튜디오 오느른

●●● 시골집에서의 소박한 일상을 영상에 담아내는 유튜브 채널 '오느른'. 평화롭고 여유로운 시골살이를 꿈꾸는 젊은이들에게 많은 공감을 얻고 있다.

꼭 근사한 전망에 호사스러운 인테리어가 아니라도 좋다. 나만의 작은 논, 나를 위한 힐링 공간을 찾아 나선 현대인이 늘면서 '촌'스러움이 '힙'해지고 있다. 시골은 촌스럽다는 단어의 의미처럼 시대에 뒤떨어지는 낙후된 공간이 더 이상 아니다. 때때로 평범한 일상마저 버겁게 느껴지는 도시인에게 촌은 따분함을 넘어서는 여유로움과 불편함을 무릅쓰는 날것의 경험이 매력적인 공간으로 다가온다. 도회적 생활이 일상이 된 오늘날, 시골은 비일상과 낭만의 공간이자 나만의 특별한 아지트로 대비를 이룬다. 나아가 시골살이는 노년에 나 어울리는 은둔 혹은 고립의 생활이 아니라 남녀노소 모두에게 필요한 재충전의 시간이 된다. 이러한 시골지향적 라이프스타일은 도시와 단절되거나, 도시에서의 삶을 완전히 떠나는 귀농·귀어·귀산·귀촌만을 가리키는 것이 아니다. 도시를 완전히 떠나 시골로 향하는 '이도향촌離都向村'이라기보다는 일주일 중 4~5일은 도시에 머물다가 2~3일은 시골을 찾는 '오도이촌五都二村' 혹은 '사도삼촌四都三村'을 실천하며 도시의 일상을 조금 덜어내고 소박한 '촌'스러움을 삶에 더하는 새로운 지향을 의미한다.

러스틱rustic이란 원래 '시골풍의', '소박한', '투박한'이란 뜻을 지닌 단어다. 특히 인테리어 분야에서 '러스틱 스타일'이란 나뭇결을 그대로 살린 원목가구나 무심한 듯 올려놓은 돌 소품 등, 있는 그대로의 자연을 살려 단순하지만 편안한 시골 정취를 자아내는 분위기를 말한다. 컨트리 스타일이나 앤틱 스타일처럼 너무 고풍스럽지 않고, 요즘 사람들이 가장 즐겨찾는 모던 인테리어와 절충하여 '모던 러스틱 스타일'로도 활용할 수 있는 유연함도 갖고 있다. 『트렌드 코리아 2022』에서 제시하는 키워드 '러스틱 라이프'란 날것의 자연과 시골 고유의 매력을 즐기면서도 도시 생활에 여유와 편안함을 부여하는 시골향向 라이프스타일을 지칭한다. 도시의 번잡한 삶과 시골의 소박한 삶이 이어지며 다양한 층위를 만들어내는 러스틱 라이프의 세계로 함께 떠나보자.

러스틱 라이프를 즐기는 네 가지 단계

\

1. 떠나다: 시골로 여행 가기

러스틱 라이프에 입문하는 첫 번째 단계는 시골에서만 느낄 수 있는 경험을 찾아 잠시 떠나는 것이다. 젊은 세대 사이에서 요즘 뜨고 있는 '촌캉스(촌+바캉스)'와 '옥캉스(한옥+바캉스)'가 그 대표적인 예다. 눈에 띄지 않는 오래된 시골집이나 한옥집에서 휴일을 보내며 시골 특유의 한적함과 낡은 느낌에서 오는 편안함을 만끽하는 것이다. 촌 캉스로 유명한 강원도 영월의 '산골초가펜션'은 말 그대로 산골짜기의 시골집이다. 펜션 외에는 주변에 건물 하나 보이지 않는 첩첩산중에서 새소리, 개구리 우는 소리로 천연 ASMRAutonomous Sensory Meridian Response(심리적 안정을 주는 자연스러운 소리)을 감상하고 아궁이에 불을 지펴 가마솥 밥을 지어 먹을 수 있는 '찐'시골 경험은 도시에서 나고 자란 현대인에게는 시간 여행과도 같은 새로운 경험이다. '그랜마 하우스'·'유상리 외할머니집'·'옥희여관' 등 숙소의 이름에서부터 정겨운 아날로그 감성이 느껴진다. 모든 것이 옛것 그대로일 필요는 없다. 충남 부여의 '현암리돌담집'은 지어진 지 73년이나 된 한옥의 외양은 그대로 살리되 안쪽은 화이트 톤의 현대식 부엌으로 개조하여 옛 감성과 편리함을 모두 지켰고, 전북 완주의 '소양고택'은 다른 지역에 있던 고택들을 옮겨와 예술적인 공간으로 재조성했다. 이렇듯 러스틱 라이프는 시골이 가진 예스러움이 재현再現이나 향수鄕愁가 아닌 새로움과 감성에 소구한다는 점에서 '뉴트로' 트렌드와도 맞닿아 있다.

러스틱한 여행은 단지 숙소 고르기에 한정되지 않는다. 나의 위치를 실시간으로 찾아주는 GPS 기능과 친절한 내비게이션 음성 안내에 익숙한 시대에, 종이 지도 한 장만 손에 들고 떠나는 여행은 불편하지만 신선한 경험을 제공한다. 도시인 모드에서 완전히 로그아웃하고 싶은 사람들은 스마트폰을 잠시 끄고 해당 지역의 자치단체들이 만든 종이 지도를 챙긴다. 온라인 검색결과 상위에 노출되는 유명 관광지가 아니라 지역민이 그려놓은 지도 속 숨은 명소를 발굴하러 다니는 것이다. 감성적인 디자인까지 갖춘 지도는 일종의 굿즈처럼 2030 소비자들의 소장욕구를 불러일으켜 신청이 줄을 잇는다. 관광지도 우편배송 서비스를 제공하는 제주관광공사에서 연일 배송 한도를 초과했다는 공지를 올릴 만큼 종이 지도의 인기가 높다.[1] 여행의 순간만큼은 온전히 아날로그 감성에 빠지고 싶어하는 디지털 세대의 러스틱 라이프다.

삭막한 도시 생활에 답답함을 느끼는 현대인이 갈구하는 또 다른 경험은 아무 생각 없이 대자연에 취하는 것이다. 나만의 여유를 추구하는 러스틱족에게는 수려한 자연경관을 자랑하는 관광지보다 불멍·풀멍·물멍(각각 불·풀·물을 보며 멍하게 있기의 준말)의 '3멍'이 가능한 곳이 더 소중한 명소가 된다. 일명 '뷰view 맛집'으로 불리는 이런 곳들은 음료만 마시기 위한 일반 카페가 아니다. '바다뷰', '논밭뷰', '노을뷰' 등 자연을 감상할 수 있는 초대형 부지에 조성되어 경치를 즐기기에 적합한 전면 유리창, 그늘막 좌석 등을 갖춘 것이 특징이다. 기존부터 멋진 카페가 많기로 유명했던 부산·인천·강릉과 같은 대도시 외에도 '뷰 맛집'을 갖춘 내륙 도시들이 새롭게 부상하

고 있다. '논밭뷰'가 아름다운 경북 청도에는 2018년 70여 개에 불과
했던 카페가 2021년 112개로 늘어났다.[2] 카페를 찾는 관광객이 몰
리자 청도군에서는 100여 개의 카페별 특징을 소개하는 '카페지도'
까지 제작했다. 이러한 카페 클러스터는 지역 관광지와 연계되어 새
로운 관광 생태계를 조성하고 있다.

2. 머물다: 시골에서 일상 보내기

짧은 여행에 아쉬움이 남는다면 더 길게 머물러보는 것도 좋다. 바
로 체류형 여행, '한 달 살기'다. 한 달 살기는 10여 년 전부터 국내에
서는 제주도, 해외에서는 파리·발리 등 유명 도시를 중심으로 현대
인의 버킷리스트에 꾸준히 이름을 올렸다. 그런데 최근 한 달 살기에
도 러스틱 바람이 불고 있다. 이전의 한 달 살기가 비현실적인 로망
의 실현에 가까웠다면, 요즘의 한 달 살기는 번잡한 도시에서 벗어나
일상을 리셋하는 '셀프 유배'로서, 남들 다 가는 유명한 곳이 아니라
동해·속초·양양·남해 등 전국 곳곳으로 방향을 틀며 점차 다양해
지고 있다. 또한 가족 단위 중심에서 벗어나 학교·직장·사회활동에
매여 떠나지 못했던 2030세대로 소비층이 확대되면서, 그 형태 또한
'보름 살기', '열흘 살기' 등으로 각자의 상황에 맞추어 유연하게 변
화 중이다. 한 달 살기를 찾는 사람들이 많아지면서 장기숙박 예약
플랫폼 '미스터멘션'은 2019년 대비 2020년 매출이 5배 이상 늘었
다.[3] 지자체들의 대응도 적극적이다. 강원도 동해시는 무릉·추암·
천곡·묵호·망상 권역별 관광개발계획을 새로 마련해, 일회성 관광
방문이 아니라 액티비티·경험·감성이 어우러진 '체류형 관광자원'

개발에 박차를 가하고 있다. 특히 동호지구 바닷가 책방마을은 마을 관리 사회적협동조합을 통해 폐가를 재활용해 도시인들의 한 달 살기와 젊은 예술가들의 아트 레지던시를 제공한다.

한편, 원격근무가 활성화되면서 도시를 떠나는 것이 쉽지 않았던 직장인들이 일상은 유지하면서도 러스틱 라이프를 몸소 실천해볼 수 있는 기회가 생겨나고 있다. 근무지에서만 일을 할 수 있다는 고정관념을 깨고 휴가지에서 업무를 진행하는 '워케이션work+vacation'이 그것이다. 일본에서는 몇 년 전부터 기업과 지자체가 나서서 워케이션을 본격적으로 추진해오고 있다. 일본의 인터넷통신서비스기업 '빅로브Biglobe'는 온천 휴양지로 유명한 벳푸시에 '워케이션 스페이스'를 개설하고 3개월 동안 Z세대 사원들이 돌아가며 체재하도록 했다. 비일상의 공간에서 더 창의적인 아이디어가 나올 수 있다는 기대 때문이다. 실제로 일본에서 이루어진 조사에 따르면 3일간의 실험 동안 워케이션을 진행한 사람의 평균 생산성은 20% 상승하고 스트레스는 37% 저하된 것으로 나타났다.[4]

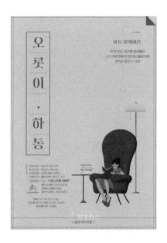

●●● 경남 하동의 워케이션 프로그램, '오롯이, 하동'. 온라인 재택근무에 지친 직장인들을 위해 기업과 지자체가 손을 잡고 워케이션을 적극 도입하고 있다.

국내에서도 워케이션 도입을 추진하려는 기업들이 늘면서 젊은 직장인들을 유치하려는 지자체의 경쟁이 치열하다. 경남 하동에서 추진한 워케이션 프로그램 '오롯이, 하동'은 공유오피스뿐만 아니라 숙소와 차량, 빔 프로젝터와 피크닉 세트 등 모든 준비물들을 갖추고 '몸만 오면 되는' 일주일을 마련했다. 또한 강원도관광재단이 인터파크와 협업하여 강원 지역 호텔과 리조트에 머물 경우 객실 업그레이드와 체크인·아웃 시간 연장 등의 혜택을 제공하는 워케이션 특화상품을 출시한 결과 3~5월 두 달 사이 주중 숙박이 전년 동기 대비 25% 이상 증가했다.[5]

촌에서 보내는 색다른 일상의 매력은 아이들의 삶에도 활력을 불어넣는다. 비대면 수업으로 도시에서의 학교생활이 제한받고 있는 요즘, 자연과 더불어 학교생활을 해볼 수 있는 '농촌 유학'이 각광받는 중이다. 서울시교육청과 전남도교육청이 협약을 맺고 진행하는 농촌 유학은 도시 지역 학생들이 전교생 60명 미만의 작은 시골학교로 전학을 가서 한두 학기 동안 생활해보는 프로그램이다. 이러한 작은 학교들은 대면 수업이 가능해 자녀의 학교생활 적응을 걱정하는 학부모들에게 인기가 높을뿐더러, 매일 학교와 학원을 오가는 똑같은 일과 대신 날마다 새로운 자연 속에서 뛰놀고 싶은 어린 학생들에게도 안성맞춤이다. 학생 수가 적은 만큼 누릴 수 있는 교육자원이 풍부하다는 것도 큰 장점이다. 봄에는 운동장에서 캠핑을 하고, 여름에는 바지락·망둥어를 잡으러 간다. 이보다 더 시골스러울 수 있을까 싶다.[6]

3. 자리 잡다: 방문하는 휴가에서 머무르는 여가로

오래전부터 한적한 시골은 도시 생활에 지친 사람들에게 귀소歸巢의 상징이었다. 누구나 한 번쯤 '은퇴하면 시골로 내려가 살까?' 하고 생각해본 적이 있을 것이다. 그만큼 귀농·귀촌에 대한 한국인의 바람은 강렬하다. 농촌경제연구원의 '2020 농업·농촌 국민의식 조사'에서 도시민 응답자 1,500명 중 41.4%는 향후 귀농·귀촌할 의향이 있다고 응답했다.[7] 그럼에도 불구하고 자녀 교육·대인 관계·문화생활 등 여러 현실적인 이유로 귀농·귀촌의 실행은 녹록지 않다. 이제 사람들은 완전히 삶의 터전을 옮기는 것보다는 도시와 농촌 모두에 자신만의 거점을 마련하는 듀얼 라이프를 통해 러스틱 라이프를 실현한다. 도촌의 삶을 조화시키는 **듀얼 라이프**를 잘 드러내는 표현이 바로 전술한 '오도이촌' 혹은 '사도삼촌'이다. 특히 수년 전 중장년층을 중심으로 사용되던 이 단어가 요즘 들어 3040 젊은층 사이에서 유행어처럼 번지고 있다는 것은 주목할 만하다.

듀얼 라이프를 위한 거점을 마련하는 방법은 다양하다. 경제적 여유가 있고 본격적인 전원생활을 준비해온 중장년층의 경우 양양·양평·가평 등지에서 활성화되고 있는 전원주택단지에 별장을 마련하기도 하고 강릉·속초와 같은 휴양지 근처의 아파트나 오피스텔을 세컨드하우스로 삼기도 한다. 부담스러운 매매 대신 친척들끼리 돈을 모아 전셋집을 임대하고 돌아

듀얼 라이프 dual life

도심과 시골의 두 가지 생활을 모두 즐기는 것으로, 듀얼 라이프를 실천하는 사람들을 '듀얼러'라고 부른다. 과거에는 별장을 가진 부유층이나 시간적 여유가 있는 은퇴자들이 즐기는 라이프스타일이었던 것과 달리, 요즘에는 20~30대 직장인과 가족들이 빈집이나 셰어하우스 등을 이용해 이중생활에 나서고 있다. 일본 리크루트 홀딩스에서 발표한 2019 트렌드 키워드로.[8] 일본 도치기현의 우츠노미야시는 '도쿄와 우츠노미야를 왕래하며 얻을 수 있는 풍요롭고 충실한 라이프스타일'이란 메시지를 내세우며 '더블 지역생활'이라는 용어를 제안하기도 했다.[9]

가면서 사용하는 경우도 있다. 선택지는 여기서 끝이 아니다. 거점 생활에 필요한 집은 오두막 정도여도 족하다. 주문이 밀린 나머지, 수개월을 기다려야 실물을 접할 수 있다는 **농막**이 그러한 역할을 담당한다. 원래 농막은 농사에 필요한 자재나 수확물을 넣어두는 창고 용도로 농지에 설치하는 컨테이너 정도였는데 최근에는

농막

농사에 편리하도록 농지 가까이에 지은 간단한 건축물.[10] 농업용 창고로 주로 사용됐지만, 6평 이하의 농막에 대해서는 여러 가지 규제가 가벼워 숙박용으로도 쓰이는 경우가 있다. 숙박을 하는 것은 사실상 불법이지만, 최근에는 수요가 급증하며 농막 제작 및 설치 관련 산업도 성장하는 추세다.

다양한 수요를 반영하여 진화하고 있다. 작은 부엌과 복층 구조를 갖춘 것은 물론, 전면에 창을 내어 주변의 자연경관을 조망하기에 최적화된 초소형 별장으로 거듭나기도 한다. 농막이 별장 역할을 하는 것이 법에 저촉된다는 논란이 존재하는 것도 사실이다. 하지만 러스틱 라이프가 소수의 부유층이 아니라 많은 도시인들의 로망으로 자리 잡는 트렌드임을 감안할 때, 도·농 간 균형 있는 개발을 도모하는 차원에서 규제 완화를 검토할 시점에 이르렀다고 여겨진다.

한국과 마찬가지로 일본도 도심 과밀화 문제를 겪고 있는 가운데, 이러한 라이프스타일을 지원하기 위해 생활용품 브랜드 무인양품에서 '무지헛MUJI HUT'을 출시하기도 했다.[11] 집이 아닌 '오두막hut'이라고 이름 붙인 것처럼 '여행 이상, 별장 미만'의 거점으로써 자연에 녹아들어 휴식에만 충실할 수 있도록 군더더기 없이 디자인된 것이 특징이다. 무지헛은 그저 상품에서 그치지 않고 지역 센터와의 협업을 통해 지방공동화 문제 해결에 기여하기도 했다. 나만의 공간을 갖고 싶지만 마땅한 부지를 찾지 못한 사람들에게 미나미보소시에 위치한

● ● ● '자연에서의 휴식'을 모
토로 출시된 무인양품의
마이크로 하우스 '무지
헛'. 무인양품 특유의 미
니멀하면서도 자연과 어
우러지는 디자인이 특징
이다.

지역 커뮤니티센터인 '시라하마 교사'의 부지를 임대하여 무지헛을
짓도록 한 것이다. 이 센터는 인구 감소로 폐교된 초등학교를 개조한
덕에 운동장을 비롯한 넓은 부지를 활용할 수 있었고, 이곳을 찾는
사람들 역시 시라하마 교사의 주방·욕실·화장실 등 무지헛에 부족
한 생활 편의 시설을 사용할 수 있어서 더 오래 머물고 지역을 더욱
북적이게 만들 수 있었다.[12]

도촌을 일상적으로 오가는 듀얼 라이프의 맥락에서 캠핑의 변화
도 이해할 수 있다. 어쩌다 한 번 가는 캠핑일 때는 텐트와 온갖 장비
를 펼치고 접는 일 또한 하나의 재미였지만, 캠핑지를 더 자주 찾게
되면서 매주 짐을 꾸려 싸 들고 다니는 것이 번거로운 일이 됐다. 보

다 일상적으로 자연 속에서 휴식을 취하고 싶은 캠퍼들은 장기간 동안 캠핑장의 한 공간을 대여하는 '장박캠핑'을 하거나, 차를 끌고 홀쩍 떠나는 '차박'으로 합리적인 변화를 꾀한다. 아예 숙박은 하지 않고 텐트 그늘 아래에서 반나절 정도 쉬고 돌아오는 캠프닉(캠핑+피크닉)을 즐기는 사람 또한 많아지고 있다.

핀란드에서는 번잡한 휴양지가 아니라 한적한 자연 속 오두막에서 조용히 시간을 보내다 오는 것을 최고의 휴가로 여긴다고 한다. 핀란드 관광청에서는 그 매력을 아래와 같이 설명한다.

> 오두막 생활은 모든 핀란드인이 자라면서 경험한다고 해도 과언이 아닙니다. 오두막의 소유·임대 여부와는 무관합니다. 오두막에서 지내는 것 자체가 중요합니다. 핀란드의 오두막 생활은 '아무것도 하지 않기의 매력' 을 즐기는 것입니다.[13]

러스틱 라이프 트렌드는 한국의 획일적인 여가 문화에 핀란드식의 새로운 방향을 도입할 수 있음을 의미한다. 다시 말해서 시골이 휴가의 공간에서 여가의 공간으로 옮겨갈 수 있다는 것이다. 과거 산골을 찾는 이유가 어른, 아이 할 것 없이 모두가 함께 이용하는 계곡에서 피서하기 위해서였다면, 산골 휴가 2세대는 값비싼 호텔이나 회원권이 필요한 콘도에서 시즌마다 휴가를 보내는 것으로 진화했다. 그리고 이제 휴가 3세대의 도시인들은 나만의 휴식처에서 원할 때 언제든 자연을 즐기기 위해 산골을 찾아든다. 마치 집에서 집으로 휴가를 가는 듯한, 휴가의 일상화 시대가 열린 것이다.

4. 둥지 틀다: 농사를, 집을, 경험을 짓기

러스틱 라이프의 마지막 단계는 자기만의 러스틱한 라이프스타일을 지어내는 것이다. 은퇴 후 도시 생활을 정리하고 귀농·귀촌한 중장년층이 아니라, 도시에 없는 자신만의 삶을 개척하고자 이농·이촌하는 청년층이 시골 풍경을 변화시키고 있다. 쇠락하던 시골 마을에 트렌디한 요즘 감성을 입고 재탄생된 로컬가게를 열어 지역의 분위기를 바꿔놓은 것이다. 인구 800여 명의 작은 농촌인 경북 의성군 안사면에는 인구 감소로 폐쇄된 안사우체국을 리모델링하여 만든 레스토랑 '안사우정국'이 있다. 이곳의 20대 주인장은 서울에서 나고 자라 해외 유명 요리학교에서 요리를 배우고 돌아온 유학파지만 시골 마을에 둥지를 틀었다.[14]

청년 농부들의 활약도 돋보인다. SNS를 통해 딸기밭에 핀 꽃 사진을 공유하는 딸기농장 주인이나 싱싱한 제철 농산물과 함께 이를 활용한 요리 레시피를 업로드하는 채소가게 주인까지, 모두가 소비자와 실시간으로 소통하고 직접 거래하는 '세포마켓'의 일원이다. 이러한 변화는 통계 자료에서도 확인된다. 통계청 자료에 따르면 20~30대 귀촌 가구는 2014년 12만9,913가구에서 2019년 14만642가구로 5년 사이 8.2% 증가했으며, 이 중 29세 이하 귀촌 가구는 4만5,797가구에서 6만4,536가구로 40% 증가했다.[15] '골목길 경제학자'로 불리는 연세대 모종린 교수는 정체성에 대한 욕구가 강한 밀레니얼 세대가 로컬을 그저 변두리가 아닌, 자신만의 라이프스타일을 실현할 수 있는 장소로 여긴다는 점에서 로컬 비즈니스에 주목해야 한다고 말한 바 있다.[16]

●●● 러스틱 라이프는 이제 집에서도 가능하다. 홈가드닝이 홈파밍으로 진화하고 있다.

나만의 집을 짓는 것은 둥지 틀기의 완성이라 할 수 있다. 요즘 유튜브에서는 '시골집 리모델링', '시골집 매매' 콘텐츠가 인기다. 앞서 소개한 '오느른'의 운영자 역시 115년 된 폐가를 충동구매하여 리모델링하게 되면서 시골살이를 시작했다. 이처럼 도시에서는 방 한 칸 마련하기 어려운 돈으로 마당 있는 집을 마련할 수 있다는 점, 오롯이 나 혹은 내 가족과 반려식구를 위한 맞춤형 공간을 꾸밀 수 있다는 점에 매료되는 도시인들이 늘고 있다. 이러한 욕망을 대신 충족시켜주는 방송 프로그램도 여럿 등장했다. 그중 하나인 JTBC〈서울엔 우리집이 없다〉에서는 출연자들이 전국 곳곳에서 자신의 로망을 구현한 집을 찾아내 소개한다. 시청자들은 회생불가로 보였던 버려진 공간이 새 생명을 얻는 것을 보며 희열을 느끼는 동시에 나만의 집을 갖는다면 어떻게 꾸밀지 상상의 나래를 펼치며 대리 만족한다.

러스틱 라이프가 반드시 시골에서만 이루어지는 것은 아니다. 도시를 떠나지 않고도 러스틱 라이프를 즐길 수 있는 '경험'을 만들어 내면 된다. 대표적인 활동이 텃밭 가꾸기다. 코로나19 사태로 텃밭이 아파트 베란다까지 들어오면서 홈가드닝을 넘어 '홈파밍home-farming'을 즐기는 사람들이 늘어나고 있다. 콩나물이나 상추와 같은 초급 작물부터 레몬·루콜라·바질 등 난이도 높은 작물까지, 베란다 텃밭에서 수확하는 품목도 가지각색이다. '가내수농업'에 입문하고자 하는 사람들이 많아지면서 '무럭무럭 버섯 키트', '강낭콩 기르기 세트' 등 보다 쉽게 농작을 시작할 수 있는 씨앗 키트도 인기다. 이처럼 아침 저녁으로 작은 식물이 싹을 틔우고 자라는 것을 확인하며 즐거움과 보람을 찾는 현대인의 모습은 최근 미세행복을 찾고자 하는 트렌드와도 관련되어 있다('바른생활 루틴이' 참조).

앞으로 집에서 채소를 길러 먹는 신자급자족 문화가 예견되면서 식물 재배기 시장도 빠르게 성장 중이다. 지난 2018년, 발 빠르게 식물 재배기를 출시한 건강가전 브랜드 웰스의 '웰스팜'은 기능성 모종을 정기구독하면 기기를 무상으로 대여해주는 방식의 구독 모델을 운영하여 2019년 9,000여 대, 2020년 2만5,000여 대의 누적 판매량을 기록했다.[17] 현재 중소·중견기업들이 주를 이루고 있는 국내 식물 재배기 시장이 2020년 약 600억 원 규모에서 2023년 5천억 원 규모까지도 성장할 것으로 예상되면서[18] 대기업들도 가정용 식물 재배기 출시를 준비하고 있다. LG전자가 국제전자제품박람회CES 2020에서 선보인 식물 재배기는 내부가 들여다보이는 냉장고 형태로, 씨앗·토양·비료 등이 모두 포함된 씨앗 패키지를 선반에 넣기만 하면 자동으로 재배되는 기능을 갖추었다.

배경: 코로나 사태가 가속화한 새로운 라이프스타일

도시의 지나친 비대화로 '지방 소멸의 위기'를 걱정하는 이 시대에 한적한 시골이 주목받는 이유는 무엇일까? 가장 먼저 떠올릴 수 있는 요인은 역시 코로나19 사태다. 인파가 적은 시골이 코로나19의 감염 위험을 피할 수 있는 안전한 장소로 여겨지기 때문이다. 여기에 '언택트' 사회가 도래하면서 업무·수업·쇼핑·휴식 등 모든 것을 집에서 해결하게 되자 번잡한 도시 공간을 벗어나고자 하는 욕구도 강화됐다. 건축학자 유현준 교수는 이것을 집에서 보내는 시간, 즉 집이 감당하는 용량이 기존보다 1.5배로 초과되어 집이 작게 느껴지는 것이라 설명하기도 했다.[19] 더욱이 업무와 여가의 경계가 무너지면서 많은 근로자가 일명 '코로나 번아웃'에 시달리고, 사회적 활동이 단절되면서 '코로나 블루'를 앓는 사람들이 폭발적으로 증가했다. 코로나19 팬데믹 시대에 건강·여유·안전을 불어넣을 러스틱 라이프가 간절해지는 이유다.

그럼에도 재차 강조하건대, 코로나19가 바꾼 것은 변화의 방향이 아니라 속도다. 팬데믹 이전부터 우리 사회에서는 팍팍한 도시 생활에 '촌'스러움을 더하려는 움직임이 있었다. 도시 텃밭은 2010년 104ha 정도였던 것에 비하여 2018년 1,300ha로 8년 사이 13배 가까이 넓어졌고, 이를 가꾸는 도시 농부의 수도 15만3,000명에서 212만1,000명으로 14배가량 증가했다.[20] 〈삼시세끼〉·〈도시어부〉·〈효리네 민박〉 등 시골을 배경으로 한 예능 프로그램도 2010년대 후반 이래 꾸준히 사랑받아왔다. 사회가 각박해질수록 힐링의 아이콘으로서 시골을 찾게 되는 것은 본능에 가깝다. 사회생물학의 창시자로도 유명한 하버드대 에드워드 윌슨Edward Wilson 교수는 '바이오필리아biophilia'라는 개념을 통해 인간은 선천적으로 자연을 좋아하며 자연으로부터 안정감과 회복력을 얻는다고 말한 바 있다.[21] 사진일 뿐인데도 컴퓨터에 자연 풍경을 바탕화면으로 설정해놓고 힐링하고자 하는 것과 같은 이치다. 감염병의 위협은 도시와 대비되는 시골이라는 공간적 지향을 강화하는 방향으로 박차를 가했을 뿐이다.

시골에 대한 열망이 실제 발걸음으로 이어지는 또 하나의 요인은 도시의 인력引力이 약해지고 있다는 점이다. 도시는 사람이 많이 모이는 만큼 다양한 배움의 기회, 풍부한 일자리, 아파트로 상징되는 쾌적한 주거 환경 등 많은 장점을 가지고 있다. 높은 인구밀도로 가능한 편의 시설·놀거리·즐길거리 또한 도시를 떠나지 못하는 이유다. 하지만 최근 들어 비대면 수업과 원격근무가 확산됐으며, 여가 시간 또한 유튜브·넷플릭스와 같이 물리적 공간에 구애받지 않는 가상공간의 활동으로 상당 부분 이전되고 있다. 명품부터 가구까지 터치 몇 번이면 무엇이든 주문할 수 있는 모바일 쇼핑 환경이나 '배달의 민족'답게 산골 외딴집에서도 마라탕을 주문해먹을 수 있는 시장의 변화 또한 탈도시화를 뒷받침한다. 여기에 러스틱 라이프에 필요한 정보를 구하기 쉬워지면서 지역은 도시 못지않게 매력적인 대안으로 떠오르고 있다.

특히 한 달 살기나 거점 생활처럼 '러스틱 노마드(유목민)'가 되거나, 완전히 터전을 옮기는 '귀촌러'가 되어 삶을 전환하려는 움직임은 한국 사회의 관계 맺기 양상 자체가 변화하고 있음을 보여준다.

과거 인간관계 속에서 자신의 정체성을 규정하는 집단주의가 강한 문화에서는 주변 사람과 유사한 라이프스타일을 공유했기 때문에 살던 곳을 떠난다는 것이 매우 어려웠다. 이제 혈연·학연·지연의 연고주의가 점차 자취를 감추고 삶의 형태가 다양화되면서 사람들은 자신이 지향하는 가치에 따라 사회에 편입되는 '나노사회' 속에 살고 있다('나노사회' 참조). 자신만의 라이프스타일을 좇는 것이 유별난 일이 아니라 힙한 삶이 되면서, 러스틱 라이프를 통해 서울토박이가 연고 없는 시골 마을에서 로컬 크리에이터로 변신할 수 있는 기회를 가질 수 있게 된 것이다.

흩어지는 것이 완전한 고립을 의미하는 것은 아니다. 나노화된 사회는 각자의 관심과 취향에 따라 연결되고 교류하는 소통 구조의 변화를 수반한다. 이제 사람들은 얼굴조차 모르는 물리적 이웃사촌보다 SNS상의 이웃사촌과 더 유사한 생활양식을 공유한다. 실제 머물고 있는 공간적 배경이 인적 드문 산골이라도 매일 자신과 비슷한 100명의 사람과 소통할 수 있는 세상이 된 것이다. 이러한 소통 구조의 재편은 러스틱 라이프를 도모하는 소비자에게도 더욱 많은 즐길 것들을 제공한다. 도시의 방구석에서도 첩첩산중에 숨은 외딴집을 발견할 수 있고, 만난 적은 없지만 SNS로 친분을 쌓은 농부로부터 농산물을 직접 주문할 수 있는 시장 환경이 세상을 바꾸고 있다.

전망 및 시사점
느림과 여유 속에서도 트렌드에 기민하게 대응해야

╲

러스틱 라이프가 시사하는 바는 무엇일까? 먼저 각 지방자치단체에 주는 의미가 크다. 대한민국은 전체 인구 5,182만 명 중에서 절반이 넘는 2,602만 명이 수도권에 거주하고 있으며 2000년대 이후 도시화율이 80%가 넘는 나라가 됐다. 러스틱 라이프 트렌드는 과밀한 환경에서 고통받는 대도시나, 고령화·공동화 현상으로 시름을 겪고 있는 지자체 모두에게 윈윈win-win할 수 있는 희소식이 될 것이다. 더구나 팬데믹으로 인해 국내로 시선이 집중된 지금이야말로 러스틱족을 사로잡는 시골의 매력을 뽐어낼 절호의 기회다. 경제 위축과 인구 감소로 고민이 많은 지자체에게 놓칠 수 없는 기회의 트렌드가 다가오고 있다.

'소비자지향적' 사고가 필요

하지만 "좋은 프로그램을 많이 마련하면 관광객과 이주민이 밀려올 것"이라는 막연한 기대는 금물이다. 보도에 의하면, 정부가 지난 2017년부터 조성한 전통시장 내 청년몰은 사실상 백전백패 상태라고 한다.[22] 상권과 입지에 대한 분석과 타깃 소비자에 대한 이해 없이 시장 안에 청년들이 운영하는 카페와 공방만 만들어주면 젊은 MZ세대 고객들이 몰려들 것이라는 생각은 일방적인 기대일 뿐이다. 치밀하고도 전략적인 접근이 절대적으로 필요하다.

그 출발점은 바로 '소비자지향적 사고'다. 앞서 설명한 것처럼 트렌드가 점차 나노화되는 흐름 속에서는 고객 관점에서의 더욱 세밀한 접근이 요구된다. 어떤 연령대, 어떤 라이프스타일의 방문객을 타깃으로 삼을 것인지에 대한 치열한 분석을 기반으로, 세분화하고 차별화된 인프라의 구축에 힘쓰는 것이 성공적인 유치를 가능하게 한다. 먼저 러스틱 라이프를 꿈꾸는 소비자가 단일한 집단segment이 아니라, 각자 그 지향점이 모두 제각각이라는 점을 이해해야 한다. 같은 '시골'이라는 단어에 대해서도 소비자의 특성 및 상황에 따라 기대하는 가치가 크게 다르다. 세대별 온라인 커뮤니티에서 시골과 연관된 이슈어를 분석한 결과, 20~30대 젊은 소비자들은 다른 연령대에 비해 콘텐츠나 스토리로 시골을 소비하고, 유튜버·비제이 등 다른 이의 삶을 관찰하며 대리 만족을 느끼거나, 새로운 삶에 대한 상상을 즐기는 것으로 관찰됐다. 반면, 30~40대 소비자들의 이슈어에서는 집값·보조금·일자리 등 현실적인 정착에 대한 고민과 농장·농업·토지 등 특정 분야에 대한 관심이 엿보였다. 이러한 미묘한 차이에 따른 '맞춤 대응'이 필요하다.

나아가 도시민들이 더욱 쉽고 친근하게 지역에 접근할 수 있도록 물리적·심리적 장벽을 낮춰주는 것도 중요하다. 그러기 위해서는 러스틱 라이프를 즐기고 싶은 사람들의 심도深度를 반영해야 한다. 예를 들어 많은 사람이 직접 농사를 지어보고 싶다는 생각을 하지만 흙도 제대로 만져본 적 없는 모태 도시인에게는 주말 농장을 꾸리는 일도 매주 시간을 내는 일도 쉽지 않다. 이 장벽을 낮추는 데에 성패가 달려 있다. 경남 밀양의 다랑협동조합에서 진행하는 '20평의 기적' 프로그램은 '공유 농사'라는 형식으로 농사에 대한 허들을 낮췄다. 참

세대별 시골 이슈어 분석

순위	2030 소비자	언급량	3040 소비자	언급량
1	친구	1,648	부모님	522
2	부모님	925	가족	471
3	가족	908	친구	408
4	시골집	868	시골집	358
5	할머니	660	주말	202
6	주말	479	할머니	193
7	여행	437	고향	184
8	자연	428	부동산	166
9	콘텐츠	363	여행	122
10	유튜브	312	유튜브	112
11	스토리	310	스트레스	102
12	소설	297	귀농	87
13	힐링	281	집값	82
14	드라마	276	명절	81
15	명절	214	일자리	60
16	농부	150	보조금	48
17	소재	146	농장	46
18	비제이	140	농업	43
19	시골 생활	106	텃밭	40
20	유튜버	76	토지	39

분석 키워드: '시골', '농촌'
분석 채널: 2030 커뮤니티(디시인사이드, 루리웹, 에펨코리아, 인벤, 더쿠, 웃긴대학),
3040 커뮤니티(뽐뿌, 클리앙, 보배드림)
출처: 코난테크놀로지

가비 30만 원을 내면 1년 동안 네 번의 주요 농사 일정(모판 만들기, 모내기, 김매기, 벼털기)에 직접 참여하여 쌀을 수확할 수 있는데, 평소에는 조합의 농부들이 관리해주기 때문에 어려움을 덜 수 있다. 사업성보다는 휴경으로 점차 사라져가는 다랑논을 지키려는 목적에서 출발한 프로젝트이지만 초보 러스틱족에게는 더할 나위 없이 좋은 경험의 기회를 선사했다.[23]

지속가능한 생태계 조성에 힘써야

두 번째로 중요한 것은 지역의 정체성을 견지해야 한다는 점이다. 시장이 '나만의 것'이나 '다른 곳에는 없는 것'을 중시하는 트렌드로 이행하고 있는 점을 고려할 때, '로컬' 특유의 매력을 관광자원·상품·서비스에 부가할 수 있어야 한다. 그를 위해서는 해당 지역만의 '이야기'를 발굴해 이것을 어떻게 '내러티브'로 풀어내느냐 하는 것이 무엇보다 중요한 자원이 될 것이다('내러티브 자본' 참조). 단순한 모방으로 다른 지역과 차별화되지 못하거나 과도한 개발이 중앙화로 이어져 해당 지역만의 색깔을 잃어버려서는 안 된다. 이런 현상을 일종의 '문화적 젠트리피케이션'이라고 부를 수 있을 것이다.

이러한 문제는 최근 지방자치단체마다 큰 화두인 도시재생·원도심개발·지역뉴딜 등의 영역에서도 발생할 수 있다. 예를 들면 많은 지자체에서 활력 창출의 주역으로 젊은 MZ세대에게 파격적인 지원을 하며 유치를 도모하지만, 지원이 끝나면 그들이 다시 떠나버려 몇 년 안에 다시 공동화되는 악순환을 겪는 곳이 많았다. 그보다는 지역 특성에 따라 조기 은퇴한 장년층이나 일할 수 있는 시니어에 초점을 맞춘 일자리 제공이 더 효과적일 수 있다. 예를 들어 경북 포항에서는 주민·지역 상인 역량 강화, 마을 창업 지원, 원도심의 상권 활성화와 주거지 개선을 위한 다양한 프로젝트를 진행하면서, 로컬 크리에이터 그룹과 협업을 통해 시니어·싱글맘들에게 더 많은 기회를 부여해 지역의 인적 자산을 발굴하고 있다. 청년을 직접 지원하기보다는 향후 이 생태계에 청년들이 스스로 찾아올 수 있도록 접근법을 바꾼 것이다.

세 번째로 공공-민간-지역 주민이 함께 추진해나갈 때 성공률을 높일 수 있다. 사실 공공이 예산을 일방적으로 투입하는 사업이 하드웨어, 즉 시설의 기반을 마련할 수 있겠지만 사람을 모아들일 수 있는 소프트웨어, 즉 문화와 콘텐츠와 프로그램을 만들어내기는 쉽지 않다. 지역 주민과 타지역의 창업가들이 활발하게 비즈니스와 문화 활동을 이어갈 수 있도록 하는 민간자본의 역할도 매우 중요하다. 이른바 '공공-민간 파트너십PPP, Public-Private Partnership'이 필요한 것이다. 최근 국토교통부가 도시재생 기업을 지원하기 위한 **모태펀드**를 만들어 지역 활성화를 위한 '자본의 저수지' 역할을 하고 있다. 이를 바탕으로 그동안 민간기업이나 벤처에 투자하던 벤처투자자본VC, Venture Capital들이 공공영역에도 투자할 수 있게 된다. 예를 들어 제2호 도시재생 모태펀드를 운용하고 있는 '쿨

모태펀드
특정 기업에 직접 투자하지 않고, 민간 벤처캐피털이 결성하는 펀드에 출자하는 펀드. '펀드의 펀드Fund of Funds'라고 부를 수 있다. 공공기관인 한국벤처투자가 운용을 담당한다. 민간 벤처캐피털은 이 모태펀드 출자를 바탕으로 민간자본을 유치해 지역 기반의 창업가와 벤처기업에 선별 투자하게 된다. 도시재생 모태펀드는 2019년부터 2021년까지 3년간 총 625억 원 규모로 조성되고 있다.

리지코너 인베스트먼트'는 'CCVC 우리동네 도시재생 펀드'를 만들어 쇠퇴한 구도심에 상업 거점을 활성화할 수 있는 중소·벤처기업에 투자하고 있다. 투자를 진행할 때에도 둥지내몰림, 즉 젠트리피케이션 방지를 위해 '시민 자산화'를 추진하는 점이 주목할 만하다. 다시 말해서 재생지역 내의 자산을 미리 확보해 마을 창업가나 로컬 크리에이터들과 공유하는 방식으로 공간적 안정성을 누릴 수 있게 함으로써 젠트리피케이션 가능성을 최소화하고자 하는 것이다. 재무적 성과와 사회문제 해결을 동시에 추구하는 '임팩트투자'가 투자의 화두로 떠오르는 지금, '러스틱 시대'를 이끌기 위해 중앙정부-지방자치단체-민간자본의 적극적인 협력 관계가 기대된다.

마지막으로 강조하고 싶은 것은 속도다. 시골은 느림과 여유의 상징이지만, 트렌드에 대한 대응에서는 발 빠른 기민함이 필요하다. 그런 점에 있어 한국보다 몇 년 앞서 지방공동화 문제를 겪고 있는 일본의 사례는 새겨볼 만하다. '일본의 와이키키'로 알려진 시라하마시는 일본에 워케이션을 도입하려는 움직임이 일어난 2017년부터 워케이션의 성지로 거듭나기 위해 빠르고 전폭적인 탈바꿈을 시작했다. 방문객들이 가장 많이 찾는 백사장은 물론, 마을 어디에서나 와이파이에 연결될 수 있도록 시설 투자를 감행하고 워케이션에 호의적인 IT 분야의 기업을 적극 유치했다. 그 결과, 2019년 월 방문객 숫자가 300명 미만에서 2020년 비수기인 겨울에도 1,500명까지 증가했으며 아예 본사를 이전하는 IT 기업까지 등장했다.[24]

· · ·

영화 〈리틀 포레스트〉는 도시 생활에서 활력을 잃은 주인공이 고향인 시골 마을에 돌아와 자기만의 길을 찾아가는 모습을 그린다. 메마른 인스턴트 식품으로 상징되는 도시와 달리 생명력 넘치는 제철 요리 재료가 가득한 시골은 그 자체로 힐링이었다. 하지만 영화가 관객들에게 궁극적으로 소구한 것은 저마다 삶을 살아내느라 힘든 현대인에게 필요한, 제목 그대로 '리틀 포레스트(작은 숲)'였다. 독일에서는 각 가정마다 '작은 정원'을 갖는다. '클라인가르텐Kleingarten(작은 정원)'이라 부르는 작은 농장은 오두막이 있는 텃밭과 꽃과 나무를 고루 심은 정원으로, 도심과 인접한 곳에 위치하여 퇴근 후에도 들를 수 있는 것이 특징이다. 독일에서는 국민의 20명 중 1명은 클라인가르텐을 가꾸고 있을뿐더러 누구나 즐길 수 있는 시민 공원으로도 활용되고 있는데, 연구 결과에 따르면 절반이 넘는 독일 국민의 행복에 기여한다고 한다.[25] '작은 숲(리틀 포레스트)'과 '작은 정원(클라인가르텐)'에서 '작다'는 단지 공간의 소박함을 의미하는 것이 아니라 거창하지 않아도 오롯이 나만의 여유를 안겨준다는 뜻이다. 러스틱 라이프의 핵심은 그저 시골식으로 살라는 '찐'시골이 아니라, 누구나 실천 가능한 '친'시골이다.

우리 사회에서도 여유가 갖는 위상이 달라지고 있다. 치열한 생존 경쟁 속에서는 잠시 누릴 수 있는 여유야말로 최고의 사치다. 누구나 꿈꾸지만 아무나 누릴 수 없기에 새로운 사치, 소위 '노멀 럭셔리' 중 하나가 된 것이다. 그동안 〈트렌드 코리아〉 시리즈에서 제시했던, 'YOLO'나 '소확행'과 같은 트렌드들을 거치며 우리 사회에서 일상의 행복은 국민 모두의 관심사로 자리 잡았고 '워라밸(일과 삶의 균형)'은 내가 과연 잘 살고 있는지를 판단하는 하나의 척도가 됐다. 삶에서 일과 여가의 균형을 찾는 워라밸을 지나 이제 우리에게 필요한 것은 도시적 삶과 러스틱 라이프의 균형, 일명 '러라밸(러스틱 라이프의 밸런스)'이다. 이제 러스틱 라이프 트렌드는 나라의 균형 발전이라는 양적인 기회를 줄 뿐만 아니라, 한국 사회의 행복의 질을 한 단계 더 높이는 질적 계기가 될 것이다.

Revelers in Health - 'Healthy Pleasure'

헬시플레저

건강관리가 힙해지고 있다. 건강이 중요하지 않았던 때가 없었지만, 전 세계를 휩쓴 역병의 시대에 건강과 면역은 모두의 화두다. 특히 젊은 세대가 건강에 관심을 두기 시작하면서 과정과 결과가 모두 즐겁고 지속가능한 건강관리가 대세가 되고 있다. 소비자들은 더 이상 건강과 다이어트를 위해 고통을 감수하거나 절제하려 하지 않는다. 맛있고 즐겁고 편리해야 한다. 이러한 트렌드를 '건강health관리가 즐거워진다pleasure'는 의미에서, '헬시플레저Healthy Pleasure'라고 명명한다. 즐거움에서 오는 죄책감을 느끼면서도 그것을 즐기는 길티플레저guilty pleasure의 중의적 의미를 표현하고 있다. 최근 헬시플레저의 양상은 다양하다. 저칼로리로 즐길 수 있는 자극적인 '속세의 맛'이 나는 다이어트 식품이 인기를 끌고, 효율적으로 피로를 관리하기 위해 수면 패턴을 체크하고 솔루션을 찾기도 하며, 심지어는 재미로 보는 운세로 멘탈을 관리한다. 힘들고·어렵고·엄격했던 건강관리가 쉽고·재미있고·실천 가능한 건강관리로 변모하고 있다.

헬시플레저의 등장은 코로나19 시대의 결과적 현상이기도 하지만, 동시에 뿔뿔이 흩어진 나노사회 속 "내 건강은 내가 지킨다"는 흐름과 맥을 같이한다. 바야흐로 '건강 만능주의' 시대가 도래했다. 건강은 각자도생의 시대를 살아가야 하는 요즘 사람들에게 하나의 '업글인간' 전략이다. 다시 말해서 건강관리야말로 요즘 사람들의 '자기 관리의 종착역'인 것이다.

자신을 누구보다도 사랑하는 MZ세대들의 성향이 헬시플레저의 저변을 넓히는 요인이 되고 있다. 헬시플레저 트렌드의 확산은 치료에서 예방으로 중점을 바꾸며 건강관리 영역에서도 '힙함'이 중요한 선진국형 라이프스타일로 이행하고 있음을 보여준다. 이에 따라 시장은 고리타분한 건강관리가 아닌, 새롭고 트렌디한 건강관리법으로 고객의 변화에 맞춰나갈 수 있어야 한다. 새로운 전략을 바탕으로 지속가능하고 행복한 헬시플레저 트렌드에 대응하는 변화가 필요한 시점이다.

#1 샐러드를 먹고 난 후, 아찔하게 달달한 아이스크림을 즐긴다. 그럴 거면 샐러드를 왜 먹었냐고 묻겠지만, 괜찮다. 설탕을 대체하는 천연 감미료인 스테비아와 에리스리톨을 넣어 당분을 대폭 줄인 아이스크림이기 때문이다.

#2 극심한 피로가 몰려올 때면 스마트워치로 스트레스 지수를 측정하고, 마사지기기로 목과 어깨를 풀어준다. 만약 이도 저도 도움이 되지 않는다면, 신통하게 잠이 오는 ASMR 영상을 재생하고 잠에 든다. 빗소리·바람소리·눈 밟는 소리를 듣고 있다 보면, 어느새 아침이 찾아온다.

즐겁고 효율적인 건강관리가 새로운 트렌드로 부상하며 요즘 사람들의 건강을 지키는 방식이 특별해지고 있다. 사실 재미와 효율성은 건강과는 다소 어울리지 않는 단어다. "좋은 약은 입에 쓰다"는 말처럼 건강을 지키기 위해선 노력과 인내가 필요하다. 그런데 최근 건강과 재미가 어우러진 새로운 건강관리법이 자리 잡고 있다. 건강도 일종의 자기계발이라고 여기는 현대인들이 자신의 몸을 돌보고 가꾸는 일에 집중하기 시작한 것이다.

본래 건강에 대한 관심은 인간의 기본적인 본능이기에 꾸준한 트렌드로 관찰되어왔다. 〈트렌드 코리아〉 시리즈에서도 '스위치를 꺼라(2012)', '디톡스가 필요한 시간(2013)', '나만의 케렌시아(2018)', '오하운, 오늘하루운동(2021)' 등 건강과 휴식에 관한 키워드를 지속적으로 제안한 바 있다. 이러한 지난날의 '웰빙' 키워드들은 모두 건강을 위해 물리적으로 혹은 정신적으로 유해한 특성들로부터 나를 보호하려는 '해독'의 움직임이 강했다. 다시 말해 과거에는 건강한 삶이 '지금 이 순간의 쾌락과 익숙함을 절제하거나 포기하는 삶'을 의미했던 것이다. 그러나 이런 방식은 결코 오래가지 못한다. 사람들은 결국 다시 익숙함과 쾌락을 좇게 되고, 건강과는 멀어진다. 이제 현대인들은 건강을 추구하면서 굳이 절제하지 않아도 되는 방법을 원하고 있다. 건강과 쾌락을 함께 추구하는 '지속가능한(현 상태를 유지할 수 있는) 건강'으로 시선을 돌린 것이다. 이는 마치 건강한 식단을 지키면서도 달콤한 아이스크림은 먹고 싶고, 심리적 불안감을 해소하면서도 재미를 느끼고 싶은 사람들의 모순적인 심리가 반영된 것이다. 휴식에 있어서도 마찬가지다. 깊은 휴식의 기준이 오랜 시간 동안 쉬기보다는 편리하고 효율적으로 쉬는 것으로 변하고 있다.

흔히 달콤한 디저트를 가리켜 '길티플레저guilty pleasure (죄책감을 느끼면서도 즐기는 쾌락)'라 부른다. 고칼로리 음식을 먹는다는 죄책감은 있지만 동시에 하루의 스트레스를 날려줄 만큼 기분이 좋아진다는 의미에서다. 이제 사람들은 이러한 죄책감에서 해방되고자 한다. 건강하면서도 맛있고·효율적이고·재미있는 건강관리를 원한다. 『트렌드 코리아 2022』에서는 이처럼 '건강health관리도 즐거워야pleasure 한다'는 의미에서, 요즘 사람들의 건강관리법을 '헬시플레저Healthy Pleasure'라고 명명하고자 한다. 고생 끝에 낙이 오는 고진감래형 건강관리가 아닌, 과정과 결과가 모두 즐거운 건강관리법이 대세가 되고 있다. 진지하고 때로는 고통스럽기까지 했던 건강관리가 어쩌다가 이렇게 트렌디해진 것일까? 헬시플레저 추종자들의 새로운 건강관리법을 탐구해본다.

즐겁게 지속가능하게, 헬시플레저

＼

"밥 한 끼는 거르더라도 여덟 가지 영양제는 꼭!"

최근 젊은 세대의 건강에 대한 관심이 뜨겁다. 밥 한 끼는 걸러도 여덟 가지 영양제는 절대 거르지 않는 젊은이들이 많아지고 있다. 일례로 어느 독일 비타민제는 1회분 가격이 5,000원임에도 불구하고 출시 직후 품절 대란을 일으킨 바 있다.[1] 현대인들은 마치 보험을 들 듯이 비타민·유산균·콜라겐 등 각종 영양제를 구비해 건강을 챙긴다. 먹는 것뿐만이 아니다. 피로에 시달리는 사람들이 많아지면서 초경량 마사지기기에서부터 프리미엄 매트리스까지, 완벽한 휴식을 위한 제품의 수요도 급격하게 증가하고 있다. 신체 건강을 넘어 명상이나 심리치료를 통해 정신 건강을 챙기는 이들도 많아졌다.

이는 국내에만 한정되는 이야기가 아니다. 최근 중국의 '주링허우九零後(1990년대 출생자)'와 '링링허우零零後(2000년대 출생자)'들 사이에서도 건강관리가 중요한 화두가 되고 있다. 이들의 건강관리는 '양생養生(삶을 관리하는 것)'이라는 새로운 키워드로 표현되며, 각종 소셜네트워크에서 화제에 올랐다.[2] '양생소비'에 열중하는 젊은 층이 증가하면서 건강식품·수면보조품·마사지기기 등 다양한 제품들의 수요도 급증하는 추세다. 특히 인삼을 통째로 넣은 '밤샘음료'에서부터 독소를 제거해주는 '신선수'와 다이어트용 '디톡스 워터'까지 다채로운 건강음료 열풍이 불고 있다. 이들은 고단하게 밤을 새우면서도 비싼 건강음료를 마시면서 건강을 챙기는 행동을 보이는데, 이러한 모습은 '펑커양성朋克养生(삶을 제멋대로 산다는 '펑크'와 신체 건강을 챙긴다는 '양생'의 합성어)'이라 불리며 중국 젊은이의 특성으로 정리되고 있다.[3] 그렇다면 국경을 불문하고 요즘 젊은이들이 이토록 건강을 챙기는 이유는 무엇일까?

단순히 젊은 사람들이 건강에 관심을 갖게 됐다는 양적 변화만 일어난 것은 아니다. 2030세대가 생각하는 건강이 기성세대의 건강과는 의미가 다르다는 것에 주목해야 한다. 과거에는 건강이 '몸과 마음에 아픈 곳이 없음'을 가리켰으나 요즘의 건강은 단지 질환 유무의 문제가 아니라 '지금 스스로의 삶과 몸 상태에 얼마나 만족하는지'를 뜻한다. 이러한 까닭에 사람들은 매일 자신의 건강 상태를 확인하고, 그에 맞는 솔루션을 처방하며 스스로 건강해졌다고 느꼈을 때 큰 만족감을 얻는다. 즉, 건강관리야말로 요즘 사람들의 '자기 관리의 종착역'인 것이다.

이러한 현상은 바야흐로 '건강만능주의' 시대가 도래했음을 보여준다. 건강만능주의란 물질만능주의를 넘어 건강을 최우선 가치로 여기는 건강지상주의를 뜻한다. 새로운 건강 트렌드로 떠오르고 있는 '헬시플레저'는 건강만능주의 시대를 살아가는 요즘 사람들에게 하나의 '업글인간' 전략이다. 힘들고·어렵고·엄격했던 건강관리가 쉽고·재미있고·실천 가능한 건강관리로 변모하고 있다. 무병장수를 원하는 어르신들의 건강관리가 아닌, 행복한 내 모습을 찾아가는 요즘 사람들의 지속가능한 건강관리다. 이제 건강한 것은 곧 즐거운 것이다.

헬시플레저가 돋보이는 건강관리 방법으로는 크게 세 가지를 꼽을 수 있다. 첫 번째는 식단 관리 헬시플레저로, 건강한 동시에 맛도 있는 음식을 먹는 것이다. 두 번째는 피로 관리 헬시플레저다. 현대인의 쉬는 시간과 자는 시간이 점차 비정형화되면서 한 번 쉴 때 집중적으로 진짜 휴식을 즐기고 싶어한다. 마지막은 멘탈 관리 헬시플레저로, 불안한 멘탈 속에서도 위로와 재미를 함께 추구한다. 그렇다면 요즘 사람들의 '헬시플레저'가 구체적으로 어떻게 실천되고 있는지 면밀히 살펴보도록 하자.

헬시플레저를 실천하는 방법

1. 식단 관리: 건강하면서 맛있어야 해

"힘들게 해서 도중에 포기하기보다는, 스트레스 덜 받고 포기하지 않는 쪽이 더 낫다 싶어요. 우리 같이 다이어트 시작해봐요. 어차피 다이어트할 거 행복하게, 어·다·행·다!"

다이어트를 계속하는 것이 너무 힘들다는 한 인터넷 커뮤니티 글에 달린 댓글이다.[4] 마지막의 '어다행다'는 '어차피 다이어트할 거 행복하게 다이어트한다'를 줄인 신조어다. 식단을 엄격히 제한하는 다이어트는 오래 유지하기가 어려워 작심삼일이 될 가능성이 높다. 이에 최근 들어 맛과 칼로리를 모두 잡은 '행복한 다이어트'를 실천하는 사람들이 늘어나며 '맛있는 다이어트 음식' 열풍이 불고 있다.

NO 밀가루, NO 버터

프로틴 브라우니

단백질
35 g

출처: Halo Top, 다노샵

●●● 행복한 다이어트를 원하는 사람들이 늘어나면서 저칼로리 아이스크림, 프로틴 브라
우니, 곤약 떡볶이 등 '맛있는 다이어트 음식'들이 소비자들의 호응을 얻고 있다.

다이어트 하면 떠오르는 닭가슴살과 고구마가 아니라, 곤약 떡볶이
나 닭가슴살 만두와 같은 분식부터 초콜릿맛 프로틴 브라우니와 딸
기맛 무설탕 아이스크림 등의 디저트까지 이른바 '속세의 맛'을 잔뜩
입힌 저칼로리 식품들이 헬시플레저 추종자들의 환영을 받고 있다.

누가 몸에 좋은 것은 입에 쓰다 했던가? 최근 인스타그램에 올라
오는 '건강식단' 해시태그가 붙은 수많은 사진들에서는 우리가 흔히
건강식으로 알고 있는 저염식이나 채식 위주의 식단을 찾아보기 어
렵다. 건강식단이라는 해시태그가 없다면 이것이 건강식인지 알 수
없을 정도로 형형색색인 모습이 일반식과 매우 닮아 있다. 구운 닭가
슴살에 다진 고추와 겨자소스를 곁들인 파닭에서부터 두부면을 이용
하여 만든 새콤달콤 비빔국수, 맛있는 알리오올리오 등등 건강식에
서도 맛이 가장 중요해지는 중이다.

이러한 현상은 데이터로도 확인이 가능하다. 코난테크놀로지의 건강식에 대한 감성 분석 결과, 2020년 10월 이전까지는 '건강하다'가 맛을 묘사하는 표현으로 사용될 경우 '맛없다'의 유의어로 사용됐다. 그러나 2020년 10월 이후 건강식과 다이어트식에서 '맛있다'를 언급하는 사람들이 많아짐에 따라, '맛있다'가 '건강하다'의 언급 비중을 추월하기에 이르렀다. 즉, 최근 건강식에서 '맛'의 만족을 추구하려는 시도가 눈에 띄게 증가했음을 확인할 수 있다.

코로나19 사태 이후 건강기능식품(건기식) 시장에서도 2030세대가 새로운 소비층으로 떠오르며 양적 성장을 거두고 있다. 과거 2030세대의 건강 관련 식품이 주로 외모 관리를 위한 칼로리컷 제품들로 한정됐다면, 최근에는 그 저변이 넓어졌다. 한국건강기능식품협회

건강식+다이어트식 관련 감성어 언급 비중 비교

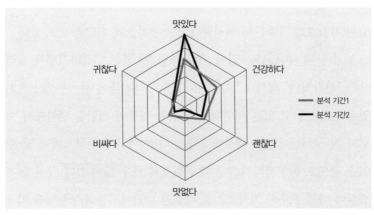

분석 키워드: '건강식'+'다이어트식단'+'다이어트식품'
분석 채널: 트위터, 커뮤니티
분석 기간: 기간1 - 2019.10.~2020.10. 기간2 - 2020.11.~2021.7.
출처: 코난테크놀로지

에 따르면 지난해 20대와 30대의 건강식품 구매율은 각각 47.9%, 56.8%로 전년 대비 증가했다.[5] 이에 따라 무신사·올리브영·마켓컬리 등 2030세대가 많이 이용하는 주요 쇼핑 플랫폼에서도 최근 건강 관련 카테고리를 확대하여 선보이기 시작했다. 일례로 2030 남성을 타깃으로 하는 온라인 패션몰 '무신사'는 2021년 4월부터 170가지가 넘는 이너뷰티식품 및 건강식품을 판매하기 시작했다.

건기식의 주 소비층이 젊어지는 가운데 시장의 질적 성장도 더욱 눈에 띈다. 효능만을 중시하던 건강식품 분야에서도 '맛'이 강화되는 경향이 엿보인다. 실제로 젤리형·주스형·필름형 등 다양한 형태의 제품들이 출시되고 있으며, 특이한 맛이나 예쁜 패키지로 차별화를 꾀한 중소기업들의 식품도 주목받고 있다. 일례로 산양삼에 달콤한 꿀을 섞은 '산양삼 꿀단지'와 색다른 무화과맛으로 차별화한 '무화과 콜라겐'은 먹기 좋은 간편한 포장과 독특한 맛을 강조하여 눈길을 끌고 있다. 동글동글한 사과맛 젤리를 귀여운 박스에 담아 디자인어워드상과 브랜드상을 수상한 '니몸내몸 비타민젤리'도 화제다.[6] 나아가 몇 년 전까지만 해도 파우더 형태에 한정되어 운동 마니아층의 전유물이었던 단백질 제품 역시 음료·에너지바·브라우니 등 여러 형태로 출시되며 인기를 끌고 있다. 2018년 10월, 국내 단백질 음료 시장을 개척한 매일유업은 당시 고령층을 주 고객으로 염두에 두고 '셀렉스'를 출시했다. 하지만 최근 건강에 관심이 많은 젊은 고객들이 빠르게 유입되면서 맛을 중점적으로 관리하기 시작했다. 2021년 3월 젊은 여성들을 타깃으로 복숭아맛 제품을 새롭게 선보여 누적 매출 900억 원을 달성하는 등 큰 성공을 거두고 있다.[7]

출처: 카미, 리스펙인

●●● 색다른 맛과 간편한 포장으로 차별화를 시도한 '산양삼 꿀단지'와 '무화과 콜라겐'. 건강기능식품의 소비층이 젊어지면서 제품의 효능뿐 아니라 맛과 패키지도 진화하고 있다.

　이러한 헬시플레저 트렌드를 반영하여 편의점 업계에서도 건강하고 맛있는 한 끼를 지원하는 환경을 마련하고 있다. CU는 업계 최초로 도시락 패키지에 열량과 나트륨 함량을 기존보다 10배 이상 확대하여 표기하는 '영양 전면 표시제'를 시행하여 높은 관심을 모았다.[8] 편의점에서 먹는 한 끼도 영양 성분을 따져가며 먹는 젊은 세대의 니즈를 반영한 것이다. 홍삼 스틱에서부터 삼계탕, 죽 등 보양식 HMR 상품까지 간편하고 맛있게 즐길 수 있는 편의점 보양식 상품들의 인기도 두드러졌다. GS25에서는 표고버섯밥 위에 특제 양념을 발라 구운 민물장어 한 마리를 통째로 올려 완성한 프리미엄 보양 도시락 상품을 출시하는 등 간편한 보양식에 대한 니즈에 대응하고 있다.[9] 이제 동네 편의점에서도 맛있고도 몸에 좋은 한 끼를 즐길 수 있는 환경이 구축된 셈이다.

　맛있는 건강 식사가 하나의 트렌드로 자리 잡으면서 덩달아 '비건식'도 재조명받기 시작했다. 그런데 헬시플레저 추종자들이 실천하는 비건은 삼시 세 끼 일주일 내내 채식만을 고집하는 엄격한 비건 라이프가 아니다. 그들은 특정한 요일이나 끼니 때에만 비건의 가치를 추구하며 그 속에서 의미와 성취감을 찾아가는 '선택적 비건 라이프'를 실천한다. 강남·홍대·이태원 일대를 중심으로 맛과 분위기를 모두 잡은 비건 맛집이 생겨나면서 온라인상에서 '비건이 아닌 사람도 좋아할 만한 비건 맛집 리스트'가 공유되기도 한다. 비건식이라고 해서 채소만 가득한 샐러드를 상상한다면 오산이다. 알 만한 사람은 다 안다는 유명 비건 레스토랑에서는 불맛이 나는 식물성 패티로 만든 버거나 코코넛 커리 등 다채로운 메뉴들을 선보이고 있는데, 코로나 시국에도 예약이 필수일 정도로 인기를 끌고 있다.

2. 피로 관리: 건강하면서 효율적이어야 해

현대인은 온전한 휴식을 꿈꾸지만, 가끔은 쉬어도 쉬는 것 같지 않을 때가 있다. 최근 2030세대 사이에서는 '잘 쉬는 법'에 대한 고민이 늘고 있다. 바쁜 현대사회에서 휴식에 할당된 시간은 매우 제한적이기 때문이다. 그래서 헬시플레저 추종자들은 자신에게 적합한 솔루션을 찾아 효율적으로 피로를 관리하려는 똑똑한 전략을 펼친다. 제한된 시간 내에 완벽한 숙면을 취하기 위해 나에게 딱 맞는 베개를 찾아 헤매는 사람들이 급증하고 있는 현상이 그 대표적인 예다. 소위 '베개유목민'이라 불리는 이들은 자신에게 딱 맞는 베개 하나를 찾기 위해 매우 진지한 태도로 수십 개의 베개를 사용해본다. 그리고 쿠션감·높이·각도 등 모든 것이 딱 맞아떨어지는 베개를 발견한 순간, '유레카!'를 외치며 비로소 베개유목민 생활을 청산한다.

잠잘 시간이 부족해서, 잠이 안 와서, 자도 자도 피곤해서 등 다양한 이유로 숙면에 어려움을 겪는 2030세대가 늘면서 프리미엄 수면 시장의 성장세도 예사롭지 않다. '숙면'이라는 염원을 달성하기 위해 아낌없이 지갑을 여는 젊은이들이 많아진 까닭에 수면산업의 성장을 의미하는 신조어인 **슬리포노믹스**도 등장했다. 특히 코로나19의 영향으로 예식과 신혼여행을 간소화하는 대신에 프리미엄 혼수를 구매하는 현상과 맞물리면서 2030세대의 '프리미엄 수면' 니즈는 더욱 두드러지고 있다. 2021년 1~4월 기준으로 매트리스·프레임·베딩 등을 포함해 1천만 원 이상의 제품을 구입한 소비자의 수는 전년 동기 대비 2배 이상 증가했다.[10]

수면 시장의 양적 성장과 더불어, 질적 성장도 눈여겨볼 만하다. 2030세대의 효율적인 수면에 대한 니즈가 증가하면서, 다양한 수면 관련 콘텐츠를 통해 '나만의 숙면 솔루션'을 찾아가는 이들이 급증하고 있다. 실제로 최근 스마트워치를 활용하여 'AutoSleep'이나 'Pillow', '슬립 사이클' 등 수면 패턴을 체크해주는 수면 측정 앱 사용이 증가하는 추세다. 잠을 자는 동안 스마트워치를 차고 앱을 실행해두면 깊은 잠을 잔 시간은 얼마인지, 코를 골거나 잠꼬대를 했는지 등을 파악할 수 있어 젊은 세대의 눈길을 사로잡고 있다. 이뿐만이 아니다. SNS상에서는 '숙면을 위한 저녁 10분 스트레칭'이나 '꿀잠 자는 비법' 등의 콘텐츠들도 인기다. 유튜브에 '수면'을 검색하면 '10분 안에 마취시켜주는 수면유도 음악'이나

슬리포노믹스 Sleeponomics
현대인이 숙면을 위해 많은 돈을 지출하기 시작하면서 성장하고 있는 관련 산업을 가리키는 말로, 잠sleep과 경제economics의 합성어다. 수면 경제라고도 한다.[11]

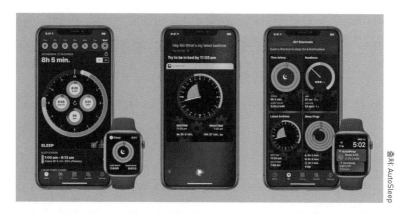

● ● ● 애플워치와 연동되어 수면 패턴을 기록 및 분석해주는 수면 측정 앱 'AutoSleep'. 깊은 수면, 얕은 수면, 기상 시간, 심박수 등의 다양한 데이터를 확인할 수 있어 숙면에 대한 젊은 세대의 니즈를 충족시켜준다.

'4시간 30분 수면관리 가이드' 등 다채로운 콘텐츠가 쏟아져 나온다. 특히 뇌파 소리나 ASMR 등 수면에 도움을 준다고 알려진 콘텐츠 다수가 높은 조회 수를 기록하고 있다.

헬시플레저 추종자들의 또 다른 휴식법은 편리한 디바이스를 활용하는 것이다. 스트레칭이나 산책과 같은 기존의 휴식법과는 결이 다르다. 마치 잡힐 듯 잡히지 않는 신기루처럼 회복될 듯 회복되지 않는 피로에 지친 사람들이 지금 느끼는 피로를 즉각적으로 해결해주는 기기에 의존하고 있다. 그야말로 '엑기스 휴식'을 지원하는 디바이스를 구매하는 것이다. 온라인 쇼핑몰 G마켓에 따르면 2021년 상반기 안마기기 제품 거래액이 전년 동기 대비 21% 늘었으며,[12] 이마트 상반기 안마의자 매출은 전년 동기 대비 44% 증가했다.[13] 즉각적인 피로 회복을 원하는 젊은 소비자가 증가하면서 고령층을 주요 타깃으로 하던 안마기기 시장에서도 이들의 니즈를 반영한 신제품을 강화하는 추세다. '세라젬'에서는 최근 홈인테리어를 중시하는 2030세대의 니즈를 반영해 기존 안마의자들에서는 느낄 수 없는 젊은 감각의 디자인을 입힌 신제품 '파우제'를 선보여 인기를 끌고 있다. '바디프렌드'에서도 시중에 판매되는 무채색 위주의 마사지건이 아닌 톡톡 튀는 파스텔블루와 핑크 색상의 '바디프렌드 미니건'을 출시했으며, '휴테크'의 경우 카카오프렌즈와 협업하여 '라이언 마사지기'를 새로 론칭했다. 효율적인 피로 관리에 대한 현대인들의 니즈가 확대될수록 관련 시장도 함께 성장할 것으로 보인다.

3. 멘탈 관리 : 건강하면서 재미있어야 해

마지막 헬시플레저는 '즐겁게 멘탈 챙기기'다. 정신 건강을 챙기고는 싶지만 진지한 상담은 부담스럽고, 밀려드는 불안감을 해소하고는 싶지만 자신의 이야기를 모두 털어놓고 싶지는 않다. 이러한 상황에서 그들이 찾은 손쉬운 해법은 바로 '재미로 보는 운세'다. 오늘 나에게 딱 필요한 오늘의 운세부터 연애운·재물운·취업운까지 그 종류도 다양하다. 심각하게 자신의 미래를 점쳐보는 것이라기보다는 가볍게 조언과 위로를 얻는 '힐링법'에 더 가깝다. 실제로 최근 들어 SNS발 '재미로 보는 운세' 콘텐츠가 인기를 끌고 있다. 인스타그램에 '운세', '사주' 해시태그를 검색하면 각각 11만 건과 14만 건(2021년 8월 기준) 이상의 엄청난 양의 게시물들이 쏟아진다. 유튜브에도 '타로호랑'과 '묘묘타로' 등 수십 개의 타로 채널이 개설되어 있으며 이들이 올리는 타로리딩 영상도 화제다.[14] 유튜버가 무작위로 카드를 뽑아 약 1~5개의 묶음을 지어 번호를 매겨주면 시청자가 마음에 드는 번호를 선택한 후 그에 대한 해설을 듣는 형식이다. 복채는 '구독'과 '좋아요' 클릭으로 받는다. 이러한 방식에 시청자들도 묘하게 잘 들어맞는다, 재미있다 등의 댓글을 달며 운세라는 새로운 놀이문화를 만들고 있다.

이와 같은 현상은 우리나라에서만 목격되는 것이 아니다. 동서고금을 막론하고 미래에 대한 불안감이 퍼짐에 따라 미국·영국·프랑스 등 서양에서도 점성술에 열광하는 젊은이들이 급증하고 있다. 최근 구글 트렌드에 따르면 점성술과 생년월일 차트에 대한 검색량이 5년 만에 최고치를 기록했다. 2021년 2월, 영국 BBC 뉴스에서도 코로나19의 확산으로 인한 불안감이 커지면서 점성술 시장이 성장하고 있다고 보도했다.[15] 이에 따라 미국의 '코-스타Co-Star'와 같은 점성술 관련 앱 시장도 급성장하고 있다.[16]

요즘 유행하는 또 다른 멘탈 관리법은 '멍 때리기'다. 일상 속 가벼운 멘탈 관리가 중요해지면서, 불멍·물멍·향멍 등 멍 때리기 열풍이 갈수록 거세지고 있다. 사실 멍 때리기는 2014년에 열린 멍 때리기 대회를 기점으로 주목받기 시작했다. 그런데 과거와는 다르게 2021년의 멍 때리기는 하나의 이색 콘텐츠로 활용되며 재미를 선사한다는 점에서 특별하다. 아무런 생각 없이 모닥불을 바라보는 '불멍'에서부터 호수를 바라보며 즐기는 '물멍', 심지어는 인센스 스틱에서 피어오르는 향불 연기를 바라보는 '향멍'까지……. 따로 시간을 내어 진지하게 명상을 하기 부담스러운 이들에게 쉽게 즐길 수 있는 여가 콘텐츠로 여겨지며 유행하는 중이다. 오로지 '불멍'을 즐기기 위해 캠핑에 나서는 이들도 많다. 타오르는 모닥불을 바라보다가 감성적인 인증샷을 찍어 SNS에 해시태그 '#불멍'과 함께 업로드하는 과정도 필수다. 물멍이나 향멍도 마찬가지다. 이처럼 2030세대들은 멍 때리기라는 행위를 색다른 힐링 콘텐츠로 활용하며 일상을 벗어난 여유로움과 가벼운 재미를 함께 느끼고 있다('러스틱 라이프' 참조).

코로나19 사태의 장기화로 인해 집 안에만 머무르는 사람들이 많아지면서 '무기력증 해소하기'도 멘탈 관리의 대상이 됐다. 틱톡과 인스타그램 등의 SNS에서는 '무기력 극복 챌린지'가 공유되고 있는데, 한 달 동안 특정 활동을 해냄으로써 무기력증을 극복해나가는 챌린지로 많은 사람들이 참여하고 있다. 그런데 30일간의 챌린지 활동들을 자세히 들여다보면 그리 대단한 것이 아니라서 조금 놀라게 된다. 하늘 사진 찍기, 손발톱 정리하기, 최애(가장 좋아하는) 가수 무대 영상 보기 등 얼핏 보기에도 너무 간단해서 도무지 성취감이라고는 들지 않을 법한 활동들이다. 하지만 이 챌린지의 핵심은 '어렵지 않다'는 것에 있다. 누구나 쉽게 해볼 수 있는 활동들로 구성하여 반드시 챌린지를 완수할 수밖에 없게 만드는 것이다. 참여한 사람들은 30일간의 인증을 통해 위로와 재미를 느끼며 무기력증을 극복해나간다. 이처럼 소소한 멘탈 챌린지가 인기를 끄는 현상은 자신만의 작은 성공을 적립하며 그 속에서 행복을 찾는 트렌드와도 관련이 있다('바른생활 루틴이' 참조).

멘탈 관리의 끝판왕인 '심리치료'의 변신도 놀랍다. 미국이나 유럽 등 다른 선진국들에 비해 국내에서는 상담이나 심리치료 등에 대한 올바른 인식이 부족했으나, 최근 국내 심리치료 시장에도 변화의 바람이 불고 있다. 진지하고 엄숙한 분위기의 심리치료가 미술치료·동화치료·요가치료 등으로 그 형태를 달리하며 진화하고 있는 것이다. 온라인 교육 플랫폼 '클래스101'의 '전문 미술치료사와 함께하는 미술로 마음 들여다보기' 수업의 경우 매회 그림을 그리며 자신을 이해하는 시간을 갖는다. 마지막에는 클래스를 수강하며 만든 작품들을 모아 '나만의 특별한 아트 저널'을 제작할 수 있어 더욱 인기다. '어른들을 위한 비밀 동화방' 클래스는 전래동화 속 이야기를 재해석해 나의 내면을 읽는 데 도움을 준다. 같은 책을 읽고 전혀 다른 해석을 하는 타인들의 반응을 댓글로 공유하며 위안과 깨달음을 얻는 것이다. 이러한 온라인 심리치료 클래스는 시간과 장소의 제약이 없고, 위로를 얻으면서도 재미가 곁들여져 있다는 점에서 2030세대에게 좋은 반응을 얻고 있다. 이러한 분위기에 발맞춰 국내에서는 2021년에만 400여 개의 상담 관련 민간 자격증이 새로 등록됐다.[17]

배경: 남녀노소 막론, 건강이 삶의 최고 화두

건강은 인간의 수천 년 역사에서 가장 중요했었고, 중요하고, 중요할 것이다. 그런데 너무나도 당연한 인간의 본능인 건강관리가 '인내와 절제'에서 '즐거움과 편리함'으로 그 패러다임을 바꾸며 진화하고 있다. 건강관리가 이토록 새로운 방식으로, 또 젊은이들에게까지 중요해진 이유는 무엇일까?

코로나19, 피부에 와닿는 건강의 중요성

전 국민이 건강에 관심을 갖게 된 결정적 계기는 단연 '코로나19'다. 바이러스의 창궐은 감염에 대한 공포와 함께 건강의 소중함을 일깨웠다. 2009년 신종플루가 유행했을 때에도, 2015년 메르스가 발생했을 때에도 건강관리는 중요한 화제로 부상한 바 있다. 이는 실제 데이터로도 확인이 가능한데, 신종플루와 메르스 시기 모두 건강기능식품의 판매가 급증했다. 글로벌 마케팅 리서치 기업 칸타KANTAR의 분석에 따르면, 2009년 7월 신종플루 발생을 전후로 비교해본 결과 홍삼 제품의 구매액이 57%나 급증했으며 2015년 6월 메르스 발병 전후에는 비타민 등 기타 건강기능식품의 매출이 15% 증가했다.[18] 이번 코로나19 역시 사람들이 건강에 주목하게 된 강력한 촉매제였다. 실제로 2021년 5월 대한상공회의소가 전국 성인 남녀 1,000명을 대상으로 진행한 설문조사에 의하면, 참여자 중 78.1%가 '건강에 대한 관심이 높아졌다'고 응답했다.[19]

신체적 건강뿐만 아니다. 2년간 계속된 코로나19 시국은 사회적 교류를 단절시켜 구성원들의 정신적 건강까지 위협하고 있다. 일상이 무너지고 그로 인한 심리적 우울감이 극심해짐에 따라 '코로나 블루'라는 표현도 만들어졌다. 2021년 1분기 보건복지부에서 실시한 '코로나19 국민 정신 건강 실태조사'에 따르면 22.5%가 우울 위험군에 속하는 것으로 나타났는데, 이는 코로나19 발생 이전인 2018년에 비해 약 6배나 증가한 수치다.[20] 상황이 이렇다 보니 남녀노소를 막론하고 신체적·정신적 건강이 삶의 가장 중요한 화두가 됐다.

나노사회에서 살아남기 위한 각자도생 전략

헬시플레저의 등장을 단순히 바이러스의 결과물이라고만 단정할 수는 없다. 전술했듯이 한국 사회는 극도로 미세한 단위로 분화하여 마침내 '나노사회'에 이르렀다. 공동체는 흩어졌고, 개인들은 서로 이름조차 모르는 고립된 섬이 됐다. 이러한 환경 속에서 요즘 사람들은 각자가 스스로 제 살길을 찾자는 '각자도생各自圖生 전략'을 선택했다. 이제 믿을 것은 나 자신뿐이다. 건강관리에 있어서도 내 건강은 내가 지켜야 한다는 생각이 당연해지고 있다. 특히 나노사회는 사회 내부에서 믿음이 녹아내리며 불안이 극대화되는 특징을 갖는다. 여기서 '불안'은 인간의 가장 기본적인 정서 중 하나로, 진화심리학적 관점에 의하면 불안은 인간의 생존에 있어 필수적인 요소다.[21] 불안은 인간을 위험한 것으로부터 회피하게 하며, 스스로를 보다 적극적으로 보호하게 만들기 때문이다. 사회에 만연한 불안감은 사람들로 하여금 자신을 더욱 보호하게 만들고, 이러한 경향성이 곧 건강식품을 먹고 운동을 하는 등의 행동으로 표출되는 것이다. 전문가들 역시 몇 년 전부터 사람들의 경제적·정치적 불안감이 건강에 대한 투자로 표현되고 있다고 분석한다.[22]

MZ세대의 변화된 건강 태도

무엇보다도 MZ세대가 건강을 대하는 태도가 달라졌다는 점에 주목할 필요가 있다. 조사 전문 기관 오픈서베이가 국내 성인 남녀 1,000명을 대상으로 진행한 조사에서 '나에게 건강한 삶이란?'이라는 질문에 한 25세 여성은 "주 3회 운동하고, 적절한 음주도 하고, 친구들과 적당히 교류하며, 주말에는 취미 생활을 즐기거나 놀러 갈 수 있는 삶"이라 답했다.[23] 이 답변을 통해 알 수 있듯이 이들은 건강을 원하지만 일상 속 즐거움도 놓칠 수 없다는 양면적인 특성을 보인다. 건강을 관리하는 것이 자신을 사랑하는 또 하나의 방법인 것이다. 이처럼 건강에 대한 요즘 세대의 달라진 인식이 일상 곳곳에서 헬시플레저의 저변을 넓히는 요인이 되고 있다.

헬시플레저에 초콜릿맛 단백질 음료를 마시거나 불안을 떨치기 위해 운세를 보는 등 가벼운 모습만 있는 것은 아니다. 암이나 희귀 난치성 질환을 앓고 있는 2030세대들이 유튜브에 올리는 '치료 브이로그'가 대표적인 예다. 이들은 집에서 항암제를 맞으면서도 커피를 내려 마시고 스테이크를 구워 먹는 소소한 일상을 영상으로 담아내

●●● 젊은 세대가 추구하는 건강은 기성세대의 건강과 다르다. 이들은 스스로의 삶과 몸 상태에 만족하기 위해 건강하게 먹고, 즐겁게 운동하고, 효율적으로 휴식한다.

며 불특정 다수와 소통한다.[24] 영상을 통해 환자들이 매 순간 슬프고 무기력한 모습만 있는 것이 아니라, 아프지 않은 사람들과 마찬가지로 일상 속에서 희망과 행복을 발견하며 살아간다는 메시지를 전달한다. 치료를 받는 와중에도 올해의 버킷리스트를 세우는 그들의 모습에 시청자들도 많은 지지와 공감을 보낸다. 현재의 행복을 즐기며 자기 자신을 사랑하는 방법인 헬시플레저가 누군가에게는 라이프스타일을 넘어 삶의 이유가 되고 있다.

전망 및 시사점
치료 의학에서 예방 의학으로, '얼리케어 신드롬'

건강이 전 국민적 관심사로 자리 잡은 시대에 우리가 유의해야 할 변화는 무엇일까? 우선 헬시플레저는 우리 사회가 치료의학에서 예방의학으로 나아가는 변화의 첫걸음으로 해석되어야 한다. 우리나라는 2010년대 후반부터 인구 고령화와 만성질환 증가라는 두 가지 숙제를 안고 있었다. 이 때문에 치료 중심의 의료에서 예방과 관리를 강화하는 방향으로 패러다임을 바꿔야 한다는 목소리도 높았다. 뇌졸중이나 심근경색이 발병했을 때 뛰어난 의료 기술로 잘 치료받는 것도 중요하지만, 이보다 앞서 고혈압이나 당뇨병을 미리 조절해 아예 성인병에 걸리지 않도록 하는 것 역시 중요하다는 시각이다. 즉, 눈앞에 보이는 환자를 치료하는 것도 중요하지만 이제는 사회의 전반적 건강을 증진시키는 '예방적 의료체계' 또한 필요한 시점이 됐다.

이러한 맥락에서 보건복지부에서도 2021년 8월부터 스스로 건강관리를 하는 국민에게 지원금을 지급하는 제도를 3년간 시범적으로 실시하기 시작했다.[25] '건강 인센티브제'라 불리는 이 제도는 개인 스스로 건강관리를 통해 고액의 중증 질병 발생을 예방하고, 질병으로 인한 불필요한 의료비 지출을 감소시키는 것을 목적으로 한다.

시장에서는 예방에 능한 젊은이들의 '얼리케어 신드롬'을 눈여겨볼 필요가 있다. **얼리케어 신드롬**이란 최근 2030세대들이 기존 장년층의 건강 고민이었던 다양한 질병적 문제들을 사전에 미리 예방하는 모습이 급격히 증가하고 있음을 나타내는 신조어다. 대표적인 예로 탈모 관리를 꼽을 수 있다. 과거 40대 이상의 장년층의 실질적 고민이었던 탈모는 최근 2030세대에게 '미리미리 관리해야 하는 것'으로 인식되고 있다. 실제로 과거 40~50대 중년 위주였던 탈모 샴푸의 소비층도 20~30대까지 확대되고 있다. CJ올리브영에 따르면 탈모 관련 제품 매출은 매년 40%씩 급증하는 중이며, 특히 20대 여성 고객이 가장 많은 것으로 나타났다.[26]

얼리케어 신드롬

Early-care Syndrome

건강관리의 패러다임이 '치료'에서 '예방'으로 바뀌며 기성세대들이 장년층 때에 고민했던 다양한 질병들을 젊은 세대들이 사전에 예방하고 관리하는 모습을 뜻한다. 최근 이러한 양상이 2030세대 사이에서 급격히 증가하고 있다.

한편 최근 5년간 고혈압 때문에 병원을 찾아온 환자의 증가율 역시 20대가 가장 높은 것으로 나타났다.[27] 이처럼 요즘 젊은 세대는 장년층에게 발병하는 질병을 예방하고 싶은 나머지 병원을 미리 방문하며 적극적으로 노력하는 모습을 보이고 있다. 이러한 현상은 건강 관련 정보를 언제 어디서든 쉽게 접할 수 있는 환경이 구축되면서 더욱 심화될 전망이다. 기대수명은 점차 증가하지만 건강수명은 짧아지고 있는 현대사회에서 건강하고 행복하게 살고 싶은 젊은 세대들의 바람이 '얼리케어 신드롬'으로 발현되고 있다. 이는 소비 시장의 주축이 된 MZ세대의 전폭적인 지지를 받으며 하나의 거대 트렌드로 자리 잡을 것이다.

건강도 힙해야 산다, '건강+α'를 찾아서

무엇보다도 헬시플레저 트렌드가 관련 시장에 주는 시사점은 "건강도 힙해야 한다"는 것이다. 헬시플레저 추종자들이 원하는 건강관리는 고리타분하고 지루한 것이 아니다. 새롭고, 트렌디하고, 하면 할수록 즐거운 것이다. 이에 따라 기업은 소비자가 건강 이외에 플러스알파(+α)로 무엇을 원하는지 면밀히 파악하여 이에 적극적으로 대응해야 한다.

우선 코로나19로 가장 두각을 나타낸 건강식품 업계에서는 신新소비층인 2030세대를 잡기 위한 차별화된 전략이 필요할 것으로 보인다. 건기식을 '맞춤형'으로 제공하거나 건강식품에 '색다른 소비자 경험'을 더하는 등 다양한 방법을 동원하여 젊은 세대를 신속하게 선점하는 것이 중요해질 것이다. 맞춤형 건강식품 시장도 빠르게 확대되고 있다. 풀무원건강생활의 '퍼팩'은 개인별 식습관이나 알레르기 등을 고려한 건강 설문을 토대로 알고리즘을 통해 각자의 식생활에 최적화된 맞춤형 건강기능식품을 추천하는 서비스를 론칭했다. '필리'는 요즘 떠오르는 구독 서비스로 차별화를 꾀하며 매월 1회 온라인 설문을 기반으로 한 개인별 맞춤형 영양제를 보내주는 서비스를 선보여 두각을 나타내고 있다. 특별한 소비자 경험을 제공하며 2030세대 소비자의 눈길을 끈 매장도 있다. 롯데쇼핑 사업부들의 역량을 종합해서 새롭게 론칭한 데일리 밀 마켓 '밀구루'에서는 임상영양사 자격증을 갖춘 전문 컨설턴트가 상주하며 개인별 식생활 컨설팅을 제공하고, 맞춤형 건강 밀키트를 오더메이드order made로 제공하는 등 참신한 서비스를 시도하고 있다.[28] 제품의 효능만을 강조했던 건강식품 브랜드들이 새로운 변화를 도모하고 있는 것이다.

수면 업계에서는 관련 제품 및 서비스에 '테크'를 더해 새로운 가치를 부여할 전망이다. 실제로 최근 1~2년 사이 국제전자제품박람회CES에서는 '슬립테크'가 주요 키워드로 떠오르며 각광받고 있다. 대표적 예로, 미국의 침대 제조업체 슬립넘버Sleep Number는 CES 2020에서 첨단 스마트침대 '클라이밋Climate360'을 선보이고 최고혁신상을 수상해 화제가 된 바 있다. 이 첨단 스마트침대는 개개인에 맞게 매트리스 강도·높이·온도를 자유자재로 조절해주고, 코 고는 소리를 감지하여 머리 부분을 미세하게 올려주거나 발 부분을 따뜻하게 데워 숙면을 돕는다는 점이 흥미롭다. 이처럼 슬립테크를 활용하면 수면 케어에서 '수면 큐어cure'로 한 단계 진화할 수 있다. 수면 케어가 소비자가 필요로 하는 것을 제공하고 보살피는 것이라면, '수면 큐어'는 케어에서 한 단계 더 진화하여 소비자가 직면한 문제에 대한 솔루션을 제공하여 수면 문제를 해결하는 것이다.

상담 시장도 더욱 확대될 전망이다. 재미있는 이색 상담 경험이 늘어남에 따라, 상담 자체에 대한 심리적 장벽이 낮아질 것으로 보인다. 대학내일 20대연구소의 조사에 따르면 MZ세대 10명 중 7명이 정신 건강과 스트레스 관리가 필요하다고 응답했으며, 심리 전문가의 도움을 받은 비율은 6.4%로 현저히 낮았지만 심리 전문가에게 도움을 받고 싶다는 인식은 74.2%로 나타나 전문가가 개입하는 멘탈케어에 관심이 있음을 확인할 수 있다.[29] 특히 정신건강의학과 전문의 오은영 박사가 채널A와 함께 선보인 〈금쪽같은 내새끼〉·〈금쪽수업〉·〈금쪽상담소〉 등의 상담예능 프로그램 시리즈가 연이어 화제를 불러일으키며 상담에 대한 관심이 급증했다. 위로가 필요한 사람들의 이야기를 듣고 공감해주며 마음의 문제를 함께 해결해나가는 솔루션들이 시청자들에게 어필하고 있다. 이처럼 상담에 대한 경험이 늘어나면 국내 상담 시장의 규모도 점차 확장될 것으로 보인다.

지금껏 진부했던 건강관리가 사회적·세대적·기술적 흐름과 맞닿아 새로워지고 있다. 헬시플레저 트렌드는 2022년의 대한민국을 넘어 앞으로 건강 패러다임이 변화하고 있음을 보여주는 신호탄이다. 건강과 지속성이라는 두 마리 토끼를 모두 잡기 위해서는 "건강관리도 즐거워야 한다"는 소비자의 목소리에 시장도 적극적으로 화답해야 할 때다.

Opening
the X-Files on the
'X-teen' Generation

엑스틴 이즈 백

언론에서는 1980~1990년대생 MZ세대가 화제지만, 소비의 양적 규모나 질적 파급력으로 볼 때 대한민국 소비 시장에서 가장 중요한 세대는 1965~1979년생, X세대다. 그중에서도 특히 주목하고자 하는 X세대의 핵심을 '엑스틴x-teen'이라 부르고자 한다. 엑스틴은 1970년대생으로, ① 경제적·문화적으로 풍요로운 10대teenage 시절을 보내면서 형성된 자유롭고 개인주의적인 성향을 간직하고 ② 10대 자녀와의 라이프스타일을 공유하는 세대라는 의미를 포괄한다. 엑스틴이 20대였던 1990년대만 해도, 그들은 '야타족'·'오렌지족' 등 숱한 신조어를 만들어내며 지금의 MZ세대보다 더 큰 충격을 던지며 세대담론의 출발을 알렸던 신세대의 원조였다. 아날로그에서 디지털로 넘어가는 문명사적 대전환기, 독재 정권을 민주 정부로 교체시킨 정치사적 격변기에, 정치·경제·사회·문화적 변화를 만들어낸 주역이기도 하다.

엑스틴이 40대에 접어들면서 가장 큰 소비력을 갖춘 집단으로 성장하고 있다. '자본주의 키즈'에서 '자본주의 어른'으로 성장한 이들은 이커머스 업계의 큰손이자 새로운 서비스를 시장에 안착시킨 중심이다. 또한 탈권위와 탈관념을 외친 세대답게 과거의 40대라면 상상하기 어려웠던, 고정관념을 깨는 소비에 도전하는 세대이기도 하다. Z세대 자녀와의 케미도 돋보인다. 친구 같은 관계를 유지하면서 Z세대의 '인싸력'을 몸소 체득한다. 하지만 엑스틴이 조직에서 맞닥뜨린 현실은 녹록지 않다. IMF와 2008년 금융 위기를 겪으면서 사회생활을 시작한 엑스틴은 기성세대의 관행을 충실히 이행하며 중간관리자로 성장했지만, 기성세대와 MZ세대 사이에 끼어 신구 세대 갈등을 온몸으로 받아내는 '낀 세대' 신세다. 후배들로부터는 꼰대 소리를 듣지만, 막상 과거 선배들이 누렸던 대접은 온데간데없다. 그럼에도 엑스틴은 우리 사회의 허리다. 선수로 뛰면서 동시에 코치 역할도 하는 조직의 중추이며, 시장을 소비력으로 이끄는 주도 세력이기도 하다. 큰 시장을 장악하려면 엑스틴을 잡아야 한다. 당분간 대한민국 소비 시장은 엑스틴이 이끌고 갈 것이다.

2020년 도쿄 올림픽은 막내 열풍이라고 불릴 만큼 Z세대 선수들 활약이 돋보였다. 악플이나 패배에 주눅 들지 않는 당찬 모습으로 올림픽 문화를 바꿨다는 평가를 받는다. 2004년생인 탁구 신유빈 선수는 여자 단식 3회전에서 탈락한 뒤 자신의 SNS에 팬들 덕분에 힘을 냈다는 감사의 인사와 함께 아쉽지만 끝난 경기는 훌훌 털어버리겠다는 소감을 남겼다. 금메달에만 열광하고 은메달을 따면 고개를 숙이던 이전의 올림픽과는 확실히 달라진 분위기다. 선수들만이 아니다. Z세대는 관전법도 달랐다. 메달을 따느냐 따지 못하느냐보다 선수들이 끝까지 최선을 다해 싸우고 당당히 맞서는 모습 자체를 즐겼다. 타국 선수라도 승패와 무관하게 훌륭한 매너와 스포츠맨십을 보였다면 갈채를 아끼지 않았다. 이러한 변화에 대해 성균관대학교 사회학과 구정우 교수는 '국가의 성공'보다 '개인의 노력'을 평가하고 즐기는 분위기가 만들어졌다고 분석한다.[1]

사실 국가보다 개인, 조직보다 나에 집중하는 세대의 탄생이 처음은 아니다. 1990년대, Z세대가 태어나기도 전에 일찌감치 '개인주의'의 시대를 열었던 세대가 있었다. 바로 1970년대생인 X세대다. 사실 X세대는 어느새 MZ세대 담론에 밀려 고리타분한 옛날이야기가 돼버렸다. 소비 주역으로 발돋움한 1980~1990년대생에게 스포트라이트가 집중되고 있는 것이 현실이다. 새로운 서비스들이 시시각각 등장하며 하루가 다르게 변하는 사회에서 변화를 무섭게 흡수하는 젊은 세대에 관심을 쏟는 것은 일견 당연해 보인다. 하지만 우리가 잊지 말아야 할 사실이 있다. 그 Z세대를 키워낸 것이 바로 X세대라는 점이다.

X세대는 '도무지 알 수 없는 세대'라는 의미에서 '미지수'를 뜻하는 알파벳 'X'를 붙여 만들어진 말이다. X 다음 알파벳이 Y이기 때문에 X세대의 다음 세대는 Y세대라 부른다. 이들이 새로운 천 년을 맞는 중심이라는 의미에서 '밀레니얼' 세대라는 별칭도 얻었는데, 최근에는 이 명칭으로 더 자주 불린다. 이어지는 Z세대도 Y의 다음 세대이기 때문에 붙은 이름이다. 그렇다. X세대는 세대담론의 시초다. X세대가 등장했던 당시를 떠올려보면 그 충격은 MZ세대에 비할 바가 아니었다. 미디어는 이 새로운 세대를 어떻게 받아들여야 할지 몰라 당황스러워했고 온갖 이슈의 중심에는 늘 X세대가 있었다. X·Y·Z 그리고 그 이전과 이후 세대……. 학자에 따라서 세대의 명칭이나 출생 연도 기준은 조금씩 다르지만, 언론과 업계에서 가장 일반적으로 사용되는 세대 명칭을 정리하면 다음 표와 같다.

	명칭	출생 연도	2022년 연령	별칭
기성세대	산업화 세대	1954년 이전	만 68세 이상	새마을 세대
	베이비부머 세대	1955~1964년	만 58~67세	주춧돌 세대, 보헤미안 세대
X세대	Old X세대	1965~1969년	만 53~57세	서태지 세대, 올림픽 세대
	Young X세대	1970~1979년	만 43~52세	**엑스틴**, 삐삐 세대, 핸드폰 세대
MZ세대	Y세대(밀레니얼 세대)	1980~1994년	만 28~42세	무한도전 세대, 월드컵 세대
	Z세대	1995~2009년	만 13~27세	스트리밍 세대, 유튜브 세대
알파 세대		2010년 이후	만 12세 이하	틱톡 세대

이제 우리는 다시 X세대를 들여다보고자 한다. X세대 중에서도 트렌드와 비즈니스 측면에서 가장 주목해야 할 세대는 '엑스틴x-teen'이다. 엑스틴은 『트렌드 코리아 2022』에서 제시하는 신조어로, 10대 자녀와 라이프스타일을 공유하는, 10대teenage 같은 X세대라는 의미다. 가정에서 이들은 자녀와 함께 노는 장면을 틱톡에 찍어 올리며 즐거워하는 친구 같은 부모, 일명 '프렌디friendy, friend+daddy'이기도 하다. 왕년에는 종잡을 수 없는 신세대로서 도무지 알 수 없는 '미지수 X'라는 별칭을 선물받았던 X세대, 그들의 이상과 현실, 영광과 좌절을 담은 X-파일을 열어보자.

그 많던 X세대는 모두 어디로 갔을까?

2021년 6월, 정치권에서 화제의 뉴스가 들려왔다. 만 36세의 제1 야당 당대표가 선출됐다는 소식이었다. 이 뉴스가 크게 주목받았던 이유는 거대 정당 역사상 최초의 30대 당대표이기 때문이었다. 물론 당대표가 나이순으로 되는 자리는 아니지만, 국회의원 당선 경력이 없는 밀레니얼 세대가 보수적인 정치권에서 자리를 잡아 큰 화제가 됐다. 정치뿐만이 아니다. 기업의 관심도 MZ세대에게 향해 있다. 최연소 임원이나 사외이사라는 타이틀은 항상 1980년대생의 차지다. 하지만 여기서 중요한 질문이 하나 대두한다. 그동안 각 조직에서 중추 역할을 해온 "40~50대의 X세대는 모두 어디로 갔는가?" 하는 점이다. 1990년대생 사원의 눈치는 보면서 조직의 허리를 담당하는 X세대의 고충은 알아주지 않는다는 불만이 괜한 볼멘소리가 아니다. 미디어에서도 X세대는 관심 밖이다. MZ세대를 분석한 기사는 연일 쏟아지지만 1990년대를 주름잡았던 X세대의 현재를 조망하는 기사는 보기 어렵다. 1970년대생의 행보는 어지간해서는 이슈가 되지 않는다. 도대체 그 많던 X세대는 모두 어디로 갔을까?

X세대, 그리고 엑스틴의 정의

X세대는 1970년대 전후로 태어나 1990년대에 소·청년기를 보낸 세대다. 『트렌드 코리아 2022』에서 주목하고자 하는 소비 집단은 X세대 중에서도 전술한 엑스틴이다. 엑스틴은 1970년대 출생자(1970~1979년생)로서, ① 경제적·문화적으로 풍요로운 10대 시절을 보내면서 형성된 자유롭고 개인주의적인 성향을 간직하고 있는 세대라는 의미와 ② Z세대와 **알파 세대**의 사이에 있는 10대 자녀와 라이프스타일을 공유하는 세대라는 의미를 포괄한다. 사실 결혼과 출산의 시기가 비정형화되고 있기 때문에 모든 X세대들을 엑스틴이라고 정의하기는 어렵다. X세대 중에서도 미혼이나 딩크DINK, Double Income No Kids(의도적으로 자녀를 두지 않은 맞벌이 부부) 등의 다양한 가족 형태가 존재하고, 자녀가 매우 어릴 수도 있기 때문이다. 따라서 가장 일반적인

알파 세대

어려서부터 기술적 진보를 경험한 세대로, 2010년 이후 출생한 이들을 지칭한다. 알파 세대는 인공지능AI, 로봇 등 기술적 진보에 익숙한데, 실제로 어려서부터 AI 스피커와 대화하면서 원하는 동요를 듣거나 동화를 읽어주는 서비스를 이용하며 성장했다. 알파 세대로 불리는 이유는 X, Y, Z 다음은 순서가 A이기 때문이다. 알파 세대의 부모인 밀레니얼 세대는 1980년대 초반부터 2000년대 초반 출생한 세대지만 결혼과 출산 연령이 높아지면서 X세대의 부모도 꽤 있는 편이다.[2]

의미의 엑스틴은 10대 시절의 문화적·사회적 토양이 현재의 소비에 큰 영향을 미치고 있는 1970년대생 X세대를 지칭한다. 한 마디로 10대 같은 사고방식과 라이프스타일을 가진 젊은 40대다.

세대 분석에서 중요한 개념으로 쓰이는 코호트cohort는 비슷한 시기에 태어나 특정한 기간에 중요한 사건들을 공통적으로 경험한 사람들의 집합을 의미한다. 독일의 사회학자 카를 만하임Karl Mannheim이 강조한 코호트적 의미의 세대 개념은 개인이 소·청년기에 경험한 사건들이 쌓이면서 특정 세대를 구분하는 주요 심리적 속성이 된다는 것을 전제로 한다.[3] 코호트 개념을 X세대에 적용하자면, X세대가 청소년기를 보낸 1980년대와 1990년대의 한국 사회는 정치적으로나 경제적으로나 비약적인 발전을 이룩한 시기였다. 특히 X세대가 10대 시절 경험했던 가치관의 변화와 문화코드 중에 현재 소비 문화의 원형이 된 것들이 많다. 그런 점에서 엑스틴의 라이프스타일을 분석하기 전에 그들의 삶의 궤적을 추적하는 것은 의미 있는 작업이다.

엑스틴의 중심 연령이라고 할 수 있는 1975년생을 기준으로 삶의 경험을 간단히 들여다보자. 이들이 성장한 1980년대와 1990년대의 대한민국은 정치·경제·사회·문화 전체가 혼란스러웠던 격변기였다. 1975년생은 대통령 직선제를 이끌었던 6월 민주항쟁이 일어났을 때 12세였고, 서울 올림픽이 열리고 해외여행 자유화가 되던 1988년에는 '국민학생'[4]이었다. 1980년대에는 국가 주도로 추진되어온 경제개발 정책의 성과가 드러나는 때였으며, 동시에 3저 호황(저유가·저금리·저달러)을 바탕으로 고도의 경제성장을 구가하던 시기이기도 했다. 근검절약을 모토로 하던 이전과 달리 냉장고나 오디오와 같은 가전제품을 구매하는 등 사회 전반에 걸쳐 활발한 소비 활동이 이뤄졌다. 이러한 분위기 속에서 X세대는 꼭 필요하지 않아도 즐거움과 자기표현을 위해 소비하는 첫 세대가 됐다.

서태지·박진영·방시혁·나영석·김태호·유재석…….

대한민국 대중문화의 흐름을 바꾼 이 인물들의 공통점은 모두 X세대라는 점이다. 이는 우연이 아니다. X세대가 성장기를 보낸 1990년대는 여러 면에서 대한민국의 변곡점이었고, 이들은 그 격변의 전후를 모두 경험했다. 특히 1992년에 등장한 '서태지와 아이들'은 문화계의 상징적인 사건과도 같았다. 당시 10대라면 누구나 서태지와 아이들 이야기를 했다. 서태지의 등장 이후 대중가요계는 10대 취향으로 재편됐고 X세대는 오늘날의 팬덤과 '덕질'의 원조로서 활동을 시작했다.

PC와 삐삐가 보급된 1990년대에 중·고등학교 시절을 보낸 이들은 정보화 기기의 사용에 친숙한 세대다. 이 시기를 배경으로 한 tvN 드라마 〈응답하라 1988〉에도 전화선을 끌어와 '하이텔'로 다른 사람들과 퀴즈 게임을 하는 장면이 나오는데, 실제로 PC와 삐삐는 놀이와 사교를 위한 수단으로 널리 쓰였다. 1975년생이 사회생활을 시작하던 즈음에는 이미 초고속 인터넷 서비스가 정착했고, 30대에 접어들어서는 아이폰과 카카오톡이 출시되면서 모바일 환경으로의 전환이 이뤄졌다. 그러니까 이들은 PC·인터넷·모바일의 전환기를 가장 먼저, 생생하게 체험한 세대다. 요컨대 X세대는 민주사회로의 이행, 소비사회로의 진입, 아날로그에서 디지털로의 전환, 대중문화의 폭발적 확산 등 현대사회의 전환점을 전후前後 모두 경험하고, 거의 모

● ● ● 엑스틴은 서태지와 아이들로 촉발된 대중가요계의 격변과 PC와 삐삐를 기점으로 한 통신 기술의 비약적 발전을 모두 체험한 흥미로운 세대다.

든 변화의 중심에 서 있는 여러모로 흥미로운 세대가 아닐 수 없다.

2022년, 엑스틴을 주목해야 하는 이유

지금 이 시점에서 엑스틴에 주목해야 하는 이유는 무엇일까? 우선 엑스틴은 인구 규모가 크고 지출이 많은 세대다. 2021년 7월 행정안전부가 발표한 '주민등록 연령별 인구 통계'에 따르면, 40대 비중은 15.9%로 50대(16.6%) 다음으로 규모가 크다. X세대의 범위를 4050세대로 확장하면 32.5%로, 2030세대(26.2%)나 6070세대(20.7%)보다 더 큰 비중을 차지하는 셈이다.[5] 소비를 가장 많이 하는 세대도 X세대다. 생애주기로 봤을 때, 중·고등생 자녀를 둔 시기를 자녀학령기라 부른다. 이 시기는 생활비와 사교육비도 많이 쓰고 집도 넓혀가야 하는, 전 생애에 걸쳐 가장 높은 지출이 이루어지는 때다. 통계청이 발표한 '2020년 연간 지출 가계동향 조사' 결과에 따르면, 가구주 연령별 월평균 소비지출은 39세 이하 가구가 237만 6,000원, 40~49세 가구 309만 원, 50~59세 가구 278만3,000원, 60세 이상 가구 169만5,000원으로 집계됐다.[6] 대한민국 역사상 부모보다 가난한 첫 세대가 밀레니얼이라면, 반대로 4050세대는 부모세대보다 더 잘 살고 자녀보다 돈이 많은 첫 세대인 셈이다.

소비에 있어서도 엑스틴은 영향력이 크다. 새로운 상품이나 서비스를 앞서서 받아들이는 것은 MZ세대지만, 시장에 정착하게 하는 것은 X세대이기 때문이다. 영포티young-forty로서의 40대를 집중 조명한 이선미 저자의 책『영포티, X세대가 돌아온다』에 따르면, X세대가 중년이 되면서 밀레니얼과 비슷한 소비 성향을 갖게 됐다고 분석한다.[7] 이들은 온·오프라인을 자유롭게 넘나들고, 트렌드에 관심이 높으며 새로운 기술이나 서비스에 대한 태도가 열려 있다는 점에서 밀레니얼과 유사하면서도 소비력은 훨씬 크다. 따라서, 엑스틴의 지갑을 열지 못하는 브랜드는 시장을 확장하기 어렵다.

세대담론을 촉발했던 X세대가 이제 사회의 중추가 됐다. 그들도 이제 기성세대로 불리고 있다. 그렇다면 X세대가 기성세대로 자리 잡은 시장은 베이비부머가 기성세대였던 시장과 어떻게 다를까? 이들이 소비자로서 만들어가는 시장의 특징과 변화된 소비 지형을 살펴보고, 이러한 변화가 2022년에 갖는 의미를 짚어보고자 한다.

주목해야 할 엑스틴의 라이프스타일

1. 고정관념에 도전하는 '깬' 세대가 되다

1994년 7월 배꼽티를 입은 여성 2명이 경범죄 처벌법 위반 혐의로 경찰에 적발돼 재판을 받았다. 지금으로써는 상상하기 힘든 해프닝이지만 당시에는 이른바 과다 노출 패션이 경범죄로 처벌받던 시절이었다. 비단 노출이 아니더라도 당시 기성세대에게 X세대의 패션은 법으로 금지해야 할 만큼 우려스러웠다. 통굽 신발에 배꼽티를 입은 짧은 머리의 여자, 긴치마를 입고 귀걸이를 한 남자……. 1990년대 X세대의 패션을 스케치한 기사를 한 문장으로 정리하면 "일본 문화의 영향을 받은 젊은이들의 한심한 작태"로 요약된다.[8] 하지만 '꼰대'들의 비판과 걱정, 탄압과 제재에도 X세대는 당당히 응수했다. "이렇게 입으면 기분이 조크든요(좋거든요)."

기성세대의 통념과 사회적 금기에 도전하며 '나만의 개성'을 외쳤던 엑스틴이 이제는 40대의 전형성을 깨고 있다. 우선 성별의 구분이 없는 '젠더리스genderless' 소비는 엑스틴 사이에서도 중요한 키워드다. **오팔세대**가 여전히 성별과 나이에 따른 고정관념에 기반한 소비를 하는 데 반해, 엑스틴은 MZ세대와 비슷하게 성적 구분에서 자유롭다. 대표적인 분야가 뷰티다. 40대 이상의 '아재'들이 메이크업이나 피부 관리 등의 주요 고객층으로 부상하고 있다.

오팔세대

경제력을 갖춘 5060세대를 일컫는 말로, 『트렌드 코리아 2020』에서 소개한 신조어다. 자신이 원하는 것을 하기 위해 돈과 시간을 아끼지 않는 새로운 소비층으로, 나이상으로 엑스틴과 다소 겹치는 부분이 있지만 은퇴를 앞둔 시니어 소비자라는 차이가 있다.

2020년 상반기 11번가의 뷰티 제품 매출 중 40대의 매출액이 전년 동기 대비 132% 증가한 것으로 나타났다. 특히 기능성 화장품의 매출이 증가하고 있다는 점이 흥미롭다. 스킨 케어를 넘어 적극적으로 외모를 관리하는 아재들이 늘고 있는 것이다. 이러한 흐름에 발맞춰 많은 업체들이 남성용 뷰티 라인을 출시하고 있다.

　자동차 시장에서도 고정관념을 깨는 엑스틴의 깜짝 소비가 주목된다. 프리미엄 소형차 브랜드 미니MINI는 깜찍한 외관 덕분에 2030세대 여성들이 주로 구입하는 차로 인식됐다. 중년이 타면 나잇값 못한다는 소리를 듣기도 했다. 그러나 2020년 5월부터 1년간 미니 구매자 데이터를 분석한 결과 4050세대의 구매 비중이 확연히 늘어난 것으로 나타났다. 연령대별 비중을 살펴보면 30대가 41%로 가장 높지만 2위는 20대가 아닌 40대로, 31.3%를 차지했다.⁹ 나이에 어울리는 소비란 관념을 거부하고 자신의 만족을 추구하는 이른바 '가심비(가격 대비 심리적 만족)' 소비를 지향한 결과다.

　엑스틴은 팬클럽 1세대로서 덕질 소비의 시초이자 주역이기도 하다. 1992년 서태지와 아이들이 혜성처럼 등장한 이후 아이돌 1세대라고 불리는 HOT가 출현하면서 '오빠부대'를 만든 첫 세대가 엑스틴이었다. 이들은 용돈을 아껴가며 열망하던 대상을 소비하고 팬덤을 형성했다. 한순간에 먹고살기 바쁜 40대가 되어버린 엑스틴에게 사춘기 덕질의 추억을 소환한 아이돌이 있는데, 바로 방탄소년단이다. 중·고생 자녀를 둔 부모이기에 자녀가 좋아하는 아이돌에 관심을 갖는 것이 당연하다고 생각하면 오산이다. 엑스틴의 팬덤은 자녀와 상관없는 '나의 아이돌'이다. 공식적인 집계는 없지만 방탄소년단의 팬을 칭하는 '아미' 중에는 4050세대도 많은 것으로 추정된다. 1975년생, SBS PD이자 진행자로 유명한 이재익 PD는 한 칼럼에서 자신을 '중학생 아들을 둔 아재'로 소개하며 레드 제플린Led Zeppelin-비틀즈-티아라로 이어진 덕질이 BTS로 이어졌다고 고백하기도 했다.[10] 맘카페에서는 '화요일엔 달방이 있어서 살맛이 난다'라는 글도 심심찮게 볼 수 있다. 달방이란 '달려라 방탄'의 줄임말로, 네이버 인

● ● ● 1세대 아이돌 HOT 팬덤의 시초였던 4050세대는 이제 중학생 자녀들과 함께 방탄소년단 팬을 자처한다.

출처: SM엔터테인먼트, 위버스

터넷방송 브이라이브와 하이브의 자회사 위버스컴퍼니의 팬덤 플랫
폼 '위버스'에서 방송되는 BTS의 웹예능이다.

탄탄한 소비력으로 무장한 엑스틴의 덕질이 산업에 미치는 영향
력은 생각보다 크다. 2020년 10월, 방탄소년단의 소속사 빅히트(현
하이브)의 공모주 청약에는 특히 40대 아미들이 청약에 참여하기 위
해 분주하게 움직였다. 이들에게 빅히트 주식은 'BTS 굿즈'와 같은
개념이었다. 또한 오랜 시간 팬으로 살아왔기 때문에 엔터테인먼트
업계에 대한 자신감으로 청약에 참여했다는 글도 있었다.[11] 10대 시
절부터 단련해온 덕질의 내공이 투자로 실현되는 순간이었다.

2. '자본주의 키즈'에서 '자본주의 어른'으로 성장하다

"X세대는 자녀에게 돈이 많이 들어가는 시기라서 매번 돈이 없다고 이야
기하긴 하는데, 항상 뭘 산다. 소비를 줄이지 않고, 그냥 좀 더 알뜰하게
사는 방법을 생각할 뿐이다."

몇 년 전부터 X세대를 연구해온 한 국내 광고회사 연구원의 말이
다.[12] 엑스틴이 청소년기를 보냈던 1990년대는 '단군 이래 최대 호
황기'라고 할 정도로 경제성장이 빠르게 진행되던 시기였다. 1980년
대부터 2010년대까지 실질소득은 꾸준히 증가했고 소비는 지속적으
로 확장됐다. 경제력을 바탕으로 사람들은 점차 필수재에서 사치재
로 소비 영역을 넓혀갔다. 엑스틴이 10대였던 당시는 절약이 미덕이
던 시대에서 소비가 권장되는 시대로의 전환기였다. 소비를 통해 욕

망을 표출하고 브랜드로 자신의 개성을 드러내던 원조 '자본주의 키즈'의 탄생기였던 셈이다.

'자본주의 키즈'로 자란 엑스틴이 이제 '자본주의 어른'이 됐다. 이들이 40대로 진입하면서 소비시장에서도 변화가 관찰되고 있다. 우선 기존의 베이비부머 세대가 가족을 위한 소비에 집중했다면 엑스틴은 소비의 중심에서 '나'를 제외시키지 않는다. 나를 위한 소비로 가장 눈에 띄는 항목은 자기 관리와 성장이다. 엑스틴은 어느 정도 안정된 생활을 유지하고 있지만 현실에 안주하지 않고 성장하고 싶다는 욕구가 매우 큰 '업글세대'다. 특히 엑스틴은 이전 세대인 베이비부머와 달리 높은 대학 진학률을 보인 첫 세대이기도 하다. 누구의 아빠이자 엄마이기 전에 개인으로서 자기계발에 대한 갈망이 높다.

엑스틴의 성장에 대한 욕구는 소비로도 나타난다. 신한카드 빅데이터연구소가 2019년 상반기와 2021년 상반기 카드 지출 데이터를 비교한 결과, 온라인 클래스와 온라인 서점 등에서 엑스틴의 결제 비중이 늘어난 것으로 나타났다. 온라인 교육 플랫폼 '클래스 101'·'마이비스킷' 등 5개 업종에서 20대 여성의 이용 비중이 2년 만에 16.1% 감소한 반면, 40대 여성의 경우는 7.9% 늘었다.[13] 홈트레이닝을 위한 온라인 퍼스널 트레이닝에서도 40대 이상 연령대의 소비가 늘었다. 연령대별 온라인 PT 업종 결제 비중은 20대의 경우 2019년 상반기 43%에서 2021년 상반기 27%로 16%포인트 감소했지만, 40대 비중은 21%로 2019년에 비해 7%포인트 증가한 것으로 집계됐다.[14]

코로나19 이후 급격하게 성장한 이커머스 시장을 견인한 세대도 엑스틴이다. 아날로그와 디지털을 모두 경험한 엑스틴이 오프라인에서 온라인으로 빠르게 전환했기 때문이다. 과학기술정보통신부가 발표한 '2020 인터넷 이용 실태조사'에 따르면, 40대 온라인 쇼핑 이용률은 2019년 71.6%에서 2020년 86.3%로 약 15%포인트 증가했다.[15] 하나금융경영연구소가 2020년 온라인 결제 데이터를 기반으로 내놓은 〈세대별 온라인 소비 행태 변화와 시사점〉 보고서에서도 40대 이상 중장년층의 온라인 카드 결제 규모는 2019년 대비 약 49% 증가했다. 특히 쿠팡·G마켓 등 이커머스에서 40대 이상의 결제 증가율은 30대 이하보다 1.8배 이상 높게 나타났다.[16] 청소년기에 인터넷을 접하고 온라인 쇼핑을 경험해본 엑스틴이 온라인 시장의 큰 손으로 떠오르고 있다.

업계에서도 새로운 40대, 마흔둥이를 위한 전용 앱이 속속 등장하는 추세다. 패션만큼은 매장에서 직접 입어보고 사야 했던 이전의 40대와 달리 엑스틴은 쇼핑도 모바일로 쉽게 즐긴다. MZ세대의 전유물로 알려진 패션 플랫폼 '지그재그'는 2021년 하반기 중장년층 대상 브랜드를 대거 입점시킨 전용 앱 '포스티Posty'를 선보였다.[17]

●●● 4050세대 중장년층을 타깃으로 한 온라인 패션 플랫폼 '퀸잇'. 모바일 쇼핑에도 능숙한 엑스틴은 온라인 쇼핑 앱 시장에도 변화를 가져오고 있다.

중장년층을 위한 온라인 패션 플랫폼계의 선두 주자인 '퀸잇'은 2020년 9월 론칭 이후 9개월 만에 누적 다운로드 건수가 140만 건을 넘어섰다. 거래액은 매달 300% 이상 성장하며 엄마들을 위한 패션 전용 플랫폼으로서의 가능성을 열었다. MZ세대를 기반으로 성장한 무신사 또한 2021년 내에 4050세대를 타깃으로 한 서비스를 론칭할 계획인 것으로 알려져 있다.[18]

업계에서는 구매력과 충성도가 높은 엑스틴을 어떻게 유입시키느냐가 결국 사업의 성공을 결정하는 '치트키(컴퓨터 게임에서 제작자들만이 알고 있는 비밀키)'라는 말이 나온다. 새로운 서비스를 가장 빠르게 시도하는 것은 MZ세대지만, 그것을 시장에 안착시키려면 X세대의 힘이 있어야 하기 때문이다. 2015년 서비스를 시작한 이후 5~6년 만에 거대 유통사를 위협하는 온라인 쇼핑몰로 자리 잡은 마켓컬리의 성공 이면에도 엑스틴이 있다. 와이즈앱이 발표한 〈2021년 6월 식품 새벽배송 앱 동향〉을 살펴보면 마켓컬리 전체 이용객 중 40대(35.4%)와 50대(23.1%)의 사용자가 전체 고객의 절반 이상을 차지한다.[19]

이렇듯 최근 시장에서 급성장하는 서비스 및 제품은 모두 엑스틴의 소비력에 기반하고 있다. 온라인 명품 쇼핑 앱 '발란'의 최형록 대표는 한 인터뷰에서 "창업 초기만 해도 MZ세대를 공략하겠다는 전략을 짰는데 실제로는 40대 고객의 재구매율, 건당 거래액 등이 전체 매출의 상당 부분을 차지하고 그 비중도 점점 커져 최근에는 아예 타깃 고객 연령대를 좀 더 높여 마케팅을 전개하고 있다"고 밝혔다.[20]

3. Z세대의 인싸력을 장착하다

흔히 'MZ'라는 이름으로 밀레니얼과 Z세대를 합쳐서 언급할 때가 많지만, 그 둘 사이에는 적지 않은 차이가 존재한다. 그 차이를 만드는 여러 요소 중에서 반드시 살펴봐야 할 것은 그들의 부모 세대다. '58년 개띠'로 대표되는 베이비부머 세대의 자녀가 밀레니얼이고, 1990년대를 주름잡은 엑스틴의 자녀가 Z세대다. 자녀의 소비 습관 형성에는 부모가 직·간접적으로 큰 영향을 주기 때문에, 세대를 분석할 때 그 부모 세대와 함께 분석하는 것은 중요하다.

베이비부머 세대는 한국전쟁의 혼란기를 겪은 뒤 빠른 경제성장을 일궈낸 세대다. 이들에게는 경쟁에서 승리하고, 더 나은 삶을 위해 '노오력'하는 것이 중요했다. 반면 Z세대의 부모 세대인 엑스틴은 '나'에게 집중하며 개성을 존중하고 자신의 취향과 주장을 거리낌 없이 표현한다. 역사상 가장 진보적인 세대로 평가받는 X세대는 그들의 특성을 자녀에게 고스란히 이식했다. Z세대가 추구하는 다양성과 공정함의 가치, 결혼과 삶에 대한 유연한 사고, 인류와 환경을 아우르는 지구인 정체성 등은 부모 세대가 꿈꾸던 자유롭고 진보적인 가치관을 물려받은 것이다.[21]

엑스틴은 자녀와 같이 놀고 심지어 자녀에게 배우는 것에도 익숙하다. 10대 자녀를 둔 사람의 메신저 프로필 사진을 눈여겨보면, 실물과 미묘하게 다르다는 점을 느낄 수 있다. Z세대 자녀로부터 배워 프로필 사진에 필터를 적용했을 가능성이 높기 때문이다. 자녀로부터 스노우 앱이나 인스타그램 필터로 셀카 찍는 법을 전수받은 엑스틴은 때로는 자녀들보다 필터 사용에 더 적극적이다. 틱톡에서는 X

세대 부모와 Z세대 자녀의 '케미'가 화제다. 최근 틱톡에서 인기가 급상승하고 있는 해시태그 중 하나는 '#가족틱톡' 혹은 '#가족틱톡영상'이다. 대부분 부모님과 함께 춤을 추는 영상을 올리거나 특정 챌린지를 같이한다. 2021년 3월 기준으로 각각 조회 수가 4,390만 건, 21만4,200건이나 되는 인기 해시태그로 떠올랐다.[22]

자녀와 함께 게임을 즐기는 데 거부감이 없다는 것도 흥미롭다. 문화체육관광부와 한국콘텐츠진흥원이 발표한 '2021 게임 이용자 실태조사' 결과에 따르면 학부모의 57.5%가 자녀와 함께 게임을 즐기는 것으로 나타났다. 학부모의 연령대로는 30대가 73.1%로 가장 높고, 40대(65.1%)가 뒤를 이었다.[23] 자녀와 공감하고 소통할 수 있는 수단으로 게임의 긍정적인 측면을 높게 평가하고 있는 것이다. 이러한 경향은 서울대학교 소비트렌드분석센터에서 진행한 구독 서비스 집단면접에서도 나타났다. 중·고등학생 자녀를 둔 엑스틴을 대상으로 구독 패키지에 포함되기를 원하는 서비스의 종류를 물어본 결과 의외로 플레이스테이션이나 X박스같은 콘솔 게임기 대여나 게임 구독을 원한다는 응답이 많았다.

엑스틴이 자녀와 친구처럼 지낼 수 있는 이유는 기본적으로 가치관이 비슷하기 때문이다. 밀레니얼 세대가 베이비부머 세대로부터 '노력해서 성공하는 삶'을 요구받았던 것에 비하면, 엑스틴은 자녀에게 무조건적인 1등을 바라지 않는다. 대신 자녀 스스로 원하는 길을 찾도록 다양한 가능성을 지원한다. 이는 전술한 '러스틱 라이프' 트렌드의 바탕이 되기도 한다. 최근 맘카페에서는 자녀의 시골학교 유학을 고려한다는 글을 자주 볼 수 있다. 농·산·어촌은 코로나19 확진자 발생이 도심에 비해 매우 적은 데다 시골에 있는 작은 학교들은 '코로나 휴교'를 하지 않아 등교해서 대면 수업을 받을 수 있기 때문이다. 실제로 전남도교육청에서 운영하는 '농·산·어촌 유학 프로그램'으로 서울에서 전라남도 내 학교로 전학 온 학생은 모두 83명이다. 유학 대상은 초등학생 4학년부터 중학교 2학년까지로, 텃밭 가꾸기나 반딧불 축제 등 시골학교의 장점을 살린 체험 위주의 교육을 진행하고 있다('러스틱 라이프' 참조).[24]

공부와 높은 성적만을 강조하지 않는 것도 엑스틴의 특징이다. 대표적인 사례로 엑스틴 부모의 지원 아래 학교 생활과 개인 사업을 병행하는 '학생 사장'이 늘어나는 현상을 들 수 있다. 유튜브와 소셜미디어에 '10대 사장'·'학생 사장'을 검색하면 자신의 손재주와 능력을 살려 사업하는 청소년들이 쉽게 눈에 띈다. 문구나 액세서리 등 직접 만든 수공예품부터 도매상에서 직접 구한 옷까지 판매 품목도 다양하다. 이러한 'Z세대 사장님'이 등장한 이면에는 '쿨'한 X세대 부모가 있다. 엑스틴 부모는 자녀에게 "공부하라"는 성화 대신 자녀가 처리하기 힘든 세금 문제를 해결해주거나 경영상의 조언을 해주는 든든한 지원자를 자처하는 경우도 많다.[25]

4. 위 세대와 아래 세대 사이에서 길을 잃다

1990년대의 물질적 풍요 속에서 자랐다지만 엑스틴의 삶이 마냥 순탄했던 것은 아니다. 엑스틴이 대학을 졸업할 즈음 역사적인 사건이 터진다. 이들이 사회에 막 진출하려던 1997년 12월에 발생한 한국의 IMF 구제금융 요청이었다. 그 혹독했던 취업난을 딛고 가까스로 취업했지만 10년 후 다시 2008년 글로벌 금융 위기가 닥친다. 성인이 된 후 한창 경제활동을 이어가던 시기에 두 차례의 경제 위기를 모두 경험한 것이다. 호의적이고 낭만적이던 세계는 지나가고 차갑고 냉엄한 현실에 직면해야 했다. 엑스틴은 이 시기를 생존의 법칙을 체득한 시기였다고 스스로 평가한다. 순식간에 적대적인 환경에 놓일 수도 있다는 위기의식은 살아남기 위해 외부의 환경에 몸을 낮춰야 한다는 생존 기제로 작동했다. 그에 따라 수직적 위계질서를 가진 조직에 빠르게 순응하고 조직에서 인정받아 안정적인 자리를 확보하는 것이 엑스틴의 최우선 과제가 됐다.[26]

이제 엑스틴은 조직의 중간관리자로서 5060세대와 2030세대를 잇는 가교 역할을 요구받고 있다. 하지만 밀레니얼 세대들은 현재 관리자이거나 관리자 승진을 앞두고 있는 40대 선배들을 50대 임원들보다 더 불편해하는 경우가 많다. 밀레니얼 세대와 20대 후반의 Z세대는 엑스틴이 조직에서 자신들과 가장 나이 차가 적게 나는 선배임에도 불구하고 자신들을 이해하지 못하고 조직의 논리를 강요한다고 생각한다. 또 5060세대 입장에서는 자신들처럼 팀을 확실하게 이끌지 못하는 40대 직원들이 답답하고 못마땅하다. 엑스틴은 386세대로 구성된 위 세대와 조직에 유입되고 있는 새로운 세대 사이에 끼어 있다는 의미에서 '낀 세대' 혹은 '식빵 세대'로 불리기도 한다.

더욱이 조직은 이들에게 감독을 맡으면서 선수로도 뛰는 '플레잉 코치playing coach'가 되길 요구한다. 한 마디로 실무와 더불어 책임(관리)도 도맡으라는 말이다. 이러한 현상이 나타나는 이유는 공공·민간을 막론하고 조직의 형태가 급변하는 시장에 빠르게 대응하기 위해 셀cell 단위, 애자일agile 조직 등으로 규모를 줄이는 추세이기 때문이다. 직위도 부장-차장-과장-대리-사원에서 탈피해, 연차가 낮든 높든 프로·매니저·책임·코치·컨설턴트 등으로 통일하는 곳이 많다. 엑스틴의 심적·육체적 부담이 높아질 수밖에 없다.[27]

엑스틴 입장에서는 억울하다. 그들은 회사에서 누가 가르쳐주지 않아도 스스로 방법을 만들어내고 경험을 쌓아왔다. 더구나 X세대가 취직하던 당시는 업무가 디지털화·정보화되면서 선배 세대들의 노하우가 소용없어지는 경우가 많았다. 조직 내에서 새로운 프로세스를 만들면서 선배들에게 엑셀과 파워포인트 노하우를 전한 것도 X세대였다. 스스로 만들어내는 데 익숙하다 보니 엑스틴은 세세한 매뉴얼에 기반한 '마이크로 매니징'에 익숙하지 않다.[28] 그런데 아래 세대들은 엑스틴에게 명확한 매뉴얼과 합리적 업무 지시를 요구한다. 전문가들은 X세대를 포함한 위 세대가 일을 관행적으로 받아들이는 '지도map 세대'라면, 조직 구성원으로서의 MZ세대는 명확한 지시를 바라는 '내비게이션navigation 세대'라고 분석한다.[29]

이러한 현실을 반영하듯, 최근 서점가 자기계발 부문에서 가장 인기 있는 키워드는 '팀장'이다. 『팀장 리더십 수업』·『팀장의 말투』·『팀장혁명』 등 제목에 팀장을 내세운 책들이 쏟아지고 있다. MZ세대가 점점 기업에 더 많이 유입되면서 엑스틴이 직면한 직장 문화가 빠르게 변하고 있다는 방증이다. 특히 코로나19로 비대면 업무가 늘면서 팀장의 21세기형 리더십이 더 중요해졌다. '꼰대'가 되지 않기 위해 스스로를 끊임없이 성찰하는 것도 엑스틴의 몫이다. 국내 한 광고대행사의 조사에 따르면 검색창에 '꼰대'라는 단어를 가장 많이 검색하는 연령은 50대가 아니라 40대라고 한다. 1~2년 전부터 유행하고 있는 '꼰대력 테스트'를 많이 시도해보는 연령도 엑스틴이다. 본인의 꼰대력을 계속 체크하면서 자신이 꼰대가 되어가는 것은 아닌지 끊임없이 단속하는 것이다.

전망 및 시사점
대한민국의 허리이자 소비 시장의 핵심

＼

우리는 모두 시대의 산물이다. 알고 있든 모르고 있든 우리가 속한 시대가 우리의 생각과 가치관을 형성한다. X세대는 신세대·정보화 세대·세계화세대·탈정치세대·문화세대 등 다양한 이름으로 불렸다. 1990년대 뉴스에 자주 오르내린 '오렌지족'이라는 단어가 있다. 오렌지족은 1990년대 초 강남에 거주하는 부자 부모 덕분에 화려한 소비 생활을 누린 20대를 가리키는 말로, 당시 과소비의 대명사로 쓰였다. 소비가 사회의 지탄을 받던 시대에 누구보다 소비지향적이었던 X세대에 대한 비판이었을 것이다. 하지만 최근 이들을 지칭하는 용어는 뉘앙스가 다소 달라졌다. 전술한 낀 세대·식빵 세대처럼 중간자적 위치에서의 의무를 강조하는 표현들이 대부분이다. 그러니까 인류 역사상 가장 특이하고 가장 당황스러운 세대로, 1990년대 탈권위·개성 추구·솔직함으로 한국 사회의 패러다임을 주도했던 X세대의 존재감이 어느새 미미해졌다는 뜻도 된다.

그럼에도 X세대는 여전히 중요하다. 통계청에서 발표한 중위연령 변화를 살펴보면 1975년 우리나라 중위연령은 21.4세였다. 중위연령이란 전체 인구를 나이순으로 나열할 때 중앙에 위치한 사람들을 가리키는데,[30] 이후로 2005년 34.3세, 2010년 37.3세, 2020년 43.7세로 급격히 높아지는 추세를 보인다. 현재 대한민국의 중심 나이가 40대라는 뜻이다. 그렇다면 1990년대 신세대의 아이콘에서 사회의 중심축으로 돌아온 엑스틴이 만들어갈 변화된 시장에 대응하기 위해 우리에게 필요한 것은 무엇일까?

우선, 시장의 핵심 수요자로서의 엑스틴을 놓치는 우를 범해서는 안 된다. 앞서 이야기했듯 엑스틴의 니즈를 맞추지 못한다면 안정적으로 시장에 자리 잡기 어렵다. 엑스틴의 라이프스타일이 MZ세대와 비슷하지만 두 세대 간에는 미묘한 차이가 있다. 따라서 엑스틴 소비자를 세밀하게 분석하고 디테일한 차이를 포착해내는 것이 중요하다. 예를 들어 엑스틴은 디지털에 익숙하지만 아날로그를 체험한 세대여서 활자 매체를 익숙하게 여기는 측면이 있다. 유통 업계에서도 엑스틴을 지류紙類 광고가 통하는 마지막 활자 세대로 보고 있다. 지류 광고에 관심이 없는 밀레니얼 세대와 달리 엑스틴의 경우 카톡 광고와 지류 광고를 다 본다는 것이다.

또한 각종 정보에 갈증을 느끼는 세대라는 점에서 정보성 콘텐츠를 마케팅에 활용할 수도 있다. 꽃 구독 서비스 '꾸까'를 이용하는 밀레니얼 세대는 일방적으로 꽃을 추천받는 것이 자신의 선택지를 제한하는 것 같다고 아쉬움을 표현한다. 하지만 엑스틴은 앱이 꽃을 추천해주고 꽃에 대한 정보를 알려주는 것이 유용하다고 평가한다.[31] 엑스틴은 항상 새로운 트렌드를 알고 싶어한다. 1990년대에는 트렌드를 주도했던 세대였지만 지금은 밥벌이와 집안일로 트렌드에 뒤처지는 듯하기 때문이다. 엑스틴을 타깃팅하는 유통 업계에서는 정보성 콘텐츠를 통해 엑스틴의 성장을 도울 수 있을 것이다.

엑스틴을 세분화해서 접근하는 것도 중요하다. 빅데이터·AI로 인해 시장이 점점 세분화되고 개인 타깃 마케팅이 증가하고 있다. 당연히 세대 구분 역시 더 세밀해져야 한다. 비슷한 관점에서 10~15년 단위로 세대를 구분하는 것에 회의적인 시각도 있다.[32] 사회가 워낙 빠르게 바뀌다 보니 공통의 가치관과 라이프스타일을 가진 세대의 범위가 점점 좁아지고 있다는 것이다. 40대 초반과 후반만 해도 차이가 난다. 서울대 소비트렌드분석센터에서 진행한 엑스틴 집단면접에서는 다음과 같은 발화를 한 참여자도 있었다. "1975년생 기준으로 확실히 사고방식이 달라요. 예를 들어, 1975년생보다 나이가 많으면 부부싸움을 해도 남편 밥을 차려주고, 그보다 어리면 싸우고 나서 남편 밥을 안 차려준다고 하더라고요."

조직에서도 엑스틴에 대한 관심이 절대적으로 필요하다. 최근 조직 관리의 초점이 MZ세대에 쏠리면서 엑스틴은 당연시되거나 무시되는 경향이 있었다. 사실 엑스틴은 지금껏 생존을 위해 조직에 적응하고 회사에서 요구하는 성과를 내기 위해 노력했던 세대다. 위 세대와 아래 세대를 연결하는 다리의 역할을 요구하기 전에 이들이 겪은 새로운 세대 갈등과 리더십 고민을 들어주어야 한다.

마지막으로 빠르게 변화하는 사회에서 자신의 커리어와 조직에서의 포지셔닝을 고민하는 엑스틴에게 경력 관리를 지원하는 것도 중요하다. 기업의 정신 건강을 진단하고 상담해온 '마인드루트' 이

경민 대표는 조직이 1970년대생들에게 어떠한 경력 관리와 학습을 제공하는지는 1970년대생뿐 아니라 1980년대생, 1990년대생에게도 매우 중요한 문제가 될 수 있다고 분석한다. 자기계발의 기회 제공은 **심리적 계약**을 이루는 중요한 축이며 이는 조직에 대한 충성심과 몰입도 및 신뢰도에 영향을 미친다. 즉, 1970년대생들에게 제공되는 경력 관리 및 학습 지원은 조직이 구성원 전체에게 주는 존중의 시그널이 될 수 있다는 것이다.[33]

심리적 계약
psychological contract

하버드대 경영대학원 크리스 아지리스Chris Argyris 명예교수가 종업원과 감독자의 관계를 '심리적 근로계약psychological work contract'이라는 개념을 도입해 설명한 것이다. 조직 문화 분야의 석학인 에드거 샤인Edgar Schein은 계약을 위한 상호 교환의 매개체로 금전의 제공·자기계발의 기회 제공·조직 구성원의 사회적 욕구 및 안정의 욕구 충족 등을 예로 들었다. 이러한 심리적 계약은 서류로 명문화된 것은 아니지만 조직 구성원들 사이에 암묵적으로 공유된다.

'도무지 알 수 없는 세대'라는 의미에서 '미지수'를 뜻하는 'X'를 장착했던 1970년대생, 엑스틴이 사회의 중심으로 진입하고 있다. 이들은 세상에 없던 패러다임의 전환을 만든 첫 세대이자 지금의 대중문화와 MZ세대 가치관의 토대를 만든 세대이기도 하다. "엑스틴 이즈 백." X세대가 엑스틴으로 다시 돌아왔다. 당분간 대한민국 소비 시장은 엑스틴이 이끌고 갈 것이다. Z세대의 부모, 조직에서의 관리자, 구매력을 갖춘 소비자로서 엑스틴을 향한 관심도 커지고 있다. 새로운 중년 소비자로서 앞으로 이들이 만들어 갈 한국 사회의 전례 없는 새로운 변화가 다시 한번 기대된다.

Routinize Yourself

바른생활 루틴이

자기주도적으로 생生을 살아가고자 하는 신인류가 나타났다. 직장인은 하루 일과표를 만들어 스스로 준수하고, 학생들은 서로 모르는 사람들끼리 스터디 카톡방을 만들어 실천을 인증한다. 일상에서도 "3분간 양치하기" 같은 소소한 루틴을 지키며 나만의 성공 스토리를 모아간다. '루틴routine'은 매일 수행하는 습관이나 절차를 의미하는 말인데, 외부적 통제가 사라진 상황에서 루틴을 통해 스스로의 일상을 지키고자 노력하는 요즘 사람들을 '바른생활 루틴이'라고 부르고자 한다. 루틴이들은 자진해서 목표를 만들어 자신을 묶고, 함께 '습관 공동체'를 만들어 타인의 도장을 받고, 매일매일을 되돌아보며 의미를 부여함으로써 작은 성취를 확인해나간다.

루틴이가 늘어나는 이유는 복합적이다. 근로 시간의 축소와 코로나19 바이러스의 영향으로 생활과 업무의 자유도가 높아지면서, 자기 관리를 보다 단단히 해야 할 필요성이 커졌다. 큰 성공이 어려워진 나노사회에서 자아의 의미를 찾는 방법은 반복되는 일상에서 '미세행복'을 추구하는 것이다. 루틴이는 '업글인간' 트렌드의 연장선상에 있지만 어제보다 나은 오늘의 내가 되길 기대하며 노력하는 업글인간과 달리, 루틴이에게 가장 중요한 가치는 "아무것도 아닌 평범한 인생이지만, 그 인생에 최선을 다하겠다"는 '자기다짐적' 삶의 태도다.

이런 흐름에 따라 기업은 루틴이 소비자들의 성실한 하루를 지원하는 마케팅과 커뮤니케이션 전략을 수립해야 한다. 인사·조직 관리에서도 루틴이들의 업무 자율성을 보장하는 한편, 이들이 최대한의 성과를 낼 수 있도록 독려하는 피드백 기반의 상시적 평가 시스템을 구축해야 한다. 문제는 신뢰다. '바른생활 루틴이' 트렌드는 조직 관리든 학교교육이든 자녀 지도든 사람에 대한 신뢰가 바탕이 될 수 있다는 가능성을 잘 보여주고 있다. 인간은 기본적으로 자기 향상을 도모하는 존재이며, 나태 속에서 스스로를 일으킬 모멘텀을 추구하는 본성에 대한 믿음이 필요하다.

오늘도 습관처럼 운동법을 알려주는 유튜브를 튼다. 침대에 누운 채 눈으로만 영상을 시청한다. '좋은 영상이니 다음에 꼭 따라 해봐야지' 하고 다짐하면서 '스크랩하기' 버튼을 누른다. 스크랩만 늘어나는 것 같아 마음이 불편하지만 댓글을 살펴보니 나 같은 사람이 꽤 많은 것 같아 왠지 안도감이 든다.

위 글을 읽자마자 꼭 내 이야기인 것 같아 어쩐지 뜨끔한 사람도 있을 것이다. 요즘은 운동 배우기가 참 쉽다. 굳이 유명 피트니스센터를 찾지 않더라도 유튜브 속 전문가들이 운동하는 방법을 친절하게 알려준다. 좋은 영상은 차고 넘친다. 문제는 실천이다. 의지만큼 실천이 뒤따르지 않는 보통 사람들에게 매일 올라오는 홈트 영상은 또 다른 부담일 뿐이다. 그런데 이렇게 의지가 약한 이들조차도 눈이 번쩍 뜨일 만한 팁이 하나 있다. 유튜브 댓글을 운동하지 않는 나를 안도시키는 도구로만 활용하는 것이 아니라, 오히려 매일 홈트를 실천하도록 등을 떠밀어주는 도구로 쓰는 것이다.[1]

이제 자신의 일상을 스스로 설계해야 하는 시대다. 학창 시절에 야간 자율학습을 경험해본 사람이라면 아마도 요즘 우리 사회 전반의 자율성이 얼마나 높아졌는지 실감할 수 있을 것이다. 학교 정규 수업이 끝난 후 거의 모든 학생들이 저녁 6시부터 10시까지 교실에 남아 공부해야 했던 야간 자율학습은 참으로 '자율'이란 단어가 어울리지 않는 제도였다. 하지만 교과과정이 바뀌면서 이런 강압적인 자율은 좀처럼 찾아보기 힘들어졌다. 요즘 학생들은 오후 3~4시만 되면 교문을 나선다. 그 이후에는 학원을 가든 독서실을 가든 각자의 계획을

유튜브 댓글을 운동의 동기부여 도구로 활용하는 방법

댓글 활용 팁	예시
1단계 유튜브에 접속해 '다노 눈뜨스(아침에 눈뜨자마자 따라 하는 스트레칭)' 같은 인기 홈트 영상에 열심히 운동하겠다는 나의 다짐을 댓글로 남긴다. 이때 다른 사람들에게 자신의 댓글에 '좋아요'를 누르거나 '대댓글'을 작성해 본인에게 푸시 알림이 오도록 도와달라고 요청한다.	"진짜 꼭 꾸준히 하고 싶은데 알람 오게 지나가다 한 번씩 좋아요 좀 눌러주세요ㅠㅠ." "여러분, 저 힘내서 더 꾸준히 하라고 '좋아요' 눌러주세요~." "밤 11시 30분까지 안 하면 댓글로 불러주세요!!"
2단계 댓글로 운동 다짐을 작성한 사람의 댓글에 다른 사람들이 '좋아요'를 눌러주거나 '대댓글'을 달아주며 응원한다.	"똑똑똑, 어디 계신가요? 얼른 오세요~ 같이 운동해요!" "뭐예요, 슬슬 저녁 시간이 다가옵니다. 얼른 하십시오." "이제 이십 분밖에 안 남았어요. 당신 할 수 있어!!"
3단계 댓글에 운동 수행 여부, 운동 시간 등을 기록하는 것은 물론, 운동 후 몸의 상태 혹은 운동을 하지 못한 사유 등을 후기로 작성한다.	"7/8(목) 이사 및 쫑파티 하느라 과음… 새벽에 이동… 변화가 있어도 꾸준히 하려고 다시 노력해볼게요!" "8/29(토) 운동 수행: 0 / 2일 차 후기: 딱딱했던 종아리 알이 말랑해짐"

따른다. 어디 학교뿐일까? 사회의 자율성도 높아졌다. 코로나19 사태가 지속되면서 재택근무가 빠른 속도로 확산되고 기업 분위기 역시 '당신이 언제 어디서 일하든 상관하지 않는work-from-anywhere' 방향으로 변화하면서 삶과 업무 환경의 자유도degree of freedom가 높아졌다.

외부에서 주어진 타율적 계획표가 아닌, 스스로 세운 자율적 계획표에 따라 살아가야 하는 현대인에게 '의지박약'은 더 이상 혼자만의 문제가 아닌 공동의 문제가 됐다. 이제 현대인들은 갑작스레 찾아온 자유 앞에서 온전히 자신의 의지로 일과를 지켜나가야 한다. 그렇다면 작가나 음악가처럼 직업적 특성으로 인해 일찍이 자유도가 높은 삶을 살아온 사람들은 어떻게 본인의 삶을 계획하고 실천해왔을까? 건국대 정신건강의학과 하지현 교수는 '삶의 규칙성'이 무엇보다 중요하다고 설명한다.[2] 흔히 사람들은 예술가의 창의력이 자유로운 생활 방식에서 비롯된다고 생각하지만 성공한 예술가들의 삶을 들여다보면 의외로 규칙적인 경우가 많다. 프랑스의 소설가 베르나르 베르베르는 매일 아침 똑같은 카페에 들러 아침을 먹고, 오전 시간 동안 약 10쪽 분량의 글을 쓰고, 오후 1시부터는 사람들과 만나 점심을 먹는다고 한다. 무라카미 하루키는 아침에 일어나 달리기를 하고, 간단한 식사 후에 글을 쓰고, 오후에는 쉬고, 저녁에는 음악을 듣는다고 알려져 있다. 일상의 패턴을 정확히 지켜나가는 것, 그것이 창의력의 비결인 것이다.

　내 삶을 스스로 설계해야 하는 시대, 『트렌드 코리아 2022』에서는 외부의 통제가 현저히 줄어든 상황에서 자기만의 일상을 지키고자 노력하는 요즘 사람들을 '바른생활 루틴이'라고 부르고자 한다. '루틴routine'은 매일 수행하는 습관이나 절차를 의미하는데, 요즘 젊은 세대들이 사용하는 용례를 살펴보면 '공부루틴'·'운동루틴'·'업무루틴'처럼 특정 행위와 관련된 활동을 지칭하기도 하고, '아침루틴'·'저녁루틴'처럼 특정 시간대에 하는 일련의 행동 묶음을 루틴이라 부르기도 한다. 루틴은 매일 혹은 규칙적인 주기로 수행한다는 점에서 '습관'과 유사하지만 습관에 비해 '삶의 방향성을 스스로 통제하려는 의식적인 노력'이라는 점에서 차이가 있다. 코난테크놀로지가 '습관'과 '루틴' 단어의 연관 해시태그를 비교한 결과를 살펴보면, 습관은 "의식적으로 혹은 무의식적으로 반복하는 행동의 집체"를 지칭하는 반면, 루틴은 "의식적으로 반복하기 위해 세운 계획 혹은 일련의 행동"에 더 가깝다. 두 키워드 모두 반복의 의미를 지니고 있지만, 루틴은 습관에 비해 '구체적인 계획'의 의미가 상대적으로 더 강하다. 분석 빈도에서도 습관의 언급량은 최근 들어 주춤한 반면 '루틴'의 언급량은 꾸준히 증가하는 추세다.

'바른생활 루틴이' 트렌드는 『트렌드 코리아 2020』에서 소개한 '업글인간' 트렌드를 잇는다. 하지만 루틴이들에게 자기통제 노력 self-control efforts은 단순히 자신을 업그레이드하고자 하는 자기계발

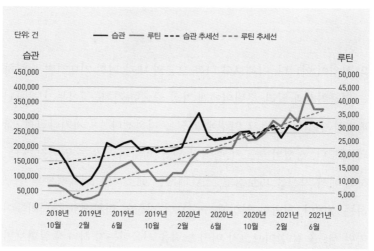

습관·루틴 언급량 변화 추이 비교

분석 키워드: '습관', '루틴'
분석 채널: 트위터, 카페, 블로그, 커뮤니티
분석 기간: 2018.10.01.~2021.07.31.
출처: 코난테크놀로지

습관·루틴 관련 SNS 해시태그 비교

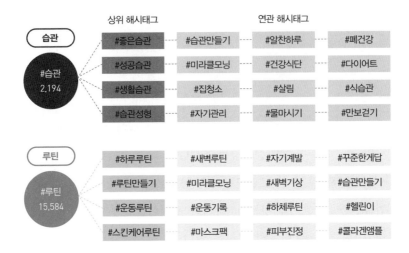

상위 해시태그　　　　　연관 해시태그

습관

#습관
2,194

#좋은습관	#습관만들기	#알찬하루	#폐건강
#성공습관	#미라클모닝	#건강식단	#다이어트
#생활습관	#집청소	#살림	#식습관
#습관성형	#자기관리	#물마시기	#만보걷기

루틴

#루틴
15,584

#하루루틴	#새벽루틴	#자기계발	#꾸준한게답
#루틴만들기	#미라클모닝	#새벽기상	#습관만들기
#운동루틴	#운동기록	#하체루틴	#헬린이
#스킨케어루틴	#마스크팩	#피부진정	#콜라겐앰플

분석 키워드: '습관', '루틴'
분석 채널: 트위터, 카페, 블로그, 커뮤니티
분석 기간: 2018.10.01.~2021.07.31.
출처: 코난테크놀로지

의 차원이 아니다. 어제보다 나은 오늘의 내가 되길 기대하며 노력하는 업글인간과 달리, 루틴이에게 가장 중요한 가치는 "아무것도 아닌 평범한 인생이지만, 그 인생에 최선을 다하겠다"는 '자기다짐적' 삶의 태도다. 경쟁의 농도가 짙어진 만큼 희망의 밀도는 옅어진 '나노사회'에서 자신을 바로잡고, 스트레스를 해소하며, 미세행복을 추구하는 것이다. 평범한 일상에 누구보다 진심인 바른생활 루틴이들이 이번 생ဲ을 잘 살아보고자 어떤 노력을 기울이는지 하나씩 살펴보면서, 자율성이 높아진 시대에 적응하는 새로운 라이프스타일을 만나보자.

바른생활 루틴이가 되는 법

\

"오늘도 눈으로 운동을 끝냈습니다. 이제 자야지~"

"이거 보면서 이불 속에 누워 있는 내 인생 ㄹㅈㄷ(레전드)"

"듣기만 해도 빠진다기에 세 번 듣고 갑니당. 리스닝 다이어트ㅋㅋㅋ"

운동이나 다이어트를 실행하지는 못하고, 드러누운 채 영상으로 보고 듣기만 하면서 때운다는 내용의 댓글들이다. 평범한 일상을 바람직한 행동으로 채워나가는 루틴이로의 변신은 누구나 희망하는 일이지만, 매일 꾸준히 루틴을 실천하는 일은 말처럼 쉽지 않다. 관건은 "어떻게 하면 중도에 포기하지 않고 지속해나갈 것인가?"다. 루틴이들이 바른생활을 실천하기 위해 사용하는 전략을 ① 목표에 나를 꽁꽁 묶어 루틴을 실천할 수밖에 없도록 배수의 진을 치는 '자기 묶기', ② 일상 속 루틴 실천을 독려하며 나와 함께 뛰어주는 페이스메이커를 찾는 '도장 받기', ③ 루틴의 결과를 성과로 평가하기보다는 루틴 그 자체에 의미를 부여하는 '되돌아보기'로 나누어 살펴본다.

1. 목표에 나를 꽁꽁 묶어라, '자기 묶기'

루틴을 일상화하기 위해 바른생활 루틴이들이 사용하는 첫 번째 방법은 스스로 루틴을 실천할 수밖에 없는 환경 속에 처하도록 강제하는 자기 구속 전략, '셀프바인딩self-binding' 혹은 '자기 묶기'다. 셀프바인딩은 보통 특정 행동에 중독되어 있을 때, 나와 중독 행동 사이에 장애물을 만들어냄으로써 자신을 구속하는 전략을 뜻한다.[3] 부정적 행동이 발생하지 않도록 미리 프레임을 씌우는 것이다. 긍정적인 행동을 독려하는 루틴이들은 이러한 '자기 묶기'를 역으로 적용한다. 루틴을 실천하지 않을 수 없도록 강제하는 프레임을 만드는 것이다.

자기 묶기를 실천하기 위한 가장 효과적인 매개체는 바로 '돈'이다. 돈을 미끼로 일상 루틴을 완성한다는 점에서 '돈money기부여' 전략이라고도 부를 수 있다. 최근 인기를 끌고 있는 '바디프로필' 열풍이 대표적인 사례다. 바디프로필이란 수개월간 운동과 식이요법을 병행해 멋진 몸매를 완성한 후, 이를 사진으로 찍어 제작한 화보를 의미한다. 예전에는 주로 연예인들이나 보디빌더들이 홍보용 또는 기록용으로 바디프로필을 찍었다면, 요즘에는 일반인들도 바디프로필 촬영에 관심을 갖기 시작했다. 평범한 사람들이 바디프로필을 찍는 이유는 무엇일까? 물론, 주된 이유는 건강하고 아름다운 나의 모습을 기록하고자 하는 것이겠지만 요즘 세대는 여기에 한 가지 이유를 추가한다. 바로 바디프로필을 촬영하겠다고 목표를 정하는 것 자체가 운동 루틴을 꾸준히 실천하는 동기가 된다는 점이다.[4] 실제로 바디프로필 촬영에는 많은 비용이 든다. 스튜디오 촬영비뿐 아니라, 헤어·메이크업·태닝·소품 등 준비하는 데 드는 각종 비용만 해도 60만 원이 훌쩍 넘는다.[5] 이렇게 큰돈을 헛되이 쓰고 싶지 않다면 매일 운동 루틴을 실천할 수밖에 없는 것이다.

수업을 이수하면 등록금 일부를 돌려주는 '환급형 교육과정'에 등록하는 것도 루틴이로 거듭나기 위한 강제적인 동기부여가 된다. 프로그래밍, 데이터 사이언스, 마케팅·크리에이티브 등의 성인 대상 교육 콘텐츠를 제공하고 있는 데이원컴퍼니의 '온라인 완주반'은 그

● ● ● 촬영 비용이 적지 않음에도 불구하고 최근 젊은 세대를 중심으로 바디프로필 열풍
이 불고 있다. 이는 돈을 미끼로 자기 묶기를 실천하는 '돈기부여' 전략의 일종이라
고 볼 수 있다.

이름에서 알 수 있듯 '어떻게 하면 수강생들이 온라인으로 진행되는
비대면 수업을 끝까지 수강하게 할 수 있을까'를 고심해 만들어졌다.
미국의 벤처캐피털 앤드리슨 호로위츠의 조사에 따르면 대면 수업처
럼 출결 관리가 쉽지 않은 온라인 강의의 완강률은 평균 3~7% 수준
에 그친다고 한다. 그러나 '온라인 완주반'의 완강률은 약 40% 수준
으로 일반 온라인 수업에 비해 5배 이상 높다. 매일·매주 단위의 학
습 스케줄, 일대일 코칭 서비스 등 수강생이 수업을 중도 포기하지
않도록 지원하는 여러 요소들이 있지만, 그중에서도 유독 눈에 띄는
것은 매주 학습 미션을 부여하고 이를 달성하면 일정 금액을 현금으
로 돌려주는 제도다. 지난 1년 동안 온라인 완주반의 환급률(1회 이상
수강료를 환급받은 비율)은 무려 94%를 기록했으며, 비용으로 환산하면
약 8.5억 원에 달한다.[6]

때로는 돈이 아닌 '시간'이 셀프바인딩의 핵심 속성이 되기도 한
다. 과도한 스마트폰 사용을 줄이기 위한 앱, '포레스트'는 목표한

시간 동안 스마트폰을 사용하지 않으면 나무가 자라고, 중간에 참지 못해 스마트폰을 사용하면 나무가 말라죽는다. 게임 형태로 스마트폰 중독을 예방하는 동시에 시간을 관리할 수 있게 한 것이다. 최근 수험생들 사이에서 인기가 높은 '타임 타이머'도 일종의 시간 한정 전략으로 사람들이 루틴에 집중하도록 강제하는 제품이다. 타임 타이머는 60분을 기준으로 남은 시간을 시각화하는 시계인데 구글에서 회의 시간에 많이 사용한다고 해서 '구글 타이머'란 별칭도 가지고 있다. 이 밖에 시간 관리를 도와주는 각종 스마트폰 앱도 인기다.[7] '비주얼 타이머'는 전술한 '타임 타이머'를 앱 형태로 구현한 것으로, 직장인들이나 학생들이 자신의 근무 시간이나 공부 시간을 한눈에 확인할 수 있도록 도와준다. 한편, 다국적 부동산컨설팅 업체인 JLL Jones Lang Lasalle 상하이 지사는 '회의를 효율적으로 진행하기'라는 회사의 목표를 직원들이 일상 루틴으로 실천하도록 독려하고자 한정

출처: 타임 타이머, 비주얼 타이머

●●● 남아 있는 시간을 시각화해주는 시계 '타임 타이머(왼쪽)'와 이를 앱으로 구현한 시간 관리 앱 '비주얼 타이머(오른쪽)'.

된 시간을 활용한다.[8] 우선 회의실에 의자가 없다. 회의에 참석한 사람들은 모두 서서 회의에 임해야 한다. 벽면도 살짝 몸을 기댈 수 있을 정도로만 디자인되어 회의 시간이 지체되면 피로도가 높아진다. 더 인상적인 것은 조명이다. 회의 시작 후 15분이 지나면 회의실 조명이 자동으로 소등되기 때문에 강제로 회의를 종료할 수밖에 없다.

2. 일상에도 페이스메이커가 필요해, '도장 받기'

마라톤 같은 운동경기에서 다른 선수들의 기준점이 되어 옆에서 함께 뛰어주는 조력자를 '페이스메이커'라 부른다. 이들의 목표는 본인이 좋은 기록을 내는 것이 아니라 본인이 담당한 선수가 좋은 기록을 낼 수 있도록 지원하는 것이다. 바른생활 루틴이들이 사용하는 두 번째 방법은 바로 조력자를 찾는 것이다. 앞서 소개한 유튜브 댓글창의 '좋아요'와 '대댓글'을 자극 요소로 활용한 예시처럼, 루틴에 집중하도록 타인의 힘을 빌려 강제하는 전략이다. 선생님이 감시할 때 왠지 공부에 집중이 잘 되고, 부장님이 옆에서 지켜볼 때 보고서를 쓰는 척이라도 하는 것처럼 타인이 나의 루틴을 지켜보며 '참 잘했어요' 도장을 찍어주는 것과 같다는 의미에서 이를 '도장 받기stamping' 혹은 '타인스탬프他人stamp'라 부를 수 있다.

원격수업 환경 아래 자기주도적 학습을 수행해야 하는 학생들은 온라인의 특장점을 최대한 활용해 공부에 몰입할 수 있는 환경을 조성한다. 서로의 모습이 보이는 영상을 켜두고, 화면 속 친구의 열공 장면을 보면서 감시 아닌 감시를 수행하는 일종의 '스터디 위드 미study with me' 전략이다. 2021년 8월, 부산서중학교는 재학생 중 총

58명의 희망자를 받아 여름방학 기간 동안 독특한 자기주도학습을 수행했다.[9] 방법은 간단하다. 참여 학생들은 매일 오전 9시부터 오후 1시까지 총 5교시 동안 자율적인 학습 계획을 세운다. 학생들이 집에서 각자의 시간표대로 공부하는 동안, 학교 교실에서는 대학생 자원봉사자들이 본인이 담당한 7~8명의 학생들이 공부하는 모습을 노트북이나 태블릿PC 화면으로 지켜본다. 한 팀을 이룬 다른 친구들의 열공 모습은 물론, 나를 지켜보는 대학생의 눈이 학생들로 하여금 공부에 집중하게 하는 것이다.

익명의 타인들과 서로의 성취를 자극하도록 지원하는 앱도 인기다. '열품타(열정을 품을 타이머)' 앱은 코로나19로 독서실·도서관 등 외부 시설을 이용하지 못하고 집에서 혼자 공부해야 하는 '혼공족'을 타깃으로 한 가상 독서실이다. 열품타에서는 특정 관심사를 가진 사람들끼리 그룹방을 만들 수 있다. 성균관대·고려대·중앙대 등 각 대학교 재학생들이 만든 스터디 그룹, 간호대·경영대 등 전공별 그룹, 심지어 판타지 소설 〈해리 포터〉 시리즈에서 가장 똑똑한 아이들이 들어가는 기숙사인 '래번클로'를 컨셉으로 내건 그룹도 있다. 한 그룹당 최대 50명까지 참여할 수 있어 시험 기간에는 특정 그룹에 들어가기가 도서관 자리 잡기 경쟁 못지않게 치열하다. 자리만 차지한 채 일주일 동안 10시간 이상 공부하지 않거나 3일 연속 출석하지 않으면 '강퇴(강제 퇴장)'시키는 등 그룹마다 규칙을 정할 수도 있다. 같은 그룹에 속한 사람들끼리 실시간 랭킹을 보면서 순위 경쟁을 할 수도 있어 혼공족의 페이스메이커 역할을 톡톡히 한다.

회사에서는 재택근무가 확산되면서 직원들이 업무에 몰입할 수 있도록 지원하는 도장 받기도 부상하고 있다. 직원들의 얼굴을 실시간으로 캡처해 관리자에게 전송하고, 직원들이 컴퓨터에 입력한 내용이나 인터넷 방문 내역을 체크하는 등 일명 '보스웨어' 혹은 '태틀웨어tattle+ware(고자질 프로그램)'로 불리는 소프트웨어가 바로 이에 해당된다. 액티브트랙·테라마인드·타임닥터 등의 원격감시 프로그램들이 코로나19 팬데믹을 맞아 빠른 성장세를 보이고 있는 가운데, 의외로 감시를 당하는 직원들의 반응이 그렇게 나쁘지 않다는 사실이 눈길을 끈다. 2021년 9월 영국 〈가디언〉의 보도에 따르면, 영국 노동자 중 약 4분의 3가량이 "고용주가 나를 감시하는 것을 알게 돼도 생산성에 큰 영향을 미치지 않을 것"이라 답했다고 한다.[10] 자율적인 업무 환경 아래, 스스로 업무에 몰두할 수 있도록 지원한다는 점에서 긍정적인 평가를 내린 것으로 보인다.

심리 치유를 통한 개인의 변화를 지원하는 자아 성장 플랫폼 '밑미Meet me' 역시 참여자들을 독려하는 페이스메이커가 있다는 점에서 다른 성장 지원 앱과 차별화된다. 회원들은 월 5~8만 원을 내면 출근 전 30분 요가하기·달리기하기·명상하기·매일 15분 청소하기·비건 음식 만들기처럼 다양한 프로그램에 참여할 수 있다. 이때 내가 참여한 프로그램을 매일 잘 수행할 수 있도록 도와주는 '리추얼 메이커ritual maker'가 있다는 점에서 다른 자기 관리 플랫폼들과 다르다. 리추얼 메이커로 활동하는 사람들 역시 주부부터 직장인·작가·기업 임원까지 다양하다.[11] 이들은 자신이 꾸준히 실천해온 경험을 토대로 참가자들을 격려하고 동기를 부여함으로써 개인의 목표 달성을 지원하는 동시에 회원들 사이의 따뜻한 관계 형성을 독려한다.

3. 하루하루에 의미를 부여하라, '되돌아보기'

최근 IT 업계 직원들 사이에서는 '리뷰review'라는 단어 대신 '되돌아본다'는 의미의 '레트로스펙트retrospect'가 자주 쓰인다.[12] 라틴어로 '뒤'를 뜻하는 'retro'와 '본다'는 뜻의 'spectare'가 합쳐진 영어 레트로스펙트는 본래 '회상'·'회고'·'추억'이라는 의미인데, 한국어 관점에서는 어감상 리뷰와 유사하게 여겨진다. 하지만 리뷰와 레트로스펙트는 다르다. 한국어로 '검토'로 번역되는 리뷰는 목표 대비 성과를 돌아보는 평가가 핵심이다. 흔히 'KPI Key Performance Indicator'라 불리는 핵심성과지표를 사용해 이번 분기 혹은 올해 당신의 성과가 어떠했는지 검토한다. 반면 레트로스펙트는 말 그대로 '회고', 즉 '되돌아봄'을 가리킨다. 오늘 내가 회사에서 어떤 일을 했고, 무엇을 배웠는지를 살핀다. 목표를 달성했느냐 하지 못했느냐의 '성과 측정'보다는 무엇을 잘했는지 혹은 무엇을 개선해야 하는지 되돌아봄 자체에 의미를 둔다. 내 일상 순간순간에 의미를 부여하고 그 자체를 중시하는 일종의 '하루 일기'와 유사하다.

바른생활 루틴이가 되기 위한 마지막 전략은 나의 하루하루에 '의미'를 부여하는 '되돌아보기'다. 루틴의 결과를 성공과 실패로 재단하지 않는 것이다. 매번 운동 루틴을 수행할 때마다 이 루틴으로 '살을 몇 킬로그램 빼야지'라거나 '점수를 몇 점 올려야지'라며 스스로를 압박한다면 이는 스트레스로 연결되어 종국에는 그 루틴 자체에 대한 열의가 식어버릴 것이다. 체지방률 ○○% 이하 달성·○○킬로그램 감량 등 결과도 중요하지만 더 중요한 것은 "운동하는 순간이 얼마나 재미있고 신나는가"이다. 운동하는 순간을 즐긴다면 좋은 결과는 자연스레 따라오기 마련이다. 별것 아닌 일상에서 의미를 찾고 자신을 칭찬해주는 '셀프 토닥임'도 되돌아보기의 핵심 가치다.

　오늘 하루를 되돌아보는 '회고족'이 늘면서, 최근 다이어리를 열심히 꾸미는 '다꾸족'도 다시 증가하고 있다. 2021년 1월, 온라인 서점 예스24에 따르면 2020년 필기구·스탬프·데코테이프 등 다이어리 꾸미기 관련 용품의 매출이 전년 동기 대비 61.9% 성장했다. 이는 다이어리 꾸미기의 인기가 서서히 증가하기 시작한 2018년 이래 최대 상승폭이다.[13] 다이어리 꾸미기는 특별할 것 없는 보통의 하루를 돌아보며 기록하면서 그날을 기억한다는 점에서 가장 기본적인 레트로

●●● 최근 스스로의 하루를 되돌아보는 '회고족'이 늘어나면서 다이어리를 열심히 꾸미는 '다꾸족'도 다시 증가하는 추세다.

스펙트 활동이라 할 수 있다. 오늘의 루틴을 완수한 날에는 스티커를 붙이고, 스티커로 모든 칸을 채우면 자기 자신에게 선물도 주는 등 루틴을 실천하기 위한 동기를 부여한다.

순간순간의 감정을 기록하는 되돌아보기 아이템도 있다. '무다 MOODA'는 감정 이모티콘을 이용해 오늘 하루의 기분을 정리하고 기록하는 다이어리 앱이다. 기분최고·평온해·걱정돼·완전좋아·피곤해 등 아홉 가지 감정 이모티콘 중 하나를 선택해 오늘 나의 기분이 어땠는지 기록한다. 기록이 끝나면 무다 이모티콘이 오늘의 나를 응원하는 따뜻한 말도 건네준다. 이 앱을 개발한 김아름 대표는 쌍둥이 동생이 회사 일로 힘들어할 때 감정을 기록하는 것만으로도 마음을 안정시킬 수 있다는 어느 기사를 보고 아이디어를 얻었다고 한다.[14]

일상을 중시하는 되돌아보기를 응용해 직원 복지를 향상시키고자 노력하는 기업도 있다. SK텔레콤은 직원 스스로 행복한 순간을 기록하고 자신의 일상을 점검하는 사내 앱 'IM HAPPY(아임 해피)'를 운영하고 있다.[15] 지금 무엇을 하고 있는지, 오늘 하루 기분은 어땠는지 등을 짧은 텍스트나 스티커 등으로 간단히 표시하고 순간의 행복을 점수로 기록한다. 이 점수를 토대로 나의 평균 기분과 행복 수준 등을 분석한 '행복 리포트'도 매월 받아볼 수 있다. 수집된 행복 데이터는 직원들이 행복한 기업 환경을 만드는 데에도 활용된다. 2020년 8월, 앱 출시 이후 약 네 달간 구성원들이 입력한 10만여 개의 데이터를 분석한 결과, '30대 여성'의 행복도가 가장 낮은 것으로 나타났는데, SK텔레콤은 그 이유가 일과 가정의 양립에서 오는 어려움 때문이라 진단하고 해결책을 제안했다. 워킹맘·워킹대디를 대상으로 정신건강의학과 전문의이자 육아 전문가로도 유명한 오은영 박사의 온라인 강연을 진행하는가 하면, 매달 셋째 주 금요일에 전 구성원이 휴식을 취하는 '해피 프라이데이Happy Friday' 제도를 도입해 직원들의 큰 호응을 얻고 있다.

바른생활 루틴이의 등장 배경

평범한 하루를 열심히 살아가고자 노력하는 루틴이들의 라이프스타일은 그동안 세상에 없었던, 완전히 새로운 트렌드는 아니다. 하지만 우리가 눈여겨봐야 할 사실은 예전부터 존재하던 '일상'의 가치가 갈수록 더 중요해지고 있으며, 그 일상을 '스스로' 잘 설계해보겠다는 루틴이의 가치관이 보편화하고 있다는 점이다. 우리 사회에 왜 바른생활 루틴이들이 늘어나는가? 이 질문에 대한 대답을 찾아보자.

높아진 일상 자유도

#1 어느 직장인의 하루

아침에 눈을 뜨면 물을 한 잔 마시고 서둘러 샤워를 한다. 옷을 챙겨 입고 간단히 아침을 먹은 후 쫓기듯 집을 나와 통근 버스를 탄다. 회사에 도착할 때까지 잠깐 눈을 붙인다. 사무실에 도착하면 정신없이 업무를 하고, 점심을 먹고, 다시 저녁 통근 버스를 탄다. 집에 돌아와 저녁을 배달시켜 먹고 다음 휴일은 언제인지 달력을 넘겨보며 잠자리에 든다.

#2 어느 고등학생의 하루

알람 소리에 소스라치게 놀라 일어난다. 왜 더 일찍 깨우지 않았느냐며 부모님께 잠시 짜증을 내고 서둘러 씻는다. 아침을 먹는 둥 마는 둥 때우고 가방을 챙겨 학교로 뛰어간다. 학교 수업이 끝나면 친구들과 학원에 들렀다가 편의점에서 저녁을 먹고 독서실에서 공부를 한다. 밤이 늦으면 집으로 돌아간다. 1년 동안 두 번의 학기와 두 번의 방학이 늘 규칙적으로 맞물려 돌아간다.

코로나19가 발생하기 전 우리의 일상 모습이다. 평일과 일요일, 학기 중과 방학, 업무 기간과 휴가 기간처럼 일상과 비일상이 규칙적으로 교차하며 반복되던 나날이었다. 그런데 코로나19 팬데믹은 이런 규칙적인 삶을 혼돈으로 밀어 넣었다. 집에서 비대면으로 수업을 듣는 학생들은 학기 중과 방학을 구분하기 어렵다. 온라인 웹사이트에 업로드된 '녹강(녹화된 강의)'을 주어진 기간 내에 듣기만 하면 될 뿐, 꼭 몇 시 몇 분까지 책상 앞에 앉아 있을 필요가 없어졌다. 재택근무 하는 직장인들 역시 평일과 주말의 차이를 실감하지 못한다. 그날그날 해야 하는 업무량만 채울 수 있으면, 9시에 출근을 하든 10시에 출근하든 크게 상관없다. 이러한 환경은 생활의 자유도를 높였다. 스스로 모든 것을 계획하고 그 안에서 성과를 보이기만 하면 된다. 정해진 시간에 등교하고 하교하고, 출근하고 퇴근하는 등의 규칙적인 패턴이 불필요해진 것이다.

일상의 자유도가 높아지고, 자율적인 삶의 기획이 중요해진 것은 비단 코로나19 때문만은 아니다. 이미 우리 사회는 개인의 학업과 업무 자유도를 높이는 방향으로 변화해나가고 있다. 대표적인 사례가 바로 법정 근로 시간의 지속적인 축소다. 주 5일제의 정착 이후 주 52시간 상한제가 실시된 데 이어, 팬데믹의 영향으로 재택·원격근무와 함께 '주 4일 근무제'가 논의되는 기업들이 늘고 있다. 일과 생활의 균형을 중시하는 젊은 세대에게는 '여유 시간'이 높은 연봉보다도 매력적이기 때문에 우수한 인재의 유치가 관건인 업종을 중심으로 더욱 활발히 고려될 가능성이 높다.

역설적이게도 높아진 일상 자유도는 사람들의 불안감을 높인다. 사람들은 구조화되지 않은 일상 속에서 오히려 스트레스를 받는다. 스스로 시간을 잘 통제하고 있는지 의문을 갖기 시작한 이들은 무심히 흘려보내는 시간을 불안하고 초조하게 바라본다. 나만 뒤처지는 느낌, 나만 잘 살지 못하고 있다는 불안감이 스스로를 불편하게 하는 것이다. 통제감을 상실한 사람들은 다시금 자신의 통제감을 확인하려는 방향으로 움직인다. 바른생활 루틴이로 변신해 나름대로 구조화된 라이프스타일을 실천하면서 나의 삶을 잘 통제할 수 있다는 것을 확인하고자 하는 것이다.[16] "생산병 걸렸다"는 핀잔을 들을 정도로 강박적으로 일상을 채우려는 루틴이들은 아무것도 하기 싫은 '귀차니즘'보다 가만히 있는 것을 참지 못하는 '심심이즘'이 더 견디기 어렵다.

'미세행복'의 대두

통계청 발표에 따르면 2021년 6월 기준, 고용 시장의 구직단념자는 약 58만3,000명으로 전년 동월 대비 4만6,000명가량 증가했다. '구직단념자'란 지난 1년 내 구직 경험이 있고 취업을 희망하나, 노동시장의 사유로 4주 동안 구직 활동을 하지 않은 사람을 말한다. 2014년 관련 통계를 개편한 이후 6월 기준으로는 역대 최다 규모를 기록했는데 그중 약 절반이 2030세대라고 한다.[17] 코로나19 이후 불어닥친 고용 시장의 한파로 인해 청년들은 더욱 좁아진 취업문을 넘기 위한 끝없는 경쟁에 지쳐가고 있다. 과거 한국이 어려웠던 시절을 기억하는 기성세대의 눈에는 요즘 세대의 불만이 먹고살 만한 시대의 배부른 투정 정도로 보일지도 모른다. 그러나 젊은 세대가 느끼는 기회의 부재에서 오는 박탈감은 우리가 생각하는 것보다 훨씬 심각하다.

큰 성공이 어려워진 경제 상황에서 사람들은 자신의 효용감을 일상에서 찾기 시작한다. 최근 주목받고 있는 신조어 '갓생'도 이러한 맥락에서 이해할 수 있다. '갓생'은 신God과 인생人生을 합친 말인데, '갓'이라는 최상급 수식어가 붙었다고 해서 '최고로 멋진 인생'이라는 뜻으로 이해하면 곤란하다. 오히려 그 반대다. 갓생은 '불확실한 미래가 아닌 명확한 현실 생활에 집중해 성실하게 사는 삶'을 의미한다. 일상 속 작은 성공을 계속해서 모아나가는 '성공수집러'이자 순간순간의 아주 작은 행복에 집중해 삶의 의미를 놓치지 않고자 노력하는 '미세행복 추구자'들의 삶이다. 이들은 "오늘부터 갓생!"을 외치며 자신들의 하루를 채울 리스트를 빼곡히 정리하고 그것을 실천해나가며 삶의 의미를 찾는다.

이에 따라 작은 행복의 비중이 점점 커지고 있다. 행복 연구의 대가이자 2002년 노벨경제학상 수상자인 인지심리학자 다니엘 카네만Daniel Kahneman은 "대부분의 사람들이 사실은 행복을 추구하지 않는다"고 주장한 바 있다.[18] 카네만에 따르면 행복happiness과 만족satisfaction은 다른 개념이다. 행복은 순간적인 경험이며 곧 사라지는 감정인 반면, 만족은 오랜 시간 노력하여 자신이 바라는 삶의 모습을 달성했을 때 얻어지는 감정이다. 예를 들어 친구들과 시간을 보내는 것은 지금 당장의 행복감을 높이는 데에는 기여하지만, 장기적 관점에서 시험 합격처럼 만족감을 주는 목표를 달성하는 데에는 오히려 방해가 된다. 그래서 카네만은 사람들은 '먼 미래의 성공(만족)'을 위해 '현재의 기쁨(행복)'을 포기할 수 있다고 이야기한다. 그런데 성장률이 정체되고 미래가 불확실해지는 시대적 배경 아래 그의 주장과는 반대되는 현상이 일어나고 있다. 『트렌드 코리아 2018』의 '소확행(작지만 확실한 행복)' 트렌드에서 지적한 바와 같이, 이제 사람들은 미래의 큰 만족보다 현재의 작은 기쁨을 더 소중히 여긴다. 미래에 대한 불확실성이 높아지고 희망의 밀도가 옅어진 나노사회에서 즉각적인 기쁨을 주는 소소한 루틴에 몰입함으로써 일상 속 '미세행복'을 추구하기 시작한 것이다.

"잘 살아가고 있음"에 대한 사회적 정의가 변화하는 것도 바른생활 루틴이의 등장을 앞당긴다. 한국이 급격한 경제성장을 이루던 시절, 사람들이 흔히 말하는 '성공한 삶'이란 포털사이트에 이름을 검색했을 때 화려한 약력이 줄줄 나오는 사람, 아무에게나 판매하지 않는다는 수입 자동차를 여러 대 가진 사람, TV에 출연해 얼굴이 알려진 사람 등에 붙이는 수식어였다. 그런데 한국 사회가 성장기에서 성숙기로 접어들면서 성공의 정의가 '돈'·'지위'·'명예'에서 '보통의 삶'·'평범한 일상'으로 바뀌고 있다. 녹록지 않은 하루하루를 성실히 살아내는 평범한 사람들의 모습이 새로운 롤모델로 부상하고, 인생의 성공 방정식 역시 부모·친구·학교·사회가 제시하는 획일화된 모습이 아닌, 내가 살아가는 삶의 궤적으로 채워진다.

전망 및 시사점
행복은 일상의 성실함에서 온다

＼

베란다의 식물을 돌보고 반려동물의 밥을 챙기고 오늘 먹을 한 끼를 요리하는 것, 매일 좋아하는 책을 읽고 마음에 드는 구절을 적어두는 것, 내 최애 연예인이 출연한 영상을 모조리 찾아 한 땀 한 땀 편집해 소장하는 것⋯⋯. 남들이 알아줄 리 없는 나만의 소소한 일상을 매일 성실하게 보내는 것의 가치가 재조명되고 있다. 바른생활 루틴이 트렌드가 우리에게 주는 교훈은 "행복은 일상의 성실함에 온다"라는 당연하고도 실천하기 어려운 명제다.

소비자의 루틴 형성 지원
기업은 루틴이 트렌드를 어떻게 활용할 수 있을까? 먼저 소비자들이 매일 자기주도적인 삶을 살아가는 바른생활 루틴이로 변화하고 있음을 직시하고 이를 영리하게 활용할 수 있어야 한다. 예컨대, 요즘 젊은 세대는 스마트폰에서 자동으로 울리는 푸시 알람을 루틴 실천을 자극하는 자기 묶기 도구로 활용한다. 포스트잇에 업무 리스트를 적어 책상 앞에 붙여두는 것처럼, 나의 루틴을 실천하도록 독려하는 수단으로 스마트폰 잠금화면에 떠 있는 푸시 알람을 사용하는 것이다.[19] 푸시 알람 기능은 정보탐색 루틴을 지원받기에도 좋다. 카카오의 '뉴스봇'은 카카오톡 채팅창에서 대화 형태로 최신 뉴스를 확인하는 뉴스 구독 서비스다. 특히 유용한 기능은 '키워드 알람' 서비스인데, 예를 들어 이용자가 'ESG'라는 단어를 키워드 알람으로 설정해두면 ESG 관련 기사가 포털사이트에 등록됐을 때 자동으로 채팅창에 푸시되어 들어온다. 뉴스를 받아보는 시간대 역시 '기사가 떴을 때 즉시'나 '아침 시간대', '퇴근 시간대' 등으로 정할 수 있어 관심 기사를 놓치지 않는 데 도움이 된다. 최근 증가하고 있는 뉴스레터 서비스도 루틴 형성에 유용하다. 최신 뉴스를 보내주는 '뉴닉', 경제 관련 머니레터를 보내주는 '어피티', 신제품 등을 소개하는 '앨리스미디어', Z세대 특화 뉴스레터 '까탈로그', 디자인 관련 뉴스레터 '쏠트-호'와 '디독' 등의 플랫폼들은 유용한 정보를 정리해 무료로 고객에게 보내준다. 특별한 노력 없이도 관심사에 맞는 뉴스를 받아볼 수 있다는 점에서 바른생활 루틴이들의 입맛에 맞는 서비스다.

직원이나 고객을 대상으로 바른생활 루틴이로의 변신을 독려하는 교육과 마케팅도 가능하다. 삼성생명은 사내 임직원을 대상으로 자율신청 과정·러닝 챌린저스Learning Challengers·자격취득 과정 등의 프로그램을 '자기주도학습' 형태로 운영했는데, 2021년 1월부터 6월까지 총 1,661명이 참여할 정도로 반응이 뜨거웠다. 특히 2주간의 도전 목표를 자율적으로 수립하고 달성하는 '러닝 챌린저스'에는 약 762명이 도전하여 하루하루 목표를 달성했다. 기업이 직원들로 하여금 정형화된 직무 교육을 의무적으로 수강하도록 강요하는 것이 아니라, 구성원 스스로 자신의 루틴을 정해서 실천하는 방식을 따른 것이다. 농심은 2021년 3월, 백산수의 새로운 광고 모델 배우 전지현 씨와 함께 '바른 물습관 캠페인'을 펼쳤다. 한국인 평균 물 섭취량이 전문가 권장 수준에 미치지 못한다는 사실에 착안하여 기획된 캠페인으로, 백산수 공식 인스타그램에서 기상 후·운동 전후·외출 시·자기 전 등 물을 꼭 마셔야 하는 상황에 맞춰 사람들에게 푸시 알람을 보내면, 소비자들이 물을 마시고 인증 사진을 업로드하는 형식이다.

바른생활 루틴이 트렌드의 인사·조직 관리 적용

기업의 입장에서 임직원은 내부의 고객이다. 따라서 바른생활 루틴이가 늘어나는 추세를 반영해 인사·조직 관리에도 변화를 도모해야한다. 글로벌 OTT 서비스 업체 넷플릭스는 절차보다 사람을 소중히여기고 통제를 최대한 자제하는 문화로 유명하다. 넷플릭스의 기업문화를 다룬 책 『규칙 없음』에서 이 책의 저자이자 넷플릭스의 공동 CEO인 리드 헤이스팅스는 "우리의 문화는 규칙이 없는 것이 규칙이다"라고 말한다.[20] 스스로 내린 판단을 실행에 옮길 때 거추장스런 절차를 밟을 필요 없이 오히려 더 많은 자유를 부여하면, 직원들은 더 나은 결정을 내리게 되고 회사도 책임을 묻기 더 쉬워진다는 것이다. 가령, 넷플릭스에는 휴가 규정이 없다. "그냥 며칠 쉬어"가 휴가 규정이다. 언제 일하고 쉴지는 각자 알아서 정하면 된다.

이러한 자율 문화는 회사가 직원들을 신뢰하고 있음을 보여줄 뿐만 아니라 직원 스스로 책임감 있게 행동하도록 동기를 부여한다. 최근 국내 기업들도 개인의 자율성을 보장하는 방향으로 기업 문화를 개선하고 있다. 제일기획은 장시간 근무하기로 유명한 광고업계에서 최초로 주 52시간제를 도입했다. 최근에는 점심시간도 2시간으로 늘려 보다 여유롭게 보낼 수 있도록 했다.[21] 식사 후 남는 시간에 직원들은 자발적으로 '헬스장 다녀오기', '중국어 스터디 활동', '영어 인강 듣기' 등을 실천하며 주어진 시간을 효율적으로 활용한다. 이러한 자기주도적 문화의 장려는 직원들의 자발적인 루틴과 그에 따른 성과에 대한 믿음에서 출발한다. 다시 말해 바른생활 루틴이 트렌드의 확산은 자기주도적인 조직 문화를 가능하게 함으로써, 더 좋은 성과로 이끌어낼 수 있다는 이야기다.

직원을 평가하는 지표 또한 자율적인 루틴이 트렌드에 맞춰 점차 변화할 것으로 전망된다. 최근에는 개인의 성과를 평가하는 지표로써, KPI 대신 **OKR**(목표 및 핵심 결과지표)을 도입하는 기업들이 늘고 있다. OKR은 인텔에서 시작되어 구글을 거쳐 실리콘밸리 전체로 확대된 성과 관리 기법으로, 조직적 차원에서 목표를 설정하고, 결과를 추적할 수 있도록 해주는 목표 설정 프레임워크다. 특이한 점은 목표를 설정할 때 양적 기준과 질적 기준을 함께 고려한다는 것이다. 이를테면 마케터는 "SNS 팔로워 1만 명 늘리기"만을 목표로 삼는 게 아니라 "화장품 업계의 변종이 되자"처럼 객관적 평가가 어려운 정성

OKR Objective and Key Results '어떤 방향으로 갈 것인가Objective'와 '그곳에 가고 있다는 것을 어떻게 알 수 있는지Key Results'를 합친 말이다. 회사가 먼저 목표를 정하면 부서와 직원들이 자발적으로 자신의 목표를 설정하는 쌍방향 방식으로, 회사와 팀, 각 구성원이 제대로 된 목표 달성을 위해 서로 돕는 시스템이므로 직원 참여도를 높일 수 있다는 장점이 있다.[22]

적 목표도 설정한다.[23] 직원들의 업무를 객관적 수치로만 평가하기보다는 그 자체로도 유의미한 성과로 인정하는 것이다. 이는 기업의 인사평정을 전술한 '되돌아보기' 관점에서 상시 피드백의 일환으로 실시함으로써, 구성원들이 자신의 업무를 의미 있게 받아들이고, 좀 더 강한 동기를 얻을 수 있는 여건을 조성한다.

성과 관리 주기도 상시화된다. 인텔은 1년 주기의 성과 관리 체계를 3개월마다 평가하는 시스템으로 바꿨다. 구글은 OKR의 목표 달성 여부와 인사고과·성과금 등 보상을 분리해 목표를 달성하지 못하더라도 불이익을 받지 않도록 배려하여 직원들이 도전적인 목표를 수립할 수 있도록 지원한다.[24] 넷플릭스 역시 연간 평가 제도를 없애고 상시적인 피드백 시스템을 도입해 직원들의 성장을 돕고 있다.

바른생활 루틴이 트렌드는 인간의 본성에 대한 근원적인 가정을 다시 생각하게 한다. 경영학의 오랜 동기부여 이론 중에 더글러스 맥그리거Douglas McGregor가 주장한 'X이론'이 있다. 인간은 본성이 게으르기 때문에 통제하지 않으면 일을 멀리하고 책임을 회피한다는 것이다.[25] 이후 인간은 일에 대한 내재적 즐거움도 가지고 있다는 'Y이론'이나 장기 고용에 따른 비공식적인 통제에 주목하는 윌리엄 오우치William Ouchi의 'Z이론' 등이 등장해 보완이 이뤄지기는 했지만, 대부분 조직의 임금체계와 복지 제도는 기본적으로 X이론적인 불신론에 입각하고 있다. 코로나19 팬데믹으로 재택근무와 원격수업이 늘어나며 갑자기 주어진 자율성은 "보이지 않는 직원과 학생을 어떻게 통제할 것인가?"에 대한 큰 의문을 제기한 바 있다.

하지만 지금까지 살펴본 것과 같이, 늘어난 자유 속에서 사람들은 무작정 방종하지 않았다. 스스로 루틴을 만들고 그것을 실천하기 위해 자발적으로 타인의 개입을 불러들임으로써 자기 자신을 관리해나가고 있는 것이다. 앞서 "삶은 어떻게든 방법을 찾아낸다"고 언급한 바 있다. 루틴이들의 등장이야말로 갑자기 주어진 자율적 삶에 대해 어떻게든 방법을 찾아낸 경우라고 해석할 수 있다.

문제는 신뢰다. 조직 관리든 학교교육이든 자녀 지도든 사람에 대한 신뢰가 바탕이 될 수 있다는 가능성을 '바른생활 루틴이' 트렌드는 잘 보여주고 있다. 인간은 기본적으로 자기 향상을 도모하는 존재이며, 나태 속에서 스스로를 일으킬 모멘텀을 구하는 본성을 가지고 있다는 것에 대한 믿음이 필요하다. 이 믿음을 바탕으로 관계의 문법이 새로이 쓰일 때, 새로운 문화가 형성될 수 있을 것이다.

Connecting Together through Extended Presence

실재감테크

'언택트'가 일상의 당연한 일부로 자리 잡은 시대, 시공간의 물리적 한계를 극복하고 완전한 실재감을 느낄 수 있게 만드는 기술, '실재감테크Extended Presence Technology'가 소비자와의 관계를 만드는 핵심 기술로 대두하고 있다. 현실과 가상의 연속성reality-virtuality continuum을 구현하는 일련의 기술들을 아우르는 실재감테크는 가상공간을 창조하고, 다양한 감각을 자극하며, 디지털 데이터와 아날로그 방식을 혼합하는 등 인간 생활의 스펙트럼을 확장시킨다. 실재감테크는 단지 기술적 완성도의 문제가 아니라, 수용자들이 얼마나 몰입하고 그 기술이 제공하는 혜택 속에 실제처럼 존재한다고 인지하느냐의 문제다.

실재감테크의 주요 요소는 인간의 여러 감각을 복합적으로 활용하는 다중감각, 바로 지금 일어나고 있거나 현실의 시간 흐름과 동일하게 흘러가는 동시성, 직접 몸을 움직여 집중하는 것에서 가치를 얻는 체험성이다. 이때 소비자를 몰입시켜 스스로 초월했다는 감정을 갖게 하는 것이 중요하다. 초월은 한계를 뛰어넘는 것이며, 실재감테크는 우리의 감각과 시공간을 초월할 수 있게 한다.

실재감은 현대사회의 인류에게 결핍이자 욕망이다. 디지털을 기반으로 파편화되어가는 사회와 전 세계적인 전염병 사태는 다른 존재와 구별되는 '나'를 찾기 어렵게 만들고 있다. 따라서 존재감 결핍의 해소와 정체성 회복의 욕망 해결이 실재감테크의 궁극적인 목적이 되어야 한다. 따라서 실재감테크를 비즈니스에 적용하려면 소비자가 그 안에 들어가 참여할 수 있는 활동을 마련해야 하고, 기술 속에서 자기 비즈니스를 어떻게 느끼게 할 것인가를 고민해야 하며, 진솔하고 즉각적인 피드백이 필요하다. 요컨대 "어떻게 고객의 삶에 더 가까이 다가가서 가치를 창출할 것인가?"에 대한 방법적 도구로써 실재감테크에 대한 진지한 접근이 요구되는 것이다. 생활의 모든 영역이 실제를 초월하고 있는 시대, 앞으로 소비자를 붙잡을 수 있는 기술적 역량의 핵심은 누가 더 실재감을 잘 만들 수 있느냐에 달려 있다.

#1 광고계에 새로운 스타가 나타났다. 신한라이프 광고에 출연해 눈길을 끈 후, 두 달 새 새로운 광고 8건을 계약했고, 100건 이상의 협찬을 따냈다. 싸이더스 스튜디오 엑스가 만들어낸 가상인간 로지ROZY가 그 주인공이다. 22살인 로지는 영원히 늙지 않는 데다가 광고 모델로서 사생활 리스크도 전혀 없어 앞으로의 활약이 더욱 기대된다.

#2 MBC의 〈너를 만났다 시즌2〉는 2018년 태안화력발전소에서 작업 중 사망한 고 김용균 씨의 이야기를 다룬 VR 다큐멘터리다. 시청자는 VR 기술을 통해 작업 현장 등 그의 시간과 공간을 경험함으로써 그의 삶을 더욱 깊이 이해하고 공감할 수 있다. 이 프로그램은 한국PD대상, 아시아태평양방송연맹 TV다큐멘터리 대상, 프리 이탈리아Prix Italia 특별언급상 등을 수상했다.[1]

#3 국내 AI 기반 의료 솔루션 기업 '메디컬아이피'의 소프트웨어 '메딥'은 환자의 의료 영상을 3D 모델링으로 구현해낸다. 인체 내부를 엑스레이나 CT 같은 단면이 아니라 입체로 보며 염증이 발생한 장기의 위치를 보다 구체적으로 확인할 수 있어, 수술 계획 수립 및 시간 단축에 획기적인 도움을 주고 있다. 나아가 카데바(의료실습용 시신)의 역할을 대체함으로써 해부학 교육과 관련한 경제적·윤리적 문제도 해결할 계획이다.[2]

현대 과학기술의 눈부신 발전은 상상으로만 가능했던 가상을 현실로 실현하고 있다. 3D 그래픽으로 구현된 사이버가수 '아담'이 등장해 신선한 충격을 주었던 것이 1998년이다. 키 178센티미터, 몸무게 68킬로그램의 체격에 김치찌개를 좋아한다는 나름 확실한 컨셉을 가지고 등장했지만, 누가 봐도 컴퓨터그래픽으로 만든 캐릭터임이 분명했던 아담은 결국 조용히 자취를 감췄다. 하지만 이제는 판도가 달라졌다. 전술한 로지 외에도 롯데홈쇼핑 '루시', LG전자 '김래아' 등 가상 인플루언서들이 속속 출현해 활동 영역을 넓혀가고 있다.

아담과 로지의 차이는 무엇일까? 20년이 넘는 시간을 달려온 기술 혁신이 뛰어넘은 담장은 무엇이었을까? 다큐멘터리 〈너를 만났다〉나 '가상 카데바'의 경우도 마찬가지다. 그 성공과 실패를 좌우하는 기술의 핵심은 바로 "얼마나 가상을 실재에 가깝게 구현해낼 수 있는가"를 가리키는 '실재감presence'이다. 과거의 가상세계가 현실을 그럴 듯하게 모사한 공간이었다면, 오늘날 진화된 가상세계는 진짜 '실제real'라고 느낄 만한 실재감을 만들어낸다. 현대의 과학기술이 시간과 공간의 제약을 의미 없게 만드는 가운데 맞닥뜨린 코로나19 사태는 시공간에 대한 심리적 장벽마저 넘어서게 했다. 어느덧 '언택트'가 일상의 당연한 일부로 자리 잡은 시대, 『트렌드 코리아 2022』에서는 시공간의 물리적 한계를 극복하고 완전한 실재감을 느낄 수 있게 만드는 기술을 '실재감테크Extended Presence Technology'라고 부르고자 한다. 현실과 가상의 연속성reality-virtuality continuum을 구현하는 일련의 기술들을 아우르는 이 키워드는 가상공간을 창조하고, 다양한 감각을 자극하며, 디지털 데이터와 아날로그 방식을 혼합하는 등 인간 생활의 스펙트럼을 확장시키고 있다.

출처: 롯데홈쇼핑 · 신한라이프 · LG전자

● ● ● 　루시, 로지, 김래아(왼쪽부터). 이들은 누구일까? 인간 모델과 인간 연예인을 능가하는 가상인간이 오고 있다.

　　실재감이란 '그곳에 있는 듯한 느낌the sense of being there'을 의미한다.[3] 실재감은 주관적인 인식으로서, 실재實在와는 다르다.[4] 예를 들어 마주 보고 대화를 나누고 있는 두 사람이 같은 공간에 실재하며 존재하더라도, 둘이 각각 인식하는 상황에 따라 서로에 대한 실재'감'은 매우 다를 수 있다. 따라서 실재감테크란 "얼마나 현실에 근접했는가?"라는 기술적 잣대가 아니다. "수용자가 얼마나 몰입하고 실제처럼 존재한다고 인지하는가?" 하는 인지적 잣대로 바라봐야 한다.

　　가상공간을 현실화하는 메타버스metaverse, 다중감각multi-modal을 지원하는 SNS, 소비자와 함께 호흡하는 라이브커머스, 오프라인 공간에 새로운 느낌을 불어넣는 미디어 파사드Media Façade까지. 실재감테크는 미래 SF영화에 등장하는 머나먼 무언가가 아니라 지금도 우리 주위에서 끊임없이 등장하는 현재진행형의 기술이다. 나아가 소비의 장을 무한하게 넓힐 수 있는 주요 기술로도 자리 잡고 있다. 소비자들은 실재감테크를 통해 자기 존재감을 새롭게 인식하고, 커머스의 한계를 넘어설 뿐만 아니라, 가상·원격과 현실의 경계를 매끄럽게seamless 연결하는 새로운 경험을 누릴 수 있다. 생활의 모든 영역이 실제를 초월하고 있는 시대, 소비자를 붙잡을 수 있는 기술적 역량의 핵심은 누가 더 실재감을 잘 만들 수 있느냐에 달려 있다.

실재감테크의 세 가지 요소

도입부의 사례에서 보듯 실재감테크는 단지 엔터테인먼트적인 요소가 아니라 삶과 산업에 도움을 주는 실용적 기술로 안착하는 중이다. 그렇다면 어떠한 기술적 요소를 갖췄을 때 실재감테크의 실용성을 극대화시킬 수 있을까? 과연 소비자들은 어떤 기술적 기반이 마련되어야 가상이 실재한다고 인지하게 될까? 실재감테크를 이루는 세 가지 주요 요소로는 다중감각, 동시성, 체험성이 있다.

1. 다중감각, 감각의 상호 작용

다중감각이란 인간의 여러 감각과 그 감각들의 관계를 가리킨다. 사람은 오감을 통합적으로 사용해 대상을 지각한다. 이 감각들은 상호 작용하고 서로 연상 자극이 되기도 한다. 어떤 하나의 감각이 다른 영역의 감각을 일으키는 공감각共感覺은 감각들 간의 다이내믹한動的

연관성을 잘 설명하는 단어다. 공감각 중에 발생하는 감각 간의 불일치는 때때로 정보에 대한 호의적 태도로 이어지기도 한다. 소비자가 적응할 수 있는 수준의 작은 감각적 편차는 흥미롭고 참신하다는 느낌을 주며, 나아가 호기심을 가지고 정보를 수용하기 위해 더 노력하게 만들기도 하기 때문이다.[5] 일례로 진지한 분위기 속 회의실 탁자에 둘러앉은 정장 차림의 사람들이 갑자기 아기 목소리로 '하리보 젤리'가 맛있다고 말하는 광고를 본 적이 있을 것이다. 어른들만 등장하는 근엄한 회의실 배경과는 달리, 무지개색의 젤리 과자가 시각을 자극하고, 어린이의 혀 짧은 목소리가 청각을 두드린다. 이러한 감각의 부조화는 소비자를 다시 한번 돌아보게 만들면서 먹을 때의 즐거움을 떠올리게 한다. 감각의 레벨을 다채롭게 할수록 소비자는 대상에 대해 더 깊게 관여할 수 있다.

이러한 다중감각을 활용한 산업적 사례는 다양하다. 온라인 쇼핑몰 무신사는 2021년 5월 홍대 앞에 플래그십스토어를 오픈했다. 매장은 절제된 디자인과 무채색 계열의 상품 진열대, 나선형 계단 등의 시각적 자극과 더불어 기분 좋은 배경 음악의 청각적 자극으로 채워졌다. 여기에 숲속 물기를 머금은 파촐리와 자유분방한 아름다움을 전하는 재스민, 스파이시한 매력의 카네이션, 부드러운 앰버, 거친 매력의 베티버 등의 식물 향기로 소비자의 후각까지 사로잡았다.[6] '끊임없이 순환하는 시간 속에서도 변하지 않는 가치를 추구하는' 브랜드 정체성을 나타내기 위해 여러 감각의 자극을 도입한 것이다.[7]

한편, 특정 감각이 다른 감각에 비해 더 큰 영향력을 미치기도 한다. 이른바 '감각 우위sensory dominance' 현상이다. 예를 들어 대형 극장에 가면 청각이 시각을 강화하는 기술을 경험할 수 있다. 최근 영화 관 등에 설치되고 있는 돌비의 애트모스Atmos 시스템은 영상을 소리로 들을 수 있다는 점 때문에 '살아 움직이는 오디오'라고 불린다. 관객의 앞과 뒤, 옆과 천장 등 전방위에 설치된 스피커를 이용해 사운드를 이동시켜 소리 공간sound dome을 구성하기 때문에 소리 자극이 영상 자극보다 우위에 있다. 덕분에 관객은 영화 속 공간에 직접 들어간 듯한 실재감을 느낄 수 있어 입체적인 몰입이 가능하다.

2. 동시성, 바로 지금 함께한다는 인식

실재감테크의 두 번째 핵심은 동시성으로, 바로 지금 일어나고 있거나 현실의 시간 흐름과 동일하게 흘러가는 것을 말한다. 가장 전형적인 예시는 스타크래프트와 같은 '실시간 전략 게임RTS, Real-time Strategy'이다. 상대와 내가 턴turn 방식으로 순서에 따라 돌아가면서 전략을 실행하는 게임에 비해 모든 플레이어가 동시에 플레이하는 실시간 전략 게임은 실재감을 극도로 높여준다. 제한된 시간 때문에 플레이어는 더 집중하게 되고 이는 게임에 더욱 깊이 빠져들게 만드는 기제로 작용하기 때문이다.

생방송 스트리밍으로 제품을 파는 라이브커머스 역시 동시성이 소비 행위와 맞아떨어진 대표적인 사례다. 판매자가 사전에 방송 내용을 준비해오긴 하지만, 라이브커머스는 댓글창을 통해 지금 이 순간 방송을 시청하고 있는 소비자와 소통하며 만들어진다. "정보를 얻기 위해", "진행자와 대화하기 위해", "재미있는 장면을 만들기 위해" 등등 시청자들은 각기 다른 이유로 판매자에게 말을 건네며 방송에 참여하고, 판매자도 그에 실시간으로 반응하며 왁자지껄한 온라인 시장을 조성하고 있다.[8] 사실 초창기의 라이브커머스는 옷이나 음식 등 비교적 저가의 제품을 중심으로 소상공인이 직접 판매에 나서는 방식의 새로운 온라인 쇼핑 시장이었으나, 요즘은 대형 가전 등 고가의 내구재를 비롯해 여행·레저·강의 등 공간이나 무형의 상품까지 라이브커머스로 판매되며 그 효과를 톡톡히 보고 있다. 삼성전자는 75인치 대형 TV와 노트북을 라이브커머스로 판매하면서 실제로 제품을 사용하고 있는 블로거들과 실시간 소통을 했고, 코웨이는 2021년 5월 공기청정기 라이브 방송으로 24만 명 고객의 시선을 집중시켰다.[9] 이처럼 동시성은 의사소통자가 자신과 소통 대상 사이에 존재하는 심리적 거리를 좁히는 매개체가 된다.[10] 사람은 언어뿐 아니라 그 순간의 몸짓, 표정 등 근육의 움직임, 의복의 종류와 착용 방식 등으로도 커뮤니케이션을 하기 때문이다.

3. 체험성, 현실의 움직임을 대체하다

실재감테크의 마지막 특징인 체험성은 소비자가 직접 몸을 움직여 집중할 수 있도록 하는 것이다. 2021년 7월 인기 MMORPG 게임 '로스트아크'는 국내 패스트푸드 프랜차이즈인 맘스터치와 흥미로운 제휴 마케팅을 펼쳤다. 로스트아크 이용자가 게임 속 맘스터치 매장에서 가상의 치킨 세트를 획득해서 먹으면 게임 캐릭터의 능력이 강해지는 방식이다. 동시에 맘스터치 오프라인 매장에서는 로스트아크 캐릭터의 이름을 딴 치킨 세트 메뉴를 출시해 구매자에게 게임 아이템 교환 쿠폰을 증정하는 이벤트를 진행했다. 게임 속의 캐릭터가 치킨 세트를 먹고 능력이 강해진 것처럼 게임 이용자도 비슷한 메뉴를 실제로 먹을 수 있다는 점에서 실재감테크의 체험성을 재미있게 구사한 사례다.

특히 교육 분야에서 실재감테크의 적용은 학습자의 흥미와 참여를 높이는 데 큰 역할을 할 수 있다. 코로나19로 원격수업이 대중화되면서 실험·실습 등의 분야는 제한이 있을 수밖에 없기 때문에 집에서도 생생한 현장 학습이 가능한 실감형 콘텐츠와 기기에 대한 관심이 커졌다. 비상교육의 2020년 4~6월 VR·AR 콘텐츠 이용률은 같은 해 1~3월에 비해 최대 10배까지 증가했다. 가상의 화석과 지질 박물관을 실제로 이동하면서 둘러볼 수 있는 'VR 지질 답사' 서비스의 이용률은 10.5배, 실제 실험에서 사용되는 도구들을 가상공간에서 직접 조작해보고 결과를 확인할 수 있는 'AR 과학 실험실'은 8.1배 늘었다.[11] 교육용 메타버스 서비스의 기반이 될 실감형 콘텐츠 제작에 본격적으로 나서기로 한 EBS는 교육부와 함께 초·중등 7개 분야, 총 160편의 XR 콘텐츠를 제작하여 학교 수업 현장에 보급하는 'EBS 실감형 콘텐츠 제작 사업'을 실시하기로 했다. 초등학교용 콘텐츠의 경우 헤드셋 등의 보조 도구를 쓰거나, 특정 기기 없이 일반 교실에 지면·위치·이미지 인식 기술을 적용하거나, 프로젝션 맵핑 기술만으로도 몰입이 가능한 확장 현실을 누릴 수 있도록 조성할 계획이다.[12]

2021년 8월, 백화점 '더현대 서울' 내 ALT.1 갤러리에서 이머시브 전시 '비욘더로드Beyond the Road'가 국내에 첫선을 보였다. '몰입하다'라는 뜻의 '이머시브immersive'가 붙은 이름에서 알 수 있듯 관람객의 오감을 자극하며 완전히 몰두하게 만드는 전시로 많은 사람들의 관심을 끌었다. 비욘더로드는 영국 출신의 유명 가수 제임스 라벨James Lavelle의 음반 '더로드The Road'에 수록된 음악을 영상·무대설비·향기·조명 등 여러 방식으로 재해석함으로써 원작의 '너머beyond'로 관람객을 안내한다. 특별한 작품 설명 없이 입구에서부터 환상적인 조명과 사운드가 이끄는 대로 관람하는 것이 포인트다. 멀티센서로 가득한 세계에 들어서면 전시 공간마다 각기 다른 빛과 음악이 관람객을 에워싼다. 또한 현란하게 움직이는 영상과 설치 작품을 만나 입체적인 경험을 할 수 있다. 전시장의 바닥에 흔히 붙어 있는 동선 안내 화살표가 없어 관람객들은 저마다 다른 순서로 전시를 감상하고, 시각·청각·후각·촉각·공간지각 등을 모든 감각을 동원해 빠져들게 된다. 비욘더로드는 보는 전시가 아닌 '느끼는' 전시로 불리며 "음악 속으로 걸어 들어간다는 표현이 무엇인지 정확히 알 수 있다"는 평이 이어지고 있다.[13]

이와 같은 '공간의 실재감' 부여는 외부인의 접근을 제한하던 사옥도 변화시키고 있다. LG CNS는 서울 마곡동에 위치한 LG사이언스파크 사옥 1층 로비를 홀로그램 영상이나 화려한 인터랙션의 미디어 테이블 등 즐길거리가 가득한 공간으로 탈바꿈시켰다. 산출물이 눈에 보이지 않고 소비자를 직접 상대하지 않는 B2B 기업이지만, 디지털 기술이 나아가야 할 미래의 체험적 요소를 '실제인 것처럼' 직접 경험하게 함으로써, 파트너사와 최종 소비자 사이의 새로운 접점을 미리 체감할 수 있도록 만든 것이다.

실재감테크의 역할

＼

그렇다면 실재감테크가 수행하는 기능은 무엇인가? 다시 말해 소비자에게 어떤 느낌을 제공하는가? 한 마디로 말하자면, '초월超越'이다. 한계를 뛰어넘는 것을 의미하는 초월은 대상의 더 높은 층위에서 무언가를 추가해 완성한다는 뜻도 지닌다. 실재감테크는 우리의 감각과 시공간을 초월할 수 있게 만든다. 이러한 초월적 경험을 통해 실재감테크가 산업적으로 어떻게 활용될 수 있는지 살펴보자.

감각의 초월: 오감의 한계를 넘어서다

먼저 감각의 초월은 인간이 느낄 수 있는 다섯 가지 감각의 한계를 넘어서는 것을 뜻한다. 즉, 인간이 감각을 느끼는 방식을 대체하는 것이다. 외부의 물리적 자극은 인간의 눈·귀·코·혀·피부 등 감각기관을 통해 뇌까지 전달되고 신경전달물질을 분비시켜 뇌의 변화를 유발한다. 이 변화를 감각sense이라고 부른다. 다시 말해서 인간이 느끼는 오감은 결국 뇌의 반응인 것이다. 따라서 만약 물리적 자극을 대체할 수 있는 전기적 신호를 주거나 뇌 속에 신경전달물질을 분비시킬 수 있다면, 우리의 뇌는 물리적 자극 없이도 감각을 느끼고 그에 따라 인식이 변화할 수 있다. 혀나 코를 자극하지 않고도 어떤 음식을 맛보거나 냄새를 맡는다고 착각하게 만드는 것이다. 이러한 시도가 가능하다면 장소에 구애받지 않고 다양한 감각을 느끼도록 할 수 있다.[14]

　미국 미시간대의 아라나 크리슈나Aradhna Krishna 교수는 감각 마케팅 활동을 "소비자의 감각을 끌어들이고 그들의 인식·판단·행동에 영향을 미치는 마케팅"이라고 정의했다.[15] 같은 맥락에서 실재감테크란 "소비자의 일반적인 감각을 초월하게 해 그들의 인식·판단·행동을 변화시키는 기술"이라고 할 수 있다. 이러한 기술들은 다양한 응용이 가능하다. 말레이시아의 이매지니어링 인스티튜트Imagineering Institute는 상상을 뜻하는 'imagine'과 공학을 뜻하는 'engineering'을 합친 이름처럼 상상을 현실로 만드는 법을 찾는 곳이다. 이 연구소에서 개발한 '디지털 냄새 인터페이스Digital Smell Interface'는 코 내부에 있는 냄새를 맡는 수용체 신경을 미약한 전기신호로 직접 자극하여 특정한 냄새를 맡는 것과 비슷한 감각을 재현한다.[16] 이 기술이 상용화되면 온라인 쇼핑이나 배달 앱 등 비대면 상황에서 발생하는 식품 구매의 한계를 초월할 수 있을 것으로 기대된다.

기존 음식에 전기 자극을 더해서 음식이 지닌 맛 이상을 느끼게 할 수도 있다. 일본의 레키모토랩은 앞부분에 미세한 전류가 흐르는 포크를 개발했다. 이 포크를 사용해 음식을 먹으면 포크 앞쪽의 전극이 혀를 자극하고, 우리 뇌는 이를 짠맛 등으로 착각한다. 따라서 양념을 많이 넣지 않고도 맛있게 먹는 것이 가능해 나트륨 과다 섭취를 예방할 수 있는 건강 보조 도구로 활용될 수 있다.[17] 나아가 원하는 식품 자체의 특성을 재현해 비슷한 음식으로 그 맛과 식감을 모두 구현하는 것도 감각을 초월하는 기술이 될 수 있다. 실제로 싱가포르국립대 산하의 '게이오-NUS CUTE' 연구소는 전류의 크기와 빈도 및 온도 변화를 이용해 맛을 디지털화하는 기술로 물을 가상의 레모네이드로 바꾸는 데 성공했다. 진짜 레모네이드에 센서가 부착된 막대를 넣어 음료의 산도와 색에 대한 정보를 취합하고, 블루투스를 통해 이 정보를 다른 컵에 담긴 물에 재현하는 방식이다. 이 물을 마시는 사람은 미각세포에 레모네이드와 동일한 자극이 전달되기 때문에 물이 아닌 레모네이드를 마시는 것이라고 느낀다.[18]

시공간의 초월: 과거와 현재, 공간과 공간을 넘나들다

실재감테크는 인간이 지닌 가장 결정적 한계인 시공간을 초월하게도 만든다. 특히 시간은 역행이 불가한 일방향적 흐름이다. 하지만 실재 감테크를 이용하면 시간의 연속성이라는 경계를 뛰어넘을 수 있다. 특히 지나간 과거는 대체 불가능하기 때문에 더 소중한 가치를 창출할 수 있다.

제일기획의 독일 법인은 독일의 통일 25주년을 기념해 VR 기어를 쓰고 아름다운 명소들을 감상할 수 있는 'VR-콘텐트content' 캠페인을 제작했다. 독일의 명소라는 공간과 역사라는 시간의 축 어딘가에 이용자를 두어 마치 독일을 횡단하는 듯한 실재감을 구현한 것이다.[19] 2020년에는 국내에서도 문화재청 국립문화재연구소와 경주시의 협력 아래 터만 남은 황룡사 일부가 증강현실로 복원됐다.[20] 마커 인식과 카메라 위치추적 기능을 활용해 사용자가 태블릿 PC를 들고 황룡사지 곳곳을 비추면 각 위치에서 출토된 유물들을 볼 수 있다. 또 복원된 중문과 남회랑에는 시간별로 그림자의 길이·각도 등을 계산하고 반영하여 현실감을 더했다.

2021년 6월에 일반인에게 공개된 중국 양저우의 중국대운하박물관은 몰입형 인터랙티브 기술을 적용해 중국 대운하의 1천 년 역사와 그 스케일을 박물관 안에서 모두 즐길 수 있도록 조성했다. 박물관 건물 자체도 커다란 배와 돛 형태이며, 전시장 내부에는 하구와 운하 유적, 당 시대의 배 모양 고분, 송 시대의 가마터 등을 미디어 기술로 구현해냈다.[21] 전시의 일부는 '방탈출 게임'으로 이루어져 있다. 관람객은 명나라 왕자를 호위하며 미스터리를 풀고 운하를 지키는 역할을 맡아 전시와 함께 인터랙티브 게임을 즐길 수 있다. 고대 대형 선박의 웅장함과 함께 고대 도시의 특색까지 디지털 미디어 기술로 복원함으로써 과거와 현재의 다중시간을 결합하고, 운하의 곳곳을 전면 인터랙티브 스크린과 AR 증강현실, 조명 등으로 구현해 여러 공간에 존재하는 듯한 몰입식 체험 공간을 구축했다.[22]

비즈니스에서의 실재감테크 전략: 본연의 가치를 지키다

실재감테크를 비즈니스에 적용할 때 가장 중요한 것은 각 기업들이 자사의 비즈니스 가치를 유지하는 일이다. 더불어 급변하는 환경 속에서도 소비자의 생활을 더 향상시키려는 고민을 지속해야 한다. 기업의 목표와 비전을 소비자가 뚜렷이 인식할 수 있어야 인공적 첨단 기술의 홍수 속에서도 친근하고 익숙한 기업으로 포지셔닝할 수 있다. 또한 특정 기술의 도입 자체를 강조하기보다는 제품이 지닌 가치가 적극적으로 드러나는 것이 좋다.

실재감테크의 궁극적인 목적은 고객의 더 나은 삶을 지원하는 것이다. 대표적인 예로 가상현실 치료법VRT, Virtual Reality Therapy을 들 수 있다. **햅틱 재현 기술**로 실제 같은 혼합 현실을 만들어 PTSD(외상후 스트레스 증후군)·공포증·통증·알코올중독 등을 치료한다.[23] 국내 기업과 의료 법인도 치료 분야에 다양한 기술을 활용하고 있다. 삼성전자 북미 법인, 보험 업체 트래블러스, 제약 업체 바이엘, 척추 전문병원 시너스시나이, 어플라이드 VR 등은 디지털 통증 완화 키트를 개발했고,[24] 분당차병원은 게임 방식의 VR 뇌졸중 재활 프로그램을 선보였다.[25] 이 밖에

햅틱haptic **재현 기술**
사용자에게 힘·진동·모션 등을 적용하여 터치의 느낌을 구현하는 기술이다. 즉, 사용자가 촉각을 통해 컴퓨터의 입력 장치인 키보드, 마우스, 조이스틱, 터치스크린으로부터 힘과 운동감을 느끼게 한다.[27]

분당서울대병원은 마이크로소프트 3차원 동작인식 카메라 '키넥'을 진료에 활용하는 등[26] 의료 분야에서 실재감테크가 활발하게 개발되는 중이다.

AI 스피커 시장의 진화도 흥미롭다. 최근에는 구글의 넥스트허브 맥스Next Hub Max, 아마존의 에코쇼Echo Show 등 디스플레이까지 탑재된 AI 스피커가 출시되며 실생활에 밀접한 형태로 공감각적 콘텐츠를 제공하고 있다. 여기서 눈에 띄는 사실은 처음에는 소비자가 정보를 찾는 데 사용하던 AI 스피커가 점차 인공지능 기술로 진화하고 있다는 점이다. 이를테면 예전에는 요리 레시피와 같은 정보 검색 툴로 사용되던 AI 스피커가 이제는 텍스트를 넘어 음성으로 정보를 읽어주고, 나아가 시·청각 정보가 함께 어우러진 복합적인 데이터를 제공하는 것이다. 여기에 증강현실을 활용한 계량법이나 조리용 타이머, 입체적으로 레시피를 볼 수 있는 가이드 동영상까지 제공함으로써 이용자로 하여금 마치 나만의 요리 선생님이 바로 옆에서 그때그때 가르쳐 주는 것 같은 느낌이 들게 한다.[28] 이는 기술을 소비자의 니즈에 맞추고 기업이 가장 잘하는 것으로 소비자에게 실재감을 느

끼게 만드는 바람직한 방향이다.

메타버스 : 가상과 현실의 경계가 흐려지다

메타버스는 확장된 가상세계를 뜻하는 말로, 초월 혹은 가상을 뜻하는 'meta'와 우주를 뜻하는 'universe'를 합친 신조어다. 이는 과거 세컨드라이프second life로 대표되던 가상세계와는 차원이 다른 3차원의 온라인 세계로서, 사용자의 오감 정보를 실감나게 구현하여 가상과 실제의 구분을 없앤다. 실제 세계를 온라인상에 거의 그대로 재현한 메타버스에서 사람들은 상품이나 자산을 생성하거나 거래하고, 이는 새로운 가상경제를 낳는다. 교육과 오락, 상거래 등 현실 세계에서 벌어지는 거의 모든 것이 메타버스로 이동하고 있다.

"매트릭스는 모든 곳에 있다The Matrix is everywhere"고 선언했던 영화 〈매트릭스〉에서 현실과 대조적으로 존재하는 가상세계 매트릭스는 현실을 유리시키기 위한 목적으로 만들어진 것이었다. 반면 세계적인 트렌드로 떠오른 '메타버스'는 가상세계를 뜻하지만, 현실을 보조하고 강화함으로써 소비자에게 더 풍부하고 유의미한 현실을 보장한다.

메타버스의 가상세계는 현실의 공간과 연결돼야 하고 일부는 현실을 대체할 수 있어야 한다. 이러한 점에서 '개더타운gather.town'은 메타버스에 가장 근접한 플랫폼이라고 볼 수 있다. 개더타운은 미국의 스타트업 개더가 만든 '온라인 사무실'로, 사무실에서 여러 명이 모여 근무하는 것과 동일한 실재감을 선사한다. 좁은 화면을 마주한 채 장시간 이어지는 화상회의에서 피로감을 느끼는 사람들에게 호

출처: gather.town

●●● 실제 사무실과 유사한 구조의 '온라인 사무실'을 구현한 메타버스 플랫폼 '개더타운'. 동료들과 같은 공간에 모여 있다는 느낌을 주어 지속적인 원격근무로 인한 피로감을 극복하고 소속감을 갖는 데 도움이 되고 있다.

응을 얻고 있다. 프로그램을 실행하면 각 이용자에게 레고를 연상시키는 2등신의 아바타가 주어진다. 하지만 여느 메타버스 플랫폼과는 달리 이 아바타로 소통하는 것이 아니라 기기 앞에 앉은 실제 이용자의 모습이 화상회의처럼 영상으로 나타난다. 실제 음성으로 커뮤니케이션할 수 있으며 그 밖의 업무 지원 기능도 다양하게 갖췄다. 똑같은 구조의 회의실이나 강연장을 비롯해 업무에 지친 직원들이 간단한 오락을 즐길 수 있는 공간도 마련되어 있다.

　서울시설공단은 개더타운에 현실의 사무공간과 비슷하게 개인 책상·휴게공간·회의실·강당 등을 조성하여 직원 각자가 취향에 맞는 아바타로 입장해 활동할 수 있도록 했다. 코로나19 시대의 신입사원

C

Connecting Together through Extended Presence

교육도 개더타운에서 진행한다. LG디스플레이는 2020년 상반기 신입사원 200여 명을 대상으로 한 온라인 교육을 개더타운에서 실시했다. 파주·구미·여의도·마곡 등 사업장 4곳을 구현한 가상공간에서 사업장을 돌아다니거나 릴레이미션·미니게임 등 교육 프로그램에 참여했다. 교육 후 실시한 설문조사에서 참여자의 91%가 동기들 간의 네트워킹에 효과가 있었다고 답했다.[29] 2021년 초부터 오프라인 근무를 전면 폐지한 '직방' 역시 개더타운에 사무실을 차렸다. 직방은 전 직원이 온라인에서 네트워킹되는 환경을 가장 중요하게 생각하며, 가상공간에서도 오프라인 사무실과 똑같은 공간을 구현하고 직원들의 소속감과 유대감을 증대시키기 위해 개더타운을 선택했다고 말한다.[30] 오프라인에 존재하던 사무실을 거의 그대로 가상공간에 옮겨 놓아, 각자의 책상이 있고 회의실도 있다. 회의실에 앉으면 서로의 얼굴이 보이며 음성으로 회의가 가능해, 원격근무임에도 실제로 모여서 회의하는 듯한 느낌이 든다.

스타트업뿐만 아니라 글로벌 유수 기업들도 메타버스에 적극적으로 뛰어들고 있는 가운데, 페이스북의 행보가 유독 눈길을 끈다. 메타버스 구현에 진심인 CEO 마크 저커버그는 실재감테크를 전방위적으로 활용한 '무한 오피스infinite office' 개념을 소개하면서 향후 5~7년 후에 페이스북은 모바일 인터넷 회사가 아닌 메타버스 회사로 거듭날 것이라는 포부를 밝혔다. 현실과 가상의 공간 구분을 없애는 동시에 가상 이미지를 현실 세계에 투영해주는 이른바 '시스루see-through' 증강현실 기술을 적용함으로써 서로 멀리 떨어져 있어도 같은 장소에 있다는 실재감을 더욱 극대화할 예정이다.[31]

출처: 유튜브 채널 'Infinite Office'.

● ● ●　페이스북이 메타버스 회사로 거듭날 것임을 선언하며, 소개한 '무한 오피스'의 예상 모습. 증강현실 기술과의 결합을 통해 이용자들로 하여금 더욱 생생한 실재감을 느끼게 할 것으로 기대된다.

　　다양한 데이터가 축적되고 기술이 발전하면서 놀랄 만한 수익을 거둔 성공담이 들려오자 너도나도 메타버스 사업에 뛰어드는 모양새다. 이러한 상황에서 실재감테크가 던져야 할 질문은 "이것으로 무엇을 할 것인가?"이어야 한다. 무엇보다 고객이 실제와 메타버스 사이에서 매끄러운 선택을 할 수 있도록 만드는 것이 중요하다. 예를 들어, 신한은행은 최근 디지털 플랫폼을 단순한 웹사이트가 아닌 메타버스를 기반으로 구축할 것임을 밝혔다. 금융 서비스로는 게임 형태의 가상 투자 시뮬레이션 자산관리 서비스·오프라인 영업점과 연계한 상담 서비스·고객 대상 강의·상품 안내 등을 제공할 예정이고, 비금융 서비스로는 아바타 간 커뮤니케이션·각종 미션 수행과 보상·야구 콘텐츠·대학별 특화 서비스나 커뮤니티 콘텐츠 등을 선보일 계획이다. 또한 직원들의 업무공간도 별도로 만든다.[32] 기존 은행의 모든 업무가 가상공간에서도 그대로 진행되는 것이다. 고객 입장에서는 오프라인 영업점과 메타버스가 서로 다른 곳이 아니라, 내가 선택할 수 있는 또 하나의 지점이 되는 셈이다.

전망 및 시사점
실재감테크는 고객의 삶에 더 가까이 가기 위한 방법적 도구

2021년 7월, 서울 광진구의 주도권을 차지하기 위한 이색 대결이 펼쳐졌다. 광진구 내 이웃 학교인 건국대와 세종대 학생들이 코로나19의 장기화로 잃어버린 캠퍼스 생활을 되찾기 위해 가상공간에서 동아리 대항전을 기획한 것이다. 이른바 '광진구 점령전'은 e-스포츠 대회와 프로그래밍 경기, 힙합 디스전 등으로 구성되어 이긴 팀이 특정 동네를 점령하고, 더 많은 동네에 깃발을 꽂은 학교가 승리하는 방식으로 진행됐다. 재미를 위한 액정 속 가짜 점령이지만, 학교가 소속된 실제 지역이 전투 무대가 되자 학생들은 진짜 영역 싸움을 하듯 점령지를 넓히기 위해 치열하게 대결했다. 두 학교가 위치한 화양동과 군자동을 '비무장지대'로 지정하여 그곳에서 두 학교의 서예·만화·천체관측 동아리 등이 합동 전시회를 열기도 했다. 이 참신한 대결에 대한 학생들의 반응은 기대 이상이었다. SNS를 타고 입소문이 퍼지면서 힙합 디스전의 유튜브 조회 수는 4만 회를 넘길 만큼 인기를 끌었다. 2년째 비대면 수업이 이어지면서 캠퍼스의 낭만을 도둑맞은 대학생들이 나름의 방식으로 온라인 세상에 만든 축제와 소통의 장이었던 셈이다. 가상의 게임 공간에서 똘똘 뭉친 학생들은 오랜만에 소속감을 느끼며 대학생활이라는 실재감도 되찾을 수 있었다.[33]

이 사례에서 보듯 실재감테크의 핵심은 가상공간에서도 유저의 현실적 재미를 유지·증강할 수 있어야 한다는 점이다. 디지털 세상에서도 아날로그적인 가치는 지켜져야 한다. 코로나 시대 언택트 트렌드 아래서 '실재감'은 현대사회의 인류에게는 결핍이자 욕망이다. 디지털을 기반으로 파편화되어가는 사회에서 존재감 결핍을 해소하고, 정체성 회복의 욕구를 해결해주는 것이 소비자의 마음을 사로잡는 비결이다. 지금 내 곁에 있지 않은 사람에게 진심을 느끼게 하려면 기술만큼이나 감정과 심리에 대한 이해가 필요하다.

예를 들어, 최근 폭발적인 인기를 얻고 있는 가상인간 로지의 경우는 사람들이 친근감을 느끼는 이유가 '완벽하지 않아서'인데, 이를 달리 표현하면 '진짜 사람 같기' 때문이라고 한다. 심지어 '못생겼다'는 반응까지 나왔다. 가상인간이므로 완벽한 아름다움을 얼마든지 구현할 수 있으나 일부러 개선의 여지를 남겼다는 것이다. 로지를 제작한 싸이더스 스튜디오 엑스 관계자에 따르면 "흠 없이 완벽하기보다 개성 있고 신비로운 얼굴"을 만들고자 의도했다.[34] 컴퓨터로 만든 무결점의 얼굴을 보고 사람들이 느낄 심리적 거부감을 줄이고 이질감을 없애기 위해서다.

외모보다 더 중요한 것은 로지가 추구하는 라이프스타일이다. 세계 여행과 요가, 러닝, 패션, 에코라이프에 관심이 있는 22살 여성으로 설정된 로지에게는 자유분방하고 사교적이라는 구체적인 성격까

● ● ● 가상인간 로지는 요가, 러닝, 패션, 친환경 등 MZ세대가 주목하는 이슈에 관심이 높다는 구체적인 가치관과 라이프스타일을 추구하는 등 나름의 세계관과 정체성을 지니고 있다.

지 부여됐다. 제로웨이스트 챌린지에 참여하는 등 사회 이슈에도 적극적으로 동참하는 모습을 보여 MZ세대의 공감을 이끌어냈다. 단지 멋진 가상인간을 만드는 것이 중요한 것이 아니라, 특정한 세계관을 만들어 사람들과 공감대를 형성하는 데 중점을 둬야 한다는 것이다.[35]

첨단기술들이 상용화되고 있고 유행처럼 번지는 메타버스 등을 지켜보다 보면 새로운 기술로 소비자의 눈길을 사로잡고 싶은 조급함이 들 수도 있다. 그러나 갑작스러운 기술 도입이나 신사업의 열거는 기업의 역량에 부담을 주거나 직원들을 지치게 할 우려가 있다. 기술이나 복잡한 방법론에 천착하는 것이 아니라 기본을 지키며 소비자가 존재감과 몰입감을 느낄 수 있도록 기존의 판을 재구성하는 전략이 필요하다. 새로운 사업을 준비하느라 소비자와의 관계를 등한시해버리면 가뜩이나 연결감이 부족한 소비자들은 행동하기보다는 관찰자나 구경꾼으로 남을 뿐이다. 소비자를 진짜 고객으로 만들기 위해서는 이들이 기업 그리고 다른 고객들과 연결될 수 있도록 관계의 그물을 촘촘히 짜는 것이 중요하다.

실재감테크는 먼 미래를 그린 SF영화에나 나올 법한 엄청난 기술로 이용자들이 혼을 쏙 빼놓는 신기한 신문물이 아니다. 실제 사람들이 서로 부딪히며 상호 작용하는 기분을 느낄 수 있도록 우리의 감각을 초월하고, 시공간을 초월해 기업 고유의 제품과 서비스에 대한 다중감각적 자극을 동시에 체험할 수 있게 해야 한다. 『트렌드 코리아 2021』에서 '휴먼터치'라는 키워드를 가리켜 "어떻게 고객의 삶에 더 가까이 다가가서 가치를 창출할 것인가?"라는 고민에서 비롯됐음을 설명한 바 있다. 사실 실재감테크 역시 고객의 삶에 더 가까이 다가가기 위한 방법적 도구라 할 수 있다. 실재감테크를 통해 여러 제약을 지우고 감각과 시공간을 초월할 수 있다면, 현실에서 결핍된 정체성에 대한 욕구를 충분히 추구할 수 있을 것이다. 반강제로 맞이하게 된 비대면 시대, 실재감테크의 가장 긍정적인 결과물로써 '나노사회'가 초래한 고립감의 해소를 기대해본다.

Actualizing Consumer Power - 'Like Commerce'

라이크커머스

좋아하면 산다. 제조자가 생산해 유통업자가 판매하면 소비자가 구매하는, 시장의 오랜 패러다임이 변하고 있다. 소비자 개인이 독자적으로 상품의 기획·제작·판매를 총괄하는 새로운 가치를 만들어내고 있는 것이다. 이러한 소비자 주도 유통과정을 동료 소비자들의 '좋아요like'에서 출발한다는 의미에서 '라이크커머스'라고 명명한다. 초기 인플루언서들이 기성제품의 '판매'에만 집중하던 '세포마켓 1.0' 트렌드가 진화한, 기획-제조-마케팅-영업-물류의 가치사슬을 포괄하는 '세포마켓 2.0' 트렌드이기도 하다.

기존의 생산자 주도의 패러다임에서 공급망 관리SCM, Supply Chain Management가 중요했다면, 라이크커머스는 수요망 관리DCM, Demand Chain Management가 부각되는 수요견인 시장demand-driven market이다. 라이크커머스의 3대 비즈니스 모델로는, ① 개별 크리에이터가 팔로워의 '좋아요like'를 기반으로 수요를 확보한 후, 제조 전문업체에 ODM을 맡겨 생산하고, 이를 물류 전문업체를 활용해 유통하는 C2CConsumer to Consumer 모델, ② 제조업체가 직접 소비자 '선호like'를 예측하기 위해 데이터를 확보하고, 유통 마진을 줄일 수 있는 자사몰을 개설하는 D2CDirect to Consumer 모델, ③ 개별 소비자 '수요like'를 집결하여, 공동구매 혹은 선주문 방식으로 새로운 상품을 출시하여 생산 단가를 낮추고 재고 부담도 더는 H2HHuman to Human 모델이 있다.

이제 "쇼핑을 하러 가는 것"이 아니라 스마트폰을 들여다보다가 아무 때나 구매 버튼을 눌러서 사는 "항시 쇼핑 시대"를 맞고 있다. 더구나 코로나19 팬데믹의 영향으로 일자리는 줄어들고 비대면이 일상이 되면서, 라이크커머스가 많은 사람들의 경력 대안이 되고 있다. 소비자들의 상품 선택의 핵심이 '나음'에서 '다름'으로, 그리고 '다름'에서 '다움'으로 이행하고 있다. 이제 소비자들은 "예전보다 좀 더 낫거나 경쟁 제품과 다른" 상품이 아니라, "가장 나다운" 상품을 만났을 때, '좋아요'를 누르고 지갑을 연다. "무엇이 나다운 것인가?" 차세대 유통의 미래는 바로 이 질문에 달려 있다.

A

Actualizing Consumer Power · 'Like Commerce'

"1,000명의 진정한 팔로워만 있으면 사업이 된다."

이제 비즈니스의 성공을 위해 큰 숫자가 필요하지 않다. 10만 달러 투자금이나 10만 명의 고객도 필요 없다. 진정한 팔로워, '당신이 만드는 것은 무엇이든 사주는 사람들' 1,000명만 있으면 된다. 그들은 당신이 노래하는 모습을 보러 몇백 킬로미터의 길을 불원천리 달려올 것이고, 당신이 책을 내면 양장본·문고판·오디오북까지 전부 구입할 것이다. 『타이탄의 도구들』의 저자 팀 패리스Tim Ferriss는 오늘날 온라인 비즈니스의 생리를 위와 같이 통찰했다. 당신을 '좋아하는' 진정한 팔로워들이 있다면 얼마든지 비즈니스가 가능하다는 얘기다.

단지 책 속에 나오는 이야기만은 아니다. 인스타그램에서 '여우마켓'을 운영하는 윤여진 씨는 자신의 책 『나는 세포마켓에서 답을 찾았다』에서 소수의 팔로워로 시작해 성공을 이룬 실제 경험담을 말한다. 2018년 4월에 무자본으로 사업자등록을 한 그녀는 현재 인스타그램 팔로워가 1만 명이 넘는 마이크로 인플루언서로 자리 잡았다. 자신이 직접 경험한 출산과 육아, 경력 단절을 이겨내기 위한 분투, 아이를 기르면서 느끼는 소소한 행복과 기쁨을 여과 없이 담아낸 스토리가 비슷한 경험을 공유하고 있는 여성들의 큰 지지를 받았다. 여기에 자신이 아이를 위해 직접 고른 교구·식품·육아용품·아동복 등을 소개하면서 조금씩 매출을 늘려나갔다. 소위 '찐' 팔로워들만으로 이뤄진 여우마켓은 2년 만에 누적 매출 5억 원을 달성했고, 최근 '맘미'라는 독자 브랜드를 론칭했다.

특정 브랜드를 추종하는 팬이나 팔로워는 비즈니스에서 언제나 중요한 요소였다. 『트렌드 코리아 2020』에서도 '팬슈머' 키워드를 통해 이들의 중요성을 강조한 바 있다. 다만 최근 들어, 사업에 꼭 필요한 팔로워의 숫자가 10만 명에서 1,000명으로 크게 줄었다. 디지털 기술의 발전이 가속화되면서 비즈니스의 성패를 가르는 조건 하나가 완화된 것이다. 그리고 이 변화는 연쇄적으로 산업의 구조적 변화를 자극하고 있다.

과거에는 제조자가 생산하고 소비자가 구매하기까지 복잡한 여러 단계의 과정을 거쳐야 했으며, 비용을 초과하는 이익을 창출하려면 대량생산-대량소비가 전제됐다. 생산 설비와 유통망 구축을 위한 초기 투자비용이 많이 들기 때문에 제조 기반의 비즈니스란 실상 거대한 기업들만이 할 수 있는 '그사세(그들이 사는 세상)'의 영역이었다. 이러한 구조는 온라인 이커머스e-commerce에서도 마찬가지였다. 오프라인보다 초기 투자비용이 크게 줄기는 했지만, 온라인상에서도 가격 경쟁력을 높여 많은 유저를 확보한 기업이 더 유리하다는 사실에는 변함이 없었다. 새로운 시장은 늘 거대 플랫폼의 주도하에 형성됐기 때문이다.

출처: 유튜브 채널 '신사임당'

••• '여우마켓'의 운영자 윤여진 씨는 팔로워 수를 무작정 늘리기보다는 공동의 취향을 지닌 소수 '찐' 팔로워들의 공감을 불러일으키며 마이크로 인플루언서로 거듭났다.

새로운 유통 생태계의 등장

이러한 '대량생산-대량소비' 시장구조에 변화의 조짐이 나타나고 있다. 이제는 누구든 진정한 팔로워가 있다면 비즈니스를 시작할 수 있게 됐다. 소비자의 선호를 기반으로 누구나 제조·판매·유통에 나설 수 있는 판이 짜이고 있다. 그 판은 크게 세 가지로 나뉜다. ① 개별 크리에이터가 팔로워의 '좋아요like'를 기반으로 수요를 확보한 후, 제조 전문업체에 **ODM**을 맡겨 생산하고, 이를 물류 전문업체를 활용해 유통하는 것이다. ② 제조업체가 직접 온라인으로 판매하기도 한다. 소비자 '선호like'를 예측하기 위해 데이터를 확보하고, 유통 마진을 줄일 수 있는 자사몰을 개설하는 것이 대표적인 예다. 혹은 ③ 새로운 온라인 유통사들이 개별 소비자 '수요like'를 집결해서, 공동구매 혹은 선주문 방식으로 새로운 상품을 출시하여 생산 단가를 낮추고 재고 부담을 덜기도 한다.

이러한 생산과 유통의 새로운 과정을 소비자들의 '좋아요like'에서 출발한다는 의미에서 '라이크커머스'라고 명명한다. 다시 말해, 라이크커머스는 고객의 선호를 중심으로 구성되는 새로운 온라인 리테일의 총체다. 라이크커머스 시장은 성장 가능성이 무궁무진한 미래형 리테일의 시작이기도 하다. 기존의 이커머스와 라

ODM Original Development Manufacturing

판매망을 갖춘 유통 업체가 개발력을 갖춘 제조업체에 상품 제조를 위탁하는 생산 방식으로, '제조업자 개발생산' 또는 '제조업자 설계생산'이라고도 한다. 제조업체가 보유한 기술력을 바탕으로 제품을 개발해 유통 업체에 공급하고, 유통 업체는 자사에 맞는 제품을 선택함으로써 유통에 핵심역량을 집중할 수 있다는 점에서 주문자상표부착생산방식OEM과 구별된다.[1]

이크커머스의 개념을 비교해보면 아래 표와 같이 정리할 수 있다.

이커머스라 불리는 '온라인 쇼핑 1.0'은 인터넷의 보급으로 등장한 전자상거래를 말한다. 소비자들은 온라인에서 사고 싶은 상품을 검색하여 구매를 시작한다. 따라서 검색엔진이 중요한 경쟁 요소다. 그 후에는 온라인 소비자들의 의견이 중요하다. 특히 구매 후기는 비대면으로 모든 것이 이루어지는 온라인 거래에 필수 보완책이다. 이러한 요건을 잘 조성한 선발 업체들이 빠르게 시장을 선점하고 지배적인 위치를 차지했다. 다수의 소비자들이 모일 수 있는 거대 플랫폼이 주도하는 B2C 비즈니스 모델이 적용되는 시장이기 때문에, 이 시장의 승자는 누가 얼마나 더 높은 가격 경쟁력으로 더 많은 이용자를

	온라인 쇼핑 1.0 이커머스	온라인 쇼핑 2.0 라이크커머스
비즈니스 구조	B2C	C2C · D2C · H2H
상품 접점	검색searching	발견discovery
중심 가치	가격 경쟁력	소비자 선호
판매자 정체성	셀러	기획자
매니지먼트	공급망 관리	수요망 관리
판매 전략	매개	기획 · 제작 · 협업
경쟁력	다수의 회원	진정한 팔로워
주요 사례	온라인 전문몰	개인 크리에이터

확보하느냐에 달려 있다. 더불어 이윤 극대화를 위한 비용 절감을 실현하려면, 생산·유통 등 모든 공급망 단계를 최적화해 수요자가 원하는 제품을 원하는 시간과 장소에 제공하는 **SCM**이 중요하다. 오픈마켓에서 판매자들은 해당 플랫폼 안에서 셀러가 되어 제품을 위탁·매개하는 활동을 벌인다.

반면, 라이크커머스는 '온라인 쇼핑 2.0'이라고 볼 수 있다. 소비자들의 선호가 모여, 기존에는 존재하지 않던 새로운 비즈니스 모델을 창출한다. 이 단계에서는 더 이상 B2B, B2C로 나누는 것이 무의미하다. C2C Consumer to Consumer, D2C Direct to Consumer, H2H Human to Human 등의 다양한 형태로 이루어지며, 개인 간의 거래가 핵심이 된다. 소비자 선호를 잘 포착해 화답해줄 수 있다면 누구나 시장의 주도권을 쥘 수 있다. 모두가 판매자·유통사·제조사가 될 수 있기에 시장 참여자는 단순한 셀러라기보다, '기획자'에 가깝다. 판매자이자 소비자이기도 한 개인은 독자적으로 자신의 브랜드를 만들어내고 제조 공정에도 관여한다. 이러한 시장에서는 중간 유통 과정을 배제하고 직접 소비자 수요를 연결하기 때문에 산발적으로 퍼져 있는 고객을 '수요망 관리DCM, Demand Chain Management'를 통해 일관되게 관리하는 것이 중요하다. 또 경쟁력을 지니기 위해서 소비자들의 경험을 극대화해야 한다. 따라서 얼마나 많은 사람들을 모았느냐가 아니라, 진정한 팔로워들이 얼마나 열성

SCM Supply Chain Management 공급망 관리라는 뜻으로, 상품과 정보가 생산자로부터 도매업자·소매상인·소비자에게 이동하는 전 과정을 효율적으로 실시간 관리하는 시스템을 가리킨다. 이를 통해 제조업체는 고객이 원하는 제품을 적기에 공급하고 재고를 줄일 수 있다. '공급사슬 관리' 또는 '유통 총공급망 관리'라고도 불린다.[2]

적으로 제품이나 서비스를 추종하느냐에 성패가 달려 있다.

라이크커머스는 온라인 유통 시장의 새로운 패러다임이다. 그간 온라인 쇼핑몰과 플랫폼 기반으로 구매자와 소비자 간 접점을 이어온 전자상거래 시장구조가 변화하고 있고, 그 중심에는 소비자의 수요이자 선호인 'like'가 있다. 먼저 코로나19 팬데믹 상황에서 언택트 시장의 확대와 더불어 대안적 유통구조로 부각되고 있는 라이크커머스의 세 가지 비즈니스 모델을 살펴보자.

라이크커머스의 3대 비즈니스 모델

개인의 비즈니스 기획: C2C 모델

29세 직장인 A씨. 바쁜 아침 간편한 메이크업을 위해 그녀는 뷰티 크리에이터 '레오제이'가 만든 '슈레피 겟리프 트윈 패드팩'으로 빠르게 스킨케어를 마무리한다. 마스크 착용이 일상화되면서 색조 메이크업은 건너뛴지 오래다. 요거트에 크리에이터 '유나'가 만든 '유나뷰스터'를 타서 간단히 아침식사를 하고 출근길에 나선다. 편의점 간편식으로 나홀로 점심을 즐기는 그녀는 푸드 유튜버 '밥굽남'이 출시한 햄버거로 점심을 해결한다. 퇴근 후에는 집에서 유튜브로 필라테스 강사 겸 인플루언서인 '이슬코치'의 홈트 영상을 시청하며 운동을 한다. 코로나19로 운동 시설에 가기 어려워지면서 그녀는 이슬코치의 '듀잇 홈피트니스' 제품을 구매해 매일 홈트를 즐기고 있다.[3]

그 어느 때보다 개인이 비즈니스를 영위하기 용이한 시대를 맞고 있다. 우선 온라인이라는 특성상 개인의 사업 영역에 물리적인 제한이 없다. 전통적인 소매점들은 영업할 수 있는 권역이 지리적으로 제한되어 있었지만, 인터넷에는 이러한 경계가 없다. 특히 SNS나 영상 기반의 플랫폼을 바탕으로 독자적인 콘텐츠를 생성하는 것이 일상화됐다.

이러한 여건 아래서 라이크커머스는 개개인의 비즈니스 기회를 크게 확장했다는 측면에서 『트렌드 코리아 2019』에서 제안한 '세포마켓'과 맥락을 같이하는 트렌드다. 하지만 라이크커머스는 세포마켓을 훨씬 넘어선, 기획-제조-마케팅-영업-물류의 가치사슬을 포괄하는 개념이다. SNS를 중심으로 성장한 세포마켓에서는 대부분의 인플루언서가 공동구매 형식으로 상품을 판매했다. 공동구매는 구매 수량을 정확하게 예측해 주문받은 물량만 조달·판매하는 시스템으로 재고 부담이 없어서 각광받았다. 세포마켓의 경우 해당 인플루언서의 홍보 역량이 중요하다. 실제로 인플루언서들의 성장세와 사회적 영향력은 거침없는 상승세를 보이고 있다. 불과 몇 년 전만 해도 매장 진열대의 음식료나 화장품 패키지는 유명 연예인의 사진으로 장식됐지만, 요즘에는 이 셀럽의 자리에 인플루언서들이 들어왔다.

세포마켓 인플루언서들이 한 번 더 도약을 한 형태가 바로 C2C 모델의 라이크커머스다. 이전까지 인플루언서들은 유명세와 사회적 영향력에 힘입어 상품을 사입仕入(상거래 목적의 매입)한 뒤, 단순 리뷰를 하거나 홍보를 위한 콘텐츠를 만들어 판매했다. 하지만 이제는 제품을 직접 제작하고, 기획하고, 유통하고, 홍보한다. 가치사슬 창출의 외연이 대폭 확대된 것이다. 동시에 문제점도 마주하게 됐는데, 개인이 직접 상품을 제조해 온라인으로 판매할 때 가장 큰 걸림돌로 부딪히는 제조·유통 비용과 재고 부담 문제다. 이러한 리스크를 완화하기 위해 사업자들은 믿을 수 있는 파트너를 찾아 나선다. 다행히도 이들의 성장에 발맞춰 개인 비즈니스를 도와주는 다양한 기업들이 등장하고 있다. 다시 말해, 개인 비즈니스를 중심으로 한 라이크커머스의 '생태계eco-system'가 형성되고 있는 것이다. 제조·물류·운영 등 개인들의 비즈니스 전 과정에 기여하는 파트너사들이 늘고 있다.

먼저 제조 과정에서 ODM 업체들의 활약이 돋보인다. 특히 화장품 제조업체들의 ODM 사업이 가장 활발하게 이뤄지고 있는데, 최소 주문 수량MOQ, Minimum Order Quantity을 낮춘 전략이 한몫했다. 기존 대기업 브랜드의 ODM 제품은 1만 개 단위로 생산하지만, SNS 인플루언서와 같은 1인 기업 브랜드에게는 '다품종 소량생산' 전략을 적용했다. 예를 들어 코스맥스의 마이크로 브랜드 론칭 수량은 1,000개부터도 가능하다. 개인 화장품 브랜드를 ODM으로 생산하는 일은 제품 개발 및 생산 비용을 낮출 수 있는 기회가 된다.

신규 론칭된 인디 브랜드 제품이 대기업 브랜드 화장품 제조사와 동일한 곳에서 만들어졌다는 사실만으로도 소비자의 신뢰도를 높일 수 있다. 한국콜마나 코스맥스 등 국내 화장품 제조 기업들은 아모레퍼시픽·LG생활건강은 물론 로레알·시세이도 등 글로벌 화장품 기업을 고객사로 두고 있기 때문이다. 따라서 신규 브랜드를 론칭한 인플루언서는 상대적으로 판매와 마케팅에 주력하고, 기획·개발과 제조는 ODM 기업에서 담당하여 제조 부담을 줄일 수 있다. 이러한 장점 때문에 최근 화장품 ODM 시장이 빠르게 성장하고 있다. 시장조사 기관 GIA의 보고서에 따르면 글로벌 ODM 시장은 2020년 55억 달러(약 6조2,161억 원) 규모에서 2027년에는 100억 달러(약 11조 3,020억 원)까지 확대될 것으로 전망된다.[4]

물류 과정에서도 개인 비즈니스를 지원하는 업체들이 등장하고 있다. 동대문 시장의 의류 사업 판매자 전용 **풀필먼트** 서비스 '동대문 품고'는 온라인 제품의 입고·검품·포장에서 배송까지 이르는 모든 과정을 대행한다.[5] 패션 도소매 거래 사이트인 '신상마켓'에도 풀필먼트 서비스인 '딜리버드'가 있다. 동대문 시장에서 거래되는 모든 제품의 사입, 의류 검수·검품, 재고 관리, 고객 위탁 배송까지 한 번에 제공하는 서비스다. 이러한 전문 업체들이 물류 업무를 대신해주며 개인사업자들은 재고 정확성을 높이거나, 불량 반품률을 줄이는 등, 비즈니스 효율을 높일 수 있게 됐다.

뷰티·패션 제품 이외에도 냉장 혹은 냉동 배송이 필요한 신선식 품군 물류를 지원해주는 업체도 생겼다. 대표적인 업체인 '파스토'는 이커머스 플랫폼과 연동해 자동으로 주문을 수집하고 송장번호를 등록하며 출고까지 진행되는 시스템을 제공하고 있다. 최근에는 배달 트렌드에 맞춰 당일 배송 서비스도 준비하고 있어, 샐러드나 도시락 등 간편식을 판매하는 사업자에게 도움이 될 것으로 기대된다.

마지막으로, 사업을 진행하면서 발생하

풀필먼트fulfillment
물류 전문업체가 판매자 대신 주문에 맞춰 제품을 선택하고 포장한 뒤 배송까지 마치는 방식. 판매 상품의 입고·보관·제품 선별·포장·배송·교환·환불 서비스 제공 등 주문한 상품이 물류 창고를 거쳐 고객에게 배달 완료되기까지의 전 과정을 일괄 처리하는 것이다.[6]

는 경영상의 여러 전문 영역을 지원하는 서비스도 많아졌다. 이들은 세무·주문·고객관리 등 개인사업자가 홀로 감당하기 어려운 일들을 도와준다. 예를 들어 인공지능 세무 서비스 '삼쩜삼'은 휴대전화 번호로 본인 인증을 하고 홈택스 아이디로 로그인만 하면 세금 환급 예상 금액을 미리 알려주고, 종합소득세 신고부터 환급까지 원스톱 세무 서비스를 제공한다. 인플루언서 플랫폼을 운영하는 '인포크'는 인플루언서가 소셜 미디어에서 편리하게 상품을 판매할 수 있도록 돕는 '인포크스토어'를 통해 판매 솔루션을 제공한다. 인플루언서들이 직접 관리하는 판매 채널을 팔로워에게 쉽게 노출시켜주는 서비스도 있다. 인플루언서는 보통 여러 브랜드 상품을 광고하게 되는데, 기존의 SNS를 통해서는 자신이 다루는 모든 상품들의 판매 링크를 제공하기가 어려웠다. '인포크링크'는 인플루언서별로 판매 중인 상품을 한 페이지에 정리해 보여줌으로써 편의성을 높였다.

출처: 심영섭·인포크

●●● 개인사업자가 겪을 수 있는 경영상의 어려움을 지원해주는 '삼쩜삼'과 '인포크'. 까다로운 세무 업무와 홍보 업무를 손쉽게 해결할 수 있도록 편의성을 갖췄다.

'자사몰'에서 직접 판매: D2C 모델

현대자동차가 국내 자동차 브랜드 최초로 D2C 판매방식을 도입해 화제다. 현대차와 노조가 상생을 내세운 광주형 일자리의 첫 산물인 경형 SUV '캐스퍼' 모델을 100% 온라인에서만 판매하기로 합의를 이룬 것이다. 결과는 성공적이었다. 캐스퍼의 얼리버드 예약 대수는 1만8,940대로 역대 현대차 내연기관차 중 최다 사전계약량을 기록했다. 2019년 11월 출시한 6세대 그랜저 페이스리프트(부분 변경) 모델의 1만7,294대보다 1,646대 많았다.[7] 물론 차량 자체가 지닌 강점도 있겠지만, 그동안 자동차를 구입하기 위해 판매점을 방문해야 하는 번거로움을 생각한다면 D2C, 즉 고객 직접 판매 방식으로 구매 편의성을 높인 점이 주효했다는 분석이다.

제조사들의 D2C 진출 선언은 미국에서부터 시작됐다. 2019년 글로벌 스포츠 브랜드 '나이키'가 아마존을 탈피해 자사몰 판매에 집중한 시도가 성공을 거둔 이후, 해외에서 D2C가 차세대 이커머스 전략으로 통하고 있기 때문이다. D2C의 가장 큰 장점은 고객 데이터를 확보할 수 있다는 점이다. 제조사는 자사몰을 통해 실시간으로 고객행동 데이터를 수집함으로써 신제품을 개발하거나 필수 트렌드로 자리 잡은 '개인화 마케팅'을 진행할 수 있다. 중간 유통의 수수료가 발생하지 않기 때문에 수익 개선을 기대할 수 있는 데다, 고객들에게 자체 브랜드 경험을 강화할 수 있다는 점도 D2C의 매력을 배가시킨다.

이러한 장점을 확보하기 위해 국내에서도 D2C 모델, 특히 온라인 자사몰을 확대하고 있는 추세다. 'Hy(구 한국야쿠르트)'는 온라인

몰 '프레딧'을 유제품·신선식품·건강기능식품뿐만 아니라 화장품· 리빙·유아 용품과 비건·친환경·유기농 상품까지 다루는 종합 온라인몰로 개편했는데, 2020년 68만 명 정도였던 회원 수가 2021년 100만 명을 돌파했다. 패션 기업 '한섬'도 자사몰을 강화하고 있다. '더한섬닷컴'의 2021년 3분기 누적 매출은 전년 동기 대비 67% 늘었다. 한섬은 이러한 추세에 힘입어 2022년까지 경기 이천에 온라인 전용 물류센터 '스마트온센터'를 세우는 등 D2C 전략을 강화하고 있다.[8]

해외 브랜드들도 D2C 도입에 긍정적이다. 요가복 제조사 룰루레몬은 D2C 비중이 61.4%에 달한다. 소비자가 온라인 자사몰에서 제품을 구매하면 근처 오프라인 매장에서 1시간 안에 바로 수령할 수 있다. 또 룰루레몬 오프라인 매장에 있는 요가·명상 시설에서 직접 제품을 입고 체험할 수도 있다. 이러한 서비스 덕에 2021년 5~7월 D2C 매출은 5억5천만 달러(약 5,955억 원)로 전년 동기 대비 154.7% 증가했다고 한다. 프라다·까르띠에·에르메스 등 콧대 높던 명품 브랜드들도 온라인으로 몰리는 MZ세대를 붙잡기 위해 자사몰을 잇달아 오픈하고 있다. 자사몰에서 구입한 제품은 전용 금고, 폐쇄회로 TVccTV, 경보기가 달린 귀중품 수송 전문 차량을 이용한 특급 배송 서비스를 통해 배달된다.[9]

외식업계에서도 D2C 모델을 접목하려는 움직임이 감지됐다. 배달 앱 위메프오는 외식업자가 온라인에서 고객과 바로 만나 다양한 서비스를 제공할 수 있는 '위메프오플러스'를 2021년 10월에 출시할 계획이라고 발표했다. 기존 배달 앱에 비해 결제 수수료를 낮춰 플랫폼 비용 부담을 줄이고 온라인·모바일 원스톱 솔루션을 제공받을 수 있다고 한다. 개발 비용과 운영, 유지·보수 문제로 별도의 판매 페이지 구축이 쉽지 않았던 외식업 점포를 지원하기 위해 D2C 서비스를 도입한 것이다.[10] 국내 배달 서비스 시장의 새로운 생태계 구축이 기대된다.

D2C 비즈니스 모델의 확대는 쇼핑몰 구축 대행 서비스를 제공하는 기업들에게 큰 기회를 주고 있다. 국내에서는 '카페24', 해외에서는 '쇼피파이'가 대표적이다. 쇼피파이는 온라인 쇼핑몰을 구축하고 운영하는 데 필요한 소프트웨어를 제공하는 전자상거래 솔루션 회사다. 홈페이지 제작·고객 관리·마케팅·결제 등 전 과정이 쇼피파이 솔루션으로 해결된다. 이용자 입장에서는 IT 지식이 없어도 손쉽게 자체 브랜드를 구축하고 소비자 데이터를 얻을 수 있다.

코로나19 사태는 미국에서 D2C 트렌드를 더욱 강하게 만들었다. 온라인 주문량이 폭증하며 아마존도 배송난을 겪자 소비자는 '대안 구매처'를 찾았으며, 각 제조사도 자구책을 마련하기 시작했다. 예를 들어 글로벌 식품 업체 크래프트 하인즈Kraft Heinz는 코로나19 사태를 계기로 영국에서 '하인즈 투 홈Heinz to Home' 서비스를 시작해 큰 성공을 거뒀다. 쇼피파이에 따르면 미국 소비자의 40%는 이제 아마존이나 월마트를 거치지 않고 브랜드나 제조사에서 직접 구매하며, 나아가 2022년 미국 D2C 고객 수가 전체 인구의 30%에 해당하는 1억 300만 명에 달할 것으로 전망한다.[11]

쇼피파이의 부가서비스 중 주목할 것은 '쇼피파이 캐피털Shopify Capital'이다. 쇼피파이 고객인 소규모 사업체에 사업 자금을 빌려주는

●●● 쇼피파이와 같은 쇼핑몰 구축 프로그램을 이용한 자사몰 개설이 용이해지면서 D2C
가 더욱 확산되고 있다. 쇼피파이에 따르면 미국 소비자의 40%는 이제 아마존이나
월마트를 거치지 않고 브랜드나 제조사에서 직접 구매한다.

것으로, 업체당 최대 200만 달러(약 23억 원)까지 대출해준다. 2016년
출시 이후 현재까지 20억 달러(약 2조3천억 원)의 자금을 공급했다. 쇼
피파이 캐피털의 가장 큰 특징은 소상공인이 직접 대출 신청을 하지
않아도 된다는 점이다. 쇼피파이 측이 빅데이터와 기계학습Machine
Learning 기술로 과거 판매 동향 및 최근 실적을 분석해 소상공인의 성
장 잠재력을 파악하고, 투자 적기에 맞춰 대출 제안을 하기 때문이
다. 소상공인이 제안을 수락하면 영업일 기준 2~5일 내에 자금 대출
이 이뤄진다. 소상공인 입장에선 은행보다 훨씬 문턱이 낮고, 적시에
대출을 받아 사업을 키울 수 있으니 일석이조다.

소비자들과의 접점 확보: H2H 모델

소비자들의 선호가 모이면 큰 힘을 가진 집단이 된다. 이 점을 활용하여 새로운 가치를 만들어내는 유통 기업들이 주목받고 있다. 사람과 사람을 연결해주는 소위 'H2H 비즈니스 모델'로서, 소비자 선호를 중심으로 제조사와 소비자를 연결하거나 개별 소비자들을 모아준다. H2H 모델에는 세 가지 방법이 있다. ① 소셜 펀딩처럼 수요가 발생하면 그때부터 상품을 제작하는 온디맨드on-demand형 방법을 추구하거나, ② 하나의 소비자 선호 카테고리에 집중해 차별화된 비즈니스 모델을 개발하거나, ③ 제품 혹은 서비스 개발 단계에서 다양한 소비자들의 '좋아요'를 직접 수집하여 비즈니스 모델을 만들어가는 것이다.

H2H 비즈니스 모델의 첫 번째 사례는 신제품을 사전에 판매해본 후 소비자들의 반응이 좋으면 정식으로 출시하는 크라우드 펀딩 방식이다. 펀딩으로 신제품을 만들고 홍보 효과까지 누릴 수 있어 일석이조 마케팅으로 각광받고 있다. 크라우드 펀딩 전문업체 '와디즈'가 대표적인 H2H 비즈니스 모델이다. 와디즈에서 사용하는 '메이커'나 '서포터'라는 명칭에서 엿볼 수 있듯, 생산자와 구매자의 관계도 기존과 달리 구매자가 아니라 후원자 개념에 기반한다. 서포터들은 제품에 펀딩할 뿐만 아니라 응원 댓글을 남기기도 하고 SNS에서 제품 페이지를 공유하는 등 적극적으로 행동한다. 제품의 탄생 배경을 이해하고 브랜드의 철학에 공감하기 때문이다. 지명도가 낮은 인디 브랜드의 경우 제품 론칭 시점에서부터 충성 고객을 확보할 수 있기에 큰 힘이 된다. 프로젝트가 성공할 경우 향후 제품 판매 시 '와디즈나

카카오메이커스에서 펀딩에 성공한 제품'이라는 점을 마케팅 포인트로 활용할 수 있다는 점도 긍정적인 요소다. 시장에 공개되지 않은 신제품일수록, 브랜드 스토리와 제품의 가치가 특별한 제품일수록 반응이 좋다고 한다.

H2H 모델을 극대화하기 위해서는 하나의 취향 카테고리에 집중하는 것이 유리하다. 동일한 취향을 가진 사람들이 모이면 수익은 자연스레 뒤따라오기 때문이다. 대표적으로 '오늘의집'은 유저들의 콘텐츠·커뮤니티와 커머스가 유기적으로 결합된 독창적인 서비스다. 인테리어에 대한 높은 이해 수준과 세련된 감각을 가진 사람들이 자신의 공간을 콘텐츠로 공유하면, 이를 참고해 다른 유저들도 자신의 취향을 찾고 인테리어를 실행으로 옮기며, 자연스럽게 구매까지 이어지는 콘텐츠 기반 커머스 플랫폼을 구축했다. 특히 오늘의집만의 '태그(+)버튼'을 통해 다른 사람의 사진에서 원하는 제품이 보이면 바로 클릭해 제품의 정보 확인은 물론 구매까지 가능하다. 관심 있는 제품을 별도로 검색해야 하는 번거로움을 줄여 소비자 탐색 과정을 단축시킨 것이다. 오늘의집은 국내에서 가장 큰 규모이자 가장 빠르게 성장하는 **버티컬 커머스 플랫폼** 중 하나로 해마다 3배 규모로 꾸준히 성장을 거듭해 2020년 10월 기준, 누적 거래액 1조 원을 달성했다.[12]

소비자와의 접점 가능성을 높이기 위

버티컬 커머스 플랫폼
Vertical Commerce Platform
여러 분야의 제품을 종합적으로 판매하는 대신 패션·식품·인테리어 등 특정 카테고리의 제품을 전문적으로 판매하기 때문에 버티컬 커머스 플랫폼이라고 불린다. 카테고리 킬러 Category Killer 플랫폼이라고도 하는데, 위에서 언급한 오늘의집을 비롯해 지그재그·마켓컬리 등이 각 분야별 대표적인 카테고리 킬러들로 꼽힌다.[13]

●●● 기업들이 소비자와의 접점 가능성을 높이기 위해 제품의 개발 자체를 소비자가 주도하는 방식을 도입하고 있다. 아모레퍼시픽은 뷰티 크리에이터, 민스코와 협업을 통해 새 브랜드를 론칭하기도 했다.

해 개발 과정부터 소비자와 함께 협업을 하는 방법도 새로운 대안으로 떠오르고 있다. 대기업 제품의 개발 자체를 소비자가 주도하는 방식이다. 아모레퍼시픽은 산하 브랜드 '레어카인드'와 콜라겐 브랜드 '솔루덤'의 브랜드를 론칭하고, 립 상품 '오버스머지 립 틴트' 개발을 크리에이터·소비자와 함께 진행했다. 각각 개발 과정에 뷰티 크리에이터 '민스코'와 '이지혜'가 참여했는데, 이들은 구독자들로부터 브랜드에 대한 의견을 받고 제조 시설을 직접 방문하는가 하면 제품 시연 영상을 올려 화제를 모았다. 이렇게 소비자와의 접점을 넓히며 만들어진 제품은 출시 초기부터 시장에서 환영받을 수밖에 없다.

'젝시믹스 코스메틱'처럼 소비자의 선호를 적극적으로 반영해 기업의 신사업 아이템으로 자리 잡은 사례도 있다. 젝시믹스는 본업인 레깅스 사업이 급성장하던 지난 2019년, 1,700명의 고객을 대상으로 설문조사를 진행했다. 조사 결과 운동을 하면서도 가볍게 쓸 수 있는 메이크업 제품에 대한 니즈가 높았다. 이에 젝시믹스는 전문 인력으로 구성된 '코스메틱 랩'을 발족하고 2년의 개발 과정을 거쳐 2021년 3월, 첫 제품인 틴트 제품 라인업을 론칭했다. 이 제품은 초도 물량 600개가 완판됐고, 함께 출시된 '한올 타투틴트 헤어앤브로우' 등도 좋은 반응을 얻었다.[14]

등장 배경
SNS에 기반한 '상시 쇼핑' 시대가 열리다

라이크커머스 시대가 도래하며 연결성의 확장이 광범위하게 펼쳐지면서, 기업과 소비자의 관계에 대한 접근 방식도 변화하고 있다. 무엇보다 소비자 중심의 시장에 대한 총체적인 비즈니스 인사이트가 필요한 시점이다. 먼저 라이크커머스의 어떠한 요소가 변화의 촉매제가 됐는지 살펴보자.

누구나 한 번쯤은 친구나 지인의 SNS 피드나 커뮤니티를 방문했다가 관심 가는 상품을 발견해 구매한 경험이 있을 것이다. 이제 특정 상품이 필요해서, 혹은 TV나 잡지의 광고를 보고 제품을 구매하지 않는다. '소셜 피드'가 상품을 발견하는 첫 번째 창구가 되고 있다. 일부러 시간을 내 '쇼핑하러 가는 것'이 아니라, '항상 쇼핑하는 것'으로 바뀐 셈이다. 그 결과, 소비자들의 구매 과정이 전통적인 의사결정 모델에서 벗어나 새로운 의사결정 모델을 형성하고 있다.

과거에는 필요에 따라 의도적으로 쇼핑을 했다면, 요즘에는 우연히 발견한 콘텐츠에서 소비 욕구를 느끼고 아무 때나 구매를 한다.

과거 소비자들은 자신에게 필요한 상품을 인지하면 검색을 하고 나서 구매하기 때문에 기업은 찾아온 고객이 이탈하지 않고 구매까지 이어지도록 쇼핑몰 웹사이트 고도화에만 주력해도 큰 무리가 없었다. 하지만 쇼핑이 일상화·상시화된 시대에 새로운 수요를 창출하기 위해서는 재미있고 공감할 만한 콘텐츠 속에 상품이 자연스럽게 녹아들며 노출돼야 한다. 특히 소비자가 좋아할 만한 상품을 찾기 전에 먼저 추천이 이뤄진다면 자연스럽게 구매로 이어질 가능성이 높아질 것이다.

이러한 소비 행태는 차별화된 취향과 소비 패턴을 지닌 세대의 부상으로 더 극대화되고 있다. 디지털 네이티브Digital Native 세대라고도 불리는 Z세대는 기성세대보다 위험을 쉽게 감수하며 이를 재미로 받

전통적 소비자 의사결정 모델

| 인지 | ▶ | 정보 탐색 | ▶ | 대안 평가 | ▶ | 구매 | ▶ | 구매 후 평가 |

라이크커머스 시대의 소비자 의사결정 모델

| 선호 확인 |
| ▼ |
| 구매 |
| ▼ |
| 구매 후 평가 |

아들인다. 또한 특정 브랜드에 대한 충성도가 낮다. 라이크커머스의 의사결정 과정은 유명 브랜드보다 자기에게 어울리는 상품을 더 선호하고 SNS나 유튜브 등을 이용해 다른 사람에게 영향을 주거나 받는 것을 즐기는 Z세대의 성향에 부합한다. 점차 소비의 주축으로 떠오를 이들의 행보는 라이크커머스 시장의 성장을 더욱 견인할 것이다. 와튼스쿨의 마케팅 교수인 바버라 칸Barbara Khan은 저서 『쇼핑혁명The Shopping Revolution』에서 Z세대의 중요성을 강조하면서, 2020년까지 밀레니얼 세대가 전체 리테일 매출의 30%, Z세대가 40%를 차지할 것이라고 언급했다. 실제로 Z세대가 가장 많이 사용하는 SNS인 틱톡은 쇼피파이와 연동하여 쇼핑하기 기능을 선보일 계획이다. 소비자 측면에서 대전환의 시기와 맞물려 라이크커머스는 향후 리테일의 미래적 모델이 될 것이다.

사회경제적 측면에서도 라이크커머스의 도래는 필연적이다. 일자리는 줄어들고 비대면화는 필수가 된 사회에서 라이크커머스가 개인들의 경력대안으로 대두하고 있다. 고정된 임금에 의지하기보다 자신의 사업을 펼치는 것이 부를 축적하는 지름길이라고 여기는 분위기가 커졌다. 하지만 팬데믹 등의 영향으로 자영업자의 상황이 나날이 악화되는 상황에서, 오프라인 사업은 위험 요소가 높다. 이 때문에 자연스럽게 1인 온라인 사업을 구상하게 된다. '은퇴 후 치킨집 사장님'이 아니라, '은퇴 전 뷰티 인플루언서 메이커'가 되고자 하는 것이다.

이커머스 시장 환경의 고질적인 문제점이 라이크커머스의 출현을 촉진한 면도 있다. 외국에 비해 한국 이커머스 시장은 플랫폼 의존도가 높은 것으로 평가된다. 제조사가 심혈을 기울여 내놓은 제품을 잘 팔리게 하기 위해선 당연히 대형 이커머스 플랫폼에 입점하는 것이 필수다. 문제는 플랫폼의 요구를 제조사는 수용할 수밖에 없는 구조라는 것이다. 예를 들어 이커머스 플랫폼 간의 최저가 경쟁이 심화되면서 제조사가 경쟁사보다 싼값에 제품을 납품해달라는 요구를 받는 경우가 잦다. 이 경우 제품을 많이 팔아도 수익성은 떨어질 수밖에 없다. 마케팅 전략을 펼치는 데도 어려움을 겪고 있다. 플랫폼을 통해 판매가 이뤄진 제품의 고객 정보나 구매 유형 등의 데이터를 해당 플랫폼이 갖게 되기 때문이다. 이러한 이커머스 플랫폼의 '기울어진 운동장'식 시장 구조가 제조사들의 직접 판매를 더욱 부추기는 요소가 되고 있다.

전망 및 시사점
단 한 명을 위한 시장이 열린다

라이크커머스가 온라인 리테일의 변혁을 주도하고는 있지만, 전망이 마냥 밝지만은 않다. 화려한 성장의 이면에 그림자도 함께 존재하기 때문이다. 우후죽순 등장하고 있는 개인사업자들의 제품과 콘텐츠에 소비자가 피로감을 느껴 마케팅 효용성이 떨어지고 브랜드 가치 역시 하락할 수 있다. 과당경쟁으로 찍어내기식의 개성 없는 홍보성 콘텐츠가 확대된다면 브랜드와 해당 개인 모두 신뢰를 잃을 것이다. 또한 D2C를 기반으로 한 자사몰도 브랜드 가치가 높은 대기업이 아닌 경우 사실상 여전히 매출이 제한적이다. 그렇다면 라이크커머스 미래에 대응하기 위해 필연적으로 요구되는 것은 무엇일까? 급변하는 라이크커머스 시장에서 생존의 성패를 결정짓는 소비자지향과 진정성이라는 두 요소에 주목해야 한다.

1. 소비자지향: '마켓 오브 원'을 향해

리테일의 시작과 끝은 소비자다. 세계적인 경영 구루인 램 차란Ram Charan은 저서 『컴피티션 시프트』에서 디지털 시대 경쟁우위의 근간은 한 명을 위한 시장인 '마켓 오브 원market of one'임을 강조했다. 마켓 오브 원이란 각 소비자에 대한 데이터를 수집하고 해당 정보를 활용하려 더 나은 서비스를 제공하는 것, 즉 '개인화의 궁극'이다. 특히 디지털 시대에는 맞춤형 환경을 대규모 시장에 맞게, 그것도 낮은 비용으로 제공할 수 있다.[15]

이미 가동 중인 외부 채널을 고객 특성에 맞게 개편하는 것도 외형적인 매출을 더욱 키우면서 내부적으로 소비자 개인의 경험을 극대화할 수 있는 현명한 전략이 될 수 있다. 알리바바의 사례를 눈여겨볼 만하다. 중국 최대의 전자상거래 플랫폼 '티몰'을 운영하는 알리바바는 2017년 온라인 럭셔리 특별 포털 '럭셔리 파빌리온'을 시작했다. '럭셔리 파빌리온'은 알리바바의 고객 데이터베이스를 활용하여 일부 고객의 접근을 제한하는 독특한 포털사이트다. 과거 구매 이력이 높은 고객이나 티몰 상위 구매자에게만 '알리바바 여권APASS'을 발급하고, 고급 브랜드를 살 만한 유저들만 골라내 쇼핑 특권을 부여하는 것이다. 만약 명품 구매 전력이 별로 없는 사용자가 티몰을 방문할 경우에는 기존 플랫폼에서 아무런 변화가 없는 보통의 상품 세그먼트가 표시된다. 그러나 명품 브랜드를 구입하고 있는 것으로 판명된 사용자에게는 데스크톱과 모바일 앱의 홈페이지에 고급 브랜드 상품이 표시된다.[16] 거대 플랫폼 채널이라도 개인 고객을 위한 맞춤 설계를 섬세하게 구상해 특별한 플랫폼으로 거듭날 수 있다는 것을 보여주고 있다.[17]

2. 진정성: 대화형 커머스의 핵심

거대 플랫폼과 비교했을 때 라이크커머스의 가장 강력한 강점은 바로 '직접 소통'이다. 라이크커머스를 '대화형 커머스'라고 대치하여 부를 수 있을 만큼, 소통은 강력한 경쟁력이다. 나아가 매스마케팅과 비교하여 굉장한 가격 대비 효용이 있다. 고객과의 소통이 이뤄지려면 무엇보다 중요한 것이 진정성이다. 인플루언서가 "나는 쿨하고 멋지니까, 이 제품 사줘" 하는 식의 태도로 팔로워를 대하는 것은 곤란하다. 진정한 교감을 나눌 때 비로소 소비자들의 긍정적인 반응을 이끌어낼 수 있다.

280여 명의 뷰티 인플루언서를 확보한 MCN 레페리에서 진행한 2021년 상반기 라이브커머스 거래액 추이를 분석한 결과를 보면, 인플루언서가 라이브커머스에 단순히 일회성으로 출연한 경우와 본인이 메인 스피커로서 직접 마켓을 진행한 방식에서의 평균 거래액 차이가 21배나 벌어졌다. 인플루언서의 직접적 마켓 참여는 방송 전부터 본인의 SNS 채널을 통해 일정 기간 제품에 대한 추천 리뷰로 교감을 형성한 뒤 방송을 진행하기 때문에 설득력이 남다를 수밖에 없다.[18] 소비자들이 얼마나 진정성 있는 리뷰에 더 크게 반응하는지 보여주는 단적인 예다.

라이크커머스가 유통 패러다임의 격변을 예고하고 있다. 구조적 개혁이라는 면에서도 의미가 있지만, 소비 가치의 변화를 근원적으로 주도하고 있다는 점에서 라이크커머스에 더욱 주목해야 한다. 소비자들의 상품 선택의 핵심이 '나음'에서 '다름'으로, 그리고 '다름'에서 '다움'으로 이행하고 있다. 오늘날의 소비자들은 "예전보다 좀 더 낫거나 경쟁 제품과는 다른" 상품이 아니라, "가장 나다운" 상품을 만났을 때 '좋아요'를 누르고 지갑을 연다는 점을 잊지 말아야 한다.

"무엇이 나다운 것인가?"

차세대 유통의 미래는 바로 이 질문에 달려 있다.

Tell Me
Your Narrative

내러티브 자본

서사敍事는 힘이 세다. 강력한 서사, 즉 내러티브narrative를 갖추는 순간, 당장은 매출이 보잘것없는 회사의 주식도 천정부지로 값이 오를 수 있다. 브랜딩이나 정치의 영역에서도 자기만의 서사를 내놓을 때 단번에 대중의 강력한 주목을 받는다. 내러티브는 단순한 이야기story와는 다르다. 이야기가 사건event 자체를 전달하는 것에 초점을 둔다면, 내러티브는 발화의 주체가 창의성을 가지고 자기만의 방식으로 서술하는 것에 방점을 찍는다. 이야기가 표현된 내용 자체라면, 내러티브는 내용을 담는 형식이다.

비즈니스 영역에서 소비자가 공감할 수 있는 내러티브를 만들기 위해서는 ① 감성과 상징에 어필하는 뮈토스mythos를 발휘하고, ② 고객 공동체와 함께 만들어가는, ③ 세계관적 접근이 필요하다. 나아가 ④ 고객이 사랑에 빠질 수 있는 로맨스 내러티브를 들려줄 수 있다면 금상첨화일 것이다. 정치 영역에서도 내러티브를 잘 구사하는 지도자는 대중의 마음을 단번에 사로잡는다. 히틀러 같은 극악무도한 독재자부터 오바마 전 대통령처럼 존경을 받는 지도자까지, 모두 내러티브를 매우 효과적으로 구사한 대표적인 인물들이다. 효과적인 정치 내러티브가 되기 위해서 내러티브를 담은 슬로건을 활용하기도 하지만, 종종 이항대립적 네거티브 전략도 사용된다. 대통령과 지방자치단체 지도자를 연이어 뽑는 2022년 두 번의 선거는 '내러티브 전쟁'이 될 것으로 전망된다.

인류가 처음 겪어보는 전염병 코로나19 팬데믹을 맞으며 가짜 내러티브의 확산도 우려되며, 수많은 정보 속에서 진짜 정보와 가짜 정보를 구분하는 것이 점점 힘들어지고 있다. 결국 이를 걸러줄 수 있는 장치를 보완하거나, 가짜 내러티브를 가려낼 수 있는 눈을 스스로 길러야 한다. 정보를 주체적으로 해석하고 비판적으로 수용하는 미디어 리터러시media literacy가 더욱 중요해지고 있다. 2022년을 새로운 도약의 원년으로 삼고자 하는 사람이라면, 반드시 스스로에게 물어야 할 것이다. "나만의 내러티브는 무엇인가?"

주식시장에서 주가의 적정성을 평가하기 위해 자주 사용하는 지표가 '주가수익률PER, Price Earning Ratio'이다. 주가를 주당순이익으로 나눠, 기업 이익에 비해 현재의 주가 수준이 어느 정도인지를 보여주는 지표다. 우리나라 코스피의 PER은 11~12배 정도이며, 통상 12배보다 낮으면 저평가, 그 이상이면 고평가로 본다. 그런데 PER과 같은 전통적 지표로는 전혀 설명되지 않는 기업이 속출하고 있다. 대표적인 기업이 미국의 전기자동차 회사 테슬라다. 테슬라는 PER이 거의 1,000배에 달한다. 이 회사가 버는 1년 동안의 순이익을 1,000년 가까이 모아야 회사를 통째로 살 수 있다는 뜻이다. 테슬라뿐만 아니다. 주식시장을 이끄는 성장주인 FAANG(페이스북·애플·아마존·넷플릭스·구글), BBIG(배터리·바이오·인터넷·게임) 등의 기술 기업 PER은 100을 거뜬히 넘긴다.[1]

이런 기현상을 설명하기 위해 최근 등장한 용어가 PDRPrice Dream Ratio, 즉 '주가 대비 꿈 비율'이다. 말 그대로 사람들의 꿈을 수치로 표현하는 지표다. 빠르게 성장하는 신산업에서 두각을 나타내며 가파르게 주가가 상승하는 기업은 순자산이나 순이익 등의 가시적인 지표를 넘어서 그 잠재력, 즉 꿈을 반영해야 한다는 취지에서 등장했다. 인공지능·자율주행·우주탐험 등 지수함수적으로 기술 혁신이 이뤄지는 전인미답의 시장에서는 주가를 PER 같은 전통적 지표로 평가하기 어렵기 때문이다. PDR이 거품의 신호일 수 있다는 우려도 존재하지만, 많은 투자자들이 이 꿈을 향해 자신의 돈을 베팅하고 있다.

하지만 신산업에서 촉망받는 기업이라고 해서 모두 PDR이 높은 것은 아니다. 극히 일부만이 그 꿈을 인정받는다. 그렇다면 과연 꿈 Dream은 어디에서 오는가? 바로 내러티브가 만든다. 테슬라는 단순히 "세계 최고의 전기차를 만들겠다"는 이야기 하나를 들려준 것이 아니었다. 영화 〈아이언맨〉의 롤모델로도 유명한 최고경영자 일론 머스크는 단순한 전기차를 넘어, 방대한 빅데이터 수집을 통해서 인공지능이 적용된 완전 자율주행자동차의 비전을 제시한다. 나아가 사람의 대뇌에 전자칩을 삽입해 자동차와 직접 소통하고 조종할 수 있는 '뉴럴링크Neuralink' 기술과 교통 체증 해소를 위한 대도심 지하 터널 고속도로망 구축 프로젝트인 '보링컴퍼니Boring Company' 등 다양하고 새로운 시도를 멈추지 않겠다는 의지를 밝히고 있다. 이것은 단순한 이야기story가 아니다. 비전과 세계관을 담은 내러티브narrative다.

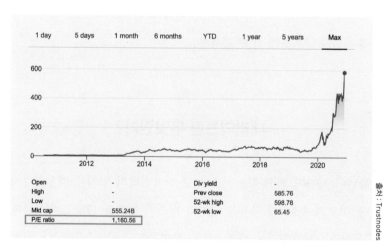

● ● ● 믿을 수 없을 정도로 높은 테슬라의 주가와 PER은 창업자인 일론 머스크의 '꿈'과
　　　 그 꿈을 믿는 사람들의 기대치를 반영한 것이다. 전 세계 투자자들을 끌어들이고 있
　　　 는 것은 바로 창업자의 강력한 내러티브다.

다시 말해서 강력한 서사敍事, 즉 내러티브를 갖추는 순간, 당장은 매출이 보잘것없는 회사의 주식도 천정부지로 값이 오를 수 있다는 얘기다. 주식시장에서만 그런 것이 아니다. 비즈니스나 정치의 영역에서도 자기만의 서사를 내놓을 때 단번에 대중의 강력한 주목을 받는다.

내러티브의 힘은 강력하다. 코로나19 팬데믹은 바이러스가 완전히 종식됐을 때 끝나는 것이 아니다. "이제 바이러스에도 불구하고 정상적인 생활을 할 수 있다"는 내러티브가 사회 전반의 공감을 얻을 때 끝나는 것이다. 이처럼 현대사회에서 내러티브가 보이지 않지만 강력한 자본의 역할을 수행한다는 뜻에서, 『트렌드 코리아 2022』의 마지막 트렌드로 '내러티브 자본'이라는 키워드를 제안한다. 내러티브는 사람들을 하나로 묶고 행동을 이끌어내는 힘을 가지고 있다. 그렇다면 내러티브란 무엇이며, 어떻게 하면 내러티브로 하여금 강력한 힘을 발휘하게 할 수 있을까?

내러티브란 무엇인가?

뉴턴이 사과가 떨어지는 것을 보고 만유인력의 법칙을 떠올렸다거나, 아르키메데스가 목욕을 하다가 비중의 원리를 깨닫고 뛰쳐나와 "유레카!"를 외쳤다는 에피소드를 한번쯤은 들어봤을 것이다. 서사적 인간의 등장을 알린 저서 『호모나랜스』에서 미국의 영문학자 존 닐John Niels은 자연과학적인 발견조차도 학문적 성공에 관한 흥미로운 내러티브로 완성된다고 말한다. 이 세상 모든 것은 내러티브에서 시작되고 완성되는데, 심지어 전 세계에 존재하는 종교들조차 방대한 내러티브의 향연을 통해 강력한 전파력을 갖게 된다는 것이다. 이처럼 내러티브는 소통하는 인간들에게 원초적이고 본질적인 문제다.

'자세히 말하다', '이야기하다'는 의미의 라틴어 동사 'narrare'에서 유래된 내러티브는 알다gnarus와 말하다narro에서 파생됐다. 단순히 말하는 것 자체를 넘어, 무엇인가를 알기 위한 것임을 강조하는 단어다. 다시 말해서, 내러티브는 그냥 말하는 것이 아니라, 세상에 의미를 부여하고 그것이 자신의 삶에 어떤 의미를 갖는지 해석해가는 과정이다.

내러티브는 보통 이야기나 스토리story라는 단어와 혼용되지만, 둘은 다르다. 스토리는 보다 한정된 개념으로서 실제적 또는 허구적 사건event 자체를 흐름대로 전달하는 것에 초점을 둔다. 반면, 내러티브는 단순한 이야기가 아니라 발화의 주체가 창의성을 가지고 자기만의 방식으로 서술하는 것에 방점을 찍는다. 메리엄-웹스터 온라인 사전merriam-webster.com에 따르면 내러티브는 이야기 자체를 넘어 특정한 관점이나 가치관을 반영하고 이를 고취하는 방식이다. 이야기가 "무엇을what 말하는가?"에 중점을 둔다면, 내러티브는 "이야기를 어떻게how 구조화하여 표현할 것인가?"가 중요하다. 다시 말해서 이야기가 표현된 내용 자체라면, 내러티브는 내용을 담는 형식이다. 예를 들어 '아메리칸 드림American Dream'이나 '중화사상中華思想'과 같은 담론은 단지 이야기의 모음이 아니라 내러티브다. 세상을 바라보는 방식이자 관념 및 의사 결정에 영향을 미치는 포괄적인 개념이기

때문이다. 내러티브와 스토리텔링의 차이를 표로 정리하면 다음과
같다.

비즈니스 내러티브의 중요성

여기 두 개의 유통 기업이 있다. 2020년 기준 A기업은 매출액 17조
원에 영업이익은 4,270억 원인 반면, B기업은 매출액 7조 원에 영업
손실이 7,205억 원이다. A와 B 중에서 기업가치EV, Enterprise Value는
어디가 더 높을까?[2]

답은 B기업이다. A는 모 대기업 유통 회사이며, B기업은 쿠팡이다.
외형의 실적만 보면 A의 기업가치가 더 높을 것 같지만, 실제 기업가
치 평가에서는 B가 압도적으로 높은 평가를 받았다. 2021년 3월, 미

	스토리텔링	내러티브
방식	이야기의 전달	해석적 소통
전개	단편적 사건의 전개	구조적 담화 전략
구조	선형적 완결 구조	순환적 개방 구조
지향	개인적 관심	사회적 가치
결말	텍스트를 통한 완결	청중을 통한 완성
초점	결과와 내용	과정과 방법
흐름	시간의 흐름	시공간의 초월

국 뉴욕증권거래소NYSE에 상장된 쿠팡의 기업가치가 69조 원으로 추산되면서 많은 이들이 충격에 빠졌다. 도저히 상식에 부합하지 않는 결과였기 때문이다. 쿠팡의 내러티브가 실적을 가볍게 뛰어넘은 결과다.

내러티브가 기업과 경제의 가치평가에 적극 반영되는 시장이 만들어지고 있다. 기업이 어떻게 성장해왔는지 과거의 성적은 물론이고 앞으로 성장했을 때의 미래 가치까지 핵심 지표로 자리 잡고 있는 것이다. 따라서 기업의 가치를 높이기 위해 이제 비즈니스 내러티브 전략의 구사는 선택이 아닌 필수다. 투자자·직원·고객을 끌어들이는 것은 물론이고 성공적인 사업을 지속하기 위해 신뢰할 수 있는 비즈니스 내러티브를 만드는 일은 대단히 중요하다.

전통적으로 이어오던 기업의 가치평가와 주식 가치 측정법도 바뀌고 있다. 노동과 자본 중심의 하드웨어 경제 시대에서 소프트웨어 경제의 시대로 이동하면서 기업 문화, 브랜드, 고객과의 관계, 경영진과 직원의 자질 등에 관한 다양한 내러티브가 사업 가치에 큰 영향을 미치는 중요한 요소로 고려되기 시작했다. 경제 요소에 대한 새로운 방식의 밸류에이션valuation(가치평가) 시대를 맞이하고 있는 것이다.

특히 투자 영역에서 내러티브 요소는 점차 중요한 고려 대상으로 떠오르고 있다. 숫자와 데이터보다 매력적인 내러티브를 가진 주식에 투자하려는 이들이 늘고 있기 때문이다. 심지어 숫자를 관찰하는 분석가와 투자자들조차도 자신들이 분석한 일련의 숫자 체계에 대해 내러티브적 의미를 부여하려고 한다.[3]

서두에서 언급한 PDR을 구체적으로 수치화하기 위해 '해당 산업의 전체 시장 규모'를 의미하는 TAM Total Addressable Market 이라는 개념을 사용한다. TAM에 해당 기업의 시장점유율을 곱한 후, 그 기업의 시가총액을 나눈 것을 PDR로 본다.[4] 그런데 문제는 이 전체 시장 규모를 측정하는 일이 매우 주관적이라는 것이다. 앞서 말한 테슬라의 기업 가치를 평가할 때 우선 100조 달러에 추산되는 전체 전기차 시장의 가치를 판단 기준으로 삼을 수 있지만, 스페이스X·스타링크·보링컴퍼니·로보택시 등 일론 머스크가 이야기하는 테슬라의 다른 혁신 사업들까지 평가 기준에 포함시켜 시너지를 계산할 경우 그 꿈의 값어치는 완전히 달라질 수 있다. 이 꿈을 믿고 사람들이 투자하게 만드는 것은 오롯이 내러티브의 힘이다. 그 결과 내러티브를 가진 기업의 주가는 이익이 적거나 심지어 적자를 보고 있는 상황에도 계속 오른다. 당장의 실적이 아니라 미래의 성공 내러티브가 투자의 대상이 됐기 때문이다.

새로운 경제체제나 개념의 등장에도 내러티브의 역할이 매우 중요하다. 대표적인 예가 가상화폐, 즉 비트코인이다. 전통경제학의 관점에서 볼 때 비트코인은 매우 난해한 존재다. 경제학적 관점에서 비트코인 자체는 아무런 가치가 없는 컴퓨터 알고리즘에 불과하다. 이자나 배당도 없고, 금과 교환하기도 어렵고, 중앙은행이 지급을 보장하지도 않는다. 그런데도 비트코인의 가치는 급격히 상승했다. 왜일까? 폭발적인 가치 상승, 그 이면에 내러티브의 원리가 내재되어 있다.

비트코인은 2008년 '사토시 나카모토'라는 익명의 개발자가 발표한 한 논문에서 탄생했다. 비트코인의 서사는 2007년 서브프라임 모기지 사태 후 기존의 중앙화된 제도권에 대한 불신으로 개발됐다는 이야기로 시작된다. 무정부주의적 아나키즘 내러티브로서 익명의 영웅이 등장하고, 부패한 국가와 제도권에 대항해 투쟁하는 추리소설과도 같은 낭만적 줄거리는 대중에게 신비롭고 매력적으로 다가온다.[5] 실제로 비트코인은 익명으로 운영되며 정부의 통제와 관리, 권력으로부터 자유롭다. 이러한 영웅담은 서민을 부자로 만들어줄 수 있는 소위 '벼락부자'의 내러티브를 생성하며 그 전파력이 더욱 강화된다. 여기에 더해 일론 머스크라는 새로운 영웅이 비트코인 서사의 폭발력에 기름을 부었다. 실제로 2021년 2월 9일, 테슬라가 15억 달러(약 1조6,762억 원)의 비트코인을 구매했다고 발표하자 비트코인의 가치는 급상승했다. 머스크 특유의 '미래의 아이콘' 이미지가 강하게 작용하며 그는 마치 예언가와 같은 모습으로 비트코인 내러티브의 슈퍼 전파자 역할을 톡톡히 해냈다. 여기에 더해 '미래 참여'라는 매력적인 내러티브가 꼬리에 꼬리를 물고 증폭되면서 비트코인의 가치는 끊임없이 요동치고 있다.

비즈니스 내러티브 전략

내러티브 자본력이 가장 적극적으로 활용되는 영역은 역시 브랜딩·마케팅 등 비즈니스 분야일 것이다. 잘 구축된 내러티브는 확고한 브랜드 구축과 효과적인 마케팅에 강력한 힘으로 작용할 수 있다. 브랜드를 만들고 사업 모델을 창조하는 것은 새로운 이야기를 쓰는 것과 같기 때문이다. 브랜드 내러티브가 견고하게 창조되면 브랜드는 그 자체로 대체 불가능한 서사가 된다. 경쟁자가 사업 전략을 단편적으로 따라할 수는 있지만 독보적 내러티브는 결코 모방할 수 없기 때문에 브랜드의 유일무이성이 시장을 압도적으로 점유하게 해준다.

대체 불가능한 브랜드 내러티브의 탄생은 자사만의 독특한 개성을 갖췄을 때 가능하다. 하지만 대부분 기업들이 들려주는 창업 스토리나 마케팅 에피소드는 판에 박힌 전형성에 사로잡힌 경우가 많다. 〈블룸버그〉의 칼럼니스트 벤 스콧Ben Schott은 이러한 브랜드를 풍자해서 이것저것 섞어놓았을 뿐이라는 의미로 '블렌드blend'라고 부르기도 했다. 많은 기업이 "특별한 제품, 혁신적 목표, 남다른 배송 등의 장점을 줄기차게 강조하지만, 틀에 박힌 듯한 비즈니스 모델, 제품 외형look and feel, 어조tone of voice를 반복하며" 맹목적으로 서로 똑같아지고 있다는 것이다. 심지어는 회사의 로고나 디자인마저 서로 비슷비슷하다고 지적한다.[6]

그렇다면 따라 하기에만 급급하고 개성과 특징 없이 단조롭기 짝이 없는 블렌드가 아니라, 시장을 장악하는 독창적인 브랜드brand가 되기 위해서는 어떠한 전략으로 접근해야 할까? 어떤 전략으로 접근할 때, 사업 영역에서의 내러티브 자본을 극대화할 수 있을까?

1. 로고스에서 뮈토스로

내러티브가 힘을 발휘하려면 로고스logos의 차원을 넘어 뮈토스mythos를 공략해야 한다. 로고스가 논리와 합리성에 호소한다면, 뮈토스는 감정과 상징에 어필한다. 이성과 진리의 언어인 로고스와 달리 뮈토스는 아득한 과거의 집단적 기억을 소환하는 신화의 언어다. 내러티브는 문학적이며 예술적인 신화적 원형의 힘에서 출발할 때 더욱 강력해진다. 사람들은 본능적으로 로고스보다는 뮈토스에 끌린다.

예를 들어 설명해보자. 계절의 변화를 로고스적으로 본다면 지구의 공전과 자전축의 각도 개념으로 논리적으로 설명할 수 있다. 하지만 신화적 사유는 계절 변화의 복잡한 원리를 명계冥界의 신이 풍요의 신의 딸을 납치하는 내러티브로 만들어놓았다. 명부의 왕 하데스가 풍요의 신 데메테르의 딸 페르세포네를 지하세계로 납치하자, 딸을 잃은 데메테르가 대지의 생장을 멈추게 해 인간들이 굶주림으로 비참하게 울부짖었고, 그 소리를 들은 제우스가 하데스에게 명하여 페르세포네가 1년의 4분의 1은 지하에, 나머지 4분의 3은 지상에서 지내게 해주었다. 그 결과 그녀가 명계에서 지내는 기간은 겨울이 되고, 지상에서 있는 시간은 봄·여름·가을이 됐다는 이야기다.

내러티브가 신화적 사유와 만나면 강력한 힘을 얻는다. 논리적 설득력은 없을지라도 사람들이 큰 흥미를 갖게 하는 강력한 동력을 발휘한다. 이렇듯 초자연적 신화의 힘을 갖는 것이 뮈토스다.[7] 로고스가 지배하는 현대사회에서는 오히려 뮈토스와 같이 '신화화하기 myth-making'를 통해 소비자의 감성적 가치와 꿈, 생활양식을 만들어내는 브랜드 신화를 창조하기 위한 마케팅이 중요하다. 신화적 원형의 내러티브가 담겨 있는 브랜드는 그 안에 담긴 감성과 철학을 직관적으로 고객에게 전달할 수 있다.[8]

사실 브랜드에 신화적 내러티브를 심는 방식은 매우 고전적인 전략이다. 생수 시장의 원조격인 에비앙은 '생명수'라는 신화적 메시지로 유명하다. 프랑스의 만년설이 녹은 물이 15년간 빙하 퇴적층을 거

●●● 페르세포네의 아름다움에 반해 그녀를 납치한 하데스. 강력한 신화 내러티브에 기반한 사계절의 탄생에 얽힌 이야기는 지구과학이 들려주는 이야기보다 더욱 생생하고 매력적이다.

출처 : Trustnodes

치며 자연 여과되면서 만들어진 미네랄이 풍부한 약수로 브랜딩한 것이다. 1789년 여름 어느 날, 신장결석을 앓고 있던 레세르 후작은 긴 투병 생활로 힘들게 살고 있었다. 그런데 에비앙 마을을 산책하던 그가 우연히 어느 집 화원에서 나오는 광천수를 마신 후 신장결석이 기적처럼 완치된다. 이 소식이 전해지면서 에비앙 마을에는 물을 마시고 치유받으려는 이들의 발길이 끊이지 않았다. 에비앙 물을 처방하는 의사도 등장했고, 나폴레옹 3세도 이 물에 매료됐으며, 1878년에는 프랑스 의학아카데미가 에비앙 생수의 뛰어난 치료 효과를 인정했다. 이러한 브랜드 내러티브는 급속하게 퍼져나갔고, 에비앙 생수는 천연 광천수 중에서도 독보적인 위치를 차지하게 됐다.[9]

명품 브랜드의 창시자 샤넬은 패션계의 신화적 인물이다. 브랜드 역시 그녀의 신화적 내러티브에 기초해 아우라 넘치는 역사를 100년 넘게 이어오고 있다. 많은 사람들은 샤넬이 여성의 몸에 새로운 자유를 주었다고 말한다. 고아 출신의 그녀는 보조 양재사로 출발해 입지전적인 성공을 이뤘을 뿐만 아니라, 몸을 꽉 조이며 억압했던 코르셋에서 여성들을 해방시켰고 무릎 근처까지 올라간 치마를 만들어 땅에 닿는 긴 치마로부터 여성들을 자유롭게 했다. 또한 활동하기 편한 여성용 바지를 만들고, 손가방에 처음으로 끈을 달아 어깨에 맬 수 있도록 제작해 불편함을 덜어주었다. 샤넬의 이러한 시도는 고정관념을 깨뜨린 혁신이 됐고 '여성 해방'이라는 내러티브의 담론이 브랜드에 고스란히 담겨 한 세기를 넘게 이어오고 있다.[10]

2. 고객 공동체와 함께 만드는 내러티브

브랜드 내러티브가 독창성을 갖기 위해서는 낡은 방식을 버리고 새로운 게임의 판을 짜야 한다. 그러기 위해서는 무엇보다 고객 공동체의 역할이 핵심적이다. 예를 들어 1조 원의 가치를 지닌 유니콘 기업으로 등극한 무신사는 고객들이 스스로 생산하는 콘텐츠 자체에 집중한다. 원래 '무진장 신발 사진이 많은 곳'이라는 동호회 커뮤니티에서 시작된 기업답게, 지금의 무신사 스토어랭킹은 운영진조차도 관여할 수 없으며 팬들에 의해 자생적으로 만들어진다. 이로 인해 무신사에는 더 많은 회원들이 모여들고, 더 오래 머물게 된다. 유저들에 의해 만들어지는 콘텐츠는 판매와 직결되는 힘을 가진다. 공동체가 스스로 만들어내는 콘텐츠를 기반으로 브랜드의 정체성을 만들고 있는 것이다. 공동체를 통해 완성된다는 자생적 내러티브의 특징이 무신사 비즈니스 전략에도 그대로 적용되고 있다. 이처럼 내러티브 브랜딩에서는 '청중audience'보다는 '공동체community'의 개념이 더욱 중요하다.

또한 브랜드 내러티브를 만들 때에는 고객 공동체의 팬덤 정체성을 강력하게 형성하는 것이 중요하다. 글로벌 아이돌 그룹 방탄소년단의 팬덤 아미의 경우 정체성을 공고히 하기 위해 팬들을 대상으로 인구센서스를 실시하기도 했다. 팬덤 창립 7주년을 기념해 실시한 '아미 인구조사ARMY Census'는 팬덤에 대한 기존의 선입견을 깨고 팬덤 구성원들의 다양한 실체를 객관적으로 지표화하기 위해 팬들이 스스로 발족한 프로젝트다. 총 40여 개국의 언어로 진행된 설문조사를 통해 전 세계에 존재하는 아미에 대한 정보를 최대한 정확하게 수집해서 그 데이터를 공개했다. 이 프로젝트에는 팬덤을 입맛대로 쉽게 범주화하지 말고 그 속에 들어 있는 개별적이고 구체적인 '사람'으로서의 팬을 인지하라는 메시지가 담겨 있다. SNS와 유튜브에 관련 키워드를 검색하면, 다양한 나이와 인종·성별·직종의 아미 구성원들이 자신의 인생 중 어떤 순간에 방탄소년단을 만났는지, 그들의 어떤 메시지가 마음을 뒤흔들었는지, 그로 인해 어떤 삶의 변화를 겪었는지 고백하는 영상들이 수없이 쏟아져 나온다. 팬덤이 자발적으로 정체성을 생성해내고 완성하는 브랜드 내러티브의 모범적인 사례다.[11]

3. 내러티브의 세계관적 접근

현대 내러티브 전략의 또 하나의 사례는 바로 세계관fictional universe적 접근이다. 이 세계관 속엔 허구의 도시나 국가, 행성을 배경으로 마법·초광속 등의 판타지·SF의 개념들이 등장하기도 한다. 영화 〈반지의 제왕〉이나 〈스타워즈〉 등이 대표적인 사례인데, 특히 마블 시리즈는 마블 시네마틱 유니버스Marble Cinematic Universe로 불리며 현대의 신화를 창조하고 있다. 영화 하나하나가 제각각 들려주는 이야기에 머무르지 않고, 세계관적 특성이 극대화되면서 TV·영화·라디오·게임·놀이기구·책까지 파생 콘텐츠를 무한 생산해내는 트랜스 미디어 현상을 만들어내는 중이다. 하나의 커다란 집단적 서사로써 세계관을 형성해 대중이 여러 콘텐츠 간의 관계성을 즐기고 열광하게 만들어 충성도를 높인다.

　세계관적 접근은 비단 영화 속 서사에만 국한되지 않는다. 이제 음악에서도 이러한 요소가 중요해지고 있다. 일례로 방탄소년단은 세계적 수준의 정교한 내러티브 유니버스를 구축했다. 방탄소년단의 콘텐츠 중에서 세계관과 관련된 노래와 영상에는 'BUBTS Universe'라

●●● 세계적으로 가장 성공한 '세계관'
의 대명사인 마블 시네마틱 유니
버스. 등장하는 히어로는 각기 달
라도 전체를 관통하는 집단적 내
러티브의 힘으로 어마어마한 팬층
을 확보하고 있다.

는 로고가 붙는다. 이러한 내러티브는 시간순으로 전개되지 않고 퍼즐 조각처럼 흩어져 있다. 이들의 뮤직비디오를 보면 다양한 상징물이 등장하는데 같은 상징물들이 다른 뮤직비디오에서도 반복적으로 등장하면서 흩어진 서사를 연결하는 모티브가 된다.

이렇듯 현대적 내러티브에서 대중들은 서사의 전개와 완성에 적극적으로 참여한다. 이른바 '세계관 놀이'에 MZ세대들이 뛰어든 것이다. BTS 유니버스에서 재미있는 점은 팬들에게 정답을 알려주는 대신 소위 '떡밥'이라고 불리는 힌트를 콘텐츠 곳곳에 숨겨두어 팬들이 세계관을 가지고 놀게 한다는 점이다. 예를 들어 굿즈 '화양연화 더 노트'에는 멤버들의 이야기가 일기처럼 실려 있는데, 여기에는 여러 뮤직비디오에 나오는 상징들을 해석할 수 있는 떡밥들이 담겨 있다. 이밖에도 헤르만 헤세의 소설 『데미안』을 모티브로 '피 땀 눈물' 뮤직비디오를 제작하는 등 문학 작품을 연상시키는 상징들을 통해서 팬들에게 다양한 단서들을 제공하고 스스로 해석하게 만들어 제2의 콘텐츠를 완성해나갔다. 이 세계관은 매 앨범마다 이어지고 확장되는 데에서 그치지 않고 웹툰, 그림책, 게임과 같은 다양한 콘텐츠로도 제작되어 또 다른 재미를 선사한다. 결과적으로 방탄소년단의 세계관은 팬들에게 하나의 놀이로 거듭났다. 내러티브를 통한 놀이는 그대로 팬덤의 충성도를 높일 수 있는 통로가 됐다. 팬들이 자연스럽게 놀이처럼 참여하며 공동창작co-creation하는 내러티브 유니버스가 구축된 것이다.

4. 로맨스 내러티브 삼각형

사람들이 가장 좋아하는 내러티브는 역시 낭만 넘치는 사랑 이야기다. 로맨스 내러티브를 통해 고객이 어떤 회사나 브랜드와 사랑에 빠지게 할 수 있다면, 그 기업으로서는 더 바랄 나위가 없을 것이다. 사실 모든 마케팅은 하나의 구애求愛다. 그렇다면 고객이 사랑에 빠질 수 있는 로맨스 내러티브는 어떻게 만들어낼 수 있을까?

'사랑의 삼각형 이론'으로 유명한 미국의 심리학자 로버트 스턴버그Robert Sternberg에 따르면 사랑이 성립하기 위해서는 친밀감·열정·신뢰라는 세 가지 요소가 필요하다. 이것을 로맨스 내러티브 삼각형이라고 부른다. 친밀감·열정·책임감이 균형 있게 충족된다면 소비자의 감성적 애착과 이성적 논리가 조화를 이루는 사랑의 삼각형을 완성할 수 있다는 것이다. 완성된 사랑을 향한 열정적인 팬덤이 브랜드 내러티브를 함께 써 내려가며, 소위 '컬트 브랜드Cult Brand'로서 열정적 고객들이 집단적으로 헌신하는 수준까지 도달할 수 있다.

컬트 소비자의 애정은 합리적 수준을 뛰어넘는다. 이러한 브랜드는 포화된 시장에서도 숭배적 부가가치를 형성한다. 예를 들어 애플의 신제품이 출시될 때마다 밤새 줄을 서서 기다리는 수천 명의 광적인 소비자들은 마치 공항 게이트 앞에서 인기 연예인이 나오기를 오매불망 기다리는 팬들과도 같다. 할리 데이비슨 오토바이 소유자들은 HOGHarely Owner's Group라는 열광적인 팬덤 문화를 이루며, 브랜드를 향한 사랑의 맹세를 자신의 몸에 문신을 통해 새김으로써 이를 증명한다. MZ세대들의 가장 핫한 브랜드로 떠오른 구찌도 그 반열에 가까워지고 있다. '구찌스러움Gucci-ish'이라는 키워드가 구글 검색 건수로 2017년 패션 분야 1위를 차지할 정도로 핫한 브랜드가 됐으며, 구찌만의 스타일을 의미하는 '구찌피케이션Guccification' 현상을 통해 패션계를 뒤덮은 최고의 아이코닉 아이템들을 양산하고 있다.

이렇듯 소비자와 브랜드 간에 완성된 사랑은 세 가지 요소가 모두 충족되어야 이상적인 모습이겠지만, 브랜드의 상황에 따라 사랑의 삼각형 요소를 적절한 비율로 배합하는 것이 중요하다. 예를 들어 식품이나 가전 등의 소비재 분야는 무엇보다 친밀감을 강화시키는 것이 중요하고, 명품 등 열광적 추종이나 유행이 중요한 카테고리에서는 열정의 요소를 고조시켜야 하며, IT 금융 등 전문성이 필요한 제품은 책임감 요소를 탄탄히 만드는 일이 우선되어야 할 것이다. 상황과 특성에 맞춰 차별화된 브랜드 로맨스 전략이 필요하다.[12]

로맨스를 완성시키는 데에는 제품이나 서비스를 인격화하는 전략도 효과적이다. 대표적인 예는 캐릭터 마케팅으로, 특정 캐릭터에 공감할 수 있는 내러티브를 잘 구현하면 소비자들은 동일시 감정을 더욱 강하게 느끼고 해당 브랜드를 보다 친근하게 느낄 것이다. 캐릭터를 통해 브랜드와 고객의 관계를 인간적으로 연결하는 방법은 상호 간의 감정적 교류와 공감을 형성하는 데 유용하다.

상업화되어 유명해진 여러 캐릭터 중에는 기업명으로 쓰인 것도 있다. 예를 들어 '롯데'그룹은 괴테의 소설 『젊은 베르테르의 슬픔』의 여주인공 이름인 샬롯Charlotte에서 이름을 따온 것으로 유명하다. 창업자인 고 신격호 명예회장이 20대 때 읽은 괴테의 소설에 심취한 나머지 회사 이름을 '롯데'로 지었다고 전해지는데, 이는 롯데라는 기업의 바탕에 '낭만'이 있다는 내러티브를 전한다. 이를 기념하기 위해 롯데는 뮤지컬 전용극장을 지으며 '샤롯데씨어터'라고 이름 붙였고 한국 최고층 건물인 롯데월드타워 옆에는 괴테 동상을 세웠다. 껌에서 시작하여 제과, 유통, 건설, 화학 등으로 확장되며 그룹의 중심이 중공업 쪽으로 옮겨가고 있는 모양새이지만, '롯데'라는 이름이 가지는 문화적·낭만적 내러티브는 변하지 않는다.

여기서 중요한 점은 로맨스 내러티브 삼각형이든 캐릭터든, 그 커뮤니케이션이 일관돼야 한다는 것이다. 내러티브 전략에는 '표준화'라는 개념이 있는데 이는 두서없이 나열되어 있는 사건들에 서사적 일관성과 연속성을 부여하는 작업을 뜻한다. 표준화가 잘된 내러티브는 서사성이 뚜렷하게 형성되며 이를 통해 설득력과 타당성이 강화된다. 따라서 지속적으로 일관되고 통일성 있는 내러티브를 구사해야 한다.

예를 들어 제프 베이조스가 설립한 아마존은 두려워하지 않고 새로운 사업을 추구하며 이익을 희생하는 대신에 전적으로 매출 성장에 집중하는 혁신 기업의 서사를 일관되게 유지해왔다. 나아가 소매업을 넘어 엔터테인먼트, 클라우드 컴퓨팅 등의 분야로 사업을 확대하며, 단기 이익을 쫓는 대신, 미래의 이익을 창출하는 새로운 길을 개척하겠다는 약속 역시 지속적으로 실행해왔다. 창사 이후 25년이 넘은 현재에도 아마존의 수익률은 매출 대비 크게 오르지 않고 있으며 아마존의 기업 문화, 창업자 개인에 대한 비난도 간혹 들린다. 그러나 창업 초기부터 현재까지 '고객의 편의'를 극대화하는 고객 우선주의와 미래를 지향하는 사업 전략이라는 기업 철학이 견고하게 유지되고 있는 아마존의 강력한 내러티브는 전혀 훼손되지 않고 있다.

정치 내러티브의 중요성

＼

내러티브는 모든 영역에서 필요하지만 특히 정치 분야에서 매우 중
요하며, 권력 투쟁의 승패를 가르는 핵심 키워드로서 정치적 리더십
을 완성하는 데 필수적인 덕목이다. 내러티브를 잘 구사하는 지도자
는 대중의 마음을 단번에 사로잡는다. 히틀러 같은 극악무도한 독재
자부터 미국 오바마 전 대통령처럼 존경을 받는 정치 지도자까지, 모
두 내러티브를 매우 효과적으로 구사한 대표적인 인물들이다.

　나치는 대표적 선전 영화인 〈의지의 승리Triumph des Willens〉와 〈귀
향Heimkehr〉을 통해 대중의 마음을 사로잡고 여론을 유리하게 형성했
다. 특히 〈의지의 승리〉는 제1차 세계대전 이후로 경제 불황에 고통
받던 독일인들에게 조국을 구원할 수 있는 유일한 지도자로서 히틀
러를 내세운다. 1941년 제작된 〈귀향〉은 폴란드 동부의 한 마을에 사
는 독일 소수민이 폴란드인들로부터 박해당하는 모습을 그리면서 독
일의 폴란드 침공을 정당화하며 폴란드인에 대한 복수심을 대중에게
심는 데 성공한다.[13]

　마거릿 대처 전 영국 수상도 내러티브 전략을 효과적으로 구사했
다. 1979년 53세에 영국 수상 선거에 출마한 마거릿 대처 당시 하원
의원은 "영국은 길을 잃었습니다"라는 매우 간결한 슬로건으로 연설
을 시작했다. 과거 영국은 영화로운 광대한 제국을 건설하고 진취적
상업 정신으로 풍요로웠지만, 국제적 영향력이 급속도로 쇠퇴하며
2류 국가로 전락할 위험에 처해 있었다. 이러한 상황에서 마거릿 대
처는 "영국은 과거 영화로운 위대한 국가였지만 지금은 길을 잃어버

렸다. 영국을 다시 올바른 길로 되돌릴 사람은 누구인가?"라는 연설로 영국민들의 마음을 사로잡아 수상의 자리에 올랐다.

1. 내러티브 슬로건

역사적으로 여러 지도자들이 자신의 개인적·정치적 목적을 달성하기 위해 애국심에 호소하는 내러티브 전략을 채택해왔지만, 가장 대표적인 최근의 예는 트럼프 전 미국 대통령이다. 그는 2016년 미국 대선에서 "미국을 다시 위대하게Make America Great Again!"라는 선거 캠페인 슬로건과 함께 위대한 미국의 부활이라는 애국 내러티브를 전면에 내세웠다. 이것이 바로 전 세계를 휩쓸었던 '미국 우선주의America First'다. 그렇다면 트럼프를 비롯한 정치인들은 어떻게 자신의 내러티브를 만들어냈을까? 정치 영역, 특히 선거 캠페인에서 무엇보다 중요한 것이 '슬로건slogan(구호)'인데, 그 전략의 첫 번째는 바로 슬로건이 단지 듣기 좋은 문장에서 그치는 것이 아니라, 내러티브를 담아내야 한다는 것이다.

선거 캠페인, 특히 선거 광고에서는 주요 슬로건을 중심으로 이야기와 담론이 조화롭게 어우러지는 복합적 내러티브가 수행되어야 한다. 슬로건은 레토릭rhetoric(수사학)을 기반으로 이야기가 효과적으로 연결되고, 정책이나 주장이 담긴 내러티브 담론이 유기적으로 연계된 것이어야 효과적이다. 이를 위해서는 평면적인 스토리텔링에 머물지 않고 후보자가 자신을 지지해달라고 주장하는 근거에 대한 구체적인 논증이 이루어져야 한다. 그러려면 후보의 삶이나 메시지를 표현하는 이야기 구조와 함께 정책이나 쟁점을 중심으로 세부적인 논증을 전개해나가야 한다. 전자가 정서적 공감을 높이는 장치라면, 후자는 합리적 근거를 통해 주장의 타당성을 높여 설득하는 기능을 한다.

미국의 대통령이었던 도널드 트럼프와 버락 오바마는 그 내용과 방법이 매우 상반되지만 이야기 서사와 정치적 담론을 유기적으로 연계한 내러티브 전략을 통해 대중을 설득하는 데 성공한 사례로 손꼽힌다. 먼저, 트럼프 전 대통령은 일평생 동안 자신의 내러티브를 대중에게 전파하며 살아왔다. 세계 최고의 부자로서 뉴욕시의 상징적인 인물로 평가되는 트럼프는 전염성 강한 내러티브를 만드는 데 대가였으며, 2016년 공화당 전당대회에서 미국을 퇴보하는 나라로 묘사하며 "나만이 이것을 고칠 수 있다I alone can fix it"고 선언하기까지 했다. 그는 종종 비도덕적인 사생활 추문에 휩싸이기도 했지만 오히려 뻔뻔하고 터프하게 이를 포장하는 한편, 이러한 이미지를 역으로 활용해 정책이나 외교에서도 매우 변덕스럽고 예측하기 어려운 행보를 선보였다. 이 역시 전술한 이야기 서사와 담화적 서사가 자연스럽게 연결되어 대중에게 효과적으로 전달된 사례다.[14]

오바마의 선거 내러티브도 이야기와 담론이 유기적으로 연계된 서사 전략으로서 돋보였다. 그는 '내 아버지로부터의 꿈Dreams from My Father'으로 상징되는 인종적 정체성에 대한 자신의 인생 여정에 관해 이야기하면서, 여기에 미국적 평등의 가치 담론을 담아 역설했다. 오바마의 내러티브는 그의 출생과 성장, 방황과 결단에 관한 스토리를 '아메리칸 드림'의 신화적 주제에 맞게 재구성한 것이다. 이중의 정체성으로 고민하던 오바마는 오히려 아프리카와 미국을 연결하고 더 나아가 세계시민주의의 공통 가치와 목표를 향해 자신의 서사를 확장시켰다. 나아가 대중으로 하여금 자신을 지지하는 행동이 정의와 고결함을 선택하고 역사의 올바른 편에 서는 일이라고 느끼도록 만들었다. 여기에 더해 시적 서사에 능수능란했던 그는 변화에 대한 대중들의 갈망을 정치적 내러티브의 설파를 통해 효과적으로 구사했던 전례 없는 모범 사례다.[15]

2. 이항대립적 네거티브 전략

정치적 내러티브 구조에서 이항대립적 전략은 매우 중요하다. 이항대립이란 서로 배척하는 양자택일적 갈등 구조를 만들어내는 것인데, 서사에서 제시되는 서로 대립되는 가치 중 어느 편에 서야 하는지를 확인하는 데 유용하기 때문이다. 예를 들어 '우리'는 '그들'과 전혀 다르다는 점을 강조하는 것이 이항대립적 접근이다. '선 대 악'·'희망 대 절망'·'유능 대 무능'·'정의 대 불의'·'경제 대 정치'·'남성 대 여성' 등의 이항대립적 구도를 배치함으로써 자신의 내러티브를 효과적으로 구사하는 것이 서사 전략의 핵심이다. 갈등 구조를 극대화하고 상대방이나 특정 인물의 부조리나 악을 드러내며 이원적 구조를 외면화하는 것이다. 극단적인 경우 상상 속의 음모론을 내세우며 이를 폭로하는 방식으로 대중의 관심이 쏠리게 만든다.[16]

  이는 흔히 이야기하는 네거티브 전략의 한 예다. 현실에서 네거티브 전략을 바라보는 시각이 마냥 긍정적이진 않지만, 선거 전략에서는 네거티브가 자주 활용된다. 2008년 미국 대선 당시 오바마 후보 역시 상대 후보를 향해 '다름 대 같음'·'우리 대 그들'·'유능함 대 무능함'이라는 이항대립적 이슈를 끊임없이 던졌다. 이를 통해 오바마 후보는 상대당 후보인 존 매케인의 정책이 사실상 공화당 부시 행정부의 연장선상에 있으며 종국에는 미국 경제를 위기로 몰아넣을 정책을 추진할 것이란 점을 공격할 수 있었다. 자신을 '그들'과 '다름'의 위치에 놓음으로써 차별화를 꾀한 것이다. 나아가 중산층을 우선적으로 고려하는 정책을 펼치겠다는 공약을 펼치며 매케인의 주택 보유수나 외제차 소유 문제를 거론하면서 그가 변화를 원하는 서민들과는 다른 부유한 '타자'라는 점을 강조했다. 전형적인 이항대립적 접근법으로 오바마 자신이야말로 '우리' 중산층의 일원이라는 메시지를 전하며 내러티브 효과를 극대화했다.[17]

효과적인 네거티브 전략을 구사하려면 상대방의 약점을 공격하는 것도 중요하지만 무엇보다 자신이 전하고자 하는 담론이 명확해야 한다. 단순히 흠집을 내기 위한 공격, 네거티브를 위한 네거티브는 의미가 없다. 1990년대 최고의 선거 슬로건은 단연 빌 클린턴의 "문제는 경제라고, 이 바보야It's the economy, stupid"다. 오늘날에도 끊임없이 회자되고 패러디되는 이 슬로건은 선거 전략에서 자주 쓰이는 네거티브 공세와 이항대립 구도를 초월한, 지극히 보편적이고도 직관적인 것이다. 이는 아칸소 주지사 출신의 클린턴이 걸프전 승리의 후광으로 승승장구하던 아버지 부시를 꺾고 백악관에 입성할 수 있었던 강력한 내러티브로 작용했다.

코로나 팬데믹과 가짜뉴스

코로나19의 특수한 상황은 우리 사회에 다양한 위기를 낳고 있지만, 그로 인한 '내러티브의 위기' 또한 심각하다. 감염의 위험 때문에 서로를 경계하고 믿지 못하는 신뢰의 위기는 가짜 내러티브의 전염으로 이어질 수 있기 때문이다. 역사적으로도 전염병이 창궐하면 공포심이 횡행하고 거짓소문이 난무했다. 사회적 신뢰가 무너지며 수많은 잘못된 정보로 인해 혼란이 고조되기도 한다. 예를 들어 흑사병이 만연했던 중세 유럽에서는 사람들이 전염병의 원인을 돌리기 위한 희생양을 찾아 응징하는 이른바 마녀사냥이 벌어지기도 했다.

예일대 로버트 쉴러Robert Shiller 교수는 저서 『내러티브 경제학』에서 내러티브의 확산이 전염병의 유행 패턴과 유사하다고 지적한다. 내러티브는 전염병 확산 모델에 적용할 수 있고, 심지어는 질병과 내러티브가 함께 유행하거나, 이 두 가지 유행이 서로의 확산을 부추기는 경향도 나타난다. 가짜 내러티브는 진실보다 더 빠르고 강하게 확산된다. 2018년 〈사이언스〉지에 소개된 한 논문에서는 소셜미디어 데이터를 활용해 진짜 이야기와 가짜 이야기의 전염률을 비교한 결과 진실보다 가짜 이야기가 트위터에서 리트윗될 확률이 70% 더 높았다고 보고되기도 했다.[18]

더구나 코로나19는 모든 사람이 처음 겪어보는 미지의 전염병이다. 정보의 부재는 잘못된 정보의 전파로 인한 '정보전염병'을 초래했다. 바이러스가 인체만 감염시킨 것이 아니라 정보마저 감염시킨 것이다. 코로나19 팬데믹에 이어 인포데믹Infodemic이 사회 전반을 덮쳤다. 인포데믹은 정보information와 전염병Epidemic의 합성어로서, 잘못된 정보가 인터넷과 미디어를 통해 빠르게 확산되는 현상을 지칭한다. 흔히 가짜뉴스fake news라고 불리는 인포데믹은 특히 코로나19가 급속히 확산됐던 지역을 중심으로 빈번하게 등장했으며 동일한 내용이 언어만 바뀐 채 전 세계에서 반복 재생산되기도 했다.[19]

이러한 가짜뉴스의 파급력은 어느 정도일까? 감염자 1명이 일으키는 2차 감염자 숫자 비율을 'R0(기초 감염 재생산 지수)'라고 하는데, 이탈리아 국립연구회 소속의 복잡계연구소는 2020년 3월 가짜뉴스의 R0, 즉 전염력의 강도를 감염병 확산예측 수학모델을 통해 분석했다. 2020년 1월에서 2월까지 트위터·유튜브·인스타그램 등 5개 SNS 채널의 134만 건의 포스트와 746만 건의 댓글을 분석한 결과, R0 수치는 3.3으로 계산됐다. 심지어 인스타그램의 R0 수치는 130에 달했다. 이에 비해 실제 코로나19의 R0 지수는 2.0~2.5 수준이다. SNS에서 신뢰할 수 있는 진짜 정보와 함께 미상의 가짜 정보도 함께 확산되고 있음을 알 수 있다.[20]

디지털 시대가 가속화되면서 내러티브의 편향성 문제도 제기되고 있다. 정보의 고도화는 다양한 정보의 유입을 가능케 하지만 자칫 잘못된 정보의 범람으로 이어질 수 있다. 잘못된 정보들은 SNS 등의 매체를 타고 일방적으로 온라인 확증 편향을 가속화한다. 인터넷을 통한 정보들이 열린 시각과 다양한 의견들을 수용하게 해준다고 여기기 쉽지만, 오히려 편향적 이념과 사상을 왜곡되게 형성시킬 위험도 높다. 자신이 속한 '반향실' 안에서만 공유된 정보를 제한된 시각에 얽매인 채 편향적으로 받아들일 수 있기 때문이다('나노사회' 참조).

과학 기술이 발달하고 인터넷과 SNS의 접근성이 고도화되는 상황에서 수많은 정보가 쏟아져 들어오며 진짜 정보와 가짜 정보를 구분하기가 점점 힘들어지고 있다. 결국 이를 걸러줄 수 있는 장치를 보완하거나, 가짜 내러티브를 가려낼 수 있는 눈을 스스로 길러야 한다. 디지털 리터러시가 더욱 중요해지는 시대에 정보를 주체적으로 해석하고 비판적으로 수용하는 미디어 리터러시media literacy(미디어 해석 능력)를 기르는 일이 더욱 중요해지고 있다.

전망 및 시사점
"나만의 내러티브는 무엇인가?"를 물어야 할 때

﹨

내러티브에는 한계가 없다. 포화 상태의 시장에서 더 이상의 놀라운 사업이란 없을 것 같지만, 인간의 상상력은 계속해서 새로운 비즈니스를 창조해낸다. 동시에 부의 축적 속도와 유행의 확산 속도는 상상력의 크기만큼 빨라지고 있다. 내러티브는 이 상상력에 날개를 달아주는 제트기와 같다. 내러티브의 날개에 상상력의 엔진을 장착한다면 새로운 비즈니스 세계를 창조할 수 있다. 또한 내러티브에는 시간과 공간의 제약이 없다. 마블 시네마틱 유니버스처럼 국가와 시대를 초월하고 미디어를 넘나들며 무한히 확장된다. 메타버스 키워드가 부상하는 시대에 내러티브적 접근은 새로운 세상과 연결하는 유용한 수단이 되는 한편, 글로벌 MZ세대와 쉽게 소통하고 연결될 수 있는 효과적인 전략이 될 것이다.

기업의 가치를 과거의 전통 경제체제의 방식에 근거해 산술적으로 판단하던 시대는 지나갔다. 이제 기업의 가치는 유일무이한 비즈니스 모델인지, 창조적인 창업자 정신이 있는지, 현재가 아닌 미래의 비전을 뚜렷하게 보여줄 수 있는지의 여부에 따라 결정될 것이다. 비록 현재 뚜렷한 이익이 나고 있지 않더라도 원석 속에 숨은 무한한 잠재력을 CEO가 어떻게 보여줄 수 있느냐에 따라 기업의 미래가 달라질 수 있다. 마블 영화 속의 히어로처럼 기업의 대표도 초인적인 면모를 선보이며 자신만의 철학과 가치를 담아 세상에 유일한 내러티브를 만들어나가야 할 것이다. 이제 물건을 파는 시대에서 꿈을 파는 시대로 접어들었기 때문이다.

따라서 단순 모방으로는 브랜드의 정체성을 만들어내기 어렵다. 브랜드 내러티브의 확고한 정체성을 만들기 위해서는 비즈니스의 구조적 플롯을 치밀하게 작성하고 핵심 가치가 무엇인지 진지하게 고민할 필요가 있다. 브랜드 내러티브의 방향성이 확고하게 설정된다면 지속적으로 일관된 실행 전략이 뒤따라야 할 것이다. 확고한 정체성이 형성된다면 추종자들이 생길 것이고, 팬덤 소비자들이 자생적으로 브랜드 정체성을 만들어나가게 될 것이다.

2022년은 선거의 해다. 대통령과 지방자치단체 지도자를 연이어 뽑는다. 이번 선거에서는 무엇보다 내러티브를 효과적으로 구사하는 후보가 절대적으로 유리할 것이다. 미래 잠재력에 천문학적 가치를 부여하는 시대에, 공감할 수 있는 꿈을 설득력 있게 들려주는 후보에게 유권자들의 마음이 열릴 것이기 때문이다. 이때 내러티브가 후보자의 진솔한 삶 이야기와 유기적으로 연결되고 자신의 약점과 강점까지 정치적 담론과 연계하여 진정성을 담고 있다면 더욱 강력한 힘을 발휘할 것이다.

앞서 이야기했듯, 내러티브의 뿌리는 무한한 상상력이며 이는 창의력과 닿아 있다. 모두가 엉뚱하다고, 말도 안 된다고 생각했던 일들을 결국 해내는 사람들이 이기는 세상이다. 그들이 그리는 세상이 아득하게 느껴지다가도 어느 순간 우리 곁에 바짝 다가와 있음을 종종 목격하곤 한다. 우리는 그들이 들려주는 내러티브에 빠져든다. 그 원천은 무엇일까?

어쩌면 우리는 상상력으로 가득한 어린 시절의 자연스러운 모습을 잃어버렸는지 모른다. 일상 속 관습에 젖어 살다 보니 감각이 무뎌지고, 넘치던 호기심은 어디론가 사라지고 말았다. 〈이상한 나라의 앨리스〉에서 따분한 일상에 지쳐 있던 앨리스가 시계를 보며 두 발로 뛰어가는 토끼를 쫓다가 이상한 나라로 들어간 장면을 떠올려보자. 우리의 삶도 앨리스의 모험만큼 멋지고 신비로운 내러티브를 간절히 기다리고 있는 것은 아닐까? 남들이 그려놓은 정해진 틀에만 얽매여서는 새로운 서사를 창조할 수 없다. 2022년을 새로운 도약의 원년으로 삼고자 하는 사람이라면, 반드시 스스로에게 물어야 할 것이다. "나만의 내러티브는 무엇인가?"

서문

1 IMF 총재 "올해 세계경제 성장률 전망치 6% 유지" / MBC뉴스, 2021.07.22.

2 문 대통령 "4% 성장" 외친 뒤…KDI "올해 성장률 3.8%" 상향 / 한국일보, 2021.05.13.

3 OECD, '21년 한국 경제성장률 전망치 대폭 상향 조정 / 대한민국 정책브리핑, 2021.06.02.

4 The Stay-at-Home Recovery Could OUtlast the Pandemic / Bloomberg, 2021.08.02.

5 전 세계 40% 백신접종…'리오프닝주' 함께 오른다 / 조선일보, 2021.09.03.

6 〈KPMG 2021 CEO Outlook Pulse Survey〉, KMPG.

7 코로나19 종식돼도 마스크는 일상화 / 매경이코노미, 2021.06.30.

8 Kalervo Oberg, "Cultural shock: Adjustment to new cultural environments", 〈Practical Anthropology〉, 7, 1960, pp.177~182.

9 Wood, W. · Neal, D. T, "A new look at habits and the habit-goal interface", 〈Psychological review〉, 114(4), 2007, pp.843.

10 위드 코로나 시대 뭐가 달라지나…시나리오별로 분석해보니" / 매경이코노미, 2021.09.15.

11 Covid-19 Propelled Businesses Into the Future / Wall Street Journal, 2020.12.26.

12 위드 코로나 시대 뭐가 달라지나…시나리오별로 분석해보니" / 매경이코노미, 2021.09.15.

13 김우주 고려대 의대 백신혁신센터장 "복귀보다 복구에 초점을" / 매경이코노미, 2021.09.16.

14 재인용; 〈뉴필로소퍼〉, 3호, 2018.

1 • 2021 대한민국

반전의 서막

1 가진 나라와 못가진 나라…백신, 경제상식을 뒤집다 / 조선일보, 2021.04.30.

2 야놀자는 테크기업…숙박 넘어 '여행 아마존' 될 것 / 매일경제, 2021.07.21.

3 혁신학교가 미리 다녀온 교육의 미래 / 참여와 혁신, 2021.09.24.

4 "비대면 고객에 맞춤형 서비스를"…우리은행 'WON컨시어지' 출시 / 서울경제, 2021.08.02.

5 더현대서울, 100일간 매출 2500억…'서울의 명소' 됐다 / 조선비즈, 2021.06.03.

6 "이젠 따뜻한 만남"…보험사 '溫택트' 바람 / 매일경제, 2021.03.23.

7 전 세계 뚜벅이족 30% "코로나 무서워…6개월 내 차 사겠다" / 뉴스1, 2020.11.25.

8 백화점 명품 소비, 1년새 37% 늘었다…매출 비중 29.3→35.4% / 이데일리, 2021.06.27.

9 초고가 명품숍·최저가 마트만 붐벼…보복소비 양극화 뚜렷 / 매일경제, 2021.06.01.

10 3000만원 침대도 지른다…꽂히면 지갑 여는 '앰비슈머' 등장 / 중앙일보, 2021.06.02.

11 외식 업계에 최고급이 뜬다…소비자가 주목한 '맡김차림' / 아시아경제, 2021.08.08.

12 가정식부터 오마카세까지 '한우 FLEX'…청담 일대 맛집, 여름까지 예약 완료 / 매경이코노미,
    2021.04.15.

13 남친이 피자 더 많이 먹는데…왜 데이트 비용은 반반내나 / 조선일보, 2021.07.03.

14 기후변화로 서식지 옮긴 박쥐들, 코로나19는 보이지 않는 기후재앙이었다 / 동아사이언스,
    2021.02.15.

15 떼어내기 쉬운 '이지 오픈 테이프' / 서울신문, 2021.06.30.

16 나는 친환경을 입는다, 힙하니깨 / 한겨레, 2021.04.29.

17 친환경 탈을 쓴 기업…'그린워싱'에 속지 마세요 / 조선일보, 2021.06.03.

18 "샴푸 덜어서 살게요"…돈·환경 다 잡겠다는 화장품 소분 / 중앙일보, 2021.08.24.

일상력의 회복

1 집닥, 주거 인테리어 인기 키워드 및 콘셉트 공개 / 국토일보, 2021.01.19.

2 삼성전자 '비스포크' 가전 출하량 100만 대 돌파 / 삼성뉴스룸, 2021.01.06.

3 '원형' 얼음 인기…LG전자 얼음정수기냉장고 판매량 40% 늘어 / 뉴데일리경제, 2021.08.16.

4 코로나 1년 홈카페族 급증에 00수입만 사상 최고치 찍었다 / 매일경제, 2021.01.19.

5 1000억 안주 HMR 시장 '부상' / EBN, 2021.07.13.

6 CJ대한통운, 작년 택배 16억개 배달…상자 이으면 에베레스트 6만회 등정 / 서울신문,
    2021.04.29.

7 계절옷도 캠핑 장비도…도심 곳곳에 창고가 늘어난다 / 조선일보, 2020.12.26.

8 옷은 많고, 집은 좁고…크린토피아, 의류보관 서비스로 해결 / UPI뉴스, 2021.02.26.

9 슬기로운 편의점 생활 제 1탄 '포켓CU' 어플 활용방법 / DAILY POP, 2020.07.09.

10 애뮬렛 핫키 원격 워크스테이션을 활용한 비대면 영상 편집의 세계 / 씨네21, 2021.07.29.

11 "집안일은 끝이 없네"…청소연구소, 10조 시장 공략 / 한국경제, 2021.04.20.

12 가사청소 서비스 청소연구소, 220억 원 투자유치 / 머니투데이, 2021.05.10.

13 재택근무에 게이밍 수요까지…다시 노트북 '전성기' / 아시아투데이, 2021.02.04.

14 앱코, 웹캠 상반기 매출 전년비 5배 '급증'…"재택근무 특수" / 이데일리, 2021.09.02.

15 확산되는 재택근무…'집사원' 필수품 1순위는 '커피' / 국민일보, 2020.03.14.

16 재택근무 장기화에 협업툴 시장 '춘추전국 시대' / 시사저널, 2021.08.27.

17 카카오워크, 9월 대규모 업데이트 된다…네이버웍스 추격 가능할까? / AI타임스, 2021.06.28.

18 대세는 레이어드홈, 극장 대신 TV·헬스장 대신 홈짐 / 싱글리스트, 2021.08.04.

19 길어지는 코로나 집콕…집 책상 꾸미는 '데스크테리어' 뜬다 / 한국일보, 2021.01.17.

20 코로나 사태, '공유오피스'에겐 기회가 됐다…"원격근무에 최적" / 조선비즈, 2021.05.31.

21 위워크 제낀 패스트파이브 매출 600억 돌파…3년 새 8배 '폭풍성장' / 머니투데이, 2021.02.15.

22 문화체육관광부, 〈국민여가활동조사〉, 2019.

23 문화체육관광부, 〈국민여가활동조사〉, 2020.

24 코로나 1년 지났지만 모바일게임 지출 계속 증가…韓·美·日 기기당 월평균 9달러 지출 / nsp통신, 2021.08.18.

25 최대 수혜 받은 콘솔게임 시장, 국내 게임 업계 대응 전략은? / 녹색경제신문, 2021.05.10.

26 코로나 확산세 '집콕' OTT 이용량 확 늘었다…앱 마켓 인기순위 '싹쓸이' / TechM, 2021.07.16.

27 75인치 이상 대형 TV 판매량 급증…"집콕 트렌드 영향" / 데일리안, 2021.05.13.

28 '코로나19'에도 자기계발은 필수! 온라인클래스 인기 / 시사CAST, 2021.02.15.

29 코로나19로 취미 용품 수요…롯데온, 취미 활동 상품 기획전 / 글로벌경제신문, 2021.07.30.

30 발목 드러낸 등산화에 꽂힌 '산린이'들…2030 매출 300% 폭증 / 중앙일보, 2021.04.19.

31 "답답한데 산이나 타자"…코로나 장기화에 등산용품 수요 '껑충' / 매일경제, 2021.08.15.

32 코로나19에도 야놀자·여기어때 결제금액 역대 최대 / 전자신문, 2021.08.10.

33 숨은 여행지 많더라…"코로나 끝나도 국내서 휴가" 47% / 중앙일보, 2021.07.06.

34 "코로나 피해 야외로 간다"…더위 꺾이자 늘어나는 캠핑족 / 중앙일보, 2021.08.18.

35 "여행도 언택트"…글램핑 카라반 예약 261% 껑충 / 서울경제, 2021.03.03.

36 "하룻밤에 800만원도 기꺼이 쓴다"…코로나에 안전한 휴가지로 각광 '풀빌라 패키지' / 매일경제, 2021.08.09.

나를 찾아가는 시간

1 MZ세대에 의한, MZ세대를 위한 편의점 콘텐츠 마케팅 / 한경경제, 2021.02.20.

2 '감성 분석', 〈IT용어사전〉, 네이버 지식백과 검색.

3 롯데백화점 'MZ프로젝트팀' 히트 콘텐츠메이커 등극 / 패션비즈, 2021.01.15.

4 자주(JAJU), '일상재질 테스트' 인기…온라인 매출 96% / 뉴데일리경제, 2021.01.21.

5　우리은행 '#기억하_길' 캠페인으로 디지털애드 어워즈 '은상' 수상 / 뉴스1, 2021.07.26.

6　MZ세대 열광하는 '이것'…당신은 무슨 유형인가요 / 대전일보, 2021.06.16.

7　MZ세대를 공략한 심리테스트 마케팅 / 소셜마케팅코리아 블로그, 2021.03.25.

8　MZ세대를 공략한 심리테스트 마케팅 / 소셜마케팅코리아 블로그, 2021.03.25.

9　CU 연이은 히트작에 주류 매출 35% 상승세 / 핀포인트, 2021.06.22.

10　"롯데껌부터 삼양라면까지"…장수 제품의 변신은 무죄 / 컨슈머타임스, 2021.06.11.

11　루피가 왜 거기서 나와…삼성전자×베스킨라빈스×뽀로로 컬래버 / 아시아투데이, 2021.08.02.

12　철인 7호 홍대점 돈쭐내줬더니 이렇게 한다고? / 금강일보, 2021.03.16.

13　"옷을 차려입지도, 화장하지 않아도 상관없다"…코로나시대 대세로 떠오른 비대면 스터디 /
　　조선비즈, 2021.04.23.

14　신한은행, 미래형 금융점포 '디지로그' 3곳 오픈 / 조선비즈, 2021.07.12.

15　영화·드라마 '함께 보기' 열풍…왓챠파티 30만 돌파 / 뉴시스, 2021.07.29.

16　서울 출생, 나이는 영원히 22세…가상인간 로지의 탄생비화 / 조선일보, 2021.08.06.

17　CEO가 사원에게 배운다 '리버스 멘토링'…SNS 고수 된 숲 사장님 "MZ 멘토 덕이죠" /
　　매경이코노미, 2021.07.29.

18　롯데마트·롯데슈퍼 공채…MZ세대 실무진이 면접 / 국민일보, 2021.08.30.

혁신하기 가장 좋은 때

1　'본업보다 부업' 집중…디즈니·우버, 불황 뚫었다 / 한국경제, 2020.12.14.

2　노래방을 공부방으로, 주전서 커피 판매…집합금지 자영업자들 자구책 / 조선일보, 2021.06.08.

3　공장 내 '남는 공간' 빌려줘 유명 촬영지된 어느 음료 회사 이야기 / 집슐랭, 2020.12.21.

4　"나 같은 사람도 호캉스"…어르신 열대야 쉼터로 변신한 호텔 / 한겨레, 2021.07.22.

5　"한 포대 9,900원에 팝니다"…CGV, 눈물의(?) '팝콘' 배달 / 한국경제, 2021.05.22.

6　서울은 또 4단계…특급호텔 '셰프가 만든 도시락 팔아라' / 머니투데이, 2021.07.25.

7　승무원복부터 기내식까지…없어서 못 파는 '항공사 굿즈' / 조선비즈, 2021.05.27.

8　온·오프라인 경계 허무는 기업들…"끊김 없는 경험 줘야 MZ 잡는다" / ZDNet Korea,
　　2020.12.07.

9　카카오프렌즈 vs 라인프렌즈…이젠 온라인에서 붙자 / 조선비즈, 2020.12.12.

10　온라인 뚫은 디오르 날고, 면세점 치중한 페라가모 추락 / 조선일보, 2021.02.05.

11　집에서 슬기로운 비대면 쇼핑 즐기세요 / 전남매일, 2021.08.03.

12　TV 버리고 '귀멸의 칼날' 잡은 소니, 19년만에 주가 1만 엔 뚫었다 / 조선일보, 2020.12.20.

13　빈센조가 쓰던 라이터·김희철이 만든 칫솔…'IP 커머스'로 눈돌리는 광고업계 / 조선비즈,
　　2021.06.02.

14　'본업보다 부업' 집중…디즈니·우버, 불황 뚫었다 / 한국경제, 2020.12.14.

15　"변하지 않으면 살아남지 못한다"…너도나도 새로운 사업 도전 / 서울신문, 2021.01.04.

16 '승부사' 방준혁, 성장 잠재력에 베팅…이종산업 넘나들며 수익·사업 확대 / 서울경제,
  2021.08.22.

17 농기계→전기차 갈아타니 매출 8배…사업 안 풀리면 바꾸세요 / 머니투데이, 2021.08.09.

18 기존 사업 축으로 새 영역 진출…中小 '피버팅 전략'에 승부건다 / 매일경제, 2021.06.27.

19 유튜버 변신한 정용진, 직원들 인플루언서로 키우는 롯데 / 조선비즈, 2021.01.14.

20 캐스퍼, 현대차 최초 온라인 판매 시작 / 오토다이어리, 2021.09.10.

21 위기를 기회로 만든 기업 공통DNA는 '회복탄력성'…불황 뛰어넘고 성장 점프 / 매일경제,
  2020.10.29.

부쩍 다가온 신시장

1 여성 주린이 148만 명 급증 / 매일경제, 2021.04.01.

2 중고품 거래 시장 20조로 커져…롯데·이케아도 진출 / 매일경제, 2020.12.04.

3 몸값 치솟은 중고거래 플랫폼 / 뉴시스, 2021.08.09.

4 합리 넘어 취향저격 '플렉스'…중고거래 패턴도 변했다 / 팩트경제신문, 2021.07.10.

5 동학개미들의 투자영역 무한 확장…재테크의 변신은 무죄 / 한국금융신문, 2021.02.03.

6 실종된 치매 엄마, 당근마켓 덕에 집으로 / 조선일보, 2021.07.07.

7 번개장터, 2021년 상반기 중고거래 트렌드 발표 / 어패럴뉴스, 2021.07.08.

8 '구독경제'에 빠진 이커머스…2025년 100조 원 규모 성장 전망 / 아이뉴스24, 2021.08.27.

9 아린(@neuil) 트위터(twitter.com/neuil/status/1343748463125692417), 2020.12.29.

10 주식 계좌 5000만 시대 배경은?…"MZ세대 주식·공모주 청약 열풍 / e대한경제, 2021.08.09.

11 3배 늘어난 10대 투자자…"담는 종목도 다르다" / 한국경제TV, 2021.07.28.

12 여성 주린이 148만명 급증 / 매일경제, 2021.04.01.

13 "증권사 웹툰이 네이버 2위?…MZ세대 따라 달라진 마케팅 / 머니투데이, 2021.07.06.

14 한국투자증권, '미니스탁' 누적 다운로드 100만회 돌파 / 한국경제, 2021.08.17.

15 주식 도시락 이어 샤넬·롤렉스까지…'취테크' 2030겨냥한 마케팅 인기 / 매일경제, 2021.07.30.

16 '포지티브규제', 〈한경 경제용어사전〉, 네이버 지식백과 검색.

〈트렌드 코리아〉 선정 2021년 대한민국 10대 트렌드 상품

1 '백신', Google Trends Explore 검색, 2021.08.26.

2 당근마켓, 1789억 규모 투자 유치 등 / 아시아타임즈, 2021.08.18.

3 "번개장터 '추천 알고리즘', 어렵지만 도전해볼 만했죠" / 블로터, 2021.07.14.

4 중고나라, 지난해 거래액 5조 원 돌파…전년比 43% 증가 / 뉴스1, 2021.03.18.

5 루이비통·샤넬·에르메스 앞세워 선방 강남점은 연매출 2조 돌파 / 〈이코노미스트〉, 1572호,
  2021.02.15.

6 가진 것 모두 팔아치운 중고거래 끝판왕…결국 요트 사서 떠났다 / 머니투데이, 2021.08.04.

7 손쉬운 중고거래…우리 아빠 취미는 '당근마켓' / 디지털타임스, 2021.08.17.

8 COVID19 BOARD – 생활, KDI(www.covid19board.kr/living).

9 "돈 되니까" 20조 중고 시장으로 몰려드는 기업들 / 머니투데이, 2020.06.04.

10 상반기 자동차 내수시장 부진 속 친환경차 73% 성장…"전기차 전성시대" / 한국일보, 2021.08.04.

11 친환경차 보급률 가속…하이브리드·전기차 100만시대 임박 / 뉴데일리경제, 2021.07.11.

12 '전기차 보급률 5%' 제주도, 정비업체 12.6% 문 닫았다 / 머니투데이, 2021.07.27.

13 현대차·기아 글로벌 전기차 점유율 떨어져 / 아시아경제, 2021.08.23.

14 쑥쑥 크는 전기차 시장…"2030년엔 10대 중 1대" / 서울경제, 2021.04.30.

15 "시기상조 아냐" 소비자 10명 중 9명 전기차 '5년 이내' 구매 / 한국일보, 2021.05.27.

16 전기차로 갈아타는 완성차업계…내연기관차의 종말? / 중앙일보, 2021.03.18.

17 공모주·'코인'으로 몰리는 돈…기업공개 시장 벌써 150조 돌파 / 세계일보, 2021.03.21.

18 청약경쟁률 '역대 1위' 아주스틸, 오늘 코스피 입성…'따상' 가능할까 / 머니S, 2021.08.20.

19 공모주 열풍…올해 새내기 '따상' 역대 최다 / 전자신문, 2021.08.13.

20 대규모 기업공개 물량 '유동성 파티' 종결 앞당기나 / 한겨레, 2021.08.12.

21 세계인의 놀이 된 '불닭 챌린지'…삼양, K푸드 대표주자로 우뚝 / 한국경제, 2020.05.15.

22 김치·비빔밥 비켜주세요, 이젠 떡볶이·라면이 'K푸드' 주인공 / 조선일보, 2021.01.25.

23 아시아 MZ세대 진로 소주에 취했다 / 디지털타임스, 2021.07.21.

24 김치·비빔밥 비켜주세요, 이젠 떡볶이·라면이 'K푸드' 주인공 / 조선일보, 2021.01.25.

25 '롤린' '무야호' '사딸라'…'역주행' 주도 MZ세대 / 신동아, 2021.07.08.

26 노래만의 얘기가 아니다…장르 불문 이어지는 역주행 / 서울경제, 2021.07.18.

27 '롤린' '무야호' '사딸라'…'역주행' 주도 MZ세대 / 신동아, 2021.07.08.

28 난데없는 '멈춰·무야호' 열풍…알고리즘이 이끄는 '밈' / 뉴스1, 2021.05.03.

29 역주행이 유행하는 이유 / 숙대신보, 2021.03.29.

30 삼성전자, '비스포크' 판매량 100만 대 돌파 / 디지털데일리, 2021.01.06.

31 색깔만 예쁜 가전은 노!…비스포크로 그리는 삼성의 AI 큰그림 / 조선비즈, 2021.04.17.

32 곰표 맥주 열풍…MZ세대 수제맥주·와인에 열광하는 이유 / 한국스포츠경제, 2021.05.24.

33 급성장하는 수제맥주가 시장판도 뒤흔든다 / 매일경제, 2021.08.08.

34 제주맥주 상장 첫날 공모가 대비 53%↑ / 조선일보, 2021.05.27.

35 수제맥주 열풍은 계속된다…CU 다음은 세븐일레븐? / 글로벌이코노믹, 2021.08.16.

36 곰표 맥주 열풍…MZ세대 수제맥주·와인에 열광하는 이유 / 한국스포츠경제, 2021.05.24.

37 성수기에 홈술·올림픽까지…치열해지는 편의점 수제 맥주 '경쟁' / 일간스포츠, 2021.07.30.

38 국산 과일맥주 나온다…하이브리드차 개소세 면제 / 매일경제, 2021.07.26.

39 2021년 7월 여행·숙박 앱 동향 / 플래텀, 2021.08.12.

40 여행업계 '플랫폼' 전쟁…야놀자는 흑자전환, 인터파크는 매물로 / 조선비즈, 2021.08.03.

41 야놀자, 포스트 코로나 보고서 발간…"여행빈도↓·여행플랫폼 이용↑" / ZDNet Korea, 2021.08.09.

42 팬데믹 이후 여행산업 마케팅은 / 블로터닷넷, 2021.07.30.

43 코로나로 여행 횟수 줄어도 고급호텔 이용 185% 늘어 / 동아일보, 2021.08.10.

44 국제관광산업, 2024년 이후에나 정상화 가능 / 연합뉴스, 2021.03.01.

45 초당옥수수·신비복숭아·샤인머스켓 최근 뜨는 신품종 농산물 인기 이유는? / 주간조선, 2020.06.29.

46 "비싸면 어때 맛있는데" 잘 먹히는 귀족과일 / 디지털타임스, 2021.08.01.

47 지금만 맛볼 수 있는 이름도 신비한 '신비복숭아' / 매일신문, 2021.06.17.

48 동글동글 귀여운데 맛있기까지 / 조선일보, 2020.11.13.

49 단마토, 샤인머스캣 비싸도 달면 '불티'…고당도 과일이 지방간·비만 부른다 / 헬스조선, 2021.08.20.

50 "비싸면 어때 맛있는데" 잘 먹히는 귀족과일 / 디지털타임스, 2021.08.12.

51 토망고, 초당옥수수, 샤인오이…농산물도 달게, 더 달게 / 매일경제, 2021.06.04.

2 · 2022 트렌드

Transition into a 'Nano Society' 나노사회

1 직장인 절반 "코로나 통금에 만족"…30대가 가장 환영 / 뉴시스, 2021.08.12.

2 Margaret Thatcher: a life in quotes / Guardian, 2013.04.08.

3 리처드 세넷, 『신자유주의와 인간성의 파괴』, 조용 옮김, 문예출판사, 2002.

4 당신은 '딱복'입니까, '물복'입니까 / 조선일보, 2021.09.01.

5 '태그니티 마케팅', 〈시사상식사전〉, 네이버 지식백과 검색.

6 '취향중시' 태그니티(TAGnity) 마케팅이 진화했다 / 비즈월드, 2021.05.20.

7 플레이리스트가 만드는 '취향의 공동체' / 경향신문, 2020.11.10.

8 '반향실 효과', 위키백과 검색.

9 마이클 샌델, 『공정하다는 착각』, 함규진 옮김, 와이즈베리, 2020.

10 에리히 프롬, 『자유로부터의 도피』, 김석희 옮김, 휴머니스트, 2020.

11 e-나라지표 – 근로자 평균근속년수, 평균연령, 학력별 임금, 고용노동부(www.index.go.kr/potal/main/EachDtlPageDetail.do?idx_cd=1486&param=001).

12 '긱 워커', 〈시사상식사전〉, 네이버 지식백과 검색.

13 폭염 속 4시간 걸어도 일당 1만원대…치킨도 못 사먹는다 / 헤럴드경제, 2021.08.04.

14 "몰래 알바해요"…잘나가던 항공사 승무원은 'N잡러'가 됐다 / 국민일보, 2021.07.26.

15 마우로 F. 기엔, 『2030 축의 전환』, 우진하 옮김, 리더스북, 2020.

16 운동이 된 배달 부업, '배다트' 해볼까요? / 서울경제, 2021.02.11.

17 1·2인 가구 60%…편의점 매출, 마트 넘었다/ 한국경제, 2021.07.29.

18 1~2인 가구 퇴근길 '집 앞 장보기'…편의점 빅3, 최저가·즉시배송 경쟁 / 한국경제, 2021.07.29.

19 유발 하라리, 『사피엔스』, 조현욱 옮김, 김영사, 2015.

20 지그문트 바우만, 『액체근대』, 이일수 옮김, 강, 2009.

21 김윤태, 『사회적 인간의 몰락』, 이학사, 2015.

22 왜 인간 눈에만 흰자위가 있나 / 사이언스타임즈, 2017.11.04.

23 데이비드 리스먼, 『고독한 군중』, 류근일 옮김, 동서문화사, 2016.

24 '10만 명당 23.0→24.7명…국내 자살률 증가' / 이데일리, 2021.07.19.

25 "무리한 홀로서기, 청년고독사에 공감하는 20대" / 헤럴드경제, 2021.08.10.

26 George S. Day·Paul J. H. Schoemaker, 『Peripheral Vision』, Harvard Business Review Press, 2006.

27 "우리가 말하는 시력이란?", 디스커버리 브런치(brunch.co.kr/@epobako/27), 2018.04.16.

Incoming! Money Rush 머니러시

1 N잡러의 시대, 분야를 넘나드는 MZ세대의 속사정. / 파이낸셜뉴스, 2021.07.25.

2 분석 커뮤니티: 디시인사이드, 루리웹, 에펨코리아, 인벤, 더쿠, 웃긴대학.

3 노래 저작권에 '조각투자'해 돈벌어볼까…해보니 장단점 보이네 / 문화경제, 2021.08.03.

4 추억도 자산이 된다…NFT의 세계 / 매경이코노미, 2021.08.31.

5 미술품 경매 규모 3배 '껑충'…최고가 샤갈·총액 1위 이우환 / 한국경제, 2021.07.04.

6 서울옥션, 이게 머선129?!…243억, 13년 만에 역대급 낙찰총액 / 뉴시스, 2021.06.23.

7 "용돈으로 31억원짜리 名畵 산다"…그림 투자가 뜬다 / 이코노미조선, 2021.02.01.

8 현물 조각투자 플랫폼 피스(PIECE) 1억 원대 롤렉스 포트폴리오 30분 만에 완판 / 매일경제, 2021.04.02.

9 "소액으로 간편하게 음원·건물·주식 투자"…간편투자 시장 급성장 / 한국경제, 2021.08.11.

10 1억 원 넣고 1주 받더라도…공모주 '빚투' 몰려드는 2030 / 중앙일보, 2010.10.05.

11 가계대출 억제 '백약이 무효'?…커지는 빚투 위기론 / 제주매일, 2021.08.12.

12 Meet the 'Henrys': The millennials making 6-figure salaries who have 'pleasure funds' and enough money to travel—but still say they feel broke / Insider, 2019.11.26.

13 Thomas A. Wills, Downward comparison principles in social psychology, 〈Psychological ulletin〉, 90, 1981, pp.245~271.

14 우윳값 인상에 빵·과자도…밥상 물가 상승 번지나? / MBC뉴스, 2021.08.14.

15 남대일·김주희·정지혜·이계원·안현주, 『성공하는 스타트업을 위한 101가지 비즈니스 이야기』, 한스미디어, 2017.

'Gotcha Power' 득템력

1 "꼭 갖고 싶다면…새벽 6시 일어나 접속 대기하라"…스벅 굿즈 열풍 이유 / 매경이코노미, 2021.07.10.

2 이정은, 『사람은 왜 인정받고 싶어하나』, 살림출판사, 2005.

3 김난도, 『사치의 나라 럭셔리 코리아』, 미래의창, 2007.

4 명품 상륙 30년 / 동아일보, 2013.05.25.

5 3,000만 원 침대도 지른다…꽂히면 지갑 여는 '앰비슈머' 등장 / 중앙일보, 2021.06.02.

6 피에르 부르디외 『구별짓기』 / 매일경제, 2010.08.06.

7 새벽 3시 반 '현본' 앞에 돗자리를 폈다…수습기자의 롤렉스 '오픈런' 체험기 / 조선일보, 2021.08.09.

8 고객은 왕이 아니다? / 중앙일보, 2021.07.21.

9 '1번 25만 원' 명품 줄서기 대행…아바타 조끼에 자리 판매까지 / 시사저널, 2021.07.09.

10 화제의 연돈캠핑! 1박하는 데 가격은 얼마일까? / 매일경제, 2020.09.16.

11 온라인 예약하니 웃돈 없어 거래…골머리 앓는 제주 연돈 / 국민일보 2021.09.10.

12 가성비와 가심비 사이…망고플레이트 vs 캐치테이블 / 중앙일보, 2021.07.21.

13 나이키·디올 한정판 사려 줄서는 '드롭 마케팅' 가고, '래플 마케팅' 뜬다 / 시빅뉴스, 2021.02.05.

14 나이키×사카이 베이퍼와플 래플에 나이키 홈페이지 마비…복구 언제? / 아시아투데이, 2021.04.29.

15 "돈 있어도 당첨돼야 산다"…패션업계 '래플' 마케팅 인기 / 매일경제, 2021.05.03.

16 '비싸도 특별하니까'…식지 않는 한정판 인기 / 미디어펜, 2021.08.21.

17 "돈 있어도 당첨돼야 산다"…패션업계 '래플' 마케팅 인기 / 매일경제, 2021.05.03.

18 잔여백신 예약만큼 어렵네…스타벅스 '굿즈 대란'에 온라인 줄서기 진풍경 / 위키트리, 2021.06.27.

19 줄 서도 못 구한다는 롤렉스…매장 직원이 알려준 득템 노하우 / 한국경제, 2021.07.10.

20 "코로나보다 명품 못살까봐 걱정"…식지않는 '오픈런' / 문화일보, 2021.08.12.

21 윤태영, 『소비수업』, 문예출판사, 2020.

22 "마음 졸이는 주식·코인 ㄴㄴ"…부담 없고 쏠쏠한 'Z세대 슈테크' / 경향신문, 2021.08.16.

23 "단기 수익률 35%" 뜨거운 스타벅스 굿즈 리셀 시장 / 이데일리, 2021.05.16.

24 소주 한 병에 59,000원…정용진·고소영이 '강력 추천한' 술은? / MBN, 2021.08.24.

25 [시사금융용어] 헝거마케팅(Hunger marketing) / 연합인포맥스, 2018.07.04.

26 리셀 열풍 주도하는 '나이키'…한정판 '래플' 마케팅 주효 / 한국경제, 2020.08.10.

27 소비 기생충 '되팔렘' / 한국일보, 2020.11.21.

28 "나만 빼고 다 부자"…SNS 가득 채운 오마카세·오픈런에 박탈감 느끼는 청년들 / 조선일보, 2021.07.27.

29 샤오홍슈, 이제 부를 과시하면 안돼 / 아이보스, 2021.05.12.

Escaping the Concrete Jungle – 'Rustic Life' 러스틱 라이프

1 '종이 지도' 받겠다고 이틀간 6,500명 몰렸다 / 조선일보, 2020.11.14.

2 #노을뷰#논밭뷰…새로 뜨는 夏플레이스 카페서 '인생샷' / 한국경제, 2021.06.28.

3 미스터멘션–'제주서 한 달 살기', 코로나 시대에도 매출 5배 성장한 기업 / 부산일보, 2021.02.28.

4 벳부에서 온천욕…코로나가 바꾼 日 직장 풍경 / 한국일보, 2021.06.30.

5 근무 중 사람 몰리는 강원…워케이션이 만든 기적 / 노컷뉴스, 2021.06.10.

6 "서울에선 학원 가느라 바빴는데, 농촌에선 하루하루가 새로워요" / 동아일보, 2021.06.24.

7 도시민 10명 중 4명 "귀농·귀촌 의향 있다"…'코로나19'에 '미친 집값' 영향 / 경향신문, 2021.01.04.

8 2019年のトレンド予測を発表 住まい領域は「デュアラー」 / Recruit, 2018.12.17.

9 "덴츠의 Place Brandking 사례"(덴츠 내부자료).

10 '농막', 〈농업용어사전〉, 네이버 지식백과 검색.

11 "무인양품이 제안하는 듀얼 라이프, 무지헛", 서점직원 브런치(brunch.co.kr/@fbrudtjr1/5), 2020.07.30.

12 "무인양품이 제안하는 듀얼 라이프, 무지헛", 서점직원 브런치(brunch.co.kr/@fbrudtjr1/5), 2020.07.30.

13 "여름 오두막 생활의 진수", 핀란드 관광청 홈페이지(visitfinland.com/ko).

14 서울셰프 대신 시골식당…귀촌창업하는 MZ / 매일경제, 2021.04.25.

15 서울셰프 대신 시골식당…귀촌창업하는 MZ / 매일경제, 2021.04.25.

16 모종린, 『머물고 싶은 동네가 뜬다』, 알키, 2021.

17 "비싼 채소 키워 먹겠다" 파테크에 탄력받은 홈가드닝 / 한국일보, 2021.07.08.

18 식물재배기 여니 쑥 자란 상추·허브가 그득 / 세계일보, 2020.11.30.

19 유현준, 『공간의 미래』, 을유문화사, 2021.

20 도시농부 212만 명…8년 새 14배 늘었다 / 한국일보, 2019.04.03.

21 에드워드 윌슨, 『바이오필리아』, 안소연 옮김, 사이언스 북스, 2010.

22 상권, 입지 문석 않고 마구잡이 입점…"손님 없어" 줄폐업 / 중앙선데이, 2021.08.07.

23 하루 반나절, 농사 짓지 않을래요? 밀양 다랑이에서 / 경향신문, 2021.06.29.

24 '워케이션 성지' 된 일본의 와이키키 / 한국경제, 2021.03.13.

25 '도시와 농촌' 연결하는 한국형 '클라인 가르텐 운동' 시작 / 천지일보, 2021.04.11.

Revelers in Health – 'Healthy Pleasure' 헬시플레저

1 '비타민계 에르메스' 품절…프리미엄 건기식에 힘주는 H&B스토어 / 이투데이, 2021.06.18.

2 보양식, 건강보조식품, 운동…중국 젊은층의 '양생 모드' / 인민망 한국어판, 2021.08.17.

3 요즘 중국인들에게 인기…'밤샘 음료'의 정체는? / 중앙일보, 2021.08.14.

4 네이버 카페 '씨씨앙'(cafe.naver.com/cantsb/1134059).

5 건강에 투자하는 2030 건기식 트렌드 이끈다 / 세계일보, 2021.06.25.

6 니몸내몸, '니 몸을 내 몸처럼' 생각하는 건강기능식품 브랜드 / 머니투데이, 2021.02.18.

7 매일유업 셀렉스, 맞춤형 평생 건강관리 브랜드로 자리매김…누적 매출 900억 /소비자가 만드는
   신문, 2021.04.28.

8 CU, 업계 최초 영양전면표시제 시행 "칼로리·나트륨 줄인 '한끼식단 도시락'부터" / 아시아경제,
   2021.05.20.

9 "복날 풍경 바뀌었네"…편의점서 HMR로 보양한다. / 아이뉴스24, 2021.07.05.

10 '시몬스 침대, 비스포크, 샤넬백'…비싸도 꽂히면 산다…MZ세대의 혼수 공식 / 서울경제,
   2021.05.20.

11 '슬리포노믹스', 〈시사상식사전〉, 네이버 지식백과 검색.

12 코로나로 집콕족 늘면서 커피·안마용품 매출↑ / 중소기업신문, 2021.07.13.

13 "목이 뻐근하네"…'집콕' 장기화에 안마용품 판매↑ / 연합뉴스, 2021.07.13.

14 "앞날 불안해"…온라인 타로·사주·별자리 운세 인기 / 팝콘뉴스, 2021.04.19.

15 별에서 위안 찾고, 이름도 바꾸면 나아질까…미신에 집착하는 2030 / 한국일보, 2021.02.12.

16 '점성술'에 돈몰리는 美 벤처업계…불확실성의 시대, 확실한 투자? / 헤럴드경제, 2019.04.17.

17 2030 심리상담 붐…99만 원짜리도 예약 꽉찼다 / 조선일보, 2021.07.20.

18 면역력 강화 건강기능식품, 코로나19에 관심 증가 / 팜뉴스, 2020.02.26.

19 코로나시대 소비 키워드 '건강' 근손실 사수 음식 각광 / 위클리포스트, 2021.08.31.

20 국민정신건강을 위한 팬데믹과의 전쟁 / 전북도민일보, 2021.07.29.

21 오강섭, 진화심리학적 관점에서의 불안 및 불안장애, 〈Korean Society of Biological
   Psychiatry〉, 24(2), 2017, pp.45~51.

22 "경제불안 정치불안, 믿을 건 내 몸뿐"…건강 챙기는 사람 늘어 / 이데일리경제, 2017.03.20.

23 '건강관리 트렌드 리포트 2021', 오픈서베이 블로그(blog.opensurvey.co.kr/trendreport/
   wellness-2021), 2021.09.06.

24 "투병 중에도 유튜브로 희망과 행복 전해요" / 더팩트, 2021.08.08.

25 혈압 등 관리하면 지원금 주는 '건강인센티브제' 3년간 시범 실시 / KBS NEWS, 2021.07.28.

26 탈모는 나이순이 아니잖아요…2030 겨냥한 탈모시장 / 조선일보, 2021.07.25.

27 20대·30대 고혈압 인구 증가 / 시사매거진, 2021.01.29.

28 롯데쇼핑, '롯데' 이름 뺀 매장으로 승부수…'밀구루' 프리미엄 마켓 출범 / 뉴스웨이, 2021.03.04.

29 MZ세대 70.9%, "정신 건강 관리 필요하다"…스트레스 관리에 '맛있는 음식'이 가장 효과적 /
   데일리팝, 2021.07.27.

Opening the X-Files on the 'X-teen' Generation 엑스틴 이즈 백

1 Z세대 올림픽 관전법…메달 못따면 어때, 악착같이 뛴 그대 엄지척! / 조선일보, 2021.07.30.

2 '알파세대', 〈시사상식사전〉, 네이버 지식백과 검색.

3 최샛별, 『문화사회학으로 바라본 한국의 세대 연대기』, 이화여자대학교출판문화원, 2018.

4 국민학교는 일본이 우리나라를 강제로 점령하던 시절, 우리의 소학교를 바꾸어 부르던 이름이다. 광복 이후에도 계속 국민학교라고 불리다가 1995년 8월에 광복 50주년을 맞아 전국의 국민학교를 초등학교로 바꿔 부르기 시작했다. 1970년대생은 초등학교가 아닌 국민학교를 졸업한 세대다.

5 우리나라 전체 인구 중 50대 비중 가장 높아…평균 연령은 43.4세 / 대한민국 정책브리핑, 2021.07.06.

6 코로나에 지갑 닫은 가계…작년 소비지출 2.3%↓ '역대최대 감소' / 연합뉴스, 2021.04.08.

7 이선미, 『영 포티, X세대가 돌아온다』, 앤의서재, 2021.

8 1994년 패션 '이제 50대가 될 X세대의 과거' / YTN, 2019.07.02.

9 나잇값 못한다더니…철부지 타던 MINI, '꽃중년'이 더 탐내요 / 매일경제, 2021.08.01.

10 40대 아재 아미 "나는 왜 방탄소년단에 빠져들었을까?" / 한겨레, 2019.06.14.

11 '아미'도 빅히트 공모주 대열 합류…"BTS는 내가 제일 잘 알아" / 뉴스1, 2020.10.04.

12 서울대 소비트렌드분석센터 자체 인터뷰 자료.

13 코로나 재택근무 40대, 온라인 소비 주력으로 / 매일경제, 2021.09.05.

14 코로나 재택근무 40대, 온라인 소비 주력으로 / 매일경제, 2021.09.05.

15 4050 전용 '무신사' 등장하나…'찐 큰손' 온라인구매 3배 급증 / 중앙일보, 2021.07.30.

16 엄마도 옷 살 때 '쇼핑 앱' 켠다…4050 패션몰 폭풍성장 / 파이낸셜뉴스, 2021.09.13.

17 4050 전용 '무신사' 등장하나…'찐 큰손' 온라인구매 3배 급증 / 중앙일보, 2021.07.30.

18 엄마도 옷 살 때 '쇼핑 앱' 켠다…4050 패션몰 폭풍성장 / 파이낸셜뉴스, 2021.09.13.

19 이커머스 신인류, 온라인 누비는 4050대를 주목하라! / Fashionbiz, 2021.09.13.

20 시마을서 MZ '쇼핑 하울'…40대는 보복소비 / 매일경제, 2021.09.01.

21 르뷰 웹사이트(rewview.co.kr/magazine_detail.php?magazine_idx=4294958731).

22 요즘 Z세대 틱톡 근황 / 캐릿, 2021.03.26.

23 3040 학부모 5명 중 3명, 자녀와 게임 즐긴다 / 디지털데일리, 2021.09.03.

24 '집콕' 대신 매일 등교…"청정 자연 속 진짜 학교 다닐 맛 나요" / 세계일보, 2021.02.20.

25 "잠은 걸으며 자요" 학교 다니며 월 500만 원 버는 10대 CEO들 / 중앙일보, 2021.09.19.

26 '산전수전' 70년대생을 조직 성장의 활력소로! / 〈동아비즈니스리뷰〉, 289호, 2020.01.

27 "MZ 눈치보면서 우린 막 대해"…서글픈 낀 세대, 75~84년생 / 중앙일보, 2021.05.18.

28 마음만 신세대, 조직논리 충실한 '낀 세대', X세대 생존법 / 신동아, 2021.08.06.

29 나도 꼰대일까?…4050 꼰대 문화 반격하는 2030세대 / 이투데이, 2020.10.19.

30 화장발 세우는 남자, 맨스 뷰티(men's beauty) 열풍 / 월간중앙, 2021.07.17.

31 서울대 소비트렌드분석센터 자체 인터뷰 자료.

32 X, M, Z 다음은 A세대? 연구자들은 '알파벳 놀이'에 지쳤다 / 한국일보, 2021.08.22.

33 '산전수전' 70년대생을 조직 성장의 활력소로! / 〈동아비즈니스리뷰〉, 289호, 2020.01.

Routinize Yourself 바른생활 루틴이

1 '트렌더스날 2022' 멤버 김정현님의 트렌드다이어리.

2 일상 루틴의 중요성 / 중앙선데이, 2016.07.10.

3 Setting Course: Self—Binding Techniques in Early Recovery / Altamirarecovery, 2015.11.27.

4 "나도 연예인 돼 볼까?"…20대는 왜 바디프로필에 열광하나 / 머니S, 2021.08.18.

5 "살면서 한번은 꼭…" 2030세대, '바디프로필'에 빠지다 / 아시아투데이, 2021.06.08.

6 패스트캠퍼스 '온라인 완주반', 사내독립기업 '스노우볼'로 새 출발 / 플래텀, 2021.08.23.

7 점심시간 2시간은 기회! 자기계발 하는 직장인의 시간 관리 방법은? / 사례뉴스, 2021.08.10.

8 서울대학교 소비트렌드분석센터 자체 인터뷰.

9 "화면 속 친구 열공 장면에 자극"…온라인 자기주도학습 성공 비결 / 부산일보, 2021.08.10.

10 길어진 재택근무, 노동자 감시 프로그램도 전성기 / 경향신문, 2021.09.06.

11 미라클 모닝 열풍…"'진짜 나' 공유하는 리추얼 전도사 될 것" / 조선비즈, 2021.03.25.

12 서울대학교 소비트렌드분석센터 자체 인터뷰.

13 위기의 문구업계 '다꾸족' 눈길끌기 사활 / 머니투데이, 2021.01.08.

14 애플 앱스토어 인기 앱 무다(MOODA)는 한 여성 개발자의 사이드 프로젝트에서 시작했다 / 허프포스트코리아, 2021.03.08.

15 서울대 소비트렌드분석센터 자체 인터뷰 자료.

16 루틴한 일상의 효과 / 세계일보, 2021.03.29.

17 'N포세대·니트족·구직단념자'…그들은 왜 포기에 익숙해졌나 / 이데일리, 2021.08.01.

18 다니엘 카네만: 사람들은 행복을 원하지 않습니다 / 뉴스페퍼민트, 2019.02.21.

19 Z세대가 일부러 받아보는 푸시 알림은 이런 것! / 캐릿, 2021.02.18.

20 넷플릭스 〈규칙 없음〉 리드 헤이스팅스, 에린 마이어 / 브릿지경제, 2020.09.26.

21 점심시간 2시간은 기회! 자기계발 하는 직장인의 시간 관리 방법은? / 사례뉴스, 2021.08.10.

22 'OKR', 〈매일경제〉, 네이버 지식백과 검색.

23 코카콜라를 위협하는 펩시의 OKR…'코카콜라를 끝장내자!' / 사례뉴스, 2020.12.24.

24 'OKR', 위키백과 검색.

25 오석홍·손태원·이창길, 『조직학의 주요이론』, 법문사, 2019.

Connecting Together through Extended Presence 실재감테크

1 MBC '너를 만났다 시즌2' 프리 이탈리아 특별언급상 / 뉴시스, 2021.06.18.

2 메타버스가 진정으로 우리 삶의 지평을 넓히려면 / 대학신문, 2021.09.13.

3 황하성·박성복, 텔레비전 시청 만족도 형성에 관한 재고찰, 〈한국방송학보〉, 21(5), 2007, pp.339~379.

4 김지심·강명희, 기업 이러닝에서 학습자가 인식한 교수실재감과 학습실재감 학습효과의 구조적

관계 규명, 〈아시아교육연구〉, 11, 2010.

5 Heckler, S. E. · Childers, T. L., The role of expectancy and relevancy in memory for verbal and visual information: what is incongruency?, 〈Journal of consumer research〉, 18(4), 1992, pp.475~492.

6 센트온, 무신사 스탠다드와 '프리미엄 향기' 마케팅 / 데일리임팩트, 2021.05.31.

7 무신사 스탠다드 첫 특화매장 가보니…"시간 가는 줄 몰라" / 이데일리, 2021.05.27.

8 라이브커머스는 어떻게 쇼핑의 패러다임을 바꿨을까? / 디지털인사이트, 2021.08.09.

9 코웨이 '자가관리 공기청정기', 라이브 커머스 시청수 24만 뷰 돌파 / 매일경제, 2021.05.26.

10 Gunawardena, C. N. · Zittle, F. J., Social presence as a predictor of satisfaction within a computer—mediated conferencing environment, 〈American journal of distance education〉, 11(3), 1997, pp.8~26.

11 코로나19가 불러온 VR · AR 교육…실감형 콘텐츠 이용률↑ / 전자신문, 2020.07.26.

12 2021년 EBS 실감형 교육콘텐츠 제작사업 착수 / 한국강사신문, 2021.07.08.

13 '이머서브' 장르를 체험하다, 설치미술 비욘더로드 전시 / 아주경제, 2021.09.23.

14 보고, 듣고, 만지고 오감으로 발전하는 미래의 ICT는 어떨까? / ETRI Webzine, 2019.02.26.

15 Krishna, A., An integrative review of sensory marketing: Engaging the senses to affect perception, judgment and behavior, 〈Journal of consumer psychology〉, 22(3), 2012, pp.332~351.

16 화학물질 없이 'VR 냄새' 구현하는 신기술 나와 / 조선일보, 2018.11.08.

17 전기 포크, 소금 없이도 짠맛 느끼게 뇌 속인다 / 머니S, 2016.04.03.

18 '이 컵'만 있으면 맹물이 레모네이드 맛?! / 이웃집과학자, 2017.06.12.

19 가상현실, 현실이 되다! / 제일기획 블로그, 2015.11.19.

20 디지털로 재탄생한 문화유산 / 한국뉴스투데이, 2021.02.21.

21 운하의 과거와 현재를 보여주는 '백과사전' 중국대운하박물관 오늘 개관 / 더페이퍼(중국), 2021.06.11.

22 中国大运河博物馆今开馆, "百科全书"式呈现运河前世今生 / 더페이퍼(중국), 2021.06.16.

23 현실로 다가온 가상현실 치료법 / 사이언스타임즈, 2016.01.13.

24 삼성전자, VR치료 기술개발…재활 치료에 가상현실 활용 / 전자신문, 2018.03.12.

25 VR 안경 쓰니 물고기가 눈앞에…마비 재활치료, 게임하듯 재밌었다 / 헬스조선, 2018.01.25.

26 분당서울대 백남종 교수, 키넥 이용한 연구개발 결과 소개 / MD저널, 2014.02.10.

27 '햅틱기술', 위키피디아 검색.

28 5G 날개를 달다! 오감을 자극하는 공감각 콘텐츠 / SK텔레콤 뉴스룸, 2019.07.11.

29 메타버스, 차세대 성장동력이 되다 / 메트로신문, 2021.08.29.

30 "입사를 축하드립니다. 근무지는 10초 거리인 개더타운입니다" / 중앙일보, 2021.09.21.

31 페이스북, 5년 내 SNS서 '메타버스' 기업 선언 / ZDNet Korea, 2021.07.25.

32 금융 메타버스 플랫폼, 진짜 나온다 / 바이라인네트워크, 2021.08.10.

33 "진짜 대학생된 느낌" 건국대–세종대의 '광진구 점령전' / 국민일보, 2021.08.02.

34 찢어진 눈에 탄탄한 몸매⋯연 130억 버는 'Z세대 이상형' / 중앙일보, 2021.07.28.

35 연예인 얼굴도 퇴짜 맞았다⋯대박 터진 '로지' 탄생 뒷얘기 / 중앙일보, 2021.07.07.

Actualizing Consumer Power – 'Like Commerce' 라이크커머스

1 '오디엠', 〈두산백과〉, 네이버 지식백과 검색.

2 안영진, 『생산운영관리』, 박영사, 2016.

3 유통가 흔드는 인플루언서 파워, CR이 핵심 경쟁력 / 벤처스퀘어, 2021.02.04.

4 문턱 낮아진 화장품 론칭⋯커지는 ODM 시장 / 뉴스토마토, 2021.07.06.

5 택배 진화 어디까지?⋯종착지는 '풀필먼트' / 이코노믹리뷰, 2020.09.07.

6 〈Issue Monitor〉 제98호, 삼정KPMG 경제연구원(home.kpmg/kr/ko/home/insights/2018/12/issue–monitor–201812–98.html).

7 현대차 캐스퍼, 사전계약 첫날 1만8,940대 '신기록'⋯ / 시사오늘, 2021.09.15.

8 룰루레몬부터 에르메스까지⋯코로나에 뜨는 D2C 전략 / 조선비즈, 2020.12.07.

9 룰루레몬부터 에르메스까지⋯코로나에 뜨는 D2C 전략 / 조선비즈, 2020.12.07.

10 이커머스 뒤흔든 D2C⋯배달앱·물류까지 강타' /디지털투데이, 2021.08.20.

11 반군 무장시켜 '아마존 제국'에 맞서는 '쇼피파이' / 주간동아, 2021.07.28.

12 대세는 카테고리 킬러⋯버티컬 커머스 플랫폼에 관심 집중 / 플래텀, 2021.05.27.

13 대세는 카테고리 킬러⋯버티컬 커머스 플랫폼에 관심 집중 / 플래텀, 2021.05.27.

14 "만들어줘, 내가 살게"⋯'소비자'가 만든 화장품 불티 / 비즈니스워치, 2021.04.16.

15 램 차란·게리 윌리건, 『컴피티션 시프트』, 이은경 옮김, 비전코리아, 2021.

16 알리바바 '짝퉁제품 꿈도 꾸지마'⋯완전차단 '럭셔리 파빌리온' 오픈 / 글로벌비즈, 2021.09.01.

17 황지영, 『리테일의 미래』, 인플루엔셜, 2019.

18 레페리, 4개년 '인플루언서 커머스 시장 동향' 발표 / 시사매거진, 2021.08.31.

Tell Me Your Narrative 내러티브 자본

1 꿈, 숫자가 되다⋯PDR로 본 BBIG주가 / 매경이코노미, 2020.10.21.

2 쿠팡 몸값이 15兆?⋯당신은 믿습니까 / 서울경제, 2021.01.13.

3 애스워드 다모다란, 『내러티브 앤 넘버스』, 조성숙 옮김, 한빛비즈, 2020.

4 꿈, 숫자가 되다⋯PDR로 본 BBIG주가 / 매경이코노미, 2020.10.21.

5 로버트 쉴러, 『내러티브 경제학』, 박슬라 옮김, 알에이치코리아, 2021.

6 Welcome to Your Bland New World, Ben Schott / Bloomberg.com, 2020.09.07.; 내러티브와 전략의 붕어빵 기승전결 / TTIMES, 2020.09.17.

7 "하늘에서 떨어진 거북이", 진중권, 네이버캐스트 '철학 오디세이'(terms.naver.com/entry.naver

?docId=4397208&cid=60002&categoryId=60002).

8 성열홍, 『신화와 브랜드 모티프』, 커뮤니케이션북스, 2018.

9 이것은 물이 아니라, 에비앙이다 / 조선일보, 2016.10.10.

10 패션제국 샤넬, 여성의 몸에 자유를 입히다 / 한겨레, 2011.01.03.

11 팬덤 그 이상의 '아미'…취향을 증명까지 해야 돼? / 한겨레, 2020.12.17.

12 때로는 가족같이, 때로는 연인같이 고객은 브랜드와 사랑을 나눈다 / 〈동아비즈니스리뷰〉, 144호, 2014.01.

13 송희영, 나치 프로파간다 영화의 감정 내러티브 연구, 〈한국연구재단〉, 2015.

14 트럼프의 내러티브(narrative · 실화나 허구의 사건을 묘사하고 표현하는 방법) 전략, 리세션과 함께 끝날 것 / 이코노미조선, 2019.09.09.

15 "오바마 대선승리는 이야기의 승리 / 한겨레, 2009.03.18 .

16 나미수, 한국과 미국의 대선 정치광고 서사구조의 비교 연구, 〈한국언론학보〉, 제54권 2호, 2010.

17 나미수, 한국과 미국의 대선 정치광고 서사구조의 비교 연구, 〈한국언론학보〉, 제54권 2호, 2010.

18 Soroush Vosoughi, Deb Roy · Sinan Aral, The Spread of True and False News Online, 〈Science〉, 2018.

19 이준영, 『코로나가 시장을 바꾼다』, 21세기북스, 2020.

20 코로나바이러스와 인포데믹 / 기초과학연구원, 2020.03.24.

트렌더스 날 2022

강민수 (주)알체라, 강민지 스타벅스커피코리아, 강승완 삼성전자, 강정롱 부산국제영화제, 권도형 아모레퍼시픽, 권선향 아워홈, 김규영 위아본(주), 김기홍 kt alpha, 김다영 월곡 주얼리사업연구소, 김동우 한국재정정보원, 김민지 교보핫트랙스, 김보미 락앤락, 김선영 CTC, 김수연 CJ ENM, 김승호 SK D&D, 김아람 서울충무초등학교, 김영훈 Nike Korea, 김원호 롯데백화점, 김윤철 전북현대모터스FC, 김인진 (주)웰코스, 김재은 kt alpha, 김정원 삼성SDS, 김정현 LG유플러스, 김주영 티맥스소프트, 김준수 현대아울렛, 김지연 S-Core, 김지은 에르메스코리아, 김충환 풀무원기술원, 김태근 하나투어, 김태인 아모레 퍼시픽, 김하연 코오롱글로벌, 김현웅 티맵모빌리티, 김현일 LG생활건강, 김혜영 AK몰, 김효겸 흥도초등학교, 김희연 카카오스페이스, 나원영 11번가, 노승아 KB증권, 노우현 AK PLAZA, 류지희 LVMH P&C, 문소정 롯데쇼핑(주) e커머스사업부, 문희경 롯데백화점, 박 도경 롯데홈쇼핑, 박성진 AK PLAZA, 박승택 현대자동차, 박이정 CTC, 박지영 휴롬엘에스, 박지혜 롯데정보통신, 박해림 신세계푸드, 박현아 DBase&, 배영국 SK종합화학, 배지현 CTC, 변성업 아모레퍼시픽, 설의석 한국공항공사, 성명수 신세계 분더샵, 송정한 CJ제일 제당, 송현아 한국전력공사, 신윤주 더 차움, 신혜주 (주)비전코베아, 안치영 이화여자대 학교, 엄소연 삼성카드, 엄인영 한국데이터산업진흥원, 연아리 환인제약(주), 오세훈 CTC, 유소연 CTC, 유지영 이베이코리아, 유충명 차움, 유화연 11번가, 윤수린 롯데컬쳐웍스, 윤 은영 LG전자, 윤주리 PwC컨설팅, 윤지운 kt cs, 이다윗 교촌에프앤비(주), 이동규 롯데마 트, 이상언 서울대학교, 이수아 LG전자, 이승호 한국인터넷진흥원, 이유진 (주)새로피엔엘, 이윤경 MBC 플레이비, 이은혜 카카오스페이스, 이재도 삼성SDI, 이재원 (주)코엑스, 이재 현 (주)세라젬, 이정희 한샘, 이주왕 분당서울대학교병원, 이진 롯데e커머스, 이한샘 (주)오 뚜기, 이현엽 한국콘텐츠진흥원, 이현준 현대백화점, 이혜림 국민연금공단, 이환 SC제일은 행, 이희정 호텔신라, 임애령 DR Corporation, 장복기 팀윙크(주), 장종훈 도레이첨단소재

정보전략팀, 전윤하 (주)까뮤이앤씨, 전현수 KT, 정강우 한살림, 정다울 롯데중앙연구소, 정미경 삼성SDS, 정석원 홈플러스(주), 정성민 쇼피코리아컴퍼니, 정세정 라인플러스, 정수정 삼성증권, 정연주 jw 중외제약, 정영돈 코니카미놀타프로프린트솔루션스코리아, 정주현 현대카드/캐피탈, 정지영 환인제약, 정필재 GS SHOP, 정해림 LVMH P&C, 정화영 AK PLAZA, 조가영 도당중학교, 조민지 쏘카, 조성훈 골프존, 주힘찬 CJ ENM, 천기훈 신한자산운용, 천지영 동양생명보험(주), 최윤주 행정안전부, 최형민 (주)오뚜기, 최희경 LG전자 하이프라자, 추연우 BGF리테일, 하서연 NEW, 하정수 삼성전자, 한동헌 스튜디오 나무, 한미선 LG전자 하이프라자, 한주형 KT, 허석훈 쿠팡, 허재훈 현대L&C, 허주연 (주)스톤아이, 황지희 해브앤비(닥터자르트), 황철중 BGF리테일, 황하영 CJ올리브영

진행(서울대학교 생활과학연구소 소비트렌드분석센터)

총괄 전미영 **윤문** 조미선 **행정·교정** 김영미 **프레젠테이션 제작** 전다현
10대 트렌드 상품 조사 추예린, 박이슬 **자료 조사** 고정, 추예린, 윤효원
영문 키워드 감수 미셸 램블린Michel Lamblin **중국 자료 조사** 임은주, 임욱

전미영 서울대학교 소비트렌드분석센터 연구위원. 서울대 소비자학 학사·석사·박사. 소비자행복과 소비자심리 분야에 관심이 많고, 서울대에서 소비자조사와 신제품개발 방법론 과목을 강의하고 있다. 삼성경제연구소 리서치 애널리스트와 서울대 소비자학과 연구교수를 역임했다. 한국소비자학회 최우수논문상을 수상했으며, 『트렌드 차이나』를 공저했다. 현재 국토교통부 정책홍보 자문위원, 교보문고 북멘토 등으로 활동하고 있으며 다수 기업과 소비트렌드 기반 신제품 개발 및 미래전략 발굴 업무를 수행하고 있다.

최지혜 서울대학교 소비트렌드분석센터 연구위원. 서울대 소비자학 석사·박사. 소비자의 신제품 수용, 세대별 라이프스타일 분석, 제품과 사용자 간의 관계 및 처분행동 등의 주제를 연구하며, 서울대에서 소비자심리와 트렌드분석 과목을 강의하고 있다. 워싱턴주립대학교Washington State University에서 공동연구자 자격으로 연수했다. 삼성·LG·아모레퍼시픽·SK·코웨이·CJ 등 다수의 기업과 소비자 트렌드 발굴 및 신제품 개발 프로젝트를 수행했으며, 현재 인천시 상징물 위원회 자문위원을 맡고 있다.

이향은 성신여자대학교 서비스디자인공학과 교수. 영국 센트럴 세인트 마틴Central Saint Martins 석사, 서울대 디자인학 박사. 고객경험CX혁신과 관련된 서비스디자인 및 상품기획을 주로 연구한다. 해당 분야의 전문성을 바탕으로 학계와 실무 업계를 오가며 트렌드·공간기획·디자인 관련 주제로 다수의 기업 컨설팅 프로젝트를 수행하고 있다. 저서로는 『디자인 매니페스토』가 있으며, 과학기술정보통신부·통일부 정책 자문위원, 삼성전자 미래기술 자문교수 등을 역임했고, 중앙일보에 '이향은의 트렌터치'를 연재하며 칼럼니스트로도 활동하고 있다.

이준영 상명대학교 경제금융학부 교수. 서울대 소비자학 학사·석사·박사. 리테일 소비자행동 및 디지털 고객경험 고도화 전략에 관심이 많다. LG전자 LSR연구소에서 글로벌 트렌드분석·신제품개발 등의 업무를 수행했으며, 현재 상명대학교 소비자분석연구소 소장과 한국소비문화학회에서 편집위원을 맡고 있다. 저서로는 『코로나가 시장을 바꾼다』, 『1코노미』, 『케미컬 라이프』, 『소비트렌드의 이해와 분석』 등이 있고, JTBC 〈차이나는 클라스〉, KBS1라디오 〈빅데이터로 보는 세상〉 등에 출연했다.

이수진 서울대학교 소비트렌드분석센터 연구위원. 서울대 소비자학 학사·석사·박사. 경제 흐름을 분석했던 실무와 소비사회 종단 연구를 기반으로 소비문화를 거시적으로 조망하며, 글로벌 소비문화를 비교론적 관점으로 분석하는 것에 관심이 많다. 서울대에서 소비문화 과목을 강의하고 있다. 매일경제TV에서 캐스터로 활동했으며, 한국FP학회 최우수 논문상, 한국소비자학회 Doctorial Dissertation Competition 장려상을 수상했다. 현재 현대·삼성 등 다수의 기업들과 소비트렌드 기반 미래 전략 발굴 업무를 수행하고 있다.

서유현 서울대학교 소비트렌드분석센터 책임연구원. 영국 센트럴 세인트 마틴Central Saint Martins 학사, KAIST 공학 석사, 서울대 소비자학 박사과정 수료. 패션 데이터 전문가로 시작해 최근에는 구독시장, 온라인 뉴스 등 사람들의 일상과 밀접한 소비트렌드를 주로 분석하고 있다. 퍼시스·삼성물산·삼성전자 등 다수의 기업과 산업별 트렌드 프로젝트를 수행했으며, 세상의 모든 현상을 데이터로 분석한다는 목표 아래, 정량적·정성적 방법을 넘나들며 빅데이터 자연어 처리NLP 등 데이터를 다양한 관점에서 분석하고 있다. 코오롱-카이스트 라이프스타일 이노베이션 최우수상을 수상했다.

권정윤 서울대학교 소비트렌드분석센터 책임연구원. 서울대 소비자학 학사·석사 및 박사과정 수료. 현대사회와 변화하는 소비문화에 대해 관심이 많다. 가전·여가·식품 등 여러 산업군의 기업들과 소비자 조사를 수행해왔으며 전성기 매거진, CJ오쇼핑(현 CJ온스타일), 삼성생명 등과 세대별·산업별 트렌드 도출 프로젝트를 진행했다. 현재는 세대별 특성과 시대 변화라는 주제를 접목하여 가족 내 소비생활 변화에 대한 연구를 진행 중이다. 특히 소비자를 연구하는 방법론으로써 질적 연구에 전문성을 넓히고 있다.

한다혜 서울대학교 소비트렌드분석센터 책임연구원. 서울대 심리학 학사, 소비자학 석사 및 박사과정 수료. 심리학적 관점에서 소비를 바라보는 데에 관심이 많아 다양한 심리학 이론을 기반으로 한 소비심리 파악 및 데이터를 통한 소비행동 분석 관련 연구를 수행하고 있다. 해당 관심 영역 속에서 트렌드 분석 및 신제품 개발과 관련된 다수의 기업 프로젝트를 수행하고 있다. 현재 유튜브 채널 '트렌드코리아TV'를 총괄·기획하고 있다.

이혜원 서울대학교 소비트렌드분석센터 책임연구원. 서울대 소비자학 학사·석사 및 박사과정 재학. 효형출판·다산북스·리더스북 등에서 경제경영서를 기획·제작했고, 카카오페이지에 론칭 전 합류해 초기 서비스 운영과 모바일향 콘텐츠 기획을 담당했다. 시기·연령·코호트에 따른 소비자들의 서로 다른 행동과 태도 등 세대론에 입각한 트렌드 예측에 관심을 두고 있다. 필드에서 15년 이상 소비자의 니즈를 직접 겪고 상품으로 채워준 경험을 기반으로, 데이터를 통한 소비자 커뮤니케이션 전략 수립에 역량을 집중하고 있다.

〈Trenders 날 2023〉 모집

서울대학교 생활과학연구소 소비트렌드분석센터CTC는 2023년 소비트렌드 예측을 위한 트렌드헌터 그룹 '트렌더스 날 2023'을 모집합니다. 소비트렌드에 관심 있는 분이라면 누구나 '트렌더스 날'이 될 수 있습니다. '트렌더스 날'의 멤버로 활동하면서 소비트렌드 예측의 생생한 경험과 개인적인 경력뿐만 아니라 트렌드헌터 간의 즐겁고 따뜻한 인간관계까지 덤으로 얻을 수 있습니다. 아래의 요령에 따라 응모하시면, 소정의 심사와 절차를 거쳐 활동 가능 여부를 개별적으로 알려드립니다.

1. 모집개요

가. 모집대상 우리 사회의 최신 트렌드에 관심 있는 분(자격 제한 없음)

나. 모집분야 정치, 경제, 대중문화, 라이프스타일, 과학 기술, 패션, 뉴스, 소비문화, 유통, 건강, 통계, 해외 DB 조사 등 사회 전반

다. 모집기간 2022년 1월 31일까지

라. 지원방법 이름과 소속이 포함된 간단한 자기소개서를 pdf 또는 doc 파일로 첨부하여 trendersnal@gmail.com으로 보내주십시오.

마. 전형 및 발표 선정되신 분에 한하여 2022년 2월 28일까지 이메일로 개별 통지해드립니다.

2. 활동내용

가. 활동기간 2022년 3월 ~ 2022년 9월

나. 활동내용 트렌드 및 트렌다이어리 작성법 관련 교육 이수, 트렌다이어리 제출, 2023년 트렌드 키워드 도출 워크숍, 기타 트렌드 예측 관련 세미나 및 단합대회 참석(본인 희망 시)

다. 활동조건 센터 소정의 훈련 과정 이수 후, 센터가 요구하는 분량의 트렌다이어리 제출, 트렌드 키워드 도출 워크숍 참여

라. 혜　　택 각종 정보 제공
CTC 주최 트렌드 관련 세미나·워크숍 무료 참여
『트렌드 코리아 2023』에 트렌드헌터로 이름 등재
『트렌드 코리아 2023』 트렌드 발표회에 우선 초청
활동증명서 발급 등
(위의 활동내용은 소비트렌드분석센터 사정에 따라 추후 조정될 수 있습니다.)

2023년 한국의 소비트렌드를 전망하게 될 책, 『트렌드 코리아 2023』에 게재될 사례에 대한 제보를 받습니다. 본서 『트렌드 코리아 2022』의 10대 키워드인 'TIGER OR CAT'에서 아이디어를 얻었거나 해당 키워드에 부합하는 상품·정책·서비스 등을 알고 계신 분은 간략한 내용을 보내주시면 감사하겠습니다. 특히 본인이 속해 있는 기업이나 조직에서 선보인 새로운 상품, 마케팅, 홍보, PR, 캠페인, 정책, 서비스, 프로그램 등이 『트렌드 코리아 2023』에 소개됐으면 좋겠다고 생각하시면 해당 자료를 첨부하여 보내주셔도 좋습니다.

1. 제보내용
- 『트렌드 코리아 2022』의 'TIGER OR CAT' 키워드와 관련 있는 새로운 사례
- 2023년의 트렌드를 선도하게 될 것이라고 여겨지는 새로운 사례
- 위의 사례는 상품뿐만 아니라 마케팅, 홍보, PR, 캠페인, 정책, 서비스, 대중매체의 프로그램, 영화, 도서, 음반 등 모든 산출물을 포함합니다.

2. 제보방법 example.ctc@gmail.com으로 이메일을 보내주십시오.

3. 제보기간 2022년 8월 31일까지

4. 혜   택 채택되신 제보자 중에서 추첨을 통해 『트렌드 코리아 2023』 도서를 보내드립니다.

5. 제보해주신 내용은 소비트렌드분석센터의 세미나와 집필진의 회의를 거쳐 채택 여부를 결정하며, 제보해주신 내용이 책에 게재되지 않거나 수정될 수 있습니다.

트렌드 코리아 2022

초판 1쇄 발행 2021년 10월 6일
초판 28쇄 발행 2022년 1월 3일

지은이 김난도 · 전미영 · 최지혜 · 이향은 · 이준영 · 이수진 · 서유현 · 권정윤 · 한다혜 · 이혜원
펴낸이 성의현
펴낸곳 미래의창

편집주간 김성옥
편집진행 김윤하 · 김효선 · 최소혜
디자인 공미향
홍보 및 마케팅 연상희 · 김지훈 · 김다울 · 이희영 · 이보경

등록 제10-1962호(2000년 5월 3일)
주소 서울시 마포구 잔다리로 62-1 미래의창빌딩(서교동 376-15, 5층)
전화 02-338-6064(편집), 02-338-5175(영업) **팩스** 02-338-5140
홈페이지 www.miraebook.co.kr
ISBN 978-89-5989-700-1 13320

※ 책값은 뒤표지에 있습니다. 잘못된 책은 바꿔 드립니다.

생각이 글이 되고, 글이 책이 되는 놀라운 경험. 미래의창과 함께라면 가능합니다. 책을 통해
여러분의 생각과 아이디어를 더 많은 사람들과 공유하시기 바랍니다.
투고메일 togo@miraebook.co.kr (홈페이지와 블로그에서 양식을 다운로드하세요)
제휴 및 기타 문의 ask@miraebook.co.kr